博学而笃志，切问而近思。

（《论语·子张》）

博晓古今，可立一家之说；
学贯中西，或成经国之才。

博 学 · 博 学 · 博 学 · 博 学 · 博 学 · 博 学

博学·社会工作系列

"国家级一流本科课程"教学用书

顾东辉 总主编

社会工作概论

（第二版）

INTRODUCTION
TO
SOCIAL WORK
(2ND EDITION)

顾东辉 主编

复旦大学出版社

复旦博学·社会工作系列丛书

总　序

社会工作（social work）是人类文明共同体的重要标志，是国际社会中已有420多年历史的实践、250多年历史的职业和108年历史的专业，是我国20世纪80年代后期恢复重建的学科，也是我国2006年以来社会治理的国家战略。

1. 社会工作以"人境共优"为核心特色

社会工作旨在协助工作对象纾解"外因主生型困境"（social caused needs），与心理学纾解"内因主生型困境"对应，并因其"社会"品性而比心理学更接近于现实问题的本真源点。

社会工作是融汇理论和实务的专业。从技术维度划分，可以有个案社会工作、小组社会工作、社区社会工作（社群社会工作）、社会工作行政管理、社会政策等方法，"人境共优"即助人自助和"促境美好"兼顾是其特色技术；从人群维度划分，可以有儿童社会工作、青少年社会工作等类型；从场域维度划分，可以有院舍社会工作、学校社会工作、企业社会工作等种类；从问题维度划分，可以有压力舒缓、家暴应对、团队营造、社区融入等子类。其中，技术是核心维度，社会工作因其技术普适性可以协助很多人群和应对许多问题。当然，任何具体的社会工作事务，都是社会工作者针对某类人群的某个问题在某个场域采用某种技术，因此，"一体四维"应该是社会工作的系统特性。

社会工作可以有"小、中、大"之分。基于不同维度，可以有相应说法。如，在技术维度上，可以将临床社会工作（个案社会工作、小组社会工作）视为小社会工作，将传统三大实务（个案社会工作、小组社会工作和社区社会工作）视为中社会工作，将五种方法组合视为大社会工作。再如，在人群维度上，可以将面对单一人群的视为小社会工作，面向若干人群的视为中社会工作，面向全人群的视为大社会工作。

社会工作虽主要依托社会场域，但也可应用于国家场域和市场领域。正因为其以技术为核心，且与不少其他行动的目标相同相近，社会工作就不仅可以在社会场域与公益慈善、志愿服务等开展联动，而且可以与国家场域的思政工作、群团工作等事务以及市场领域的企业社会责任等进行协同。

2. 社会工作是古今中外的共有理念和实践

古今中外均有社会工作的理念和实践。在中国，"老吾老，以及人之老；幼吾幼，以及人之幼"之说包含了关爱弱者的理念，以工代赈隐含了助人自助的意境，孟母三迁达成了"促境美好"的效果，唐宋政府的福田院和明清时代的同善会发挥了资源分配的角色。

20世纪80年代后期，社会工作在我国得以恢复。少数高校设置社会工作与管理专业是其关键标志，其示范效应不仅带动了社会工作教育快速发展，而且使得我国社会工作早期发展呈现出"教育先行"的特色。如果以国家层面社会工作重大举措为标志，我国近40年社会工作发展可以分为三个时段：一是2006年10月党的十六届六中全会前"以局部探索为特色"的社会工作发展；二是2006年10月党的十六届六中全会到2023年3月中央社会工作部成立期间"以人才建设为主线"的社会工作建设；三是2023年3月中央社会工作部成立以来"以若干领域为重点"的社会工作建设。习近平总书记2024年11月的重要指示则为我国社会工作进一步发展指明了方向。

从域外，社会工作已有420多年历史。最初是1601年英国《济贫法》颁布后的个别化慈善，然后是1869年慈善组织会社成立后的组织化帮助，再后是

1917 年《社会诊断》一书出版后的专业化服务。其中，英国和美国是社会工作早期发展的代表性国家。随着社会工作不断发展，时至今日，英国及其所在的欧洲以制度性资源分配的社会政策为社会工作的重要特色，美国则因崇尚社会达尔文主义而以旨在舒缓特定问题的服务实践为核心做法。

从社会工作的内涵而非表象审视，其本质是"当时当地"（here and now）的利他系统，并因场境不同而呈现具体特色。无论中国还是其他国家或地区，个别化慈善、组织化帮助、专精化服务和制度化保障都是其主要做法。

3. 社会工作是专业，但专业不仅包含社会工作

社会工作是一个专业（profession）。关于专业，弗莱克斯纳（Flexner, 1915）、格林伍德（Greenwood, 1957）、加文和特罗普曼（Garvin & Tropman, 1992）、夏学銮（2000）等业界人物在其详篇简论中均已各抒己见，本人在多篇文著中也分享过个人理解。整合关于专业属性或特性的说法，具有伦理守则，拥有理论体系，经过规范训练，体现特殊权威，建立自我组织，得到社会认同，应该是多方共识。从上述六个方面审视今日中外之状况，社会工作无疑是一个专业。

当然，社会工作只是专业之一，而不是专业之全部。既然专业呈现上述六个属性，那么，符合这些属性的行为就可以视为专业。协助工作对象恢复生理健康的医学、助力工作对象恢复良性心态的心理学、旨在经世济民的经济学、重在思考人生－社会－世界的哲学等无疑都是专业。因此，社会工作是一个专业，但专业除了包含社会工作，还有其他。

许多专业均有协助解决问题的效果。从提升人类福祉和促进国家建设的角度审视，许多行动应该走向专业，每个专业应该不断精进，不同专业应该相互协同。所谓各美其美，美人之美，美美与共，基于专业但超越专业。从另一视角看，疏解某个问题可以采用多类技术，有些来自本域既有做法，有些借鉴其他行业经验。把握当代，不忘本来，借鉴外来，吸收人类文明一切优秀成果，应该是实现工作目标从而助力行业发展的实践智慧。

4. 社会工作有利他－优境－强己的整体功能

在简说社会工作"是什么"之后，自然应该回答社会工作"有啥用"这一问题。关于社会工作的作用，本人在不少文章、会议发言、学术讲座中已屡作说明。细而言之，其功能体现在三方面。

其一，社会工作助力工作对象提升能级。社会工作可以协助工作对象疏解问题，如找到工作岗位，从而体现了外显功能；在此过程中，协助工作对象获得成长，如认知更加科学、能力得以提升、伦理得以实操，从而展现出内潜功能。

其二，社会工作对国家社会有积极功能。在经济上，如，协助对象提升能级从而成为人力资本投资，提供精细服务从而降低社会问题的成本；在政治上，如，利于对象表达诉求和解决问题，从而促进安全稳定；在社会上，如，助力对象恢复人境平衡，从而利其体现常态角色；在文化上，如，关爱协助弱困对象，从而体现社群温暖，提升文明境界。

其三，社会工作可以赋能工作主体自身。社会工作注重"人境共优"的特色方法，从而使得工作者经常操练协助对象改变的技术，实践推动场境优化的策略，实操优化人境平衡的方略。工作者时常激发自身潜能，动态获取社会养分，综合素养因此不断提升，其成功、幸福和价值实现就有了坚实基础。

可见，社会工作是利泽多方的专业、职业和行业。

5. 教材是传播社会工作知识的关键载体

向书本学习、向他人学习、向自己学习是我们获得知识和提升能力的三大途径。前两者利于获得"赞同性知识"即间接经验，后者利于习得"经验性事实"即直接经验。显然，我们的极大部分知识源于间接经验。

教材在"向书本学习"中作用关键。结合关于专业的前述说明，伦理守则、理论体系、特殊权威等专业属性的传播和实操无疑需教材作为强力支撑。在中国社会工作发展中，教材建设也在"教育先行"的早期特色中居功至伟。

社会工作教材编写依然是中国社会工作发展的重要任务。自 20 世纪 80 年代后期社会工作在我国恢复重建以来，学界同仁和业界同道进行了辛勤工作，翻译撰编了不少社会工作教材。这些教材助力了社会工作的学科建设，促进了社会工作的行业进步，提高了社会工作的多方认同。但是，与我国社会工作发展的行业现实需求和未来发展要求相比，社会工作教材尤其是系统化教材依然供给不足。

6. 博学·社会工作系列是特色鲜明的专门教材

博学·社会工作系列教材是作者团队基于厚实的工作积累而呼应现实需要的集体产品。

结构层次清楚是本系列教材的特色之一。"主干课程"系列以概论开篇后分述了伦理和理论，介绍了研究方法，并呼应最新教学要求而增设了微观社会工作和宏观社会工作。如此布局利于读者把握宏观架构，居高审视社会工作全貌。"实务课程"系列分别关注场域、人群、问题等实践维度，既呈现局部状况又关联整体系统。"医务社会工作"分系聚焦实务之一域，逐级呈现初级、中级、高级、督导等专精智慧，并以案例教材呼应前述内容。"教学案例库"系列与主干课程和实务课程呼应，利于教师以案说法，在协助学生学习知识中获得整体成长。陆续纳入相关主题的安排，更体现了本系列回应社会工作"当时当地"的实践智慧。

作者团队高能是本系列教材的特色之二。本系列由近三十位作者承担主编事务；其中，很多作者受过国际规范的高级学位课程训练，不少作者兼通教学－科研－服务－倡导，若干作者是中国内地的此域精英。编者团队既有扎实的理论基础，又有丰富的实践经验，还有很好的融通能力。在编写过程中，作者们既借鉴他域经验，又提炼本土实践，在互动中优化，是本系列教材高质量完成的重要法宝。

编辑队伍专精是本系列图书的特色之三。复旦大学出版社是国内出版界重镇。本系列教材的编辑团队具有参与社会工作教材事务的丰富经验，工作成果也获得过多类奖励。编辑团队的各自努力、横向互动和纵向省思，也是本系列图书得以高质量出版的坚实基础。

7. 本系列是值得参习的高质量专业教材

复旦大学出版社策划的博学·社会工作系列教材是作者团队对社会工作梳理的专门成果，具有社会工作的一般内容，包含中国实践的在地特性，隐含社会工作的行动研究智慧，体现出很高的专业品位和工作质量，值得学界、业界、党政相关部门、实务工作机构和其他有兴趣同道学习参鉴。

当然，作者们虽理论功力扎实，也常参与教学、研究、实践、管理、倡导并志在工作完美，但难免有所疏漏。对此，希望读者基于社会工作的长项视角（strengths perspective）提出建议，以启迪作者成长，推动教育增能，助力行业发展。

社会工作是人类文明进步的重要载体，在国家治理和人民福祉中地位特殊。参与中国社会工作建设是我们的责任使命。让我们自我增能，美人之美，美美与共，基于本域又超越本域，在共建共治共享中谱写我国社会工作的新篇章。

顾东辉

复旦大学社会工作学系教授、《社会工作评论》主编

中国社会工作教育协会副会长兼秘书长

中国社会工作学会副会长

教育部高等院校社会学类专业教指委副主任

国务院学位委员会全国社会工作专业学位研究生教指委副主任

2025 年 1 月

前　言

　　社会工作是国家治理体系和能力现代化的积极载体，也是发达地区和文明社会的重要标志。宏而论之，社会工作与医疗服务、心理咨询互补，三者分别助力工作对象的社会健康、生理健康和心理健康，从身心灵的不同维度推进全人健康。细而述之，社会工作以现实场境中的个人、家庭、团体、社群和组织为工作对象，基于"以人为本、助人自助、公平正义"等价值伦理，协助工作对象改变（助人自助）和推动外在场境优化（促境美好），预防、舒缓和解决其困境，满足其需求，从而推进其与外境的和谐平衡，促进社会公正。本质上，社会工作是协助境中人/社会人（person in environment）社会健康的专业活动，社会工作者因此可以被称为社会健康工程师。任务目标（task goals）与过程目标（process goals）的融合，助人自助与促境美好的兼顾，是社会工作区别于其他助人利他专业和职业的关键标志。

　　社会工作在当代中国和未来中国的功能地位极其重要。20世纪70年代末开始的改革开放，使中国由农业社会进入工业社会，由传统社会走进现代社会，由计划社会转向市场社会。在迄今为止全球独有的三重转型中，经济发展是主打领域，国民物质生活的量和质发生了可喜变化；与此同时，工作压力、下岗失业、社群分化、社会排斥等消极现象也逐渐出现。然而，社会服务与社会建设滞后于经济发展及问题解决的需要。于是，可持续发展、科学发展观、和谐社会、美好生活等就成为热点议题。在如此场境中，国家、市场和社会都必须直面本土现实和借鉴国际经验。老问题的解决需要和新需求的动态出现，促使"政社分开"步"政企分开"之后尘，成为中国发展的重要选项。社会工作这个社会稳定器即将展示魅力，并将拥有广阔的用武之地。

社会工作及社会工作人才建设已成为当代中国多方瞩目的重要议题。2006年，十六届六中全会关于建设和谐社会决定中提出了"建设宏大的社会工作人才队伍"的目标。2007年，中央层面举行了社会工作专题调研，人事部和民政部联合出台了《社会工作者职业水平认证制度暂行规定》和《社会工作者职业水平考试实施办法》，民政等社会服务与社会治理领域、上海等多个地区都已开始社会工作的试点工作。2008年，社会工作者职业水平考试已在全国推开，全国迄今为止已有44.05万人获得了社会工作师与助理社会工作师的资格证书，其中，助理社会工作师33.33万人，社会工作师10.72万人。《高级社会工作师评价办法》也于2018年3月正式发布。迄今为止，140多项全国和部委层面的政策提出了社会工作具体议题。在教育领域，截至2017年年底，全国已有348所高校开设了社会工作本科专业，150个教学单位设立了社会工作硕士（MSW）专业学位授予点，17个教学单位设立了社会工作博士点或博士方向；中国社会工作教育协会也早已加入多个社会工作国际专业组织。在组织方面，全国性和地方性的社会工作机构和社会工作（者）协会也纷纷出现。然而，中国社会工作在专业化和职业化、本土化和本地化等方面的成就依然比较有限，其理论、实务、研究以及三者联动都落后于现实社会对专业社会工作的紧迫需要。

社会工作教育在中国社会工作发展中应该居于先导地位。社会工作教育是推进社会工作的理论、实务和研究之间良性互动的主打力量，承担着传道外来社会工作和提炼本土助人方法的双重任务。然而，中国学界总体进入专业社会工作领域的时间还不长，领悟社会工作的广度、深度和精度尚不足。因此，自我增能已成为中国社会工作界的现实需要。

教材建设在社会工作的实务推进和学科建设中作用显要。自20世纪80年代后半期中国重新关注专业社会工作之日起，许多仁人志士付出了巨大努力，撰写、编辑和翻译了不少社会工作的教材和文献，也完成了不少政府层面、实务层面和学术层面的专业研究。这些都对社会工作的良性发展发挥了不可小觑的积极作用。但是,与实务和教育对社会工作资料的紧迫需求相比,与港台地区及华人社区的社会工作丰富成就相比,中国内地的社会工作教学资料极其短缺,其中,最能引起社会服务、社会治理和社工教学人士共鸣的正是社会工作专业教材的不足。

《社会工作概论》是社会工作专业教学的入门教材和纲领文献。本书首版于2005年,由上海译文出版社出版。该版发行后得到了社会工作的政策领域、实务领域和教学领域等多类人士的积极关注,产生了积极的社会效应。后于2008年,由复旦大学出版社出版。当初,复旦大学社会工作学系与上海译文出版社达成共识,为了进一步扩大本书的积极效应,转由长于教材建设的复旦大学出版社继续出版发行。再版时,本书在原有内容的基础上增加了若干附录,整体内容也更加厚实。在社会建设日益红火的过去十年,尤其是社会治理稳步深化的过去六年中,本书得到了社会工作教学单位、社会组织、党政事业单位、慈善公益机构、企业社会责任部门中的工作人员和有兴趣的社会人士,以及社会工作专业各类学校师生的积极关注,屡屡重印,已发行数万册,发挥了应有的专业功能,体现了很好的社会价值。此次改版,继续由复旦大学出版社出版发行。为了保持全书内容的总体稳定,本版对第1—13章的正文不作大幅调整,但更换了部分篇章的开篇引文信息,增加了"推荐阅读"的内容。与此同时,本人基于对教学、研究和服务的省悟体验,在附录部分删除了"学校为本:青少年禁毒的社会工作干预",增加了"中国社会工作实践的本土导向"和"内发整进:上海社会工作的十年实践"两篇文章。

本书分六个部分十九个主题。第一部分是引论,包括"人类需要和贫穷""社会工作的定义和架构""社会工作的哲学基础、价值观和专业伦理"和"社会工作的演进",分别介绍社会工作的动源、体系、伦理和历史,属于社会工作的总体知识。第二部分是"人类行为与社会环境",对"人"和"环境"两个系统进行了简单说明,介绍了相关知识,是临床社会工作和宏观社会工作的重要基础。第三部分是社会工作方法,包括"个案工作""小组工作""社区工作""社会工作行政管理"和"社会政策",前两章介绍临床社会工作,后三章说明宏观社会工作。第四部分是"社会工作研究",介绍了融汇于社会工作各个阶段的资料搜集和分析技术。第五部分是对象取向的社会工作,由"社会工作:年龄视角"和"社会工作:机构视角"构成,简单介绍了针对值得关注的年龄段和在常见机构中的专业技能。第六部分是附录,分别展示社会工作实务、社会工作评估、社会工作本土导向等方面的案例与资料。此外,本书还列出了内容所及的主要文献及相关文献。总体而言,社会工作的主要内容在本书有所涉及。

本书内容在多个方面体现出特色。其一,由"人类需要"和"贫穷"出发展开对社会工作体系的描述。社会工作的最初动机是舒缓贫穷,而贫穷正是需要不足的表现。描析人类需要和贫穷的状况及其原因,显然可以为社会工作提供更好的宏观思路。其二,对社会工作进行多元定位。作者在第二章中对社会工作在社会福利中的逻辑地位、社会工作作为学术体系的内容架构、社会工作实务的实施架构、社会工作的类型架构和过程架构等进行了描述和说明,可以帮助读者从整体脉络上把握社会工作的架构。其三,对院舍、医院、学校和企业中社会工作技术进行了专门说明。这些都是值得中国内地社会工作及相关各界关注的实务场域。其四,附以案例说明。鉴于中国内地社会工作师生、实务工作者和政策制订者对操作知识和技巧的紧迫需要,本书列入了个案社会工作计划书、辅导过程记录、社会服务评估计划书等六份资料,供各界人士参考。

编撰人员的国际化和多元化是本书的组织特色。专业社会工作作为舶来品必须面对本土社会。组织一批既领悟华人社会文化又了解社会工作内涵的同道完成专业教材之编写,显然是比较理想的安排。因此,本书自策划之日起就决定发动有兴趣之华人学者完成编写工作,以较好地整合本土与国际,并恰当地融汇理论与实务。本书主要由来自内地、香港和台湾的七所大学中受过国际认可的社会工作博士课程训练的九位作者完成。复旦—港大 MSW 课程和复旦大学社会工作方向的多位研究生参与了一些内容的文献搜集、资料翻译和书稿初撰。各位作者在写作过程中的多番联络和学术切磋正是本书得以完成的重要前提。当然,完成本书编写仅仅是任务目标,在各位作者各担文责、认真写作的过程中积极互动和强化团队则是其过程目标。基于社会工作理念完成专业著作的编写,应该也是本书体现专业特色的立意之一。

中国内地社会工作发展的宏观场境正在不断优化。社会治理的不断推进,美好生活的持续追求，也有赖于社会工作教育、社会工作实务和社会工作研究的优化和广化。面对远道重任，社会工作学者乃至整个社会工作界人士应该积极参与，精诚合作。

本书撰写和出版源于多方人士的积极贡献。各位作者出于专业精神和角色责任都已尽心竭力。鉴于个体知识在演绎中可能出现的局限，作者们虽力致最佳但难免有所不足。对此，本人希望读者在指出不足的同时，以接纳、同理、分享等专业心态予以积极对待和进行切磋交流。除了本书作者的贡献外，复旦大学社会工作学系裘根祥副教授（已故）在初期参与了相关事务，上海译文出版社编辑朱阿根先生和李丹先生为译文版丛书出版做了大量工作，复旦大学出版社编辑马晓俊先生为复旦一版出版付出了巨大劳动，复旦大学出版社编辑宋启立先生为复旦二版贡献了专门智慧。对于诸君的精心设计、真切建议和辛勤劳动，本人在此谨致真诚谢意。

在本版出版前，第九章"社会工作行政管理"的作者辅仁大学社会工作学系张振成教授不幸仙逝。因此，本书此版也献给张振成教授，愿他在天国继续其助人利他事业。

顾东辉

2019 年 10 月于复旦大学社会工作学系

目录

第一章

人类需要和贫穷

◆

通过本章学习，了解代表性学者对普通需要的界定视角，理解特殊需要的定义，从社会工作视角把握人类需要的本质，理解和掌握人类需要的多种测量方法，全面理解贫穷的定义、模型及其本质，对各种贫困线的制订办法及其优劣形成自己的判断，并在批判性地剖析贫穷原因的基础上，思考满足需要和舒缓贫困的办法。

人类需要（human needs）是社会工作乃至社会福利的重要议题。人类需要未得到满足就称为需要不足（unmet needs）甚至贫穷（poverty）。描述需要、需要不足或贫穷的现状，剖析其原因机制，形成干预思路，这些都是社会工作的重要内容。

第一节　人类需要

人类需要是复杂的专业名词，一般指生存发展的必要条件，有普通需要（common needs）和特殊需要（special needs）之分，而且可以进行测量。

1. 普通需要

何谓需要，见仁见智。美国 1995 年出版的《社会工作辞典》认为，"需要是为了生存、幸福和完善而体现的生理、心理、经济、文化和社会条件"（参见 Macarov，1995：18）。马可罗夫指出："社会工作中的需要至少有五个角度，即冲动、短缺、要求、资源和问题。"（Macorov，1995：18—19）由于需要的概念比较多元，判定何谓需要就较为困难。如，领取低保的母亲要求另增补助，并准备花大部分收入购买时新衣服。其理由如下：穿得不好觉得压抑，购物是其嗜好，希望丈夫和孩子以其为荣，对丈夫饮酒支出很多进行报复，丈夫不会给钱买衣服，在寻找做模特的工作需穿得好一点。上述哪个理由符合社会工作的理念，可视为一种普通需要？

人类需要是社会工作的出发点。社会工作的人类需要与经济学的需求（demand）内涵不同，前者具有"必要""紧迫"等含义。

对于普通需要的界定虽然众多，但是参考多个代表性定义显然有利于把握其本质和内涵。层次说、整体说、阶段说、任务和危机说分别就不同视角对此作了说明。

需要层次说。马斯洛（Maslow）的需要层次说（a hierarchy of human needs）是社会工作的重要概念。其主要观点如下（1954）：其一，人类有生理、安全、归属和爱、尊重、自我实现等五种需要。如：衣食住行属于生理需要；法制完善、社会稳定归于安全需要；拥有亲情、爱情和友情就有了归属和爱；具有自尊和获得他人尊重就满足了尊重需要；获得提升就感受到自我满足和自我实现。其二，某些需要比其他需要更基本。上述需要组成由生理需要依次到安全、归属和爱、尊重和自我实现层次需要的金字塔。其三，人们按特定次序满足需要，只有当低层次需要满足后高层次需要才可以满足。需要层次说对社会工作产生了重要影响，社会工作实务大多是围绕低层次需要展开的。但是，该理论不能说明需要满足中的某些现象。有些弱势人士不愿享受福利以免被贴上标签，就是尊重需要高于生理需要的具体事例；危机时安全至上也说明了安全需要在特定时刻的重要性。可见，在某些情况下，不同需要不一定按层次高低顺序，多个层面需要也可能同时发生。整合马斯洛需要层次说和现实中诸多案例，可以认为，需求层次说其实描述了最大多数人、极大部分场景的需要状况，特殊人物、特殊场景下可能并不遵循上述法则。

整体需要说。佩尔曼（Perlman）的整体需要说（biopsychosocial whole，参见 Federico & Whitaker, 1997: Chp. 2）认为，人类需要是过去—现在—将来的纵向维度与生理—心理—社会的横向维度组合。详而言之，人类需要有生理、心理和社会三个方面；作为生理和生物的人，人会根据过去体验、现在状况和将来预期，借助人际联系和社会环境中的生活模式寻求需要满足。如：人们希望所得岗位离家不远（生理上不辛苦）、压力不大（心理上放松）和有地位（社会上有发展）；由于几者往往矛盾，求职者就可能根据自己与他人的求职和发展经验，选择离家较远、压力较大但未来有发展的职位。可见，人类需要并非单一的，多种需要往往混合在一起，人类行为是整合诸多需要的结果。

阶段性需要说。托尔（Towle，1965）认为，普通需要就是所有人都具有的、对人的生存和发展十分重要的需要，如身体健康、个人发展、情感成熟、智力发展、与他人联系和精神需求等（Federico，1997：56）。在不同年龄段，人类的普遍需要有所不同。（A）在婴儿及儿童阶段，感到安全、得到爱和关心、有学习机会是其普遍需要，如果需要未满足，就会产生情感混乱。婴儿获得母爱，可使他产生愉快情绪，提升消化系统和循环系统的功能，身心健康，人格健康。（B）在青少年阶段，自我依靠、身份认同、体现多重角色是普遍需要，如对自己究竟是孩子还是成人把握不定，就会有失落感，从而渴求保护。顾东辉、桂勇发现（2002）：在社区青少年中，16—17岁青少年是问题高发人群，偷窃和抢劫比例较高；18—21岁青少年的斗殴伤害、吸毒的比例明显上升，犯罪类型也变得复杂。（C）在成年阶段，工作准备和参加社会生产是普遍需要；在老年阶段，经济和情感需要特别重要。根据上述原理，就容易理解为什么青少年偏差行为较多，为什么老年人特别节省。

任务和危机说。埃里克森（Erikson，1959）认为，人类需要与人生任务紧密相关，如果任务没有完成，他们就会面临危机。根据该理论，人生任务之一是获得基本信任，如果没有获得这种信任，人就会产生怀疑；疑人不用和用人不疑就体现了该原理。人生任务之二是自主，如果没有实现自主，人就会感到害羞和疑虑；因此，较独立自主的人士就较有自信和自尊。人生任务之三是融入社会，如果没有完成该任务，人就可能犯罪；社会适应不良、社会化不佳的青少年有较多偏差行为就是该原理的体现。人生任务之四是进行工作，如果没有工作或失去工作，人就可能有自卑感；不少失业人士就会悲观地看待人生和未来。人生任务之五是获得身份，如果身份不明就会出现角色混乱。青少年虽然逐步独立，但是，对自己是谁、是成人还是孩子、应该做什么、自己的性别角色等产生混乱，因此比较迷茫。人生任务之六是发展亲密关系，如果没有要好的同性朋友或异性伴侣，人就会觉得孤独。人生任务之七是生育，涉及是否结婚、何时结婚、是否要孩子等议题，如果不能生育就成为一个危机。人生任务之八是自我完善，如果经努力仍不能自我实现，人就会感到绝望。

根据不同视角，人类需要有不同分类方法。本节第一段中领取低保的母亲要求另增补助的理由中，"希望丈夫和孩子以其为荣"可归入马斯洛需要层次说中的"尊重"需要；"在寻找做模特的工作"，按马斯洛的需要层次说可归入"生理（生存）"需要，按托尔的阶段性需要说可视为成年人的"工作准备和参加社会生产"需要，按埃里克森的任务和危机说又可视为"加入社会"和"工作"需要。可见，同一议题在不同视角中的界定有所差异，借助多个视角剖析同一事物显然比单一视角更客观和全面。

从什么视角界定需要可以导引出相应的社会工作方法。

2. 特殊需要

不同个人之间存在人际差异（human diversity）。费德力可（Federico）认为，人际差异指个人的生物、生理、社会和文化方面的不同，会影响到人类需求的表达和满足方式（Federico，1997：57）。其中，最重要的人际差异是性别、年龄、宗教、种族、生理和心理能力、性倾向、社会经济地位等，这些指标都是社会工作者必须关注的服务对象特性。

由于人际差异的存在，普遍需要在不同个体身上就表示为特殊需要。如：在马斯洛需求层次中，婴儿的安全感来自母亲的呵护和抚摸；成人的安全感可能来自法制完善、就业保障等；强势人士的自我满足可通过不断获得重大成绩予以体现；弱势群体的自我实现也许就是基本生活的稳定。与此同时，不同人士的需要满足顺序也可能有很大差异。如：成功人士可能会暂时牺牲生理、安全等需要，因为自我实现是其最基本需要；普通人士则首先注重基本的衣食住行、安全、归属等需要的满足。再如：在青少年前期（性成熟到 17 岁），他们会面临健康、生理、学业、友情、发展等问题，并拥有想象能力，好争辩，期望不受权威人士管制，能在所处社会系统中处理好相关关系；在青少年后期（18—20 岁），他们比较关注个人外表、学习成绩、升学、职业、经济状况、异性朋友等人生议题。随着年龄增长，不少人开始独立生活，能独立作一些决定。就本质而言，特殊需要是人类普遍需要和个体差异的整合结果。

特殊需要与专业概念中的"个别化"呼应。

3. 社会工作中的人类需要

社会工作中的人类需要与市场需求不同。市场需求是经济学的概念，是消费者通过市场机能的运作而获取特定的服务或商品；这种需求会随着消费偏好的市场效果或外在干预的非市场效果而有所改变。社会工作视角中的人类需要具有"基本""必要"或"紧急"的特性。有学者指出："人们在所处环境中，经由客观比较或者主观感受，察觉在某一方面有所匮乏而产生危机感，但又缺乏通过市场经济解决的能力，因而要求或极度期盼某些团体或组织采取特定的行动干预，提供必要的物质或者服务以解决困境，恢复或增进其福祉。"（万育维，1996∶127）因此，社会工作中的人类需要旨在弥补弱势人士在发展过程中面临的短缺，提供经济市场中需求没有得到满足的部分。

某些国家的社会福利改革鼓励国民从市场上购买服务。在此情况下，如何理解社会工作的人类需要与经济学的需求？

人类需要及其满足界定了社会工作的目标和主体，是社会工作的核心，是研究社会行政、福利服务、计划和资源分配的基础。

4. 需要测量

判断人类需要是否满足，就要对需要进行测量。布拉德肖（Bradshaw，1972）认为，需要测量表现为四种方式。（A）规范性需要（normative needs）。由专业人员、专家学者或行政人员依据专业知识和现存规则，制定在特定环境下人类所需的标准。中国城市的最低社会保障线就是研究人员根据人类热量要求及当地人生活习惯而提出的。由于各地物价水平不同，上海的最低社会保障线与贵州就存在差异。（B）感受性需要（felt needs）。当个人被问到对某种特定服务是否有需求时，其反应就是感受性需要。该需要可以通过调查获得，是个人主观感觉。需要产生不是来自我们缺乏的，而是来自邻居拥有的；人们相互攀比的具体对象就是一种感受性需要。（C）表达性需要（expressed needs）。该需要可以来自个人或团体，如果感受性需要通过行动或表现来明示，就成为表达性需要。高中生积极迎接高考，进入大学就成为其表达性需要；医院候诊室人满为患，候诊室扩大就成为医院的表达性需要。（D）比较性需要（comparative needs）。该需要是根据某种特征所作比较后发现的不足。如果当事人具有与已接受服务者的相同特征，但是没有获得同样服务，他们就有了比较性需要。这种需要通常在选择服务提供时出现。显然，上述四种需要测量方式从不同角度把握个人乃至社会的需要状况，为需要满足提供了方向。

上述四种需要测量表现出各自的特性。规范性需要适用于规范共同的最低标准，可以克服潜在需求者不知如何获得福利的不足，但是该模式难以脱离父权意识，具有相对性和多变性，忽略了个性差异，从而人性化不足。感受性需要假定个人之间的需要因主客观原因而有所差异，可以使个人避免不知道如何申请服务及受限于规范性需要等问题，但是其所感受的可能并非是真正的和根本的需要，从而容易产生偏误，降低服务效果。表达性需要小于感受性需要，适合于比较差异性条件。但是，该需要可能随不同场景而有所变化，主客观差异、缺乏信息、限于心理制约等都会影响个人、团体乃至机构全面表达需要的意愿和行为，从而资源分配计划的推行效果就可能受到影响。比较性需要存在于因相对剥夺而引起的个人、团体、区域之间，具体特征是其比较的基础；但是，上述特征的界定会有所困难，因为比较的基础及其价值认定具有相对性。

社会工作中，人类需要是共性和个性的整合，是必需的和基本的，必须被履行，从而有工具性特征。它们可能是当事人依据对所处情景的认知而作的主观判定，也可能是局外人通过评估而作的客观认定。社会工作中的人类需要具有特殊内涵，必须准确、全面地把握。

第二节　贫　　穷

人类需要有满足与不足两种状态，需要未得满足就表现为需要不足，需要不足就可能表现为贫穷。因此，贫穷与需要是紧密相关的概念，是社会工作的出发点和核心概念。

1. 贫穷的定义

界定贫穷的视角众多。有些界定相对简明。汤森（Townsend，1979，1993）认为，贫穷就是人们缺乏获得食物、参与活动、拥有生活条件和环境等方面的资源。联合国的相关文件（1995）指出，贫穷包括非常少的收入和其他状况，后者如缺少获得基本服务的途径，缺少保障，被排除参与社区生活（歧视和社会不平等）等。这些定义虽比较简单，但已涉及生存（缺乏食物）、安全（缺少保障）、归属（被排除参与社区生活）、尊重（歧视）等多类需要。

贫穷可以划分为生存、营养、收入不公平和相对剥夺四种模型。（A）生存模型（subsistence model）。指维持生活和健康必需的食物不足和没有住处，较严重的生理需求不足、饮食营养不佳、疾病，缺衣少药等。生存模型针对的是绝对贫穷状况。由于不同人士的需求水平不一，该模型也就体现出一定弹性。（B）营养标准模型（nutritional criteria）。即按照最低热量需求计算食物最低成本。人一般每天需要 2 400 卡热量，按照该模型，如果无法满足这些热量要求，则被视为处于贫穷状态。其实，该模型仅从食物角度讨论贫穷，非食物支出（如衣服、住宿）被排除在外，关注的领域少于生存模型，对某些现象（如减肥）导致的营养不良现象无法解释。由于不同人士、不同时期的营养需求及食物组合模式存在差异，该模式的标准就存在较大变异性，从而不利于具体政策的推行。（C）收入不公平模型（income inequity model）。涉及个体在收入群体的相对位置，洛伦茨曲线（Lorenz curve）和基尼系数（Gini coefficient）是其常用手段。洛伦茨曲线以人口累积百分比为横坐标、收入累积百分比为纵坐标，记录人口累积百分比和收入累积百分比的交叉点，根据所得曲线与对角线的关系说明收入不公平状况。曲线和对角线之间面积越大表示收入分配越不公平，反之则越公平。曲线与对角线间面积除以对角线以下面积的结果称为基尼系数，这一系数处于 0 到 1 之间，系数越小表明收入分配越公平。基尼系数 0.4 是国际公认的警戒线。（D）相对剥夺模型（relative deprivation model）。指由于资源和机会分配不当，某些人所享资源大大低于平均水平，被剥夺了获得福利和参与社会一般活动的机会，从而被社会一般的生活模式、习惯和活动所排斥。这些人就有了"剥夺感"，可以视为穷人。根据该模式，残疾人、失业人士均可以视为穷人。

　　贫穷也可以分为相对贫穷、标准性贫穷和绝对贫穷（Macorov，1995：226—227）。其一是相对贫穷（relative poverty）。这依赖于主观标准，某人是否感到贫穷或被剥夺，或是否感到他人被剥夺。生活标准落后于社会经济发展便会感到相对贫穷，收入最低的几个群体会感到相对贫穷。按照联合国的标准，收入在中位数 50% 以下就属于贫穷，40% 以下属于严重贫穷。其二是标准性贫穷（normative poverty）。某些群体无论其物质状况和收入如何，都被界定为贫穷人士。失业者、老人、慈善机构居民、精神病人、残疾者、移民（尤其是非法移民）等均可以视为穷人。其三是绝对贫穷（absolute poverty）。这主要依食物消费划分，标准最难确定。如，有些国家以每天 2 400 卡热量为标准，有些国家则以食物支出在总支出中占 1/3 为标准。上述三种贫穷中，相对贫穷界定最主观，标准性贫穷界定最客观，绝对贫穷界定则居于两者之间。

本书认为，贫穷是多角度和多层次的概念；其层次与马斯洛的人类需要层次相呼应，即生理、安全、归属和爱、尊重和自我实现的需要不足都可带来相应层次的贫穷问题；贫穷可以进行客观评价，也可以依靠主观感觉；复合贫穷是最强烈的贫穷。

2. 贫困线

贫困线是界定个人和家庭的生活资金或资源的标准线，旨在以资产调查（means-test）为基础保证人们的基本生活（Gilbert & Specht, 1976）。生活在贫困线之下的人士或家庭可以视为贫穷。贫困线的制定可以作为政府扶贫政策的依据，可以协助估计社会保障支出和制定经济社会发展计划，还可以进行不同地区和时期的比较。制订最低生活保障线以舒缓贫困是负责任政府的义务，其建立和发展是适应当时当地社会背景的产物。

（1）常用制订方法

鉴于贫困线对社会工作的重要性，有必要对制订贫困线的方法进行专门说明。

市场菜篮法。该方法就是列出一系列生活必需品和服务，再计算在市场上购买这些必需品和服务所要支付的金额。市场菜篮法首创于朗曲（Rowntree, 1901）在英国约克郡的贫穷研究，并曾被世界银行采用。市场菜篮法是上海居民最低生活保障线的制订最初方法之一。制订者首先按照营养标准确定维持体力恢复的生活必需品清单，同时按中国营养学会提出的普通家庭膳食标准和 1992 年商品市场零售平均价格计算，参照物价指数、经济发展水平和财政状况，得出当年城镇居民每人每月最低生活消费标准为 120 元。根据前述的几种贫穷划定标准，市场菜篮法是根据标准性贫穷或绝对贫穷状态来制订的，对象基本上是处于绝对贫

社会工作产生以来，其工作对象已由弱势人士向一般人士延伸。没有变化的是，社会工作始终面向人的"问题"或"弱势"方面。此类"问题"或"弱势"其实是贫穷的某种体现。某种层面和形式上的贫穷或需要不足使得任何人（包含成功人士）都可能进入社会工作的消费群体。

困状态的市民。该方法一般由专家或高级行政人员制订，其不足在于需要专门调查、行政费用高、人性化不足，人们只有按照专家或高级行政人员设计的食物消费标准，才能保证最低营养。与此同时，特殊需要者（如荤食者）就不能保证其需要得到充分满足。尽管如此，由于利于比较、简明易解、可保证大多数人的基本生活需要，该方法在不少国家和地区得到过运用。

食费对比法（恩格尔系数法）。该方法以食物支出占整体生活消费金额的百分比为基础，计算现时受助人的基本食物开支状况，然后代入中下层群体的恩格尔系数的分子来计算整体生活的基本开支金额。其原理是低收入家庭的食物开支主要用于购买生活必需品，食物开支比例越高，说明其生活质量越差。美国在20世纪60年代就界定，食物开支比例占33%以上的家庭就是贫穷家庭，即恩格尔系数为33%，并发现贫穷家庭占美国总家庭数比例达到17%。如果某个家庭每月整体生活消费金额为900美元，食物支出需要花费400美元，该家庭的食物支出占生活消费总支出的百分比达到44%，该家庭就被视为贫穷家庭，应根据法令予以补助。上海最初的居民最低生活保障线也参照了恩格尔系数法。根据1993年上海市统计局提供的10%最低收入户的日常消费必需品数据，列出吃、穿、住、医、教育、服务等八方面必需品清单，定出当年城镇居民每人每月最低生活消费标准，并将郊县居民最低生活保障标准分为近郊、远郊和海岛三种。食费对比法往往与家庭的消费模式有关，因而指标弹性较大，不易操作；而且，它需要专门调查，行政费用高。因此，实际应用时需足够小心。

生活形态法。本方法以社会大多数人的状态确定哪些生活形态属于贫穷，再以调查方式找出哪些人处于这些形态，然后找出他们的收入边际线。这条边际线便成为当地的贫困线。汤森在1979年建立了60个基本生活标准指标，并调查了20 000个住户，发现其中40个指标与收入水平有很大关联；再基于其中20个指标建立了一套贫穷分数索引。如果缺乏某些索引项目即可视为贫穷住户。从不同住户所得的贫穷分数和相关住户收入，以社会援助支出比例来表达，就得出贫困线水平。在上海，家庭是否拥有电话、彩电、独立卫生设备等可以是判断是否贫困的重要指标，无法拥有上述设备者就可以视为贫穷。由于个人或家庭的收入水平难以准确把握，生活形态法就能更好地反映民众生活水平，也较少规范受助者的生活形态，便于进行不同地区的比较。因此，该方法较优于以收入为基础的贫困线。

（2）国际贫困线

1976年，经济合作组织对会员国进行了社会援助水平的调查，贝克曼（Beckman）据此建立了国际贫困线。即：于单身人士而言，贫困线相当于平均工资的1/3；于两人家庭而言，贫困线相当于平均工资；于三人家庭而言，贫困线相当于三人家庭平均工资的一半；依此模式类推。由于收入平均数易受极端数影响，因此，越来越多的学者主张以收入中位数替代平均数作为国际贫困线的依据。本法的优点在于简单易行、节省行政费用、方便纵横比较、受助者可以分享经济发展的成果而又不限制其生活方式。其不足之处在于需要准确把握民众的收入水平，而在收入分配不透明、金融制度不完善的社会中要准确把握收入水平有一定难度。

（3）选取原则

香港地区学者莫泰基（1999）认为，贫困线的选择应遵循一定原则。（A）是否公平。该贫困线与一般民众的生活水平相关，能保证人们的基本生活需要（世界银行标准是2 400卡/天），进行适当调整以保证贫困人口分享经济发展成果（用通胀率调整较消极），应该较少规范受助人的生活形态。（B）是否有效率。该贫困线不需要专门调查（可由二手资料获取数据），容易制作和操作，从而节约行政费用，基本逻辑和方法避免矛盾（即合理并被政府接受）。（C）是否让公众参与。该贫困线的定义容易让公众理解和参与，得到不同利益团体的支持，从而反映目标的共识性。莫泰基认为前述几种方法具有如表1-1所示的特性。

表 1-1 四种制订贫困线的方法比较

	市场 菜篮法	食费 对比法	生活 形态法	国际 贫困线
（1）公平	（低）	（中）	（高）	（高）
与一般民众生活相关	低	中	高	高
保证基本生活需要	高	低	中	低
分享社会经济发展成果	低	中	高	高
较少规范市民的生活形态	低	中	中	高
（2）效率	（中）	（低）	（低）	（高）
不需要专门调查	低	低	低	高
容易制作和操作	高	低	低	高
合理并被政府接受	低	低	中	高
（3）公众参与	（高）	（中）	（中）	（高）
浅易，能让公众理解和参与	高	低	低	高
客观，以得到利益团体的支持	中	中	高	高

贫困线的选择要体现几个原则。其一，公平和参与原则体现了以人为本的内涵，而效率原则有管理主义的意识。其二，不同原则可能存在矛盾。如：要"较少规范市民的生活形态"以体现公平，就可能"需要专门调查"，从而影响效率；要"合理并被政府接受"，就可能与"得到不同利益团体的支持"存在矛盾。其三，贫困线选择应该是理性的，需要政府、利益团体和领取者等多个主体的信息整合，要注意领取者享受水平与就业者最低收入之间的合理差距，要注意社会经济发展水平与资源可行性的平衡。在实践中，贫困线选取可能是依托某个标准或某些标准的结果，是在当时当地场景中对公平与效率的整合。

贫困线的制订是政府行为。某个国家或地区的贫困线模式并不一定适用于另一个国家或地区，贫困线本质上是政府整合当地诸多因素后产生的"理性"产品。

3. 关于贫穷的理论

贫穷是社会工作中的重要议题。贫穷文化论、社会达尔文主义、社会结构论、人环两因论等是常见的贫穷理论。

（1）贫穷文化论

代表人物是刘易斯（Lewis）。该理论认为，穷人并非主流文化的一部分，并因其独特的文化、价值观、道德而成为异类；低下阶层人士往往被视为由于自身行为而沦为穷人。刘易斯根据约 70 项社会经济心理特征表述贫穷文化，认为贫穷并非单独由环境造成，也有其内在价值、表象和人际关系。这些特性在环境发生变化时依然不变。由于其价值观，穷人抗拒求变而只采用符合其文化的行为。罗赛（Rossi）和布卢（Blum）进一步认为，穷人有如下特征：在劳动参与方面，他们长期失业，公共援助是收入的主要来源；在家庭和人际关系方面，他们婚姻不稳定率高，以女性领导为主，非法婚姻居多；在社区特征方面，他们的居住区域志愿组织极差，低层次参与；在社会联系方面，他们对社会及社会事件无兴趣，知之甚少，受到社会排斥；在价值导向方面，他们需要帮助，自我效能感弱，独行，要求服从；在宗教倾向上，他们带有强烈的、虚幻的追求，低需求和对自我的低期望。因此，贫穷文化论认为，应该在这部分人内部对某些群体施加影响。

（2）社会达尔文主义

代表人物是凯慈（Katz）。该理论运用进化论的适者生存（survival the fittest）原理解释贫穷现象，强调贫穷源于个人而非社会，认为贫穷与个人自身有关且多源于懒惰，贫穷人士也往往被称为依赖者。治疗贫穷就应该激励贫穷人士，使他们对自己负责。

（3）社会结构论

该理论认为，影响整个社会或由于社会的短缺和困难而出现的需要可称为社会引发的需要（societally caused needs），这种需要有时可视为一种剥夺，并在物质资源、精神或情感、认知、人际、机会、人权、生理等方面得以体现（Macorov, 1995:22）。如，经济转型中的行业调整使许多人失去工作，城市农村的二元体制使农村民众缺乏平等的机会。社会引发的需要与前述的普遍需要和特殊需要不同。（A）普遍需要或特殊需要都是从个体发展出发予以说明，社会需要则注重社会因素对个体正常需要的负影响，就

"人在环境"（person-in-environment）视角而言，该名词关注环境或场景，强调外在原因。（B）社会引发需要显示，即使个体存在显著差异，社会因素也会让这些个体同时面临困境或被剥夺，因此其涉及对象众多。如，中国20世纪90年代的行业调整就使不少企业从厂长、劳动模范到普通工人集体下岗。（C）导致诸多个体面临相同或相近的个人需要。由于是同样因素导致了许多个体被剥夺，被剥夺者由这些原因导致的困境或危机必然相同，因而社会引发的需要也表现为许多个人具有的需要。（D）危害人类的共同需要和特殊需要。社会资源的短缺和困难而引发的需要或剥夺会使个人的普遍需要和特殊需要受到影响，干扰个人正常发展。可见，社会引发的需要，其原因力度很强，影响广泛而且程度很深，值得宏观和微观社会工作予以关注。

（4）人环两因论

"人在环境"是社会工作的专门术语。该术语认为，人与环境的适应性平衡是两者追求的目标；人的困境可能在于个人，也可能在于环境；因此，贫穷可以从个人和环境两个视角予以剖析。（A）个人原因在于（Macorov, 1995:23）：一是"不能"（the incapable），由于某些特征使得人们陷入困境，从而不能自我供养或至少不能完全自我供养，如年老和技能不足；二是"不为"（the unmotivated），无参与冲动，指有能力但不参与社会生活，如懒惰而缺乏行动；三是无准备（the unprepared），指有能力参与但未预料到，如意外事件和失业；四是不守规矩（the unconforming），指有能力、有准备、没有受到灾难但破坏社会规矩，如犯罪。（B）环境原因众多。经济原因在于非正式资源和正式资源的短缺，经济转型打破原有市场和社会结构等。这些都能导致失业、就业不足、低收入、无家可归等问题。社会原因在于社会变迁，涉及人口（如老龄化）、家庭（如独生子女）、技术（如基因技术），也可能在于偏见、歧视和剥夺、机会缺乏、遗传性贫穷等。政治原因可能在于政治变化，如不同总统的福利政策导致贫穷的增减；也可能在于不公平及不恰当的社会政策，如缺少最低工资政策。自然或人为灾难也是贫穷的原因，前者如地震和环境污染，后者如市民骚动和失去重要人物。在诸多原因中，负面经济因素对贫穷的推动作用最大。

在上述理论中，贫穷文化论和社会达尔文主义分别从个人的内在价值、表象、人际关系以及懒惰与否等视角剖析贫穷或需求不足的缘由，这在社会环境相同时可以一定程度上说明不同个人的差异，但是在诸多个人同时沦入贫穷时缺乏说服力。社会结构论则认为社会的短缺和困难引发了需要，而这种需要表现为社会人士普遍的需要不足或贫穷。但是，这种理论对于同处恶劣环境中的不同人士之间差异缺乏说服力。人环两因论似乎融合了上述两者之长，认为或是个人原因或是环境原因导致贫穷。本书认为，鉴于社会工作认为人环失衡是两者不当互动的结果，贫穷就是个人原因与环境原因整合的产物，它可能单独源于个人，可能单独源于社会结构，也可能是某个社会场景中个人根据自身状况积极或消极应变的产物。科学合理地剖析贫穷成因显然是舒缓和消除贫穷的前提。

满足需要和舒缓贫穷是社会工作的重要议题，其办法显然与如何界定需要不足或贫穷以及如何看待其原因有关。就人和环境平衡视角而言，可以通过增加投资（淌滴理论）或进行社会资源重新分配（税收）改变环境，也可以协助个人或个人所在群体改变。就过程视角而言，满足需要和舒缓贫穷可以针对其原因采用治疗性对策，可以针对其后果采用舒缓性对策，也可以针对未来事件采用预防性对策。改变环境、改变个人、治疗性对策、舒缓性对策和预防性对策正是社会工作的重要元素。

> 如何剖析贫穷，反映了解释者的价值观和意识形态，体现了他们对社会福利的责任、资源和服务三要素的看法，这就决定了他们对舒缓和消除贫困即"社会工作"的基本思路。

本章小结

1.人类需要是复杂的专业名词,有普通需要和特殊需要之分。

2. 普通需要的界定有马斯洛的"层次说"、佩尔曼的"整体说"、托尔的"阶段说"、埃里克森的"任务和危机说"等多种。

3. 需要层次说认为，人类有生理、安全、归属和爱、尊重和自我实现等五种需要，某些需要比其他需要更基本，只有低层次需要满足后，高层次需要才可满足。

4. 整体需要说认为，人类需要有生理、心理和社会三个方面；作为生理和生物的人，人会根据过去体验、现在状况和将来预期，借助人际联系和社会环境中的生活模式寻求需要满足。

5. 阶段性需要说认为，不同年龄段的普遍需要不同。在婴儿和儿童阶段，感到安全、得到爱和关心、有学习机会是其普遍需要；在青少年阶段，自我依靠、身份认同、体现多重角色是其普遍需要；在成年阶段，工作准备和参加社会生产是其普遍需要；在老年阶段，经济和情感需要就特别重要。

6. 任务和危机说认为，人生任务分别是获得基本的信任、自主、融入社会、进行工作、获得身份、发展亲密关系、生育、自我完善等；这些任务没有完成，人就会面临危机。

7. 普遍需要在不同个体身上的体现不同，这些不同就表示为个别人士的特殊需要。

8. 社会工作中的人类需要具有"基本""必要"或"紧急"的本质，旨在弥补弱势人士在发展过程中面临的短缺，提供经济市场中需求没有满足的部分。

9. 需要测量表现为四种方式。规范性需要是由专业人员、专家学者或行政人员依据专业知识和现存规则，制定在特定环境下人类所需的标准；感受性需要是当个人被问到对某种特定服务是否有需要时的反应；表达性需要可以来自个人和团体，将感受性需要通过行动或表现来明示；比较性需要是根据某种特征所作比较后发现的不足，常在选择服务提供时出现。

10. 贫穷是社会工作的核心概念。汤森认为，贫穷就是缺乏获得食物、参与活动、拥有生活条件和环境等方面的资源。联合国指出，贫穷包括非常少的收入和其他状况，后者如缺少获得基本服务的途径、缺少保障、被排除参与社区生活等。

11. 贫穷可以划分为生存、营养、收入不公和相对剥夺四种模型。生存模型指维持生活和健康必需的食物不足和没有住处，比较严重的生理需求不足、饮食营养不佳、疾病、缺衣少药等。营养标准模型即按照最低热量需求计算食物最低成本。收入不公平模型涉及个体在收入群体的相对位置。相对剥夺模型指由于资源和机会分配不当，某些人所享受资源大大低于平均水平，被剥夺了获得福利和参与社会一般活动的机会，从而被社会一般的生活模式、习惯和活动所排斥；这些人就有一种被剥夺感。

12. 贫穷也可以分为相对贫穷、标准性贫穷和绝对贫穷。相对贫穷依赖于主观标准，某人是否感到贫穷或被剥夺，或是否感到他人被剥夺；标准性贫穷即某些群体无论其物质状况和收入如何都被界定为贫穷人士；绝对贫穷主要依食物消费划分。

13. 贫穷是多角度和多层次的概念；其层次与马斯洛的人类需要层次呼应，任何层次的需要不足都可能带来相应的贫穷问题；贫穷可以进行客观评价，也可以依靠主观感觉；复合贫穷是最强烈的贫穷。

14. 贫困线是界定个人和家庭的生活资金或资源的标准线，目的是以资产调查为基础保证人们的基本生活。

15. 常用的制订贫困线方法有四种。市场菜篮法就是列出一系列生活必需品和服务清单，再计算在市场上购买这些必需品和服务所要支付的金额。食费对比法（恩格尔系数法）就是以食物支出占整体生活消费金额的百分比为基础，计算现时受助人的基本食物开支状况，然后代入中下层的恩格尔系数的分子来计算整体生活的基本开支金额。生活形态法以社会大多数人的状态确定哪些生活形态属于贫穷，再以调查方式找出哪些人处于这些生活形态，然后找出这些人或家庭的收入边际线。国际贫困线就是参照不同人士的生活需求，以当地平均收入或中位收入的一定水平为标准界定贫穷与否。

16. 贫困线的选择应遵循公平、效率和参与的原则。公平就是贫困线应与一般民众的生活水平相联系、能保证人们的基本生活需要、保证贫困人口分享经济发展成果和较少规范受助人生活形态;效率就是不需要专门调查、容易制作和操作、合理并被政府接受;参与就是贫困的定义容易让公众理解和参与、得到不同利益团体的支持。总体而言,国际标准贫困线在四种贫困线中最公平、有效,具有高参与度。

17. 贫穷文化论、社会达尔文主义、社会结构论、人环两因论是描述和解释贫穷现象的常见理论观点。贫穷文化论认为,穷人因其独特的文化、价值观、道德等而成为异类。社会达尔文主义强调进化论的适者生存原则,认为贫穷与个人自身有关且多源于懒惰。社会结构论认为,社会的短缺和困难导致了需要不足,这些需要称为社会引发的需要。人环两因论认为,贫穷的个人原因在于不能、不为、无准备和不守规矩,其社会和环境原因则体现在经济、社会、政治、灾难等方面,其中经济因素对贫穷的作用最大。

18. 满足需要和舒缓贫穷可以通过增加投资(涓滴理论)或进行社会资源再分配(税收)改变环境,也可以协助个人或个人所在群体改变;可以针对其原因采用治疗性对策,可以针对其后果采用舒缓性对策,可以针对未来事件采用预防性对策。社会工作正是满足需要和舒缓贫穷的重要手段。

思考题

1. 马斯洛需要层次说的主要内容是什么?

2. 联系实际,探讨佩尔曼的整体需要说。

3. 托尔的阶段性需要说的主要观点是什么?

4. 如何理解埃里克森的任务和危机说?

5. 如何理解特殊需要?社会工作中人类需要的本质是什么?

6. 常用的需要测量方式有哪些?

7. 贫穷的定义、模型及其本质是什么？

8. 常用的制订贫困线方法有哪些？

9. 结合本地情况，探讨哪种贫困线的制订方式最合适？

10. 举例说明贫困的原因。

11. 结合实际，探讨如何满足需要和舒缓贫穷？

推荐阅读

王思斌（2009），"我国适度普惠型社会福利制度的建构"，载《北京大学学报（哲学社会科学版)》第 3 期。

林方主编（1987），《人的潜能和价值》，北京：华夏出版社。

周健林、王卓祺（1999），"关于中国人对需要及其先决条件的观念的实证研究"，载《中国社会科学季刊》第 25 期（春季），香港：社会科学出版社。

顾东辉（2003），"小康社会的最低生活保障线"，载《华东理工大学学报（社会科学版)》第 2 期。

梁祖彬、颜可亲（1996），《权威和仁慈：中国的社会福利》，香港：香港中文大学出版社。

谢立中（2012），《社会现实的话语建构——以"罗斯福行政"为例》，北京：北京大学出版社。

Bradshaw, J. (1972). The Concept of Social Needs. *New Society*. Vol. 30: 640–643.

Doyal, L. & Gough, I. (1991). *A Theory of Human Needs*. London: Macmillan.

Macarov, D. (1995). *Social Welfare: Structure and Practice*. London: Thousand Oaks.

Sharma, A. (1990). *Concept and Measurement of Poverty*. New Delhi: Anmol Publications.

第二章

社会工作的定义和架构

◆

通过本章学习，了解社会工作的要素，把握社会工作在福利系统中的逻辑地位和社会工作本身的学科体系结构，掌握社会工作的不同划分方法及其关系，熟悉社会工作实务过程的工作任务，认清社会工作者的角色及其功能发挥的原则，根据专业和制度的特性剖析社会工作的特性，了解社会工作发展与心理学、社会学等学科的知识联系。

社会工作由英文 social work 翻译而得，是一个旨在舒缓和解决需要不足及贫穷问题的多元术语。要领悟这个术语，必须在掌握其定义的基础上认识其架构，并对其本质及与相关学科的关系有所把握。

第一节　定义、定位和类型

社会工作的存在需要一些基本假定。特克莱和斯基莫 Thackery & Skidmore, 1994:3）认为，社会工作有三个基本前提：无论何人都十分重要；人在互动中会产生个人、家庭、社区等方面的问题；某种社会工作方法可以舒缓上述问题，从而改善个人的生活。

1. 定义

对于何谓社会工作，社会工作界见仁见智。有些学者的定义比较详细。沃纳（Werner, 1959:54）认为，社会工作是通过注重人与环境互动中的社会联系，寻求其个体层面或群体层面社会功能的提升，从而恢复受损的能力（治疗和康复）、提供个人和社会资源（发展和教育）、预防社会负功能（早期的发现、控制和消除）。王思斌（1999:13）指出，社会工作是以利他主义为指导，以科学的知识为基础，运用科学的方法实施的助人服务活动。有些学者的界定则比较简单。如，佩尔曼（Perlman, 1979）指出,社会工作其实就表现为"4P"，即人（person）、问题（problem）、机构（place）和过程（process）。一般而言，学者们对社会工作的界定与其时代和场景紧密相关。

有学者认为，社会工作的定义分三类，代表其不同阶段（李增禄，1999：12—13）。第一类定义把社会工作视为个人慈善事业（individual charity），是中上阶层人士出于人道主义和宗教信仰而对贫困或不幸者进行的慈善施舍。这个定义代表了社工发展的最初阶段，各国社工发展初期也都如此。第二类定义把社会工作视为由政府和私人团体举办的以解决各种因经济困难导致的问题为宗旨的有组织活动（organized activities），包括对失业、贫困、老年等进行各种经济扶助、调查活动等。许多国家采用此种定义，并认为对贫穷的救助和预防是政府责任。第三类定义把社会工作视为政府和私人团体举办的专业服务（professional service）。此种服务不分性别、年龄、贫富，以协助任何人发挥最高潜能，使其获得最美满和最有效的生活，包括救助贫困、保障经济安全等。工作中心不仅是被救助者社会关系和生活的改善，更在于制度的调整和革新。对被救助者的工作也不仅在于物质提供，更包括专业服务。工作对象不仅包括贫困人士，而且已普及到一般市民。

按此三分法，中国内地的个人慈善事业历史悠久，政府与准政府机构的有组织活动在当代占主导地位，专业服务已经起步。当前，中国内地的社会工作呈现出"三者兼具"的特性。

本书认为，社会工作的诸多定义都涉及几个要素。一是工作对象（服务对象、案主或当事人）。社会工作的对象包含个人、团体（家庭或小组）、社区（社群）、组织、社会等多个层面。虽然社会工作开始将普通人士和强势人士纳入服务范畴并主要针对其弱势领域，但是弱势人士始终是社会工作的最初对象和核心对象。二是服务提供者。社会工作一般由福利部门和服务机构（团体）实施，社会工作者（social worker）是其关键力量。三是目标。社会工作旨在促进人与环境的"适应性平衡"（adaptive balance）。其基础目标是发挥治疗性功能，帮助解决人环互动不当引发的问题。其中间目标是满足个人和社会的需要，使其更好地发挥社会功能。其最终目标是消减不公平，维护社会公正。四是手段。鉴于社会工作认为人环失衡源于两者的不当互动，其原任何人都可以成为社会工作的消费者，因为人都会有弱势方面，人生会不断地面对"问题"。因此，社会工作在任何社会都不可或缺。

因可能在于人和环境之一者或两者兼有，因此，实现目标的手段就可以是助人自助，从而帮助当事人提高能力，可以是促境美好，推动社会环境的优化组合，也可以是上述两者的综合运用。

因此，社会工作即福利部门和服务机构针对个人、团体（家庭或小组）、社区、组织、社会等与其外在环境的不当互动而形成的弱势情况，利用专门的方法和技术，协助当事人改变或推动环境的改变，促进两者的适应性平衡。

2. 理论架构

社会工作有自身的理论架构，该架构体现在社会工作在社会福利系统中的逻辑地位以及社会工作本身的内容结构等方面。

就社会工作是社会福利的组成部分而言，人类需要是其出发点。人类需要没有满足就会产生需要不足，进而导致贫穷问题。福利动机、社会资源、福利历史和主流意识形态等共同决定了舒缓和解决贫穷问题的对策，社会工作正是其对策之一。其中，福利动机体现在政治（如获得权力、减少社会不稳定）、经济（如减少社会成本、促进生产和消费）、宗教等方面。社会资源有个人、家庭和非正式支持网络、社区、志愿机构、企业、政府等多个类型。福利历史体现为过去社会福利和社会工作的发展惯性。主流意识形态指政府对国家、社会和市场之间相互关系的定位，它决定了政府对剩余性福利、制度性福利还是混合福利模式的选用，很大程度上决定了社会工作的特性。因此，从图2-1可以大致把握社会工作在社会福利系统中的逻辑地位。

把握生态视角的内涵，领悟社会工作在更大系统中的定位，可以纲举目张，由上而下地把握社会工作的角色。

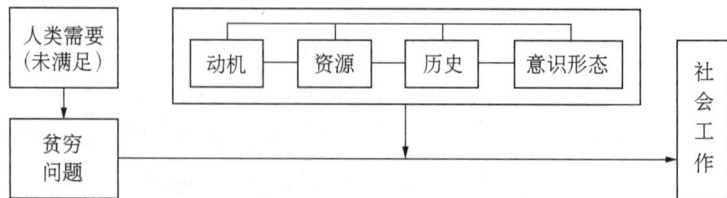

图2-1　社会工作在社会福利系统中的逻辑地位

　　就社会工作作为一个学术体系而言，广而言之，其主要内容涉及哲学基础、伦理、历史、理论、研究方法等多个方面。哲学基础是社会工作存在的客观前提，如人权、公平、利他主义、人文主义等。伦理指对可以和不可以进行某些行为的规定，如保密、自我决定、生命至上等。历史描述社会工作不同发展阶段及其特征。理论包括基础理论和实务理论两部分。前者说明为什么，如，冲突理论就是社会行动模式的基础；后者说明怎样做，如，认知疗法就说明进行认知层面干预的技术。研究方法说明如何搜集和分析资料以促进专业理论和实务的发展。简而言之，社会工作是由知识体系、价值体系和干预项目组成的系统（Bartlett, 1970:80—83）。其中，知识体系和价值体系指导社会工作从业人员执行干预项目，社会工作从业人员又从干预过程中获得经验。这些经验又反馈到知识和价值体系中，验证或修正社会工作的知识和价值。理论、实践和价值的互动类似于科学研究的程序，是社会工作旋进发展从而不断完善的逻辑过程。

> 社会工作自成系统，该系统又由若干子系统组成。这些系统相互作用，共同形成社会工作的整体。

　　就专业社会工作实践而言，斯波林（Siporin, 1975）提出了如图 2-2 所示的实务模型。根据该模型，社会工作的出发点是执行社会功能和社会任务，解决问题和满足需要。针对这些问题和需要，社会工作者应该根据专业哲学基础、意识形态、知识基础和相关技能，选用合适的实务理论。根据该实务理论的基本助人模式、实务伦理指引和相关技术，确定针对上述问题和需要的特殊理论和方法。然后，制订具体干预项目，并对上述相关内容及如何进行预估、策划、干预、评估进行详细说明。可见，专业社会工作是由多个步骤和诸多技术构成的服务过程。

　　根据社会工作理论架构，社会工作有自身体系，符合科学程序，是一种专业工作，也是一个过程。结合社会工作的定义，可以认为，社会工作是社会工作者运用人类潜能与社会资源，协助人们认清困难和问题，从而寻找解题途径以及推动社会环境改善的活动。由于社会工作主要以人或人群为对象，它必然可以成为一种艺术。

```
                    ┌─────────────────────┐
                    │   社会功能和社会任务    │
                    └──────────┬──────────┘
              ┌────────────────┴────────────────┐
              ▼                                  ▼
    ┌──────────────────┐            ┌──────────────────────────┐
    │  哲学、意识形态     │            │  知识基础、应用科学、艺术    │
    └────────┬─────────┘            └─────────────┬────────────┘
             │               实务理论              │
             ▼                                    ▼
    ┌───────────────────────────────────────────────────┐
    │  伦理原则—基本助人模式与理论—技术原则                 │
    │  特殊理论方法                                       │
    └─────────────────────────┬─────────────────────────┘
                              │       干预项目
                              ▼
    ┌───────────────────────────────────────────────────┐
    │  助人的方法、过程、角色                              │
    │  技术及方式（预估、计划、干预、评估）                 │
    └───────────────────────────────────────────────────┘
```

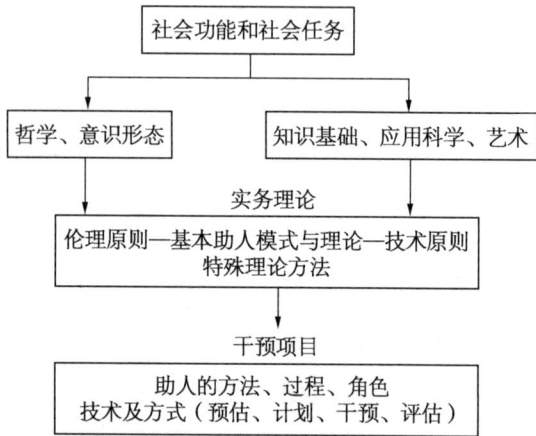

图 2-2 专业社会工作的实务模型

3. 类型架构

（1）三种常用分类

如果要体现社会工作的"社会"本性，个案工作、小组工作和社区工作似乎应称为个案社会工作、小组社会工作和社区社会工作。

工作手法、问题和对象是社会工作的三大分类方法。首先，按照工作手法，社会工作可以划分为个案工作（case work）、小组工作（group work）、社区工作（community work）、社会工作行政管理（social work administration）、社会政策（social policy）和社会工作研究（social work research）等。

个案工作以符号互动论等理论为基础，以个人或家庭为服务对象，是社会工作者与服务对象的单对单互动。目的在于协助人们解决本身能力和资源无法解决的问题，运用专业知识、方法和技巧去协助失调者，改善其环境，增进服务对象与社会环境的适应性平衡。如，针对缺乏求职技巧者可采用行为修正方法；针对求职的错误想法可采用认知治疗法；针对情感问题可采用情感治疗法。

小组工作以群体动力论等理论为基础，凭借小组工作者的协助和引导，小组成员在各种社区机构的小组中发生互动，建立关系，并以个人能力与需求为基础，获得成长的经验，最终达成个人、小组、社区的发展目标（林万亿，1995）。如，领袖训练就可采用发展性小组方法，糖尿病人的知识训练就可采用教育性小组。

社区工作则以社会发展、社会计划等理论为基础，是以社区及其成员整体为对象的介入手法。它通过组织成员有计划参与集体行动，解决社区问题，满足社区需要。在参与过程中，让成员建立社区归属感，培养自助、互助和自决的精神，加强其社区参与及影响决策的能力和意识，发挥其潜能，最终实现更公平、民主及和谐的社会（顾东辉，2004c）。如，灾后重建可以采用地区发展模式，帮助失业者就业就可以采用社会规划模式。

社会工作行政管理是机构成员将社会政策转化为社会服务的连续的、动态的社会行动过程，透过该过程将社会政策转化为具体社会服务，并使用实务经验来修正政策。如，最低社会保障政策的落实和执行就需要以社会工作行政管理为基础。

社会政策是通过项目改变政策，通过社会行动改变环境，目标是防止和解决机构、社区和社会的问题，改善社区资源和社会服务。如，开发西部就是针对地区经济发展不平衡而出台的国家层面社会政策。

社会工作研究是获取知识和发现事实的过程。在此过程中，社会工作及其他领域的理论与实务工作者使用社会研究方法，搜集和分析与社会工作有关的资料，协助达成社会工作目标。研究内容和研究目标与社会工作有关是其根本特征（顾东辉，2004b）。如，服务对象的需求评估、结果评估等就要采用社会工作研究。

上述几种方法在社会工作发展中得到认同的时间和力度有所不同，它们都已成为专业社会工作的重要组成部分，并已得到社会工作界的认同。

其次，按照社会问题，社会工作可以划分为针对贫穷、失业、疾病、婚姻家庭问题、残障、吸毒、酗酒、犯罪、劳工问题、种族歧视等方面的社会工作等;这些通常被称为社会工作的实务领域。

问题、方法、对象确实不可分离，单纯针对服务对象、单纯解决问题都不能算社会工作，因为解决问题的方法众多，有些有社会工作特性，有些是其他工作手法。只有当三者整合在一起时，才能算社会工作。其中，方法是核心，是社会工作区别于其他助人系统的关键标志。

其三，按照工作对象，社会工作既可以划分为儿童社会工作、青少年社会工作、妇女社会工作、老年社会工作、贫民社会工作、残障者社会工作、劳工社会工作等，也可以划分为院舍社会工作、学校社会工作、医院社会工作、企业社会工作等。

工作方法总是应用于具体对象，并旨在舒缓和解决具体问题。参照卡洛尔（Carroll）提出的社会工作实务架构（李增禄，1999：59），可以整合成图 2-3 所示的社会工作类型架构。（A）仅仅针对或解决社会问题并不一定需要采用社会工作手法，仅仅旨在解决某类对象面临的问题和需要也不一定运用社会工作，只有当解题策略中应用了社会工作技术，这些手法才属于社会工作范畴。因此，技巧和方法是社会工作的核心，社会工作干预总是针对某些对象的具体问题而采用某种工作技术的过程。（B）针对同一对象的同一问题可采用多种社会工作技术。如，针对失业人士求职行为不当，社会工作者可采用个案工作技术协助其改变，也可以应用小组工作方法使案主学习和掌握恰当的技巧。实际工作中，社会工作者的策略运用取决于其知识背景、个人经历、案主特性、社会资源和实践智慧。

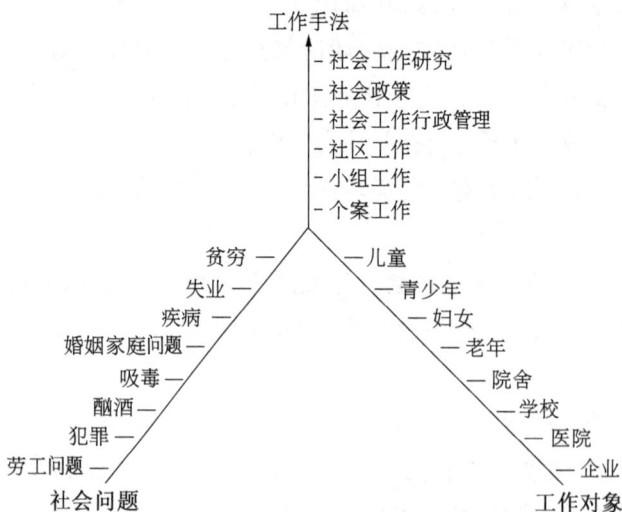

图 2-3 多维社会工作类型架构图

（2）社会工作的多元视角

社会工作的工作手法可以有多种组合方式。按照工作者与服务对象的接触程度，社会工作就被划分为直接社会工作（direct social work）和间接社会工作（indirect social work）两种。直接社会工作就是社会工作者直接面对当事人展开服务。个案工作、小组工作主要属于该范畴。工作者在服务过程中需要在与案主面对面的互动中活用专业技术。社区工作、社会工作行政管理、社会政策和社会工作研究的一部分也都属于直接社会工作，如，社区工作者要直接面对居民和发动群众，社会工作政策制订所依赖的策划和设计等都需要在必要时直接从服务对象处获得第一手资料。间接社会工作就是社会工作者不直接面对当事人展开服务。社区工作、社会工作行政管理、社会政策、社会工作研究的一部分都可以归到间接社会工作的范畴。

按照服务对象范围大小及工作技术，社会工作可分为微观社会工作（micro social work）和宏观社会工作（macro social work）（王思斌，2004）。前者包括个案工作和小组工作，由于对象规模较小，主要采用互动、聆听、激励等技术达成工作目标。后者包括社区工作、社会工作行政管理和社会政策三种，由于对象范围较大，工作者得运用策划、教育、政策等可以舒缓及解决大规模人群面临问题的技术。

根据工作目的，社会工作可以划分为实务性社会工作和理论性社会工作。前者包括个案工作、小组工作、社区工作、社会工作行政管理和社会政策，旨在解决和舒缓服务对象的问题或需要。后者包括社会工作研究，可以为实务性社会工作提供指南，也可以将实务性社会工作经验提升为理论。由此可得社会工作的工作方法关系如表 2-1 所示。

可见，个案工作和小组工作的归属比较清楚，属于直接社会工作和微观社会工作的范畴；其他社会工作方法则既有直接社会工作的技术，也具间接社会工作的技能。针对服务对象的具体问题和需要，应该把握"当时当地"（here and now），采用合适

每个领域都是由对象、伦理、理论基础、方法等组成的特殊系统，有其"个性"，从而与其他领域有所区分。但是，这些领域都属于社会工作系统，因而也就有其"共性"。

的方法。

表 2-1　社会工作的工作方法关系表

	实务性社会工作		理论性社会工作
	微观社会工作	宏观社会工作	
直接社会工作	个案工作 小组工作	社区工作 社会工作行政管理	社会工作研究
间接社会工作		社会政策	

（3）整合模式

　　整合模式（integrated approach）是社会工作发展中较受关注的工作模型。其原因在于"社会工作注重在个人与其各个系统间的互动关系以及与解决个人问题相关联的需求、资源、服务和机会。社会工作者将人置于环境（系统）中作整体的考量，并于其中帮助他们寻找符合其个人需求的方法"（万育维，2003：10）。社会工作的服务对象可能并非面临单一问题，"屋漏偏逢连夜雨"的情况时有发生。根据整体视角把握服务对象比单一视角更有利于解决或舒缓问题。因此，整合社会工作就是针对问题的所有因素，结合各种知识基础，利用多种技术在多个层面进行干预，从而实现工作目标。

作为社会工作专业的学生，是领悟各个社会工作领域和方法后采用"整合"手法，还是一开始学习就以"整合"视角展开自己的思维？这是值得思考的重要议题。

案例：癌症康复者的整合干预

　　阿伟，男，48 岁，高中文化。2001 年，阿伟发现患有癌症并进行了手术。为全心照顾阿伟，妻子（44 岁，初中文化）也辞工回家。阿伟有一个女儿，18 岁，职校即将毕业，正在某公司实习。经过了解，阿伟面临如下困境：①手术后元气大伤，每天吃药，不得不承受精神、肉体的痛苦，经济负担也很重。②阿伟生病后失去工作，妻子辞工全心照顾丈夫，女儿也时届毕业而尚未正式就业。③由于工作需要未得到满足，全家都依靠政府最低生活保障费为生,不但阿伟的术后营养无法保证,而且其治疗和康复所需也时有短缺。④由于家庭经济短缺,女儿时届毕业,但因尚欠学费而无法获取就业必需的劳动手册。⑤上述困境使阿伟面临巨大心理压力。他的情绪起伏很大,经常自责,有无助感,对疾病及生命比较焦虑。面对复合危机,阿伟的最大期望是有关部门能更多地负担医药费,也盼望妻子能找到工作以增加家庭收入。由于觉得自己妨碍了女儿就业,阿伟也希望能够缴全女儿的学费,并帮助女儿找到满意的工作。

阿伟的多项困境具有如下特征:①这些困境可分为物质和精神两个层面。前者包括疾病与康复、经济短缺、无业和女儿就业,后者体现为心理压力并体现出具体症状。案主以物质形式表现的困境较多,物质危机又导致精神压力。②在物质困境中,癌症是初始原因。患癌症而导致康复问题,疾病与康复使其个人无法工作,并导致妻子辞工照顾案主。夫妇失去工作、治疗与康复使经济紧张,从而无法缴全女儿的学费。因此,案主面临的困境其实是疾病及其康复过程中不同时点发生的状况在当前同一时点的累积。③据此,可有如图2-4所示的危机关系图。该图显示,案主当前面对的困境都与其他困境有关,这些困境共同组成案主的危机系统。

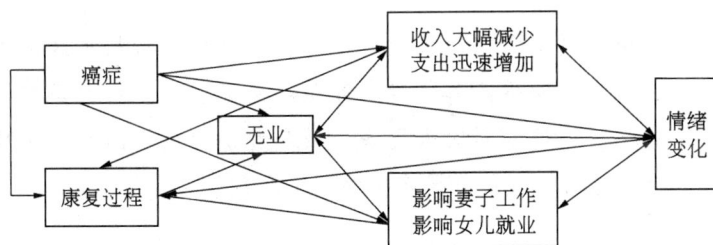

图2-4 阿伟面临的危机关系图

根据"一般系统理论"原理,每个困境都是危机系统的组成部分,而这些部分是相互依赖和互相作用的,任何困境的舒缓或解决都会对其他困境产生影响。因此,如果同时对多个困境进行干预，那么，只要其中一个困境首先发生良性变化，其他困境都有可能发生积极改变。

在阿伟面临的众多困难中，癌症很难改变，康复过程和案主失业不可避免。案主家庭的经济情况和案主的情绪情况则可以通过社会工作者的介入获得改变。①针对案主的负面情绪，社会工作者可以采用个案工作方法，提供心理紧急援助行动，协助案主直面当前困难，与案主就疾病、人生、癌症等主题分享看法，帮助其情感表达，给予情感支持，降低怠倦度，协助其建立开放心态，并教导舒缓情绪的技巧（如放松法、气功技巧等）。社会工作者也可以协助案主参加癌症病人的自助小组，利用小组工作方法激发小组成员的动力，也可以鼓励案主参与公园的健身、歌咏、下棋等活动结识其他人士，帮助案主扩大人际网络，在参与活动中缓解寂寞感，获得抗病经验，获取病友的情感性帮助和工具性帮助。通过案主自身努力、妻子督促和非正式人际网络的支持，帮助案主达观地看待人生，指导其掌握管理情绪、应对压力的能力以及建立支持网络的方法，推动其积极融入社区。②针对其经济困境，社会工作者可以鼓励案主及家庭寻找力所胜任的工作岗位，协助其申请能够胜任的岗位，诸如福利彩票和体育彩票销售、香烟专卖等，建议案主在政策许可的前提下办理提前退休手续。社会工作者也可以向案主所在街道或上级组织反映其情况，推动服务机构和政府部门出台针对这种特殊家庭的专门政策。总而言之，针对案主阿伟面临的多重困境，同时采用多种微观和宏观层面的社会工作对策，应该可以较好地舒缓案主的困境和危机。

一个社会工作者不可能完成所有工作，在工作过程中会经常成为项目经理，进行细化处理或宏观整合。为此，应该在某些训练课程中对社会工作者按照全才模式予以训练。

第二节 过程架构

1. 一般过程

　　实务一般过程包括接案、预估、计划、介入、评估、结案和跟进等阶段。接案就是社会工作者与潜在案主沟通信息，并初步达成工作协议。接案需要设立专门接待人员，做好充分的心理准备，设想好可能场景及其应变策略，并在时间、场地、环境、面谈纲要等方面有所安排。一般而言，接待人员与潜在案主的沟通时间约为 1 小时。接待人员要了解对方的心理状态、动机、主要问题、原因及其对问题的看法，也了解其生活状况、家庭背景及个人特质，并采用适当方式作好记录。社会工作者可以根据所了解的初步资料及本机构特点进行筛选，决定接受或转介。

　　预估就是整合已搜集的初步资料和工作者搜集的进一步资料，"决定问题的性质、原因、程度及牵涉于其中的个性和情形的过程"（Barker，1999:32）。在接案完成以后，社会工作者最好通过家访、观察、访谈等技术，深入了解案主的经济、家庭及互动关系、成长历程、社会适应力、可用资源及当前问题等客观、全面、深入的资料。整合各类资料，发现潜在案主的具体问题和需要，把握其核心问题和根本需要。然后，根据"人在环境"原理，剖析其原因机制及其后果，为提出介入思路提供参考。

　　计划就是根据对案主问题和需要的综合把握，设立工作目标，发现候选方案和决定实施方案，并与案主达成工作协议。社会工作者以预估为基础，确定是注重任务目标（即解决具体问题）还是体现过程目标（即培养案主能力），或者是两者兼具。由于达成目标的模型有许多，社会工作者必须分析各种模型的预期成本、困难、效果及不同利益团体的反应，根据行政、管理、财务

　　社会工作服务的最终成功是整个过程中分步成功的累积，任何环节出问题都会影响工作进度和效果。其中，接案与预估极为关键，"好的开头是成功的一半"，"实践智慧（practice wisdom）"也非常重要，因为几乎没有一个计划在实践中可完全"忠实原著"完成的。

和时间的可能性和职业操守，形成核心目标，并在此基础上制订不同层面的、具体、可测、有效、适当的目标，再配套完整的各种专门性操作计划。安全、实际、可行、具体、弹性和整体应该成为制订计划的指导原则。然后，社会工作者需要与案主达成口头或书面的协议，协定工作目标、行动计划、互动规范及双方职责。

介入就是运用专业知识、技巧和方法，推进工作计划和适时适地修正工作方向，从而达成工作目标。社会工作者可以协助案主抒发和调节情绪，澄清其不恰当认知和看法，修正其偏差行为，促进环境改善。社会工作者需要恰当应对计划外事件，根据当时当地情况及时调整技术；也要协助案主学习解决问题、满足需要、发现和整合内外资源的能力。

评估有广义和狭义两种，前者包含于整个服务过程（参见本书第十一章），后者是在服务开始后对服务执行情况和最终结果进行评价。服务执行情况的评估涉及诸多方面，最好由社会工作者自己执行。具体可以通过工作记录、接触案主及其他手段，了解与案主的接触情况、阶段性目标实现情况、出现的新问题、案主的感受、资源情况与工作方法的恰当程度等，为及时修订工作手段打下基础。最终结果的评价需要比较服务前后服务对象的变化，判断目标达成和案主改进程度，并将这些变化与服务投入进行比较。

结案和跟进是专业服务的最后工作。结案就是双方根据工作协议和工作计划逐步结束工作关系，是"案主在没有专业人员帮助下自己生活的新开始"（Gutheil，1993：163）。社会工作目标基本达成、社会工作者离开或者案主希望结束，是开始结案的重要时间信号。结案任务包括进行回顾、整理和评估，检查目标完成情况，双方彼此回馈，讨论案主未来适应方式，处理分离情绪和未终事宜，运用仪式结束，说明可能进行的跟进服务安排，必要时进行转介等。工作者接受回馈是本阶段的重要内容。工作者通过回馈强化案主的良好转变，鼓励案主恰当表达情感和提出未来计划，同时妥善控制处理工作者自己的分离情绪。跟进是社会工作实务过程中不可分割的一部分，是在结案后对案主进行后续跟踪和联络，了解其进展情况及服务需要，以评价服务的真正效果。

上述过程是社会工作实务的一般步骤，并不表明在任何情况下都须严守上述次序完成工作实务。如，在紧急情况下，社会工作者可以直接进入介入阶段，先行舒缓和解决紧急问题，然后在把握全面信息的基础上完成其他工作。具体的社会工作项目需要社会工作者参考上述过程架构，利用自己的知识和能力背景，展示工作智慧。

关于一般过程，也可以分为需要评估、方案制订、计划推行、评估总结四个阶段。此四阶段在临床社会工作和宏观社会工作中表现有所不同。

2. 社会工作者的角色

社会工作者的角色十分复杂。皮兰里（Pillari）提出，社会工作者可以是家庭社会工作者、临床社会工作者、团体社会工作者、社区和组织社会工作者、个案管理和协调者、研究学者和评估分析师、发起者、调停者、倡导者、实现者、教育者、经纪人、充权者等（Pillari, 2002: 137）。

本书认为，讨论社会工作者的角色应把握以下几个原则。其一，多功能的社会工作者是服务成功的重要前提。社会工作面对的案主问题和案主需要众多，其原因机制和对策机制各不相同，这就要求社会工作者同时体现多个角色和发挥多项功能。其二，社会工作者并非在任何情况下都需要全面的功能。理想的社会工作者应该恰当把握专业活动的实际需要，成为"角色补充者"或"液体角色"，承担活动必需但缺失的角色，促使整体功能完整化。社会工作者也可以成为"项目经理"，策划整个实务过程，但也可以依托对内外资源的整合，发挥不同参与人员或机构的角色功能。如何担当"角色补充者"和"项目经理"，很大程度上决定了服务的质量和效果。其三，不同模型和不同服务阶段中社会工作者的角色各不相同。在行为治疗法中，社会工作者是教育者；在社会规划中，社会工作者是资料搜集者、分析者和计划制订者

社会工作者作为"角色补充者"，有利于任务所需的"角色体系"完整，从而有效达成工作目标。"液体角色"要求社会工作者具有出众的综合素质。因此，最高水准的社会工作者不但可以应对社会工作领域的诸多工作，也可以依托"习得能力"从容应对其他事件。

等。服务开始时，社会工作者是资料搜集者和研究者；服务执行中，社会工作者是发起者、调停者、倡导者、经纪人、充权者等；服务结束时，社会工作者是评估者、研究者等。只有在不同模型、不同服务阶段中根据工作计划和专业关系的要求体现必要和恰当角色的社会工作者，才是高明的社会工作者。

第三节 本质及与其他学科的联系

1. 社会工作的本质

社会工作有自己的特性。特克莱等学者（Thackery，1994：8—12）认为，这些特性体现在：关注人的整体，包括环境和行为，强调整体环境中的整体个人；强调家庭在形成和影响行为中的重要性；应用社区资源帮助人解决问题极其重要；利用督导过程指导资浅社会工作者成长和帮助资深社会工作者更臻完善；强调社会工作是需要教育和实践的特殊教育项目；等等。本书认为，整体视角和尊重差异是社会工作特性的表现。其一，社会工作之所以区别于其他学科就在于其关注人与环境的互动，认为互动不当是人面临困境的根本原因，"人在环境"也因此成为社会工作的特殊术语。因此，系统理论、生态视角、整体理论是社会工作的重要基础。其二，社会工作以人是独立个体为出发点。它也有不少模式，都可作为具体实务的参考。方案制订、服务执行等往往需要社会工作者根据案主信息和当时当地情况度身定做，并在服务过程中及时应变。实务工作者体现实践智慧就是其尊重、理解和利用差异的真实体现。把握上述本质，显然是社会工作者获得成功的基础。

社会工作是一个专业。拥有需要专门教育和实习的知识技术，具有专业权威、拥有伦理守则、获得社会认可等是该专业的重要属性。首先，社会工作有专门的知识和技术，需要广泛教育和严格实习。约翰逊（Johnson, 1998）认为，专业社会工作者应该有的知识包括人类行为、临床心理和统整性知识；前者包括发展理论、生态学、存在主义、社会功能等，中者涉及行为治疗、认知、沟通、危机干预、完型治疗等；后者包含整合、区域发展、组织、社会行动、社会设计等。除这些知识外，根据国际标准，社会工作者还应拥有在督导人员指导下的 800 小时专业实习经验。因此，社会工作在国际社会是类似于医生、律师等需专门学习和实习的高尚专业。其次，社会工作有其专业伦理守则（参见本书第三章）。社会工作有自己的协会，全球社会工作学院联盟（IASSW）、国际社会福利联盟（IFSW）就是最著名的全球性协会。协会有资格制度和证书制度，提供成员身份，帮助成员专业发展和增强职业感，保护专业利益，还有内部的实务规则并自主执行。全美社会工作者协会就对社会工作者的行为举止、对案主、同事、雇佣机构、社会工作职业和社会道德责任有详细规定。根据这些规则可以监管成员行为，保证成员恪守专业道德和体现称职行为。其三，社会工作在国际社会得到广泛认可。社会工作被国际社会认为是高尚的职业和专业，在许多国家和地区建有社会工作者协会或社会工作教育协会，社会工作者还曾在 20 世纪初获得过诺贝尔和平奖，每年 3 月也有联合国列出的社会工作日。可见，社会工作在国际社会确实是比较成熟的专业。

社会工作已成为一种制度。制度应该执行社会功能、得到社会认可、分配社会资源、指导个人行为、规范社会角色和提供相应资源。社会工作可以协助人们解决问题，满足需要，发挥功能；可以改善生活质量和促进社会公正。社会工作已经得到国际社会的广泛认可；可以通过货币、实物和服务的形式，有效地分配社会资源，舒缓和解决弱势人士面临的困境，并成为社会治理机制的重要部分。社会工作依托其价值和伦理为从业人员提供行为指引，并对服务提供详细的标准和指南；还协助服务对象直面现实，在情感、认知、行为等方面进行改变，推进环境的完善，从而促使两者适应性平衡。在社会工作发展中，"社会工作由慈善到专业，由消极的济贫到积极的福利措施，从地方性工作到全国性措施，由事后补救、治疗发展到事先预防，由少数人参与发展到大众参与，由传统的个案工作为主发展到整体性、综合性的社会工作，由描述性的访问调查发展到数量化的研究分析，由不计成本的工作发展到方案评估及成本效益的分析"（万育维，2003：6—7）；从而成为现代社区和文明社会不可或缺的重要制度。

2. 社会工作与其他学科的关系

社会工作是国际一流大学的重要学科，是以相关学科知识和本身理论为基础的应用性社会科学学科。社会工作有自己的理论，这些理论可以分为基础理论和实务理论两部分（莫邦豪，1994）。基础理论回答为什么，如与个案工作有关的学习理论、与小组工作有关的群体动力论、与社区工作有关的社会发展理论、与社会工作行政管理有关的组织理论、与社会政策有关的意识形态等。实务理论描述怎么办，如个案工作的行为治疗模型、小组工作的发展性小组模式、社区工作的地区发展模型、社会工作行政管理的全面质量管理技术、社会政策中的第三条道路等。作为并不十分悠久并不断完善的学科和专业，社会工作的知识与自然科学和社会科学的发展紧密相关。哲学、伦理学、心理学、社会学、人类学、政治学、法律学、经济学等都与社会工作有一定关系。

社会工作学生接受这些学科的理论和实务训练后，十分有利于提高综合素质，从而为未来良好发展打下坚实基础。

哲学是关于世界观的学问，可以解释人类生存的意义，对人生目标提供指导、对个人／他人和社会规划提供准则，因而可以为社会工作提供理念及观察认识世界的工具。社会工作也受到哲学的影响，保守主义、自由主义和激进主义等关于人类本质、个人行为、家庭、社会系统、政府和经济系统的不同观点对社会工作就有重要影响。伦理是人们对善恶美丑的判断。社会工作发展史表明，人道主义、宗教伦理、民主公平理念、社会达尔文主义等是社会工作的重要基础，也对其由慈善到制度的转换发挥了重要作用。对人和社会的偏好、对社会工作工具价值的认识，使得社会工作区别于其他学科和专业。在社会工作实务面临困境时，哲学和价值论也是指导其解决困难的重要指南。

社会工作发展受心理学的影响极大。早期的社会工作主要是个案工作，认知发展、学习理论等心理学知识成为社会工作的重要基础。心理学的发展（如人格心理学、精神分析理论）也很大程度上影响了社会工作技术。心理学是微观社会工作的重要基础，发展心理学、变异心理学、人类行为和社会环境理论都指导了社会工作的实务。不过，与心理学主要采用疾病和医疗视角不同，社会工作认为是人与环境的互动导致了困境，因此，改变人和改变环境都是其常用手法。除问题视角外，长项视角也开始得到关注。

社会学与社会工作的关系极其密切。社会学研究社会问题和社会关系，结构功能理论、冲突理论等都是宏观社会工作的基础。社会学和社会工作都研究社会问题，剖析社会问题的原因机制，提出相应对策。但是，两者的侧重点有所不同。社会学重在探讨原因，从而为解决问题提供参考；社会工作则在把握原因的基础上重点解决问题和满足需要，因此，社会工作也被某些学者视为应用社会学的有机组成部分。

人类学、政治学、法律学、经济学等方面的某些知识也与社会工作有关。社会工作注重工作对象的个别化和人性化，客观、全面、深入地掌握信息是社会工作成功推行的前提，这些正是人类学方法的特长。社会工作需要进行项目管理和机构管理，社会工作也因与利益和资源分配有关而与政治及其政治组织（如政府、利益团体、非政府组织）发生联系，这些都是政治学中公共行政知识技术的具体应用。社会工作目标最终都要通过机构或政府层面的政策予以实现，它涉及权利、责任、义务等方面的诸多议题，需要制订落实有关法律法规。社会工作需要整合和分配社会资源，以使得社会整体效益最大化；而资源开发、资源分配、边际效用

在社会工作中，"人在环境"大行其道，因而领悟"社会工作在环境"也相当重要。

社会学与社会工作之关系类似于经济学与工商管理、政治学与行政管理。除社会学之外，社会工作还需学习心理学等其他学科的知识与技能。

等正是经济学的特长。

综上所述，社会工作是一种方法，是一个助人自助、促境美好的职业，是一种专业工作，是一门学科，有一定的理论架构、类型架构和过程架构。它以个案工作、小组工作、社区工作、社会工作行政管理、社会政策和社会工作研究为主要手段，舒缓、解决并预防服务对象与环境不当互动导致的问题，满足其需要，促进其人与环境适应性平衡。其中，社会工作者是其灵魂，根据服务对象和当时当地情况采用合适、可行、可操作的手段是实现社会工作目标最终迈向社会公正的关键所在。

本章小结

1. 社会工作有三个基本前提：无论何人都十分重要，人在互动中会产生个人、家庭、社区等方面的问题，某种社会工作方法可以舒缓上述问题，从而改善个人的生活。

2. 社会工作涉及工作对象、服务提供者、目标和手段等因素，是福利部门和服务机构针对个人、团体（家庭或小组）、社区、组织、社会等与其外在环境的不当互动而形成的弱势情况，利用专门的方法和技术，协助当事人改变（即助人自助）或推动环境改变（即促境美好），促进两者适应性平衡。

3. 人类需要是社会工作的出发点。人类需要没有满足就会产生需要不足进而导致贫穷问题，而福利动机、社会资源、福利历史和主流意识形态等共同决定了舒缓和解决贫穷问题的对策，社会工作正是上述有效对策之一。

4. 就社会工作学术体系而言，其主要内容涉及哲学基础、伦理、历史、理论、研究方法等多个方面，社会工作是由知识体系、价值体系和干预项目组成的系统。

5. 就专业社会工作实践而言，社会工作的出发点是社会功能和社会任务，针对这些问题和需要，社会工作者应该根据专业哲学基础、意识形态、知识基础和相关技能，选用合适的实务理论，再根据该实务理论的基本助人模式、实务伦理指引和相关技术，确定针对上述问题和需要的特殊理论和方法。然后，制订具体干预项目。

6. 工作手法、问题和对象是社会工作的三大分类方法。按照工作手法，社会工作可划分为个案工作、小组工作、社区工作、社会工作行政管理、社会政策和社会工作研究等方法。按照社会问题，社会工作可划分为针对贫穷、失业、疾病、婚姻家庭问题、残障、吸毒等方面的社会工作等。按照工作对象，社会工作既可划分为儿童社会工作、青少年社会工作、妇女社会工作、老年社会工作、贫民社会工作、残障者社会工作、劳工社会工作等，也可划分为院舍社会工作、学校社会工作、医院社会工作、企业社会工作等。任何社会工作都是上述三者的整合。

7. 按照工作者与服务对象的接触程度，社会工作被划分为直接社会工作和间接社会工作。按照服务对象范围的大小，社会工作可分为微观社会工作和宏观社会工作。根据工作目的，社会工作方法又可划分为实务性社会工作和理论性社会工作。上述划分相互交叉，共同组成社会工作的系统。

8. 整合社会工作就是针对问题的所有因素，结合各种知识基础，利用多种技术在多个层面进行干预，从而实现工作目标。

9. 社会工作实务的一般过程包括接案、预估、计划、介入、评估、结案和跟进等几个阶段。具体实务中，在某些情况下并不一定严格按照上述次序执行。

10. 社会工作者的角色众多。多功能的社会工作者是服务获得成功的重要前提，理想的社会工作者应该恰当把握专业活动的实际需要，成为"角色补充者"和"项目经理"，并在不同模型和不同服务阶段中根据工作计划和专业关系体现必要和恰当的角色。

11. 社会工作有自己的品性，社会工作认为人与环境互动不当是人面临困境的根本原因，并以独立个体为出发点。社会工作是一个专业，也是一种制度。

12. 社会工作是以相关学科知识和本身理论为基础的应用性社会科学学科，哲学和伦理学、心理学、社会学、人类学、政治学、法律学、经济学等都与社会工作有一定关系。

13. 社会工作者是社会工作的灵魂，根据服务对象和当时当地情况采用合适、可行、可操作的手段是实现社会工作目标的关键。

思考题

1. 什么是社会工作？

2. 社会工作在福利体系中的地位如何？

3. 社会工作学术体系的组成如何？

4. 社会工作的常用分类方法有哪些？如何理解具体社会工作是不同分类方法的整合？

5. 结合具体案例，谈谈整合社会工作的原理和具体运用。

6. 结合具体案例，说明社会工作实务的一般过程。

7. 如何理解社会工作者的角色？

8. 如何理解社会工作是一个专业和一种制度？

9. 社会工作与相关学科知识的关系如何？

推荐阅读

王思斌主编(2004)，《社会工作导论》，北京：高等教育出版社。

李增禄主编 (1999)，《社会工作概论》，台北：巨流图书公司。

顾东辉 (2014)，"社会治理及社会工作的同构演绎"，《社会工作与管理》第 1 期。

甘炳光 (2010),"社会工作的'社会'涵义:重拾社会工作中的社会本质", *The Hong Kong Journal of Social Work.* Vol. 44, No. 1: 17–28.

Grand Challenges Executive Committee (2013). Grand Challenges for Social Work. In *Journal of the Society for Social Work and Research.* Vol. 4. No. 3: 165–170.

Garvin, C. D. &Tropman, J. E. (1992). *Social Work in Contemporary Society.* Englewood Cliffs: Prentice-Hall.

Pincus, A. &Minahan, A. (1973). *Social Work Practice: Model and Method.* Itasca, Ill., Peacock Publisher.

Thackery, M. G., Farley, O. W. & Skidmore, R. A. (1994). *Introduction to Social Work* (6th ed.). London: Prentice-Hall.

Woodside, M. & McClam, T. (1994). *An Introduction to Human Services.* Pacific Grove: Brooks/Cole.

第三章

社会工作的哲学基础、价值观和专业伦理

通过本章学习，了解社会工作和哲学的关系，把握与社会工作密切相关的某些哲学世界观，领悟社会工作价值观的不同界定及其通用内容，发现社会工作价值冲突的多元表现，了解社会工作专业伦理的六个领域，掌握社会工作实践的伦理困境及其对策，从而为真正领悟社会工作的哲学、价值和伦理以及达成工作目标打下扎实基础。

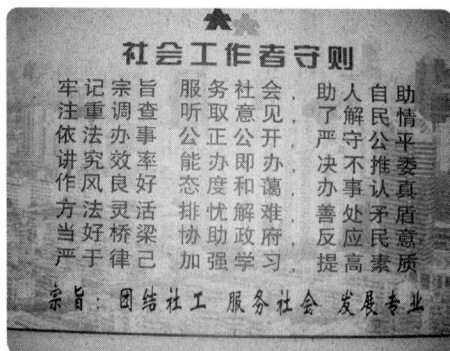

社会工作者守则

牢记宗旨 服务社会 助人自助
注重调查 听取意见 了解民情
依法办事 公正公开 严守公平
讲究效率 能办即办 决不推诿
作风良好 态度和蔼 认真处事
方法灵活 排忧解难 善应矛盾
当好桥梁 协助政府 反应民意
严于律己 加强学习 提高素质

宗旨：团结社工 服务社会 发展专业

社会工作发展是理论、实务，以及哲学基础、价值观、专业伦理和职业等共同完善的过程。社会工作之所以被称为助人自助的专业，与其哲学基础、价值观和专业伦理紧密相关。

第一节　哲学基础

社会工作与哲学密切相关。整个社会工作专业建立在哲学基础之上，社会工作者的不同哲学立场会对其实践活动发生影响。

1. 社会工作和哲学的关系

哲学是关于世界观的学问。社会工作在助人自助过程中会自觉或不自觉地受哲学的影响。哲学对社会工作的贡献表现在：哲学对人类生存的意义提供解释，对人在世间生活的目标提供方式，对个人对他人和社会规划提出准则，对人类的理想生活境界提示遵循的方向（廖荣利，1991b:82）。社会工作作为一门专业，需要哲学提供方法论指导。

一般哲学、社会工作专业哲学和社会工作专业伦理是三个层次的概念。夏学銮认为，一般哲学代表社会主流文化即占统治地位的思想意识，或者说是一种文化模式、思维模式。其为社会工作者和服务对象提供了共享的哲学理念和价值观念，并为社会工作者提供了观察和认识世界的工具，即世界观和方法论。社会工作专业哲学是一般哲学在特殊领域里的实现和具体化，包括学科理念、专业原则、实施模式和操作伦理等层次。作为一个专业，社会工作除受一般哲学指导外，亦受自身专业哲学的影响。社会工作专业伦理则与社会工作专业哲学中的操作伦理重合，同样对社会工作发生着影响（夏学銮，1998：61—62）。

2. 社会工作的哲学基础

社会工作以哲学为基础，不同的哲学世界观对社会工作有不同的影响。波普尔（Popple）和利宁格（Leighninger）在《社会工作、社会福利和美国社会》一书中，把保守主义（conservatism）、自由主义（liberalism）和激进主义（radicalism）视为与社会工作密切相关的哲学世界观，认为它们在关于人类本质、个人行为、家庭、社会系统、政府和经济系统上有不同立场和观点，这些都对社会福利和社会工作有重要影响（Popple & Leighninger，1999：7—17）。

对人类本质的看法。保守主义基本上采取悲观的看法。他们把人看作是堕落、自我中心、懒惰和非慈善的；认为人只有受到鼓励才会去工作；主张他们的消极本质需要控制，一旦他们脱离轨道，就应给予迅速和严厉的惩罚。自由主义采取乐观的看法。他们认为，人生来就好似白板，具有养成善良本性的无限潜力。或者认为，人天生就是善良的，如果没有被腐蚀，自然就是社会的、好奇的及有爱心的，因而人们不需要被控制；他们只需要给予保护以防止腐蚀的影响，以及赋予自由以助长其向善的自然倾向。激进主义也相信人基本上是善良的，相信人本质上是勤劳和富于创造性的。激进主义把努力工作看作是美德，相信只要控制了他们的工作条件，他们就会以努力工作为乐。

对个人行为的看法。保守主义一般认为个人是自主（autonomy）的。无论个人以往的情景如何或有何问题，现在均须对自己的行为负责。人们选择做他们所做的任何事情，也要为这些选择的任何得失负责。自由主义和激进主义不完全否定自由意志和动机，但更强调环境是个人行为的原因。他们认为个人行为是被早期经验尤其与父母在一起的经验所编排;或者认为个人行为不是编排的结果，而是行为的直接后果。

对家庭的看法。保守主义尊崇传统家庭并努力设计政策去保护它。他们把家庭看作个人力量的源泉和社会的基本单位，反对政府资助可能使家庭更易解体的措施。自由主义把家庭视为不断演进的制度，在家庭形式上持更灵活实用的态度。激进主义认为保守主义的传统家庭观点是压迫性的，而且是对两性才能的歪曲。但是，激进主义同意保守主义关于强大家庭是健康社会基础的说法，赞成支持新的家庭。与自由主义一样，激进主义也赞成平等权利和平等报酬、日间照顾中心、母亲和父亲的产假、弹性工作时间和工作分担。

对社会系统的看法。保守主义认为，社会是由互相联系、互相依赖的部分组成的系统;每部分都对系统运作有所贡献，因而整个系统能发挥功能;社会系统本质上是公正的，一些群体比其他群体穷、权力少及地位低，是因为这种情景对社会福利有其必要性。因此，改变是非常值得怀疑的，迅速和重大的改变可能对特殊群体有利，并经常导致社会最终的损失。改变有时是必要的，但需缓慢和渐进。自由主义也把社会视为有机系统，但不太相信该系统可控制自己而无需介入。自由主义比保守主义更多地看到了系统中的差异和摩擦，认为不同群体有不同利益，对某群体有利就可能对另一群体有害。社会系统是潜在公正的，但经常不公正;一些利益群体比另一些群体更有权力;如果没有政府规则的控制，某些群体将运用权力趁机利用弱权群体;而改变发生的快慢贯穿于利益群体的竞争和妥协之中。激进主义把社会系统视为阶级制度，一个阶级拥有主要权力并利用其控制其他阶级。对激进主义来讲，主导着自由主义的利益群体政治只是一个附带活动，重要决定取决于背后有权势的精英。因此，激进主义相信在现有系统中实现公正是不可能的，只有重建现有社会制度以重新分配财富和权力，公正才可以实现。

对政府和经济系统的看法。保守主义赞成"管得最少的政府是最好的政府"。他们认为许多政府活动威胁了个人自由和市场功能的顺利发挥，自由市场经济是保证国家繁荣和个人需求满足的最好途径。自由主义则相信生活和经济系统有不完善的成分，只有透过政府介入才可纠正，因而介入是合理和合乎需要的。如果完全不管经济，有权势者就会不公正地捉弄无权势者，资源较多者不一定会与资源较少者共同分享；完的自由选择，人们不会始终作出正确决定。激进主义认为自由主义对政府的思考是不充分的；他们认为完全有必要进行重建，但重建后会出现什么则不太明朗。他们偏爱的经济系统有如下特性：工人控制着工作条件；物品生产是为真正需求而不是为满足广告创造出来的狂想；货币不是价值工具；医疗照顾和住房之类的基本权利不能简化成商品状态，在市场上卖给出价最高者。一些激进主义者支持发展福利国家，政府组织对全体公民的医疗照顾、住房和其他社会福利的供给。

3. 社会工作哲学的影响

保守主义、自由主义和激进主义的不同立场不可避免地对社会福利及社会工作发生影响。譬如，如果把人视为邪恶的，我们就会设计社会福利系统去控制他们，就会怀疑他们会趁机利用这个系统。我们会把防止欺诈作为一个主要焦点，会把犯罪、药物滥用等问题视为人们消极本性的表现，以及外力无法控制上述本质的表现，而惩罚就被视为合理的解决方法。如果把人视为善良的，社会福利就被用来使他们摆脱问题。控制就不太会受到关注，因为人们如果被给予机会，自然会做正确的事情。再如，如果承认人们是自主的、完全受自由意志支配的，贫穷和其他社会福利问题就被视为懒惰、不负责任或缺乏自控的结果，福利方案只需要保证没有任何事情会干扰人们为变得更好和解决问题所作的努力。如果承认人的行为是受环境影响的，改变环境就被视为对社会福利问题的恰当回应。可见，对人类本性、行为等方面的不同假定，会导致不同的社会福利和社会工作手段。

总之，社会工作是建立在某种一般性哲学假设基础上的，由于对每一哲学假设存在着多种立场，社会工作者应当学会进行哲学思考并分析这些假设的不同侧面（Popple & Leighninger，1991：77）。

第二节　价　值　观

社会工作不但受哲学影响，而且受到价值观的作用。在发展过程中，社会工作已形成其专业价值观。这些价值观一方面对社会工作发挥重要影响，另一方面也使社会工作者在实践中遭遇价值冲突。

1. 价值与价值观

价值是哲学的重要部分，是人们对善恶美丑的判断。价值观是价值的系统化，是概括性的、对期望事物带有情感色彩、有历史起源与经验基础、被一群体共同认定同时也模塑群体的行为规范（Reamer，2000：20）。

学者们对何谓价值众说纷纭。穆丽尔（Muriel，1959：23）认为，价值是个人或社会群体认为优先的行为之公式，意味着对生活的手段、目的和条件等方面的经常性偏爱，通常伴随着强烈的感情。赫伯特（Herbert，1967：3）认为，价值是社会重要组成部分所持的一个或一些标准，反映在制度化的行为模式之中，并且使参与者倾向于在共同理解的架构内根据相互关系来行动，尽管这个架构可能没有自觉控制或统一的逻辑参照体系。米尔顿（Milton，1973：5）则把价值定义为持久的信仰，即：某种存在样式或终极状态相对于另一种而言更为个人或社会所偏爱，价值并非独立存在，个别价值有相对于其他价值的重要性。总之，价值大致被视为行为指引、在个人经验中成长起来、随着经验积累而不断修正进化的。价值是有关何者对人类是可意或好的信念、偏好或假设；它们不是对世界如何和怎样的判断，而是有关世界应当如何的断言，以可信为基础（Zastrow，1995：46）。

价值一词源于拉丁文 valere，其含义是有力的、超越的、有价值的。

价值会受到历史、社会、文化和区位等条件的影响和制约。在个人主义（individualism）占主导的西方国家里，价值核心是个人。美国社会的价值中心是个人，占统治地位的价值至少有四个源泉：（A）基督教教义及其人类的整合价值和对其邻里责任的概念；（B）人人平等和人的"生活、自由与追求幸福"权利的民主观念；（C）新教伦理，强调个性就是一切，环境一文不值，道德君子是勤奋工作并具有独立人格的人，追求享乐是一种罪恶；（D）社会达尔文主义，强调在自然进化过程中的优胜劣汰机制会造就坚强的个人和社会。在东方文化尤其中国文化中，价值核心是群体。在当代中国，占统治的社会价值观来自儒家学说的政治伦理和家庭伦理、佛家学说的行善积德劝化、墨家学说的勤俭兼爱、道家学说的清静无为、西方文化的科学民主、马克思主义的平等、毛泽东的民族自立和艰苦奋斗思想以及邓小平的中国特色社会主义理论（夏学銮，2000：140—147）。

2. 社会工作的价值观

社会工作不但建立在一套价值之上，而且本身就是一个利他主义（altruism）的专业；社会工作实务就是一个道德实践过程。

对于社会工作的价值观，学者们见仁见智。贝姆（Boehm，参见陈树强，1994：14—17）从社会工作关于人、社会和专业的角度把社会工作价值观概括为：每人都有与生俱来的自我实现（self-actualization）的权利，且都有达此目标的能力；作为社会成员，每人都有义务寻求自我实现的方法以贡献于社会；社会有义务协助个人自我实现，也有权利利用成员的贡献使社会更充实和更富足；每人都需要和谐发展的社会给予其力量和机会，以满足生理、心理、经济、文化、审美及各种精神方面的基本需求；由于社会日趋复杂和相互依赖增强，为了协助个人实现自我价值，也就更迫切需要专业社会组织；为了让每个人不仅能实现自我价值，而且能贡献社会，社会组织必须在社会认可和社会提供的条件下，尽量在范围、种类、品质上求其广泛，以满足个体与社会的需求。

莫拉莱斯和谢弗（Morales & Sheafor，1989）把社会工作价值分为三方面。第一，对人的价值偏好：相信人的价值与尊严是与生俱来的；人具有能力与动机去追求更满意的生活；人要对自身与他人负责，除了自己之外还要想到其他人；人需求归属；人既有共同需求也有独特偏好。第二，对社会的价值偏好：社会必须提供机会让每个人成长发展，以实现其最大潜能；社会应提供资源与服务，以满足人们需求并避免食而无粮、教而无师、病无良医、住无蔽身及种族歧视等问题的发生；人人有平等机会参与社会的模塑过程。第三，社会工作的工具价值：社会工作者相信所有人均应受尊敬与保持尊严，应使人有最大机会决定其生活方向，应协助个人与他人互动以建立满足人人需求的社会，相信个人具有独特性而不以刻板印象对待之。

赫普沃斯（Hepworth）、鲁尼（Rooney）和拉森（Larsen）把社会工作的价值观概括为四个方面。第一，人有获得资源以解决问题并发展潜能的权利。社会工作一直关心人在社会中是否幸福，其焦点在于环境对每个人问题的产生、发展和恶化的影响力量。因此，社会工作者承诺向案主提供支持以协助其获得所需资源。社会工作者要持守对这个专业价值观的承诺，具备运用社区资源的知识和技术，形成并实施能有效满足人类需要的政策和方案。第二，人的价值和尊严是天生的。社会工作者相信人有天生的价值和尊严，无论过去或目前的行为、信念、生活方式及生活状况如何，当他们担负起应负责任时，社会工作者应该对案主的尊严和价值给予支持。社会工作者通常会认为这个专业价值

社会工作的价值和伦理是其区别于其他助人系统的基础，是社会工作的"德"的方面，与"才"（即知识和能力）一起构成社会工作者的基本专业素养。

观同时包含了其他相关概念。第三，每个人的独特性和个别性（individuality）都应获得尊重。社会工作者相信每人都是独特的，且必须努力加以维护；尊重案主的个别差异与接纳和非批判的态度有密切关联，对社会工作者而言两者同样重要。不同个人有很大差异，社会工作者必须进入案主的主观世界，以尽可能了解另一个人并相信案主的个别性。第四，人在拥有适当资源时均有能力成长且改变，因此，对处在任何状况中的人都应给予支持，以增加其解决问题的能力和选择生活方式的机会。社会工作者尊重人有自决（self-determination）及参与助人过程的权利。社会工作者采取能力取向、强调案主的正向特质和未被开发的潜能，便能让案主感到有希望和被鼓励并能培养其自尊感（Hepworth，Rooney & Larsen，1999:95—124）。

夏学銮指出，社会工作有相对独立的价值观念，主要包括：个人在社会中首要地位的承诺；为满足社会公认需要的社会变迁承诺；对社会中所有人的经济、身体和精神福祉和社会正义的承诺；尊重和欣赏个体和群体的差别，个别化对待的承诺；发展案主的能力、帮助他们自助的承诺；向他人传递知识和技能的承诺；把个人感情和需要与专业关系分离开来的承诺；尊重案主隐私和保密的承诺；不顾个人挫折、坚持不懈地改善案主状况的承诺；高标准的个人和专业行为的承诺（2000:140—147）。

综上所述，社会工作价值包括：个人价值与尊严；对人的尊重；重视个人改变的潜能；案主自我决定权；提供个人发挥潜能的机会；寻求满足人类共同的需要；寻求提供个人足够的资源与服务以满足其基本需要，赋予案主权利、平等的机会，没有歧视，尊重多元性；对社会改革与社会正义的承诺；保密与隐私权；愿意将专业知识与技巧提供给他人；等等。

3. 社会工作价值观的功能

社会工作价值观在实务中具有重要作用，这些作用体现在

除了应该遵守来自西方的专业价值外，在中国内地还要遵守哪些本土价值观念呢？对这个问题的回答是否可以视为社会工作界的重要任务？

四个方面（Reamer, 2000）。

第一，社会工作使命的本质。专业的创始者和现代的实务者都深信社会工作的基本目标是帮助生活遭遇困难的人。社会工作并非纯技术性的，而是有价值基础的，旨在通过各类服务来协助弱势人群。社会工作的价值并非随机或易变的规范，也非外在社会价值观的反映，而是对集体责任（collective responsibility）的思考，隐含了社会工作者在社会中的角色。

第二，社会工作者与案主、同事和社会的关系。社会工作者的价值观影响到与案主、同事、社会成员的关系。有些工作者会选择他们认定的受害者给予帮助，有些工作者选择对犯罪者进行帮助，有些工作者选择为低收入家庭服务，有些工作者则选择为富有家庭服务。这些选择都会受到社会工作者价值观的影响。

第三，社会工作者服务方法的运用。社会工作价值观也影响到服务方法的选择。有些社会工作者偏好对行为偏差的少年运用当面对质的技巧，有些社会工作者则批评当面对质技巧缺乏人性化的考量，而偏好强调案主自我决定权及治疗关系的建立。

第四，实务工作中伦理两难的解决。社会工作价值观会影响到如何解决专业责任与义务冲突时发生的伦理两难。伦理两难通常涉及价值冲突。如，社会工作者一方面要尊重案主自决，另一方面又要遵守虐待儿童须通报的法规。社会工作者的最终决定是基于其对社会工作价值本质的信念，尤其是有关特定专业责任与义务何种优先的考虑。

正是由于社会工作价值观在实践中的重要作用，社会工作者应该了解个人价值观在其与案主接触过程中所扮演的角色。社会工作者如果在实务工作中无法察觉自己的价值观在起作用，则容易在没有察觉的情况下，将其价值观强加在案主身上，致使助人过程产生五种偏差（Hepworth, Rooney & Larsen, 1999：92—94）。第一，社会工作者侵犯了案主自决权。第二，造成案主内在的罪恶感。社会工作者在案主内化某些价值之前若强迫案主接受自己的价值观，则会使案主实际行为与内在价值观背离，造成其内在罪恶感。第三，许多案主会拒绝社会工作者的价值观，并反对社会工作者将价值观加在他们身上，有些案主甚至不再接受社会工作者的协助。第四，当案主价值观与自己的价值观冲突时，社会工作者将无法向案主提供必要支持。第五，社会工作者有时会强调机构或文化的价值观，而此种价值观却与案主的价值观相冲突。

4. 社会工作中的价值冲突

社会工作者在实务中常会遭遇价值悖论。由于社会工作是一门艺术，因而社会工作者必须根据价值而不是知识来决策。这表明，社会工作者使用的改变技术常常建立在理论和价值之上，而不是干预技术之上（Zastrow，1995:46）。

罗肖泉和尹保华在《社会工作实践中的伦理议题》一文中，从社会价值观、专业价值观和个人价值观三个维度对社会工作的价值冲突进行了概括（2003:33—36）。

第一，社会价值观与专业价值观的冲突。专业价值观是对社会价值观的反映，两者应当是一致的。但是，社会工作的特殊伦理决定了专业核心价值观与社会价值观存在着冲突。它对弱势群体利益、社会正义给予高度关注，要求为他人福利无私奉献、勇于承担的专业价值观，而这显然与一些人信奉的为追求效率而牺牲弱势群体利益、为追求个人利益而牺牲他人利益、只讲个人权利而不承担社会责任的社会价值观存在矛盾。这种矛盾对社会工作专业发展产生过巨大冲击。如，在专业化过程中，社会工作实践就一度偏离了道德使命的轨道，而一味奉行管理主义的经济效益至上理论或技术主义的单纯精神治疗理论。从19世纪60年代开始兴起的"激进社会工作"理论对管理主义和技术主义的批评，代表了社会工作专业对道德使命的再一次自觉意识。应当说，社会工作专业价值观与社会价值观之间的冲突，反映了应然与实然的矛盾，体现出社会工作专业的道德理想性特征。

第二，专业价值观内部的冲突。由于社会工作价值观涉及方方面面，复杂的实务情况必然在价值观中有所反映。社会工作专业又处于社会环境之中，社会各个方面对其价值要求也存在差异，而这种差异会反映到社会工作价值观中，由此导致了社会工作价值观本身的冲突。即使在社会工作核心价值观中，这种冲突也存在。美国社会工作者协会伦理守则就将社会工作的核心价值观概括为六个方面：服务、社会正义、个人尊严与价值、人际关系的重要性、廉正、能力。其中，个人尊严与价值既要求尊重案主的隐私权，又要求保护第三方不受伤害，当案主的秘密涉及对第三方的危害时，工作者应当理性选择。

这些都是基于西方视角而论的社会工作价值冲突，专业社会工作在中国的运用必然还会面临西方文化与中华文化的冲突。

第三，专业价值观与个人价值观之间的矛盾。社会工作者是社会工作伦理责任的焦点，社会工作者的价值观应与专业价值观一致，但这种一致并非自然形成的。社会工作者除了受专业价值观影响外，还受到社会环境和文化背景的作用，这又可能使其个人价值观与专业价值观产生冲突。如，案主自决是专业价值观的重要内容，但对注重情感关系的中国社会的专业工作者来说，对案主完全保持价值中立和情感疏离是不太容易被接受的，积极干预甚至是包办代替似乎更符合中国传统。

第四，社会工作者个人价值观与案主价值观的冲突。社会工作的重要方面是双方以各自的价值观为尺度对对方言行进行评估，如果两者价值观不一致，进一步协作就受到影响。如，社会工作者不赞成同性恋，而案主却是同性恋者，社会工作者能理解和同情其境遇并呼吁他人尊重其选择吗？社会工作者和案主的价值观冲突在实际工作中也屡见不鲜，文化、教育、环境、民族、性别、年龄等方面的差异是造成价值冲突的主要原因。

第三节 专业伦理

社会工作的专业伦理是社会工作哲学及价值观的具体化。社会工作者在实务中同样会遭遇伦理冲突或困境，因而需要妥善加以解决。

1. 伦理与专业伦理

何谓伦理（ethics），并没有一定之规。李增禄认为，伦理是对一种相关行为的标准和期望，而且能够对有关个人或团体规范其责任（李增禄，1986:53）。徐震认为，伦理与道德有重叠之处，均指个人行为是否符合社会规范而言。但也有不同之处，即道德指个人的品德与私德，是个人意志的选择，而伦理则涉及其行为对他人的影响，已进入社会秩序的范围（李增禄，2000:1）。综上所述，伦理是人们的行为标准和准则，且对人们的行为具有制约作用。

伦理可分为个人伦理和专业伦理。个人伦理指个人对其群体相对的与相互的关系，以德行为中心，并随社会发展而细分为家庭伦理、社区伦理、环境伦理等。专业伦理指专业团体对其案主的专业关系与服务关系，以责任为中心，又可分为企业伦理、科技伦理、行政伦理、助人伦理等。社会工作伦理属于专业伦理。社会工作者通过其团体的讨论与共识，以集体自律的方式，订立专业守则或公约，要求全体成员共同遵守。具体来讲，专业伦理有三种功能：可以成为该专业的指针，使该专业的人员言行及治疗行为有所规范；可以使专业人员在完成工作时能凭借其伦理守则而维护专业原则；可以提供一种标准，来评判专业的实施有无瑕疵（李增禄，1986:53）。

2. 社会工作的专业伦理

根据美国社会工作协会的伦理守则，社会工作的专业伦理包括六个方面（Reamer，2000:20）。

对案主的伦理责任：持守对案主福祉的承诺；尊重案主自决权；尊重案主知情同意的权利；服务必须符合自己的专业能力，否则必须谨慎；具备应对多元文化的能力；应对过程避免利益冲突；尊重案主隐私权并遵守保密之原则；尊重案主取得记录的权利和遵守相关原则；避免与案主的性关系；肢体接触应有所规范；不得性骚扰；不得使用诽谤性语言；确保服务付费的公平合理；采取合理步骤协助缺乏决定能力的案主；努力确保服务中断后的持续服务；持守服务终止的原则。

对同事的伦理责任：尊重同事；持守同事共有资料的保密责任；数据处理的谨慎；妥善处理同事间跨专业的合作和争议；提供同事必要的咨询；持守服务转介的原则；避免和同事有性关系以影响案主权益；不对同事性骚扰；协助同事处理个人问题，以免影响干预。

在实务机构中的伦理责任：提供符合能力的咨询和督导；负教育和训练责任；公平审慎的绩效评估；个案记录（case record）须正确、讲时效、重保密和妥善储存；设立确实的付账与管理制度；落实个案转介（case referral）制度；担负行政工作责任，以确保资源的充足和公平分配；强化延续教育与人力发展；持守对雇主的承诺；组织和参加工会，在不违反伦理原则的前提下处理劳资争议。

作为专业人员的伦理责任：能力的强化、发挥、依其所能提供服务；包容，不应歧视；个人行为不干扰专业任务；诚实不诈和不诱骗；不让个人问题影响专业判断和表现；不诈称或言行超越能力资格和机构授权的范围；绝不诱导或操纵案主；不邀功。

对专业的伦理责任：专业廉正（知识技巧和价值）之追求；

中国的社会工作者协会也应该形成符合专业特色和本土文化的伦理守则。

专业廉正的促进；评估和研究的坚持与促进；坚守评估和研究的相关伦理原则。

对社会全体的伦理责任：参与公共事务；参与社会和政治行动；促进社会福祉和正义；协助解决公共紧急事件。

3. 社会工作实践中的伦理困境

专业伦理是社会工作者实践活动的指引。由于社会工作伦理守则中存在着不明确或无法明确之处，以及消极义务与积极义务并存等因素的影响，社会工作者在实践活动中通常会遭遇到伦理困境（ethical dilemma）。这种伦理困境可以概括为以下五类（罗肖泉和尹保华，2003：33—36）。

第一，目标冲突导致的困境。社会工作最基本的目标在于协助有需要者，并对社会问题予以关注及采取行动。这意味着社会工作同时将关注个人福利和社会问题作为目标。由此可能造成的伦理困境是：当弱势群体福利与健康人群福利发生冲突、个人自由与社会控制发生冲突、个案工作与社会运动发生冲突时，社会工作者应当作出何种抉择？

第二，忠诚冲突导致的困境。社会工作者要同时忠诚于案主、雇主、社会机构、职业及社会整体，这些忠诚有时相互冲突。如，案主往往相对软弱，依赖社会工作者争取利益；社会工作者相对于机构来说也是软弱的，机构掌握着工作者的工作机会。当案主和机构的利益与要求发生矛盾时，社会工作者应当首先忠诚于案主还是机构？

第三，责任冲突导致的困境。洛温伯格和多尔戈夫（Loewenberg & Dolgoff，1988）指出，社会工作伦理困境产生于社会工作者已接受的两个矛盾职责，一是当案主提出确保或增进个人福利的要求时，社会工作者有提供专业帮助的职责；二是不干涉案主自由的职责。既要求社会工作者运用专业知识和技巧帮助案主，又要求充分尊重案主的自决权。当案主自由选择从专业角度来看不利于案主时，或者为了案主福利而须牺牲其自由时，社会工作者应当运用专业知识去干预案主的自我决定吗？

第四，角色冲突导致的困境。社会工作实践中的角色冲突表现在两个层面：一方面，社会工作者承担多种角色，而每种角色有不同义务。同一社会工作者的时间精力有限，究竟先履行哪项义务呢？另一方面，同一社会工作者处于不同角色时，会遭遇来自各方的期待。当这些期待难以两全时，他们就处于困境。

第五，利益冲突导致的困境。社会工作者的日常工作往往影响到不同人和群体的利益，这些利益都是社会工作者须考虑和顾及的，但又往往不能两全。为了保护案主，工作者可能牺牲自己利益；为了保护这个案主，可能牺牲其他案主利益；为了增加案主福利，可能要呼吁社会制度的迁就；为了保持职业的纯洁，工作者可能告发同事的不道德行为。诸如此类的复杂情况需要社会工作者裁决应当优先考虑谁的利益。

社会工作的伦理困境也可归为决策困境和结构困境两种（徐震，2000：11—13）。

决策困境。（A）保密的程度与情况。如，案主告诉工作者"他决定伤害某人以发泄心中愤恨"，工作者就可能陷于"保密"则伤及某人安全、"泄密"则伤及案主信赖的两难。（B）自决的权利与尊重。案主自决涉及"尊重个人"，即视"自决"为案主个人的权利；同时涉及"发展个人"，即视自决为案主有权选择的过程，而形成"消极自由"与"积极自由"之争论。如果坚持案主自由不容干涉，工作者应持"不判断"的态度；如果坚持案主有待协助，工作者应可为案主提供有利的目标。（C）自由意志与环境。个人行为出于个人的自由意志，或出于环境影响，是哲学上讨论伦理价值中分辨善恶与争论人性的焦点。这常对于工作者协助案主的处理方式造成不同判断，因而就有了治疗派与改革派的不同理论与利用。当工作者在衡量案主的问题由来时，需要细心地加以判断。主张理性主义者与研究行为主义者又背道而驰。（D）协助的方式与选择。重视过程者以"人"的发展为目标，

面临案主向你借钱，社会工作者应如何应对呢？

探讨和提炼专业社会工作在中国内地应用中的伦理困境，应该是进一步推进专业社会工作发展的前提。

不惜多用资源与时间，但求能发展案主的自助自决能力。重视结果者，以"事"的解决为目标，考虑节约使用资源和时间，但求当前问题的解决。在助人工作中，凡此两种方式的选择，皆要以案主的能力、案情的性质与环境的实况为其衡量的标准，只是工作者需要在诊断与治疗的决策上，下一点思考的功夫，有时，也可能陷入两难之境。

结构困境。（A）弱势个人与强势社会的冲突。社会工作者经常代表弱势个人与强势团体进行谈判，由于工作者既要维护个人利益，又要维护社会正义，当两者发生冲突时，工作者即陷于两难之境。（B）案主需求与科层制的矛盾。社会工作者多受雇于福利机构，而为组织力量所控制，其工作目标常取决于机构的政策而非案主的需求。在科层体制中，"一切制度化"与"决策层级化"的压力下，工作者常会发现他对案主不是"照顾"，而是"控制"；不是"增权"，而是"安抚"，他似乎只能考虑行政效率，而无法谈到道德责任。（C）专业伦理与个人伦理的分际。（D）西方经验与本土文化的差异。

4. 社会工作实践中的伦理抉择

社会工作者遭遇到伦理困境时必须作出抉择。针对前述五种伦理困境，可以有如下解决困境的原则、标准及模式（肖泉和尹保华，2003：33—36）。

伦理抉择的原则。考虑到社会工作专业本身的强烈道德特性以及这些抉择本身的伦理相关性，伦理抉择的基本原则应当是道德优先性。（A）出于道德考虑的抉择。在作出伦理抉择时，应首先衡量其道德合理性，而不是出于政治、经济、技术或专业目标实现的考虑。（B）符合道德标准的抉择。应当以社会一般的道德标准和社会工作的专业道德标准为依据进行，而不是依据一时的感情冲动或个人偏好。（C）为了道德目的的抉择。应当为了满足案主的最大利益和更好地实现服务目标，在周密考虑后

组织社会工作的教育界、实务界和相关部门的人士，切磋和形成符合本土文化的伦理困境应对原则及其操作守则，是内地社会工作界的重要任务，也是体现本土特色的社会工作议题。

于服务开始前作出抉择，而不是在服务结束后为自己辩解。这三项原则的共性就是社会工作者的道德良知和道德责任感。

伦理抉择的标准。在同样符合道德标准的情况之间作选择，还必须考虑责任和义务、利益和正当性的优先权问题。西方一些社会工作伦理研究者提出了各自伦理优先次序观点，这对当代中国社会工作者都具有借鉴价值。他们都把保护生命放在最高优先位置，其次都强调培养人们的独立和自由意识、尊重案主自决权的重要性，然后依次强调平等、尊重隐私权、保密、诚实等原则。他们还提出，个人福利的权利优先于法律、法规和组织的规定；防止伤害的义务及提升公共利益的义务（如教育及社会救助）优先于个人财产所有权的权利。这似乎可视为经强化法制和经济利益过程之后的现代西方国家向"以人为本"的复归，对于正在建设法制国家和强调经济利益的中国而言，也是一个前车之鉴。

伦理抉择的模式。伦理抉择是连续过程，而且会因社会工作者的知识能力、实践环境、案主情况等呈不同状态。虽然并不存在完全固定不变的模式，但在任何伦理抉择过程中都必须考虑三个方面的问题。（A）相关的价值观和伦理原则，包括社会价值观、职业价值观、个人价值观、一般伦理学原则和专业伦理学原则。（B）相关的参与者，包括案主、可能被影响者、协作同事和其他专业人员以及社会组织机构。（C）相关的效率和效益，包括所选择行为的代价和成本、对社会利益和个人利益的保护度、是否符合最小伤害原则等。社会工作者还应当注意，他们的抉择并非完全孤立的，借鉴有关文献中的成功案例，请教有关专家、与同事们共商都是使最终抉择更科学合理的重要保障。当然，仅靠社会工作者的道德责任感有时不能完全解决实际问题，专业的知识和技巧是作出合适抉择的前提。

针对决策困境和结构困境，有如下可操作的纾解途径（徐震，2000：14）。一是集体研讨。经常举行分业或分项的工作研讨会；细分业务，如将家庭暴力分为儿童虐待、婚姻暴力及老人虐待加以讨论；参与人数不必太多，而以具有实务经验及研究兴趣者为

台湾秉承中华文化。对中国内地而言，台湾的社会工作应该比其他地区更有参考性。

限。二是学术研讨。鼓励社会工作专业的学生研究各种伦理议题，用实证方法，取本土资料，将理论、政策与方法均包括在内。三是通案处理。如，根据社会工作者的经验与观察，加以分类归纳，使某种类型的"个案"按发生背景与原因分门别类，形成一种"通案"；而后通过公会或协会建议政府从政策与立法上加以解决。四是案例分析。从分业分类中，收集具有伦理难题的个案，邀请实务与学术两方面的专家共同分析，并逐年汇编成册，仿照医学界对特殊病例的分析及司法界对司法判例的研究，以累积前人经验，启发后人智力。

作为不断完善的专业和职业，本土社会工作实践必须整合国际社工界通用的哲学价值和伦理、本土的传统文化和当代主流的意识形态。对上述三者分别采用借鉴和本土化、扬弃和当代化、认同和操作化等不同思路，是真正领悟社会工作的哲学、价值和伦理，从而达成社会工作多层面目标的有益手段。

本章小结

1. 一般哲学、社会工作专业哲学和社会工作专业伦理是三个层次的概念。

2. 保守主义、自由主义和激进主义是与社会工作密切相关的哲学世界观，其差异体现为对人类本质、个人行为、家庭、社会系统、政府和经济系统的不同立场。

3. 社会工作的价值观大致包括：个人价值与尊严，对人的尊重，重视个人改变的潜能，案主自我决定权，提供个人发挥潜能的机会，寻求满足人类共同的需要，寻求提供个人足够的资源与服务以满足其基本的需要，赋予案主权利，平等的机会，没有歧视，尊重多元性，对社会改革与社会正义的承诺，保密与隐私权，愿意将专业知识与技巧提供给他人，等等。

4. 社会工作会遭遇价值悖论。这些悖论体现在社会价值观与专业价值观的冲突、专业价值观内部的冲突、专业价值观与社会工作者个人价值观的矛盾、社会工作者个人价值观与案主价值观的冲突等领域。

5. 专业伦理指专业团体对案主的专业关系与服务关系，以责任为中心，又可区分为企业伦理、科技伦理、行政伦理、助人专业伦理等。

6. 社会工作专业伦理包括对案主、同事、实务机构、专业、社会的伦理责任和作为专业人员的伦理责任等方面。

7. 社会工作的伦理困境有目标冲突、忠诚冲突、责任冲突、角色冲突和利益冲突五方面。解决困境需要参照出于道德考虑、符合道德标准、为了道德目的三项原则，在符合道德一般原则外，考虑责任和义务、利益和正当性的优先权，注重相关的价值观和伦理原则、相关的参与者、相关的效率和效益等议题。

8. 社会工作者的道德责任感不能完全解决伦理困境，专业知识和技巧是作出合适抉择的前提。

9. 社会工作的伦理困境也可归纳为决策困境和结构困境两种，集体研讨、学术研讨、通案处理和案例分析是解决两种困境的有益方法。

10. 本土社会工作实践必须整合国际通用的专业哲学价值和伦理、本土的传统文化和当代主流的意识形态。

11. 借鉴和本土化国际通用的哲学价值与伦理，扬弃和当代化本土的传统文化，认同和操作化当代主流的意识形态，是达成社会工作目标的有益手段。

思考题

1. 保守主义、自由主义和激进主义如何看待人类本质和社会系统？

2. 莫拉莱斯和谢弗如何划分社会工作的价值观？

3. 社会工作价值包括哪些内容？

4. 从社会价值观、专业价值观和个人价值观等维度看，社会工作价值冲突如何体现？

5. 社会工作的专业伦理主要包括哪六方面内容？

6. 社会工作者遭遇的伦理困境有哪五类？

7. 针对上述五类伦理困境，有哪些解决困境的原则、标准及模式？

8. 何谓社会工作实践伦理的决策困境？

9. 何谓社会工作实践伦理的结构困境？

10. 针对社会工作实践伦理的决策困境和结构困境，有哪些舒解途径？

11. 本土社会工作实践应如何领悟社会工作的价值和伦理，指导社会工作的实践？

推荐阅读

Reamer 著，包承恩等译（2000），《社会工作价值与伦理》，台北：洪叶文化公司。

王永慈等主编（2000），《社会工作伦理：应用与省思》，台湾：辅仁大学出版社。

罗肖泉、尹保华（2003），"社会工作实践中的伦理议题"，载《学术论坛》第 3 期。

顾东辉（2004），"社会工作的价值观、冲突及对策"，载《北京科技大学学报（社会科学版）》第 2 期。

George, V. & Wilding, P. (1994). *Welfare and Ideology*. New York: Harvester Wheatsheaf.

第四章

社会工作的演进

通过本章学习，了解济贫法、慈善组织会社、睦邻运动等社会工作发展史中的重大事件及其主要内容，把握行业性社会工作的形成背景和专业社会工作的产生过程，熟悉不同学者依据各自标准对社会工作是否为一个专业的看法及社会工作在中国的发展阶段，并初步把握经济全球化与后现代社会思潮对社会工作的影响。

社会工作是一个助人自助的专业，经历了从志愿性工作到行业性工作，再到专业性工作的发展历程。把握其历史演进，是理解其现状和领悟其发展态势的基础。

第一节 起 源

社会工作是伴随工业化引发的社会问题而产生的，工业化先行国家解决社会问题的理念和方法为社会工作的产生与发展奠定了实践基础。

1. 英国的伊丽莎白济贫法

英国是工业革命的发源地，受工业化及城市化的影响，其城市贫困问题比较严重。为了解决当时的贫困问题，最先由教会开办了济贫事业。随着贫民增多，教会财力入不敷出，政府逐渐接办上述工作。伊丽莎白执政以来，颁布了一些济贫法案，其中，1601年的济贫法案（*Poor Law*）最著名。该法案正式承认政府有济贫责任，并建立了初步的救济行政制度与救济工作方法。

伊丽莎白济贫法有具体规定（马凤芝，1998:29）。（A）每个教区应向地主征收济贫税。（B）贫民救济应由地方分区主办，每个教区设立监察员若干人，中央政府设立监督人员。（C）有工作能力的贫民必须参加工作，以工作换取救济。教区设有贫民习艺所供男女儿童习艺，教区也义务代为介绍工作或配给原料与工具，强制生产。（D）禁止无家可归者及无业游民行乞游荡，设救贫所收容救济，强迫其在所工作。有家者给予家庭补助，使其仍在家居住。（E）人们有救济其贫穷家人或亲属的义务，贫民不能从家人或亲戚处获得扶养时再由教区救助；且救助对象也限于在该区出生者或最近在该区住满三年者。（F）把贫民分三类：体力健全者须强迫入感化所（probation home）或习艺所（work house）工作；不能工作者包括患病者、老年人、残废者、精神病患者及需抚育幼小子女的母亲，令其入救济院或施以院外救济（outdoor relief）；失依儿童（包括孤儿、弃婴）则设法领养或寄养。

伊丽莎白济贫法为英国奠定了政府主持社会救济（social relief）事业的方式。其中，教区须为所在地居民充实救济经费，为不能工作者及儿童准备粮食，为体力健全者准备工作。这些原则表明政府真正接受了对无力自供者的救济义务，成为后来各国社会救助的依据。而政府参与、专人负责、院外救济的实施等做法已隐含了某些社会工作的观念与方法。

2. 德国的汉堡制和爱尔伯福制

德国也是工业化较早的国家，所遇问题与英国相似。为了解决贫困问题，德国汉堡市于1788年开始实行所谓"汉堡制"。该制度由布希教授起草，规定该市设一个中央办事处，综合管理全市救济业务，全市分若干区，每区设监察员一人和赈济员若干人。救济方法为助人自助；为失业者介绍工作；把贫苦儿童送往职业学校习艺；把患病者送往医院诊治；对沿街乞食者不准施舍，以取缔无业游民并不让贫民养成依赖习惯。该制度实施13年，取得了一定成效，后来因为贫民不断增多和救贫人员不足而趋于衰微。

1852年，德国小城爱尔伯福仿照和改良汉堡制后提出了"爱尔伯福制"。该制度将全市分564段，每段居民约300人，其中

济贫法反映几方面信息：一是社会工作在经济发展到一定程度后容易起步，二是其首要议题是舒缓物质贫困，三是政府在其中起关键作用，四是社会政策在面对大规模社会问题时作用显著。时至今日，从社会福利视角反思济贫法中体现的责任、资源和服务方面的内涵及其形成的社会场景，从社会工作角度领悟其中的价值、方法等专业元素，对恰当面对当代社会的议题不无启发。

社会工作在经济发达区域首先出现，并向其他区域延伸，从而不同地区的社会工作呈现各自特征。在中国内地，不同地区的社会、经济、历史等因素存在差异，社会工作发展也就必然体现出阶段性以及主题和方法的特征。

贫民不得超过 4 人。每段设赈济员一人，综合管理济贫工作。求助者必须与赈济员接洽，赈济员要先到求助者家中作家境调查，查明确有需要才给予补助。补助后仍需每两个星期前往调查一次。发给赈济款必须是法定的最低标准，不许养成贫民的依赖心理。赈济员还负责办理段内有关贫穷的预防工作（如介绍职业、训练管理游民）。赈济员为荣誉职务，由政府委派地方热心人士担任。全市每 14 个段为一个赈济区，每区设监察员一人，领导区内各段赈济员，并由区内 14 段联合组成赈济委员会，每两星期开一次会，由区监察员任会议主席，讨论有关全区赈济工作并制成报告或提案，提交给由全市各区联合组织组成的中央委员会。中央委员会为全市最高救济机关，总体支配管理全市济贫所、医院及院外救济事项，两个星期开会一次。

德国的汉堡制和爱尔伯福制的做法有所不同，但是，它们都遵循着助人自助、不让贫民养成依赖心理等原则，并都有相应的济贫事业组织管理架构和程序。这些精神和做法对后来的社会工作制度与方法产生了深远影响。

3. 英美的慈善组织会社

慈善组织会社类似于我国某些地区的社会福利行业协会，这些行业协会应如何进一步推进专业发展？

慈善组织会社（charity organization society，COS）1869 年出现在英国，1877 年扩展到美国，形成一个风行英美的慈善组织会社运动。随着英国工业化的迅猛发展，失业人口日渐增多，加之济贫法的实施并非尽如人意，因而人们对贫民问题更为关注，各种目标的慈善组织纷纷建立。他们征募捐款，救济贫民。由于这些组织之间缺乏联系和协调，出现了相互冲突和重复浪费等现象。索里牧师有感于这种状况，建议成立理事会以协调政府与民间慈善组织的活动。于是，第一个慈善组织会社于 1869 年在伦敦成立。

慈善组织会社的目标是要把英国（尤其是伦敦）的慈善事业组织起来，使之密切配合，发挥最合理的作用。（A）成立中央的管理与联系机构，并将伦敦划分为若干区，每区成立一个分支机构，每区有志愿委员会，主持救济分配工作。（B）各区办理区内所有救济机构受理申请救助案件的总登记，另特设询问部，供济贫法监护人、各慈善组织及个别慈善家收集有关申请救助者的资料，使同时向多个机构求助的职业乞丐暴露真相。（C）各区派员对所有申请案件进行个别详细调查。（D）提高救济款物配额，使其能满足申请人的生活需要。

慈善组织会社对社会工作的产生有很大贡献。一方面，他们派友善访问员访问申请者，以了解其社会背景和确定应采取的措施。它强调调查后按个别情况对每一案件分别予以处理。这种个别化做法促使了个案工作的产生。另一方面，他们推动各救济机构、慈善组织为解决社区问题，采取协调合作的步骤，也为社区组织工作的产生奠定了基础。

4. 英美的睦邻运动

继慈善组织会社后，英美又兴起了睦邻运动（settlement movement）。自1884年英国在伦敦东区贫民区首创汤恩比馆（Toynbee Hall）后，美国也于1886年创立了睦邻组织。该运动源于英国维多利亚女皇时代，原因有两个：一是当时英国的社会科学研究者和社会工作者力图对社会问题进行实地研究和实际解决；二是发起人有感于产业革命和政治革命虽然促进了工业化和城市化，但同时造成了贫富分化。他们认为，让一些受过高等教育的人和贫民共同生活，不但可使贫富打成一片，实现政治平等与民主，而且可使贫民获得接受教育和享受文化生活的机会。同时，知识分子与贫民共同生活，可促进对贫困问题的深入了解和合理解决。

在上述背景下，巴尼特（Barnett）牧师于1884年在伦敦东区贫民区首创了汤恩比馆。该地区为伦敦最贫困教区之一，有许多失业者、患病者及住在污秽拥挤住宅的人。于是，巴氏发动当时就读于牛津、剑桥大学的学生前往该地服务贫民，与贫民共处，以便实际了解贫民的生活情形，研究对策。当时，牛津大学经济学讲师汤恩比（Toynbee）与巴氏志同道合，与贫民共同生活，为贫民服务，但不幸因肺病而死，年仅30岁。巴氏为纪念亡友的牺牲精神，并号召知识青年为贫民服务以继承汤恩比的遗志，约集友人成立了社区睦邻服务中心，取名"汤恩比馆"，这也就是第一个睦邻组织。

睦邻服务中心有几个特点。（A）设于贫民区，备有宿舍，所有工作人员与贫民共同生活，其口号为"工作者与工作对象相亲相爱"。（B）没有既定工作计划，视居民实际需要开展工作。（C）尽量发动当地人力，培养其自动自发和互助合作的精神，为地方服务。（D）除了使社区睦邻中心成为当地的服务中心外，还尽量设法将本国及外国的文化介绍给当地居民，使之也成为当地的文化中心。

睦邻运动对于社会工作的产生与发展有重要意义。它说明社会工作旨在寻求个人与社会生活的改善，工作方式应从个人与社会双方同时入手；社会工作应随时依据实际需要来安排工作，并应发动、组织或配合社会力量工作；社会工作应以整个社区为工作对象，并以促进全面的社会福利为目的；进行社会工作的方法，不仅可用于个案工作（social casework），而且可用于团体工作（social group work）与社区组织（community organization）。

伊丽莎白济贫法、汉堡制和爱尔伯福制、慈善组织会社和睦邻运动，以解决贫困问题为己任，解决社会问题和满足人们需要。从事该工作的既有民间团体也有政府部门，工作对象主要为贫民，而且把服务传递给贫民的主要是志愿工作者。该时期的社会工作因此可视为志愿性社会工作。

睦邻运动应该会推进不同社会阶层的社区融合。这种做法可以视为社会工作中何种工作方法？

第二节　发　　展

社会工作是适应社会需要而产生和发展的。19 世纪末 20 世纪初以后，社会工作经历了从志愿性工作到行业性工作及专业性工作的转变过程。

1. 行业性社会工作的形成

19 世纪末 20 世纪初以后，资本主义国家纷纷加紧工业化。社会中不但仍然存在着贫困问题，而且涌现出不少新问题。工业化的演进不断破坏旧的工作与生产方式，减少了农业和手工业的传统安全感，使许多人失业或低度就业，其数量远超传统城市中的无业游民。都市化的持续进行不仅瓦解了农村社区，而且破坏了旧的都市环境，造成了大量的社会解体和悲惨现象。发展冲击着家庭领域，致使家庭活动范围缩小，功能下降，也使代际空前紧张和疏远（艾森斯塔德，1989:23—24）。发展也引发了各种懈怠行为、犯罪和流浪。可见，该阶段的西方社会已不同于以往，对行业性社会工作的产生提出了客观要求。

社会工作也开始从志愿性工作向行业性工作转变。据莫拉莱斯和谢弗的介绍（Morales & Sheafor, 1989:37—39），第一个受薪社会工作岗位出现在美国环境卫生委员会紧急救济署，但真正成为一个行业则在马萨诸塞州慈善委员会成立之后。行业性工作出现的原因表现在三个方面。（A）社会问题需要受薪人员来解决。马萨诸塞州慈善委员会干事就把工作重点放在确认贫穷原因上，认为物质匮乏和不足、道德堕落、精神不健全、偶然事件和疾病、不公正和欠考虑的法律以及社会风俗习惯等是造成贫穷的原因，而处理这些原因造成的问题需要有专门知识的受薪人员。

（B）1877年，布法罗慈善组织会社在美国成立。该会社成功使用了数年"友善访问员"之后，开始使用受训人员与案主建立联系。（C）1886年，睦邻组织运动在美国兴起。布雷姆纳总结了睦邻组织运动的影响，认为在与穷人友好接触时，工作者不仅需要知识，而且要理解普通大众的生活和痛苦。上述三者促使社会工作在志愿性工作的基础上产生出行业性工作。随着行业性社会工作发展和行业协会成立，作为行业的社会工作与关心社会福利的志愿群体区分开来，这为专业社会工作的产生提供了条件。

2. 专业性社会工作的诞生

专业社会工作是适应社会需要而产生的。随着社会问题加剧及社会工作向行业性工作的转变，人们对社会工作的期望和要求越来越高。仅仅依靠未受训者凭爱心、善心、慈悲心和乐于助人的双手去解决社会问题，在数量上和水准上都远远不够。人们开始呼吁建立专业社会工作。

该时期的社会工作加进了更多的科学成分。19世纪末20世纪初以后，社会工作受到社会科学尤其是社会学的极大影响。人们假定，社会工作者的任务是寻找问题的原因；原因一旦确定，解决方法也随之出现，社会病态也就可以消除。这种实务理论是以社会学为基础、对助人活动的科学关注，本质上是科学的慈善。

对西方社会工作发展历史的总结，可以在哪些方面为推进本土社会工作的建设与发展提供思路？

社会工作训练教育在这个时期也逐渐发展。纽约慈善组织会社秘书长德瓦恩于1898年主持成立了纽约慈善学院，开办了为期6个星期的暑期训练班，训练受薪的"友善访问员"。同时，荷兰阿姆斯特丹社会工作学院宣告成立，开设了两年制的社会工作教育课程。1904年，纽约社会工作学院成立；1910年，美国哥伦比亚大学和芝加哥大学等开设了社会工作的有关课程；1912年，波士顿社会工作学院还开设了医疗社会工作课程。这些课程为社会工作从行业性工作向专业性工作的转变提供了理论和知识的储备。

理奇蒙（Richmond）在 1917 年出版的《社会诊断》（*Social Diagnosis*）标志着专业社会工作的诞生。她在书中创立了个案工作的社会诊断模式，提出了一系列原则来界定个案工作实务的参项和社会工作者在其中的职责。她从操作意义上把个案工作看成是由特殊过程构成的，而这些特殊过程通过有意识地在个人与个人、人与社会环境之间进行调适来发展人格。此外，该书还提出了系统收集资料来理解个人的有组织的方法，认为社会工作是用特殊方法来实现改变的过程。该书具有较高的专业和学术水准，受到了广泛欢迎并"立刻成了社会工作做什么的标志"。理奇蒙也因此被人们誉为专业社会工作的创始人。

3. 专业社会工作的初步发展

由于专业社会工作刚起步，在随后年代人们仍在为建设专业社会工作而不懈努力。

在社会工作训练和教育方面，美国社会工作学院协会于 1919 年成立，并于 1932 年颁布了社会工作教育的"最低限度课程"，即一年制的大学教育方案，开设个案工作、医疗知识和精神病学知识等课程。在 1937—1939 年间，该协会制定了一些重要教育政策，规定全部社会工作专业教育都将处于大学水平且要学习两年。1940 年之后，社会工作教育内容发生了某些变化，基本知识的架构重新确定为：社会福利行政、个案工作、团体工作、社区组织、社会研究、医疗知识、精神病学和公共福利。此后的十几年中，社会工作教育内容更被抽象为个案工作、小组工作和社区组织这样三位一体的课程。

霍利斯 - 泰勒发表于 20 世纪 50 年代初的报告对社会工作教育发生了重大影响。在该报告中，社会工作教育被看作从大学教育直到研究生教育的连续过程。在这个时期，公立大学为弥补原有私立大学培养社会工作人才的不足，纷纷设立社会工作科系或成立社会工作学院。除继续开设硕士学位课程外，也在大学部开设社会工作学士学位课程，并在研究院增设社会工作博士学位课程。社会工作教育的重点从补救与治疗转为预防与发展，社会工作教育也从技术训练层面提升为理论研究层面。

贝姆的研究对社会工作教育也发挥了相当重要的作用。20世纪50年代末期，贝姆花了3年时间完成了14卷本的社会工作课程研究，提出了如下思想：课程是一个连续整体，学院应该在各部分课程间建立某种联系；社会工作的概念建立在社会功能概念之上，旨在提高个人或社会的社会功能，课程内容不仅重视心理学理论，也重视生态学理论；社会工作理论应该以自然科学和社会科学理论为基础，并使之适合于社会工作的目的；强调价值、伦理和哲学对社会工作教育极其重要；社会工作教育应该为领导者角色和直接服务案主的角色作准备，学生应该得到广泛的教育以适应各种机构的需求；提出了个案工作、小组工作、社区组织、行政和研究等五种课程；提出了包括学士、硕士和博士等各层次的社会工作教育连续体。上述许多思想于1962年被美国社会工作教育委员会采纳，并形成该委员会的教育政策。

20世纪50年代中期特别是60年代以来，社会工作教育在规模和内容上都发生了很大变化。在该时期，美国有11个社会工作学院宣告成立，开始讲授统一的社会工作理论与实务，反映了该时期社会工作旨在将分割的理论与实务综合起来的趋势。另一些学院虽仍讲授三种或五种方法，但要求学生学习另一专业的课程以熟悉专业范围；还有些学院尝试把传统的三种或五种方法整合成一两种课程，既承认其共同性，也承认每种方法的特殊性。因此，社会工作教育在该时期得到了长足发展，并在此后数十年得到巩固发展。

社会工作的专业组织开始建立。1919年，美国社会工作学院协会成立。1942年，美国社会行政学校协会宣告成立。1946年，由志愿专业社会工作组织代表组成的美国社会工作教育委员会成立，以设法解决上述两个组织的冲突。1952年，社会工作教育

社会工作教育在社会工作发展中应该发挥基础性和指导性作用。

委员会在政府协助下成立，并取代前述两个专业组织，社会工作教育的专业水准和专业资格的授证工作由该委员会负责。与此同时，实务社会工作者的组织也纷纷建立。医务社会工作者和学校社会工作者分别于1918年和1919年组成了美国医务社会工作者协会和美国学校社会工作者协会。此后，社区工作者和精神病社会工作者等也先后成立专业组织。1955年，为了协调不同专业组织，美国成立了全国社会工作者协会，使美国社会工作专业有了更大发展。从1974年开始，美国社会工作者协会积极参与影响政府政策的制定，使社会工作专业得到政治力量的充分支持。

第三节 专 业 化

随着社会工作实务的发展、训练和教育的演进以及专业组织的建立，社会工作日益走向专业化。但是，对社会工作是不是一个像律师或医生那样的专业一直争论不休，其焦点集中在专业标准是什么及如何用这些标准去衡量社会工作两个方面。

1. 社会工作的专业标准

最先明确质疑社会工作专业地位的是弗莱克斯纳（Flexner）。他在美国慈善与矫治委员会1915年会议上发表了"社会工作是一个专业吗？"的演讲，提出了专业六条标准（Flexner, 1915），即：要求伴随着个人责任的知识性操作；专业的素材来自科学和学习；这些素材逐渐发展出实用且清晰的目标；专业拥有可传授的与人沟通的技术；专业趋向于进行自我组织；逐渐在动机上成为利他性的。按此标准，弗莱克斯纳认为社会工作尚非一个专业，但他呼吁要把社会工作建成一个专业。可以说，这是人们自觉地要把社会工作建成专业的开端。

格林伍德（Greenwood）在 20 世纪 50 年代后期提出了专业的五个特质。在其"专业属性"一文（Greenwood，1957：45—55）中，格林伍德声称，要具备系统化理论体系、专业权威、社区认可、规定的伦理守则和有专业文化五个特质才构成专业。按此标准，格林伍德认为当时的社会工作已成为一个专业。对此说法，许多人并不同意，他们认为社会工作最多算准专业。托伦（Toren）根据卡尔 - 桑德斯（Carr-Saunders）提出的已建成专业、新专业、准专业和即将建成专业四种标准划分，认为社会工作当时应属准专业。在他看来，如果缺少格林伍德所说的一种或多种素质，或这些素质中一种或多种未得到充分发展，一个职业就只能被视为准专业（Toren，1972：38—42）。社会工作专业当时恰恰缺少权威和社区认可，在知识基础和方法及特殊服务取向之间、理论知识和价值系统之间存在着不同步发展的现象。

加文（Garvin）和特罗普曼（Tropman）于 20 世纪 90 年代提出专业七条标准（Garvin & Tropman，1992：457—464），即：知识体系、理论基础、大学训练、产生收入，对实践者的专业控制，对专业活动的内在道德或伦理控制，可测量或观察的结果。他们认为，社会工作既是专业也是非专业，它正要获得完全的专业地位，但某些领域还未符合标准，因而面临挑战和批评。

虽然对社会工作是不是一个专业一直争论不休，但是相当数量的学者倾向于认为社会工作已是一个专业。除格林伍德外，莫拉莱斯和谢弗也认为社会工作已成专业。因为社会工作已创办了指导专业成长与发展的独立协会，制定了专业行为的伦理守则，兴办了以大学为基础的研究生层次的专业学院，并使这些教育方案获得认可，成功地在一些国家中取得了社会工作实践的执照，引导着公共教育运动把社会工作传播给公众，拥有了社会工作在助人专业中的地位，并通过与日俱增的专门化和限制加入专业的机会而走上了专业轨道（Morales & Sheafor，1989：49）。

在社会工作追求专业化的过程中，一些学者进行了批判性反思并提出了"去专业化"（deprofessionalization）的主张。"去

整合诸多"专业标准"，作为一个"专业"应该是：拥有理论体系，经过大学训练，体现专业权威，具有伦理守则，拥有组织文化，得到社会认可。

专业化"主张，社会工作应保留某些最初的和独特的品性。持这种观点的学者认为，社会工作的过度专业化不但会导致其基本的人道主义价值的丧失，而且会偏离对社会变革的承诺。

2. 中国社会工作的专业化

专业社会工作在 20 世纪 50 年代以前就已传入中国。由于1952 年的院系调整，社会工作专业如同社会学、心理学等专业一样被取消，从事社会工作教学、研究和实务工作的人员不得不转行。专业社会工作及其教育在中国中断了近 30 年之久。十一届三中全会之后，拨乱反正和实事求是为专业社会工作复兴奠定了思想基础。1987 年，民政部和北京大学签订了联合办学的协议，决定在北京大学社会学系建立社会工作与管理专业，培养高级社会工作人才。专业社会工作及其教育在内地开始恢复。

社会工作专业化已成为中国社会工作界的重要议题。王思斌曾把社会工作定位为行政性、半专业化的社会工作模式。行政性指被纳入行政框架之中，由国家行政干部按照行政程序进行，在功能定位方面被纳入行政管理的范畴。半专业化指工作者主要是各级各类干部，未受过国际通行的社会工作训练。由于这些工作已成为干部的职业，他们也摸索出一套行之有效的工作方法。尹保华对我国社会工作状况进行了全面检讨，认为社会工作目前在中国内地属于一个准专业。社会工作在中国内地的发展及专业化需解决如下几个问题。

加快发展经济，增加社会福利投入。社会工作以经济发展为后盾，没有资金作保证，社会工作就很难发展。政府对国民负有社会福利的责任，其他社会组织同样负有社会福利的责任，应取之于民、用之于民。

政府与社会的责任共担。实际的社会工作主要由政府及其密切关联的群众团体承担，压缩了专业社会工作的空间。经济体制和行政体制改革以来，政府（单位）开始把福利和服务等转移

可以预测，在民众福利上，社会将承担越来越多的责任，"政社分开"将继"政企分开"之后，成为未来中国相当长时期内的重要主题。当然，中华文化、历史等方面的特殊性会使社会承担的模式与西方社会有所差异。

到社会，为专业社会工作发展提供了契机。但是，群众团体仍没有完全改变其政府附属的性质。要想实现中国社会工作的专业化，群众团体必须转变职能，服务社会。

提高社会工作人员的专业素质。现有实际社会工作者具有了高度的服务意识，适用和熟练的工作技巧，再加上强有力的社会动员能力，就能很好适应中国社会的需求和提供有效服务。但是，必须提高其知识水平和服务技巧，进行大规模在职培训。

大力发展社会工作教育。西方社会工作专业化的经验表明，社会工作专业的形成与社会工作教育是密不可分的。要实现社会工作专业化，必须完善社会工作教育。

> 社会工作教育是一项"社会工作"的事业，可以采用社会工作的方法予以推进。如何"在发展中规范、在规范中发展"？中国社会工作教育协会的角色极其关键。

促进社会工作实践与理论研究的结合。长期以来，无论是民政工作还是群众团体工作，都缺乏理论的梳理。我们重实践，轻理论，从而带有非规范性，这不利于经验传播和提高。所以，实际工作者可在提高理论素养的基础上对经验进行总结，理论工作者也可通过参与社会工作实践而总结出系统的、有理论深度的经验。

实干加宣传。社会工作的发展及专业化要靠实干和宣传。社会工作不能停留在书斋之中，而要走向社会，切实为人民群众排忧解难，让人民群众亲身感受，也要引起政府重视。与此同时，宣传也极其重要。只有如此，社会工作才能有广泛的群众基础，并为政府提倡和支持，进而迈入专业化新阶段。

第四节　展　　望

经济全球化和后现代主义思潮逐渐成为世界潮流。社会工作的未来发展既会受到经济全球化的制约，也会受到后现代主义社会思潮的挑战。

1. 经济全球化背景下的社会工作

　　经济全球化不但影响各国经济的发展，而且影响到社会方面的演化。社会工作自然也避免不了这种影响。根据关信平的分析（2003：4—8），在经济全球化背景下，社会工作将会有如下几个最新发展趋势。

　　改变了社会政策与社会工作传统的价值基础。20多年来，新自由主义的价值理念在全世界广为蔓延，对社会政策及社会工作的价值基础产生了很大影响。第二次世界大战结束几十年中曾占据支配地位的"民主社会主义"社会福利价值体系受到"新自由主义"的冲击，使得传统的"左派"在民众中影响下降。在社会工作领域，以"公平""社会关照""社会保护"为目标的价值越来越被信奉"效率""自由""竞争"的新自由主义价值取代。

　　社会福利和社会工作的体制开始发生变化。其方向是从过去的"国家福利"模式逐渐转为"混合福利"模式，政府与非政府机构共同提供福利，一些发展中国家还推行了"社会福利私有化"改革。在这种情况下，一些国家或地区的政府不再主张在单纯的"国家福利"模式下继续发展高成本的专业社会工作，而鼓励更多地转向民营化和依托社区与其他民间资源来发展社会工作。各国调整社会工作的基本体制，积极建立"混合福利"模式下的国家与民间、政府机构与非政府机构之间的新型分工和合作关系。

　　社会福利与社会工作的运行机制受到冲击。许多国家在福利运行体制中不同程度地引入了市场机制，将"纯福利"机制改造为"准市场"机制。其目标在于通过引入市场机制，对福利体制加以改造，从而促进其内部提高运行效率，使福利受益者加大选择自由，提高社会福利机构的运行效率，进而降低政府开支。在社会工作经费投入方面，政府不再承诺承担全部责任，而是鼓

　　经济全球化必然会带来其他方面的全球化。混合福利模式值得关注。参鉴西方社会工作的历史、现状和发展，提炼中国内地独特的社会工作手法，这些都是当代中国社会工作界必须关注的议题。如何依托达观的发展思路，形成可行的操作手法，是中国内地社会工作界的责任。

励一定程度的收费服务和民间赞助。其结果使社会工作的运行和发展从纯粹的"需求导向型"逐步转向"需求导向"加"预算约束"机制，福利机构和社会工作者更注重开发"社会服务市场"，以弥补政府资金补偿的不足。在政府投入方面，倾向于将按机构和工作人数拨款的方式改变为"购买服务"的运行方式，以促使社会工作者及其机构提高服务质量和效率，防止社会福利机构的官僚化。

2. 后现代背景下的社会工作

社会工作的未来发展也会受到后现代主义社会思潮的影响。乐国林从后现代主义的视角对传统社会工作进行了反思，提出了一些基本观点（2002：41—46）。

主张个人与社会关系上的多元公正。后现代主义破除了现代主义对社会真实性和真理性的一元认识，对束缚人的欲求和人的发展的理性化过程予以解构，重置了个人与社会、个人世界与社会世界的关系。后现代主义倡导从多视角考虑问题，重构世界的多样性。倡导对世界的关爱，强调个人与他人内在的、本质的、构成性的关系。倡导对过去和未来的关心，重新建构起人与自然、人与人的关系和整个世界的形象。它力图克服现代社会带来的社会机械化，即：不要把劳动者当作机器而不顾他们有发挥想象力和创造力及参与决策的需要。主张恢复个人、组织社区的权力和责任，促进地区性文化而非某种单一文化的繁荣，尊重文化、伦理、宗教、精神的多元性，唤回民众的民主参与和自由平等，使人们的参与更直接，更有生机，更少官僚和等级气息。国家与个人的关系及社会政策要考虑如何在所属的众多社会中构成自我，保证个人权力。

重视社区工作。后现代主义竭力排斥中心化、统一性、总体性，压抑个性，力主多元性、多样性、差异性、主体自我意识的觉醒、主体的创造性，把社区作为恢复主体权力、培养成员自我意识和参与行动、养成共同体意识、发展微观政治最好的场所。在后现代学者看来，社会中存在的社区才是真正丰富、多元、多样的，社区是来自不同家庭、文化背景、阶层和职业的个体经常性互动的场所，发展各具特色、多元公正的社区才是发展多元公正社会的基础。在社区工作中，强调共同参与，强调共同体的事实和共同体的发展。后现代的社区工作不但重视社区共同体的发展，而且主张社区之间的协调，这有益于不同社群之间的沟通、体认，利于资源互惠，合作性解决共同面对的社会问题。在全球化视角下，后现代主义尤其重视作为社区的国家间协调。

关注边缘群体的社会工作。后现代的社会理论家较之其他人士更关切边缘群体、弱势群体的生存状况、社会处遇和心理状态，关注现代社会如何对边缘群体进行技术、身体的形塑和规训，关注权力压制的机制和叙事（知识）的"游戏规则"如何作用于边缘性群体，并提出了边缘群体获得解放的途径。鲍德里亚把肩负推进现代社会向后现代社会演进的历史使命的希望，寄托在黑人、妇女、同性恋者等现代社会边缘群体身上。这些观点较为激进，但他们对边缘群体的关注却是与社会工作相符合的。它提示社会工作要更加关注弱者的声音，看到这类案主本身所蕴藏的潜力与希望，明确边缘群体是社会塑形和压制的结果。

重视案主主体性自我，强调案主参与。在后现代视野中，社会工作者要从根本上终结信念的可能性，创造和开放平等空间以便听到曾经被压制的不同声音。案主自身就是知识的站点，其叙述应成为注意的焦点。进一步而言，对案主的理解应更深，即要从主体自我和动态发展中刻画其问题与心态。案主不是稳定同一的，而是矛盾的、在话语中不断被建构或重构的。自我总是在社会中建构个体或作出有社会意义的区别。对案主的更好理解要建立在这样的分析上：案主在多元和广泛交叉的区域中被建构。自我的存在不是确定的，案主自身是一系列不同的点。工作者应该对影响案主决定的不同声音保持敏感性。案主的自我参与对其问题解决至关重要。传统社会工作也非常重视案主的参与，但是社会工作者往往有意识或无意识地站在社会的立场上，以工具性地解决案主问题为目标。所以，案主依然是被动参与，容易陷入社会工作者的控制。问题的解决只是暂时性、仪式化的。后现代提倡的案主参与是要"真正让案主说话"，强调案主自我觉醒和独立思考，凸显案主自我话语权力的主导地位，努力使案主建构真实性的问题。

强调社会工作过程中语言构成的真实性。在后现代视野里，社会世界不能视为客观的体系，客观世界并非真实，更不是同一的真实，真实性是语言影响的结果。语言是媒介，它构成所有的"已知"。因此，真实性内涵于和嵌套于解释与"语言游戏"之内。语言是人类创造的，而真实性的描述不可避免地产生于人类社会的权力关系之中。因此，社会工作者不应把所谓一元的、永久的真实性和真理性带入每个个案工作中，更不应把这种意识形诸于语言而有意无意地强加于案主。社会工作中的真实性语言是在与案主互动中共同建构的，这种真实性是一种案主真实性。

3. 中国社会工作的未来发展

中国内地社会工作的未来发展离不开经济全球化与后现代主义社会思潮，也面临着与其他国家尤其是西方发达国家不尽相同的挑战与任务。

王思斌提出中国内地社会工作未来发展的着眼点是"本土化与创新"。为此，应加强以下几个议题的研究（1995：97—106）。

形成中国社会工作的价值体系，有利于事半功倍，积极推进社会工作的良性发展，即所谓"纲举目张"。

中国社会工作的基本价值或社会工作赖以进行的指导思想。社会工作的基本价值建立在自由、平等、博爱和人权的主张之上，个人主义和人本主义成为西方社会工作的潜台词。中国长期崇尚社会主义和集体主义，重视社会和集体利益。在中国社会工作的专业特征不断加强、西方社会工作的工作方法和实务模式越来越多地被借鉴的情况下，怎样处理上述两种价值观的冲突是一个重要问题。如果不能在这方面取得进展，就表明中国的社会工作还不成熟，至少是理论的不成熟。

政府、群众团体、基层社区相结合的社会工作体系的建构原则及模式。在市场经济条件下，社会团体和社区的行为能力将会增强，但纯粹市场化的社会服务提供机制又有许多弊病。中国在从计划经济体制向市场经济体制的转变中，社会福利和社会服务事业要走到何种程度，如何更有效地实现政府、社会团体与社区互助系统的良好结合，这既是一项实践任务，也是一个需要理性思考的问题。

中华文化的特色，要求中国内地的社会工作的教育界、实务界与政府形成良好的伙伴关系（partnership），三位一体，共谋发展。

在重要社会工作领域寻求突破。应该在较成功和有特色的领域进行挖掘和总结。城市社区服务和农村扶贫可视为两个重要切入点。这两个项目都吸纳了政府、群众团体和社区的广泛参与，从而在服务提供渠道方面有代表性。这两类服务普遍开展于中国城乡，成为规模宏大、具有广泛社会性的项目。这两类服务都取得了相当可观的成绩，具备进行研究的基础和条件。因此，对从内容到服务提供上都有中国特色的社会项目应下大力气研究，力求有所突破。

发掘传统社会工作的价值。一般认为，社会工作的理论和方法都产生于西方。实际上，中国对社会工作也有贡献，20世纪30年代的华北平民教育运动和乡村建设运动即为突出例证。当社区工作在西方尚未被广泛关注时，晏阳初等知识分子倡导并推进的乡村建设和发展运动已有目的、有计划、有措施地开展起来，后因种种原因虽被终止而不得其果，但毕竟留下了有益经验，更不用说这种运动后来被移往国外并得到国际认可。华北平民教育运动和乡村建设运动有丰富的经验、教训可以总结，这对社会工作仍不失参考价值。

社会工作的历史表明，社会工作是不断完善的专业和职业。领悟西方专业社会工作的发展规律，把握中国传统助人手段的本土特色，是中国社会工作理论界和实务界的共同责任。

本章小结

1. 社会工作是伴随工业化引发的大量社会问题而产生的。

2. 伊丽莎白济贫法是当时最完善的济贫法案。该法案正式承认政府有济贫的责任，并建立了初步的救济行政制度与救济工作方法。

3. 为了解决贫困问题，德国汉堡市于 1788 年开始实行"汉堡制"，爱尔伯福也于 1852 年仿照"汉堡制"并加以修正改良而提出"爱尔伯福制"。

4. 慈善组织会社最先于 1869 年出现在英国，而后于 1877 年扩展到美国，形成了风行英美的慈善组织会社运动。其目标就是把慈善事业组织起来，使之密切配合，发挥最合理的作用。

5. 继慈善组织会社后，英美又兴起了睦邻运动。自 1884 年英国在伦敦东区贫民区首创汤恩比馆后，美国也于 1886 年创立了第一个睦邻组织。

6. 19 世纪末 20 世纪初的西方社会状况对行业性社会工作的产生提出了客观要求，社会工作开始从志愿性工作向行业性工作转变。

7. 19 世纪末 20 世纪初以后，社会工作受到社会科学特别是社会学的极大影响，成为一种科学慈善，社会工作训练和教育在这个时期也逐渐发展起来。

8. 1917 年，理奇蒙出版《社会诊断》一书，标志着专业社会工作的诞生，理奇蒙也因此被人们誉为专业社会工作的创始人。

9. 20 世纪 50 年代末期，贝姆完成了社会工作课程研究，认为课程是一个连续整体，社会工作旨在提高个人或社会的社会功能，社会工作理论应以自然科学和社会科学理论为基础，强调价值、伦理和哲学的重要性，社会工作教育应为领导者角色和直接服务案主的角色作准备;并提出了个案工作、小组工作、社区组织、行政和研究五种课程,提出了包括学士、硕士和博士等各个层次的社会工作教育连续体。

10. 对社会工作是否是一个专业,学者之间存在争论,有相当数量的学者倾向于认为社会工作已是一个专业。在社会工作追求专业化的过程中,也有一些学者进行了批判性反思,出现了"去专业化"的主张。

11. 我国社会工作体现为行政性、半专业化的社会工作特性。

12. 社会工作在我国的专业化需要:加快发展经济和增加社会福利投入,政府与社会责任共担,发展社会工作教育,促进社会工作实践与理论研究的结合,实干加宣传。

13. 经济全球化改变了各国社会政策与社会工作传统的价值基础,社会福利和社会工作的体制也开始发生变化。

14. 后现代主义社会思潮对社会工作有一定影响,它主张个人与社会关系上的多元公正,重视社区工作,关注边缘群体的社会工作,重视案主主体性自我和案主参与,强调社会工作过程中语言构成的真实性。

15. 中国社会工作未来发展的着眼点是本土化与创新。我们需要恰当处理中外价值观的冲突,政府、群众团体、基层社区相结合,在重要的社会工作领域寻求突破,发掘传统社会工作的价值。

思考题

1. 伊丽莎白济贫法的主要内容是什么?
2. 德国的"汉堡制"的主要内容是什么?
3. 英国慈善组织会社的工作方法有哪些?
4. 睦邻服务中心的特点有哪些?
5. 行业性工作出现的原因是什么?
6. 《社会诊断》的主要观点有哪些?

7. 贝姆社会工作课程研究的重要思想有哪些？

8. 当代中国的社会工作是否是一个专业？

9. 我国社会工作的发展需要解决哪些问题？

10. 经济全球化背景在哪些方面影响了社会工作？

11. 后现代主义从哪些视角关注社会工作？

12. 我国社会工作的未来发展如何整合本土化与创新？

推荐阅读

F·埃伦·内廷等著，刘继同、隋玉杰等译（2006），《宏观社会工作实务》（第3版），北京：中国人民大学出版社。

马凤芝（1998），"社会工作的发展历史"，载王思斌主编《社会工作导论》，北京：北京大学出版社。

王思斌（1995），"中国社会工作的经验与发展"，载《中国社会科学》第2期。

乐国林（2002），"后现代的社会理论与后现代之下的社会工作"，载《社会科学缉刊》第4期。

Morales, A.&Sheafor, B. W. (1989). *Social Work: A Profession of Many Faces.* Boston: Allyn & Bacon.

Trattner, W. I. (1974). *From Poor Law to Welfare State.* New York: The Free Press.

第五章

人类行为与社会环境

通 过本章学习，了解人类行为与社会环境的基本内涵，把握其基本假设，从个体纵向发展的角度理解人类发展不同阶段的任务，领悟精神分析学、学习理论和认知发展理论的主要观点；从横向系统的角度把握家庭、朋辈群体、组织、社区和社会对个体发展的不同影响。

人的成长和生活离不开社会，社会也离不开人以及人与人的互动。过分强调个体的纵向发展或一味重视系统对人的影响，都是不科学的。人类行为与社会环境（human behaviors and social environment）就是描述个体生理—心理—社会发展的过程和特点，以及个体发展受不同系统影响的知识，可以充分展示人类行为与社会环境的互动和影响。

第一节　基本概念和基本假设

人类行为与社会环境是社会工作的重要议题。要领悟两者关系以及兼顾纵向的个体发展和横向的系统互动，就需要首先把握人类行为与社会环境的基本概念和基本假设。

1. 基本概念

人类行为指个体的一切外表行为、思想、感受、期望、自我观念等，是一个广义概念，包括人的内在和外在的变化。看得见的外部行动或看不见的内心运作都是其探讨的对象，而且最令人感兴趣的是内在的思想、情绪、自我观念、期望等如何影响外在的行为。

社会环境指个体以外的所有的主观和客观存在，从系统角度看包括家庭、朋辈群体、组织、社区和社会，也涉及来自文化的无结构的、松散的但往往又是根深蒂固的影响。

2. 基本假设

社会工作对人类行为与社会环境有一些基本假设（Schriver，1998），离开了这些假设，许多讨论就无从谈起。

首先，我们怎样看待世界以及环境与人的互动直接影响社会工作中工作原则的制定和工作手法的选择。社会工作的三大支柱（即价值观、理论和实践）都听命于我们对人与环境及其关系的理解。如果你认为人是理性的且思想是行动的指挥棒，你就可能会更多地运用认知行为治疗法（cognitive behavior therapy，CBT）来服务工作对象。如果你相信人是有潜意识的且未必在理性层面清楚自己的行为时，你就可能更多地选择心理分析法来与工作对象一起寻求改变。

其次，社会工作者也是普通人，也受自身成长环境的影响。专业价值、知识和技巧的学习并不能使我们变成运用这些价值、知识和技巧的机器。相反，它们会融合到我们自己的价值、知识和技巧中去。在工作中适时反省和同辈间讨论，可使我们了解自己是否合理地运用专业知识、价值和技巧，也使我们看到自己、了解自己，更好地提供服务。

其三，社会工作是一个助人的专业和职业，这并不意味社会工作者比工作对象优秀，而应该理解为人与人之间的差异。每个人都有独特之处，个体差异是绝对的，群体内的一致性是概括的和相对的，人与人存在差异但没有优劣之分。

其四，每个人都有值得欣赏和学习的地方，我们的工作对象也不例外。每个人的一生都会有此起彼伏的经历，寻求帮助不等于一无是处，只是在特定时空内需要他人的一臂之力。社会工作者可能就是这个手臂。但是，即使工作对象扶着社会工作者的

有关人类行为和社会环境的研究方法大致分为两类：一类是"实证的、科学的、客观的和定量的"研究取向，强调对个体行为的客观观察、量化和标准化；另一类是"解释性的、主观的和定性的"研究方法，如叙事分析、内容分析和女性主义分析等。

手臂前进，主要的动力和能量还是来自其自身。所以，助人者不是万能的，也不可能是万能的。

其五，人类行为和社会环境中的每个因素都是不断变化的。在对受助对象进行问题分析、目标制定、改变推动和评估效果时，要切记不论是社会工作者还是工作对象都在整个过程中不断变化。其中，常变是有迹可循的，并可运用理论分析来预测结果；同时，也要准备好随时出现的意外改变，这正是社会工作者要学习危机处理的原因所在。

在中国内地，社会工作起步不久，很多理论和实践经验都来自西方或者其他较发达的国家和地区。由于社会工作和文化与本地经验相关，所以，在面对有关人和环境的西方理论时，要持正面的批判态度，多问多反省少盲从，这样才可能在若干年后发展出中国特色的社会工作体系。

第二节　个体发展

个体发展主要探讨个体由卵细胞和精子结合开始直到死亡的变化过程及其特点，既有显著变化的特质（如身高、体重），也有相对稳定的特质（如气质）。

1. 个体发展的阶段特征

研究者通常把个体发展分成多个阶段，每阶段有其发展特征，以年龄为依据的个体发展阶段及其发展特征详见表5-1（Papalia, Olds & Feldman, 1998）。

人类行为与社会环境中有"人在环境"概念。此概念是社会工作的核心框架，融于社会工作的方方面面。

表 5-1　个体发展阶段及其发展特征

发展阶段	主要发展特征
怀孕期 （从受精到出生）	● 形成机体的组织和结构 ● 快速的生理发育 ●对环境影响非常敏感
婴儿期 （出生到3岁）	● 有依赖性，但开始表现出自身的能力 ● 注重感官活动 ● 生理和肌肉发育快 ● 开始呈现学习／记忆能力 ● 理解和语言能力发展很快 ●开始出现自我意识 ● 开始建立与照顾者的亲密关系 ● 开始对朋辈感兴趣
儿童早期 （3到6岁）	● 大肌肉和小肌肉的运动能力显著提高 ● 行为大致上是以自我为中心的，但是开始理解有他人观点的存在 ● 认知功能尚未成熟，会出现一些非逻辑性的推论 ● 游戏、创造力和想象力丰富 ● 独立能力、自我控制和自我照顾能力上升 ● 家庭仍然是生活的重点，但其他儿童的重要性开始显现
儿童中期 （6到12岁）	● 生理发育开始减缓 ● 运动能力提升 ● 自我中心开始下降 ● 开始具体化的逻辑思考 ● 记忆和语言能力上升 ● 认知能力的发展使儿童可以从正规教育中受益 ● 自我概念形成，开始影响自尊心 ● 朋辈成为生活中的重要部分
青少年期 （12到20岁）	● 生理变化快速而显著 ● 生育功能成熟 ● 抽象思维和科学理论能力提高 ● 在行为中表现出青少年期的自我中心 ● 寻找自我认同成为生命中的重要内容 ● 朋辈群体是试验自我概念的场所 ● 与父母的关系可能发生变化，但是仍然重要

（续表）

发展阶段	主要发展特征
成年早期 （20 到 40 岁）	● 生理发展达到顶峰，机能可能开始下降 ● 认知功能成熟，帮助处理复杂的处境 ● 作出有关亲密关系的选择（性取向、婚姻取向等） ● 大多数人结婚并且生儿育女 ● 作出职业选择
中年 （40 到 65 岁）	● 生理功能开始有一些衰退，多数经历更年期 ● 智能达到较高的层次，但是学习新知识可能需要较长的时间，继续发展认同感，可能产生中年危机 ● 上有父母，下有子女，生活压力可能比较大 ● 子女可能由于求学、工作、结婚或其他原因离开家庭，又回到两人世界 ● 有部分人达到事业顶峰，有部分人可能开始觉得没有希望
老年期 （65 岁以上）	● 多数人健康，过活跃的生活，但健康和日常活动功能有下降趋势 ● 反应速度开始下降，影响生活中的各个部分 ● 多数人智力完好，但少数人记忆力、智力下降，不过在初期多数人都可以应付（补偿） ● 退休老人要重新安排生活、经济活动以及和朋友的交往 ● 开始不断地应付各种失落（自己的活动功能、配偶、朋友、权力、经济／社会地位）以及面对最终要来临的自己的死亡

　　每个阶段的发展特征可归纳为生理（physical）、认知（cognitive）、社会心理（psychosocial）和精神（spiritual）四个层面（Papalia，Olds & Feldman，1998；Bullis，1996），个体每阶段的发展都是这些层面的有机结合。所以，在讨论工作对象的任何层面时，不应该仅仅把重点放在其不足的层面（如智力落后或者肢体残疾），而忽略了他们在其他层面的潜力。

　　生理发展指个体在身体、脑、感知功能和运动技巧上的发展。这一部分主要会在怀孕期间和未成年的四个阶段中高速发展，功能不断完善并达到顶峰。生理发展在成年早期开始出现新的特点，功能或维持在某一水平，或会从顶峰开始下降（Papalia，Olds & Feldman，1998）。这并不是说在成年早期以前各方面的生理功能不会下降，但这些下降多数由疾病引起。老年期的功能衰退更明显，从外表及本体感觉上都可明显观察到。从发展角度看，早期发展的特征会影响后期发展的可能性及衰退的情况，而且早期发展特征有部分是由遗传决定的。虽然近年的研究表明，个体可以透过药物、运动和改变生活方式来试图改变生理发展的水平和进程，但是，环境和自我控制因素能发挥多少作用仍有待讨论。

个体在学习、记忆、推理、思考和语言方面的发展可以归纳为认知层面。这些能力在成年早期发展到顶峰，而且未必一定会在以后发展阶段中显著衰退。如，流体智力会在成年期达到顶峰后开始下降，但是晶体智力会持续发展（Schaie，1994）。认知发展的客观基础是生理发展，而认知发展又会促进脑和其他器官的发展。

有关个体行为的相关知识是微观社会工作或临床社会工作的基础之一。

个体人格、情绪、社会关系、道德、价值观和自我意识的发展可以归属到社会心理层面。这是社会工作最感兴趣和最多干预的层面，因为这个层面是生理发展和认知发展的落实点。

一个人肢体残疾并不可怕，经适当训练或借助合适工具，他（她）可能与普通人一样自我照顾、参与运动、从事工作和组织家庭。但是，肢体残疾给个人带来的影响很可怕（如家人怜悯、朋友嫌弃、社会歧视等），使本来可能过上一般人生活的人产生己不如人的感觉，自卑，抱怨不公平，导致生活质量受到影响。

精神层面发展的内涵比较模糊，涉及个体怎么看待自己和世界的关系、生命意义等。对自我精神生活的追求从很小时候就已开始，晚年则达到顶峰（Jewell，1999）。近年，精神层面的发展备受社会工作关注，因为个体对此的回答和理解影响个体其他层面的发展。

2. 不同的理论取向

上述四个层面在不同阶段的发展是由遗传决定还是由环境

决定，不同理论取向有不同假设。迄今为止，没有一种理论取向可以解释所有现象，也没有一种理论取向被全盘接受。理论取向本身也在随时代进步和科学进步而发展，有关中国人心理学的研究更丰富了我们对不同理论取向的解释和运用（Bond，1996），而且每种理论取向也只是尝试解释个体发展的某方面规律而非全部。下面介绍几种在个体发展学科发展史上备受关注的理论取向。

（1）精神分析学

精神分析学（psychoanalytic perspective）由弗洛伊德（Freud，1856—1939）提出，后来经历了不少发展，其中，埃里克森（Erikson，1902—1994）的心理社会发展论（psychosocial theory）颇受关注。精神分析学是弗洛伊德在治疗神经症病人的基础上发展起来的有关人格发展、人格结构及心理治疗方法的理论，其中最为读者熟悉的是人格结构理论（Freud，1935，1953）。即，人格由本我（id）、自我（ego）和超我（superego）构成。本我是与生俱来的，代表欲望，遵守快乐原则（pleasure principle），所以，婴儿一出生就会用各种方法来表达欲望，而且那时获得快乐是最重要的。然后，婴儿开始把自己从环境中分离出来，形成自我，代表理性或者共识，遵守现实原则（reality principle）。在儿童中期，开始发展出超我，代表良心以及社会中对特定行为的期望和标准，儿童渐渐把这些外在标准和良心内化，开始时会产生很多责罚感。但是，随着个体成长，自我和超我都会变得有弹性和互相合作。

要发展出人格结构的弹性和合作精神，个体要在本能欲望（impulse）和社会期望（social expectation）之间经历冲突和成长，具体经历五个阶段，在每个发展阶段个体的满足来自不同生理地带。（A）口唇期（oral phase）（出生到12—18个月）：个体的主要满足来自与口唇相关的活动（如吮吸和进食）。（B）肛门期（anal stage）（12—18个月到3岁）：个体从排泄过程中获得感官满足。（C）性征期（phallic stage）（3岁到6岁）：儿童开始与异性父母建立亲密关系，然后与同性父母建立认同，主要满足途径在生殖器官地带。（D）潜伏期（latency）（6岁到青春期）：从相对平静到青春期躁动。（E）生殖器期（genital phase）（青春期到成年）：发展成熟的性特征。在这五阶段中，弗洛伊德认为性征期是关键，因为在该时期儿童与异性父母产生所谓恋父、恋母情结，同时仇恨同性父母。每个时期的满足要适当，太多或太少的满足会使个体的人格发展停滞不前，可能埋下被长期压抑的童年创伤经历，成为成年期人格变异或困扰的潜在因素。

埃里克森对弗洛伊德精神分析学理论进行了重大发展。他把弗洛伊德只强调内心欲望的人格理论发展成强调社会环境在发展自我中的作用（Erikson，1950，1982），也把发展由一个从出生到青年期的概念推展到一生的工作。由于多数个体发展理论都将"发展"停留在青少年期，埃里克森的上述观点就很有启发性。

埃里克森指出，人生有八大发展阶段（见表5-2），在每个发展阶段，个体都要经历一个"危机"（crisis），即：个体要在正负经验中发展出特定品质，如果个体不能在特定时期发展出特定品质，个体的自我发展就会有困扰。在八个发展阶段中，埃里克森特别强调青少年期的认同发展，并认为这是自我发展的最关键环节。

早期的社会工作主要是个案工作，而且个案工作在当时也刚刚起步，因此，当时似乎很难指明心理学与社会工作的区别所在。在当代，社会工作已经成为由诸多方法合成的系统，而心理学依然是社会工作的基础理论之一。

表 5-2　埃里克森的人生八大阶段

发展阶段	主要危机	美德（品质）
出生到12—18个月	● 信任和不信任 ● 发展对周围世界的感受，是否安全	希望
12—18个月到3岁	● 自主和羞愧 ● 在怀疑和羞愧中发展独立性	意志
3到6岁	● 进取和罪责感 ● 在挫败中学习不断尝试新事物	目的
6岁到青春期	● 勤业和自卑 ● 开始学习在特定环境中的生存技巧以及感受到自己的不足	技能
青春期到成年	● 认同和认同混乱 ● 发展自我认同感，角色混乱引起认同混乱	诚实

（续表）

发展阶段	主要危机	美德（品质）
成年早期	● 亲密和疏离 ● 开始对他人作出承诺，如果不成功，会产生疏离或者专注自我	爱
成年中期	● 创造和休眠 ● 培养和指导下一代或者感到自身的枯竭	关怀
成年晚期	● 整合和绝望 ● 接受自己的生命，接受死亡，或者关注功能的丧失和对死亡的绝望	智慧

精神分析学说对心理学发展起了划时代作用，在心理治疗方面的影响相当深远，对社会工作的影响也相当大。精神分析学关于人的行为是由潜意识发动的假设是大胆而创新的，为揭开人类行为提供了一个视角。但是，弗洛伊德的精神分析学一直被批判为是对男人行为的总结而没有考虑到女人，而且理论发展主要根据临床的观察和经验，似乎缺乏普适性。尽管如此，他提出的儿时经验对成人期困扰有影响的假设，其影响之深远不容质疑。埃里克森指出的在每个发展时期个体都需体验一些正面经验也要经历一些负面经验，这样才能发展出特定品质，这个观点对社会工作也极具启发性。

（2）学习理论

与精神分析学派强调个体自身的欲望和动力不同，学习理论（learning perspective）强调个体发展是学习的结果。个体透过与外界环境的相互作用来获取经验和适应环境，所以，发展是持续不断的过程。学习理论主要可以分为行为主义和社会认知学派。

行为主义（behaviorism）强调环境反应对个体行为的影响。巴甫洛夫（Pavlov，1849—1936）的经典条件反射（classical conditioning）认为，人可以透过学习两种刺激之间的表面关联（前后出现），学习对一种本来没有直接联系的刺激产生反应。如，给婴儿吮吸牛奶时播放音乐，经过多次重复之后，当音乐声响起时婴儿会有进食反应。沃森（Watson，1878—1958）进一步认为可透过控制环境来塑造不同个性的儿童（Watson and Rayner，1920）。

斯金纳（Skinner，1904—1990）的操作性条件反射（operant conditioning）认为，个体会重复那些引起其本身满足的行为，而减少那些引起其自身厌恶反应或导致惩罚的行为。所以，可以透过强化和惩罚的过程来改变个体行为（Skinner，1938）。强化指能引起某种行为再出现的行为后果，可以是正强化，即得到实物奖励、口头鼓励、称赞和某种人际关系的建立等；也可以是负强化，即拿走令人厌恶的东西、改变环境等。如果没有强化，行为会自然中止，所以，斯金纳提倡用间歇性强化来延缓行为终止的速度。惩罚是指引起某种行为强度下降或消失的行为后果，如让个体意识到可能的危险等。

强化和惩罚似乎没有客观的标准。如，为了让孩子"听话"，很多父母选择口头"指责"的方式。父母把"指责"看成惩罚，希望孩子能减少"不听话"或停止"不听话"。但是，少之又少的孩子能在父母指责面前停止"不听话"。好一点的后果是孩子既不把指责当成强化也不把它当成惩罚，"不听话"行为的出现频率保持不变；差一点的后果是孩子把指责看成父母的"关心和反应"，满足了孩子内心深处对父母爱的渴望，所以，"不听话"行为的频率反而增加。可见，行为主义的关键是要准确把握工作对象对强化和惩罚的理解，否则，往往无效甚至可能有反效果。

班图拉（Bandura）的社会学习理论（social learning theory）是行为主义的发展，强调个体在学习过程中具有更大主动性（Bandura，1989）。社会学习理论指出，学习是一种观察和模仿的过程，个体不是被动地等待环境的反应，而是参与构建学习环境和反应，而且个体的认知功能在学习过程中起重要作用。首先，个体认知能力决定了个体在生长过程中不断寻找要学习和模仿的对象，个体通常有选择与自己有类似气质的人进行模仿的倾向，或容易被这样的人吸引。其次，认知能力使个体在模仿时有选择性，给自己带来快乐和满足可能是一个标准，受到别人的称赞和期望的实现可能是另一方面考虑。再次，个体认知能力会影响观察和模仿的质量和水平，如有智力缺陷的儿童与正常儿童相比，可以观察学习同样内容，但需要更长时间和更详细的指导。

与精神分析学相比，学习理论的概念似乎更可以在操作层面上进行验证。例如，很难在数量上去验证自我、本我和超我的存在，最多只在概念上论证；操作条件反射就可以在行为出现的频率甚至强度上作出测量和比较；但是，这又引起了另一个问题，是不是数字化的概念比纯理论概念更接近事实呢？

由于重视环境因素，学习理论引起了学者对文化差异研究的兴趣，而且取得了非常有意义的发现。但是，学习理论没有同时把遗传因素考虑进去，把成长归于环境的塑造似乎又有些太极端；学习理论也没有讨论个体在不同年龄阶段会否在观察和模仿学习中表现出不同特点。在运用学习理论中的行为主义进行干预时，行为纠正是常用的且在改变一些不良习惯（如吸烟）和训练特殊学习困难儿童身上有一定作用。但是，由于行为纠正只注重表面行为而不重视行为背后的原因，所以，常常被批评为无法令人有深层的改变，而班图拉的社会学习理论为行为学派和认知学派建立了沟通的桥梁。

（3）认知发展理论

瑞士心理学家皮亚杰（Piaget，1896—1980）在研究儿童认知发展中作出了最突出贡献，透过对儿童行为的观察以及问问题，皮亚杰发展了认知发展四阶段论（cognitive perspective）（Piaget，1929），包括感觉肌动期（出生到2岁）、前运思期（2到7岁）、具体运思期（7到12岁）和形式运思期（12岁以上）；每个阶段的儿童对世界及各种物质间的关系有新的认识，每个发展阶段都是在前一阶段上的质变，也是后一发展阶段的基础。

在每个发展阶段中，皮亚杰认为个体主要是运用组织（organization）、同化（adaptation）和调适（equilibration）三种原则来认识世界。组织原则是最基本的，个体运用事物和事物间的联系在头脑中形成"心理图谱"，这种图谱由感觉肌动期的简单、单一功能到后面几个阶段的复杂和多重功能。当有新的事物和刺激出现时，个体先用同化原则使新事物与旧图谱发生接触，再用调适原则对旧图谱进行改变，以适应新环境和形成新图谱。个体有一种在个体和环境之间追求平衡的取向，也就是说，个体认知发展是个体持续适应环境的过程，当不平衡出现时，个体就会尝试改变来重新取得平衡。

皮亚杰认知理论的一个发展是用信息加工取向（information-processing approach）来探究认知发展（Case，1992）。这种方法把个体行为背后的过程（包括知觉、理念、记忆和问题解决等）用信息处理过程来表达，研究个体如何获得、储存、转换和运用符号来作出智力活动，并且认为个体在信息加工过程中存在差异。

皮亚杰认知发展理论是认知学派兴起的巨大推动力。研究者开始不满足于仅仅观察刺激和反应，而想了解个体怎么理解刺激，以及有什么因素影响反应。皮亚杰透过细致的观察，否定了在认知层面儿童是成人缩影的观点，强调成人和儿童在认知功能和特点上有质的不同。这个观点在很大程度上影响了中小学的课程设置。但是，这个理论更多地是在对普通儿童观察的基础上发展而成的，对于特殊儿童就没有深入探讨，也没有关注文化差异的问题，信息加工理论的进步之处是注重了个体差异的研究。

精神分析学、学习理论和认知发展理论等各有长短，在运用时更要考虑其文化适用性。

不同理论取向会引出相应的工作模式。关于这一点，可以参见第六章和第七章的相关内容。

第三节　个体发展的系统

个体发展不是孤立或独立完成的，而是在社会不同系统中以及个体与不同系统的相互作用中实现的。离开了这些系统，个体将无法成为社会人（Chess and Norlin，1991）。个体发展所涉及的主要系统包括家庭、朋辈群体、组织、社区和社会等。

1. 家庭

家庭是以一定的婚姻、血缘或收养关系组合起来的社会生活和社会结构的基本单位，是社会中最基本的群体（王康，1988）。家庭始终是社会的细胞，一直对个人和社会起多层次、多方面的作用。

（1）家庭生命周期

家庭生命周期理论（family life cycle）从发展角度探究家庭的纵向生命轨迹。杜瓦尔（Duvall）以孩子成长为指标，把家庭发展概括为八个阶段（Kennedy, 1978）。第一阶段是新婚夫妇（没有孩子）；第二阶段是为人父母（孩子0—3岁）；第三阶段是学前儿童家庭（学前儿童，可能有兄弟姐妹）；第四阶段是学龄儿童家庭（最大孩子6—12岁，可能有兄弟姐妹）；第五阶段是青少年子女家庭（最大孩子13—19岁，可能有兄弟姐妹）；第六阶段有成人子女家庭（最大孩子超过20岁，直到有第一个孩子离开原生家庭）；第七阶段是作为发射站（补给站）的家庭（从第一个孩子离开到最后一个孩子离家）；第八阶段是中年家庭（从孩子离家到父母退休）。

家庭生命周期理论总结了在每个阶段组成家庭的个体要面对的任务，也为"理想家庭"发展规划了美丽蓝图，所以，该理论被各国学者和实务工作者广泛运用（见表5-3）。

表5-3　家庭生命周期及其发展任务

家庭生命阶段	个体体验	发展任务
1. 离开家庭，开始独自生活	● 接受对自己经济和情绪的责任	● 把自我从原生家庭中分离出来 ● 发展亲密朋友关系 ● 建立自我认同：达到工作和经济独立
2. 结婚：建立家庭	● 兑现对新家庭的承诺	● 建立婚姻关系 ● 把配偶关系融入自己的关系网中

（续表）

家庭生命阶段	个体体验	发展任务
3. 有年幼子女的家庭	● 接受家庭中的新成员	● 调整家庭互动，接受家庭新成员 ● 分担子女教养、经济和家务 ● 把亲子关系融入原有关系网中
4. 有青少年子女的家庭	● 建立家庭内部的界线 ● 接受青少年子女的独立及父母开始出现的衰弱	● 把原有亲子关系发展成独立人际关系，允许青少年子女有独立世界，重新关注中年婚姻关系和事业，开始照顾老年父母
5. 发射站家庭	● 经历子女离家、回家等多次过程	● 重新回到二人世界 ● 亲子关系转化为成人之间的关系 ● 开始接纳姻亲关系 ● 面对衰老和死亡
6. 老年人家庭	● 接受自己的角色转化	● 在身体开始衰退时接受并维持自己的角色，探索新的社会角色 ● 开始接受他人的照顾 ● 面对失去配偶、朋友、兄弟姐妹，准备死亡，生命的回溯和重整

家庭生命周期理论产生于 20 世纪 80 年代的美国。当时，人口老龄化刚开始，主流家庭结构是中产阶级核心家庭。这显然无法涵盖现代家庭结构（如丁克家庭、再婚家庭、老人家庭）。再者，中国的计划生育政策使家庭结构呈现新的特点，所以，在运用家庭生命周期理论时要特别留意。

（2）家庭教养模式

家庭对个体影响的另一重要途径是透过家庭教养模式（parenting style），它对个人的影响可以是纵向的，也可以是横向的。纵向影响主要来自家庭背景和家庭中的过去事件（如生于帝王之家），其影响多在宏观层面展开（如社会分层）。横向影响属于微观层面，关注家庭中不同个体的互动怎样影响个体的行为和发展，其中，较受关注的是不同家庭教养模式如何影响孩子成长。

亲子互动在家庭教养模式中极其重要，有感情纽带和行为控制两个变量。（A）感情纽带变量指父母对子女的亲切和负责家庭是人最原始、最根本的环境，是人最初的学习场所。严格而言，社会工作服务对象的几乎所有问题都离不开家庭，社会工作服务的提供也不能撇开家庭。近年来，家庭治疗或家庭社会工作因其优势而正大行其道。

任的程度。其一端是非常开放、亲切的父母，他们对子女的感情在行为层面表现出来，他们与子女共度时光，分享苦乐。这类父母与孩子在一起时通常能从孩子的角度理解孩子，而不是把成人世界的期望硬往孩子身上套。另一端是非常严厉的父母，在与子女共处时很少感情交流，多用理性、逻辑或常规的视角来看事物和要求子女，往往给孩子严肃和冷酷的感觉。（B）行为控制变量指父母对于子女行为的控制程度。一个极端是高控制度的父母，他们认为只有父母才能决定和判断子女该做哪些和不该做哪些，或者哪些是正确的和哪些是错误的。父母常常出于"爱心"把主观意志强加于子女身上，为子女设定了规范和准则。另一极端是自由主义的父母，他们给孩子很大自由去决定自己的生活。此类父母虽然为孩子成长提供了足够空间，但是缺少一些必要指引，孩子在年幼时会在作决定时无所适从或未加详细考虑，由于父母很少对子女行为加以判断或惩罚，孩子在形成道德判断时可能会缺少可借鉴的标准。

目前运用最广泛的家庭教养模式的分类是整合两个变量，总结出专制型、民主型、溺爱和放任型、冷漠和疏离型四种家庭教养模式（Baumrind，1971，1996）。对社会工作者来说，最实际的问题可能是"父母最好的选择是什么？"研究发现，对孩子成长走极端似乎没有寻找平衡那么有利；既要有亲切感和责任感，又要在适当时候威严；既要对孩子行为有要求，又要在一定范围内让其有自己的选择，对自己的行为负责（Papalia，Olds & Feldman，1998）。对华人父母的研究指出，华人父母比西方父母更相信父母是有权威的，而且父母最好不要在孩子面前过多地表露自己的情感。对中国关于独生子女的研究则指出，父母控制仍然是子女成长的一个重要因素，而这种控制主要是在学业成就及其有关行为上（Wu，1996；关颖，1996；风笑天，2002）。

以上对于家庭教养模式的分析似乎较多从父母角度出发，其实，亲子关系是互动过程，家庭互动中孩子的内在气质、发展特征及对父母行为的反应形式也是不可忽略的，这可以帮助理解为何同一家庭的不同孩子会有各自的成长经验及为人处世的方式。

2. 朋辈群体

除了家庭之外，对个体成长和发展影响大且深远的系统还有朋辈群体（peer group），此类群体属于小群体。小群体是指一群规模较小的个体聚集在一起，共同达成目标；互动和目标是其两个重要特征。小群体虽由个体组成，但部分之和大于总体，小群体对个体发展的影响也会奉行"一加一大于二"的原则，并成为小组工作手法的出发点。朋辈群体对个体发展的影响可以从两个层面理解。首先是个人的内部层面，朋辈群体对个体的认知发展、行为塑造、情绪表达、精神追求及支持系统都有影响。其次，伴随着个体的成长，朋辈群体（如社区层面的邻里群体）在不同的社会系统中起不同作用。

如何利用朋辈群体的正功能来开展社会工作，是非常值得实践和研究的。

小群体与家庭的本质区别在于，家庭（特别原生家庭）的稳定性比较大而变异性相对较小，而且发生变异的代价相对较大，朋辈群体相对而言变异性大而稳定性小。个体发展不同阶段中朋辈群体的作用有所差异（Papalia，Olds & Feldman，1998）。

在儿童早期（3—6岁）即学前期，儿童开始建立一些朋辈关系，在大家庭中会有兄弟姐妹关系和表亲关系，在独生子女家庭中多数为同学关系或者邻里关系。从争抢玩具或者打架中儿童慢慢学习分享，学习处理和解决问题的方法，也经历失败和成功；同时，在朋辈中儿童也学习认知相同和不同以及对和错；在群体游戏中学习关于规则和规范的概念，也渐渐尝试扮演不同的角色。

在儿童中期（学龄期6—12岁），儿童进入了小学阶段，所以，多数朋辈群体会在与学校有关的活动中产生，如同班同学和兴趣小组等。随着儿童智力和认知能力的发展，朋辈团体的功能有一定改变。儿童在朋辈团体中学习沟通和合作的技巧，学习与人相处，对他人的不同之处有接受能力，以及更多地面对冲突和为冲突寻找解决方案。研究指出，儿童开始有目的地寻找与自己相似的朋辈团体成员。与学前期相比较，这时候的友谊较深入持久。但是，男女性别差异在朋辈群体中开始表现，一般来说，女孩子开始交知己朋友，圈子不太大但较亲密；男孩子的朋友圈子较大，但没有女孩子间那么亲密。

青春期（12—18岁），中学阶段的个体经历生理上第二次发育，所以，此阶段的朋辈关系颇为关键。他们正处在半孩子半大人的阶段，非常向往大人的独立、自由的生活，往往在行为、思想以及价值观方面受到朋辈较大影响。在朋辈关系中，更注重双向沟通和交流，也有更多的互相帮助，且把朋友的忠诚看得较重。男女差异在该时期有扩展趋势，女性朋友之间更多地提供相互的感情支持及分享私人生活话题。在这个阶段出现的朋辈影响之中，负面影响开始引起关注（如吸毒、集体犯罪），在研究青少年为什么参与此类行为时，朋辈压力的影响往往使他们不顾后果，或者明知后果也要去做。

在青年期，友谊或朋友更多地建立在共同价值观或者兴趣、专业发展上。当然，青年期朋友圈也与个人生活方式的选择有互动关系，如单身男性的朋友网络与已婚男性可能不同。随着人生经验的发展、变化和积累，以前的朋友圈子可能发生变化，新的朋友圈子会形成。在青年期的朋友交往中，女性倾向于有更多知己朋友且分享的问题较私人化，价值取向重；男性的朋友圈子会较广泛，但分享会偏向于信息、政治或体育运动等，较少涉及私人问题。

中年人之间的友谊通常扮演较强的互相提供实用信息和情绪支持角色。从个人发展角度看，中年人的子女开始离开原生家庭，中年人和子女的关系会发生变化。同时，中年人也对事业发展进行反思，是成功还是没有成功，是再试还是放弃；对自我的认同也要再一次定位。再者，中年人自己及父母的健康也开始出现问题。鉴此，中年人可能没有青年人那样可以用很多时间结交新朋友，老朋友可能是唯一的情绪安慰来源。

老年人的朋友之间会起到老来伴的作用，特别是当配偶去世之后，老年人朋友之间要讨论的话题可能涉及自己的历史、家人、子女和自己的担心等，通常还和朋友一起开展娱乐活动。

3. 组织

组织（organization）是人类成长及行为发生的场所，是"有目的地为追求特定目标而建立的社会单位或群体"。有目标、有人和有人际互动是组织的三要素（Schriver，1998）。

组织对个体发展的影响非常广泛。（A）影响人的目标或人生观。组织和一群人的差异在于有明确的目标和价值观，个体会受到潜移默化的影响。（B）影响个体身心健康。组织提供的物理和心理条件会影响个人行为。物理环境包括工作条件、上班时间规定、假期以及对于家庭福利的安排（如托儿服务和产假规定）。除了客观条件外，工作压力成为组织影响个体发展的心理环境。（C）组织对个体的影响来自雇佣关系中的歧视现象。虽然法律对性别、种族等歧视有明确规定，但是在操作层面仍有灰色地带。

> 有关组织的理论在工业化之后才逐渐成熟，有科学管理理论、官僚主义学派、人际关系理论、XYZ 理论等。关于这一点，可以参见第九章的相关内容。

组织对个体发展的影响对于社会工作非常重要，因为以组织为对象的服务是重要的社会服务形式。这就是把服务对象集中起来、统一管理起居的院舍服务（institutional service）（Schriver，1998）。早在 18 世纪，院舍服务就产生了，用来"服务"或"控制"那些可能对社会有危害的人（如精神病患者、传染病患者），把他们视为社会上多余的一群人。所以，院舍类服务单位会远离人群而且越搬越偏，康复目标不但不能实现，而且由于他们没有机会接触和融入社会而陷入恶性循环，使这些人无法拥有和一般人同样的社会待遇。这种情况直到 20 世纪 60 年代才在美国出现转机。当时，美国社会出现了对公民权的追求及社会改革的风气，总统下令成立工作小组检讨智力残障人士的状况和康复情况，并指出在院舍里有智力残障儿童得不到适当的照顾及学习机会，院舍服务的价值观、管理模式和服务提供受到严厉批评，从而掀起了"去院舍化"运动。当然，不能因为有过"去院舍化"运动就完全否定院舍服务，院舍服务从一定意义上说有存在必要性，它可以更加合理地安排身体照顾、心理照应以及紧急事故处理。

4. 社区

"人在环境"(person in environment) 是社会工作的特殊术语。在两者失衡时，社会工作可以协助个人改变，也可以推动家庭、朋辈群体、组织、社区等个人发展所在系统的改善或改变。有关这些系统及其对个人作用的知识正是宏观社会工作(macro social work) 的基础。

社区（community）是一种个人集合，可以以个人为单位，也可以以家庭、小群体、组织等为单位，有共同的利益关系，为了实现这些利益，要发生正式和非正式的相互交流，并且在认同层面上有互相之间的认同感，认为自己是某个集体的一分子（Schriver, 1998）。

社区对个人行为的影响可以从社区融合的概念展开讨论，社区融合指个体和家庭、朋友或其他团体建立和保持的一种社会关系或网络，并借助这些关系或网络与社区发生联系，从而影响个体的价值观、情绪、自我概念和行为模式的形成和发展（Durkheim, 1897—1951）。个体的社区融合可从三方面考虑（Carling, 1992）。一是地域性融合，即居住在普通人习惯生活的社区；二是环境融合，就是所有人都享有平等地使用、接触社区各种设施的权利和便利；三是行为层次融合，指个人有没有参与到社区基本的社会活动，如去超级市场、公园、娱乐场所和饭店等。这三方面对于普通人而言很简单，但对弱势群体就不一定，因此，社会工作者在协助他们融入社区方面大有可为。

5. 社会

社会（society）指生活在特定地域范围内的拥有共同文化的一群人，往往受一个权威中央政府的影响（Robertson, 1989）。一般来说，社会包含八个子系统（见表5-4），每一子系统在不同层面上各司其责,有系统地满足人们个人层面、家庭/小群体层面、组织或社区层面的不同需要,使社会个体得以在有规范和秩序的系统中互动,在满足个人需要的同时,也为满足他人的需要出力,达到一种相对平衡(Queralt, 1996)。

表 5-4　社会中的系统

系统	主 要 职 责
家　　庭	抚养子女,照顾老人,规范道德行为
经济系统	生产和分配资源
教育系统	知识和文化的传递,个体社会化
医疗系统	治疗和预防疾病,促进健康
社会福利	为有需要的人提供个人的、社会的、经济的帮助
政治系统	权力分配,运行政府
法律系统	维持社会控制
军事系统	维护国家安全,抵御入侵者

社会有时候透过子系统（如家庭、朋辈群体、组织和社区等）间接影响个体发展,有时候又透过社会分层和流动、社会歧视和传媒等直接影响个体的行为。

（1）社会分层

每个社会都会形成一套对个人的分类规则。这一般是在主流价值体系对财富和收入、职业、教育水平、种族、民族背景、年龄、性别和性取向等看法的基础上形成。其中,有些指标与生俱来,会影响个体早年的生活环境、生活选择、可用资源及生活质量;有些指标后天可以改变,且对个体既有挑战性又有危险性(Queralt, 1996)。当代中国,新的社会阶层正在涌现,各个阶层都有特点。社会对个体发展既有积极影响也有消极作用。首先,社会阶层的多样性为个体发展提供了多种选择。其次,从收入和财富分配上看,中间阶层人数在扩张。这意味着个体透过努力而改变社会地位的可能性增加,个体发展空间更大。同时,由于选择多样化和竞争激烈化,社会对人的素质要求也有所提高。再次,由于社会财富再分配和流动对个体的技能、知识提出了新要求,催生出新的社会底层。过去的赤贫阶层只局限于无生活能力、无家庭和亲属以及无生活自理能力的"三无"人员,现在出现了因经济调整而失业、就业不足及由于种种原因而无法享有基本健康服务的人。个人多了陷入社会底层的可能性,这正是社会服务和社会福利系统要密切关注的(朱光磊等,1998)。

当各个阶层对财富和资源的掌握有区别时,在社会制度里有种种原因使社会对某群人或某个人拥有不合理的负面态度或者仇恨,这就是社会歧视(Queralt,1996)。被歧视者可能受到被人轻蔑、被人拒绝乃至被人施以暴力等对待。社会歧视可以分成四种:一是法律赋予的歧视,如不允许同性组成家庭就使同性性倾向者受到歧视;二是事实的歧视,如由于历史原因而形成的城市人的优越感;三是个人层面的歧视,如由于宗教和文化等因素引起的歧视;四是在组织系统中存在的,如在商业、教育、医疗、社会和政治领域的歧视。

（2）媒体

社会直接影响个体的第二个重要途径是媒体(Briggs and Cobley,2002)。媒体已成为都市人生活不可缺少的一部分。个体从媒体获得知识和信息,但是媒体对知识和信息的报道和传播绝非价值中立的,报告什么、用什么字眼或强调什么都在无形或有形中影响着接收者的价值观和对事物的看法与态度。从积极和正面的角度说,媒体可以提供信息来帮助个体、群体或组织作出判断、满足要求或达到目标;从消极和负面的角度看,媒体透过信息传递不恰当的价值观或行为模式,误导个体,电视暴力对儿童成长的影响及传媒在传播性议题上的作用已成为传媒对个体负面影响中最具争论性的议题。

"人在环境"是描述人类行为和社会环境关系的专业概念。在个人行为与社会环境的关系中,个人必须适应环境,社会环境影响个人行为,个人与社会环境相互影响,但社会环境对人类行

网络于个体发展而言是一把双刃剑。应该积极发挥其正面功能,推动社会工作的理论、实践和研究的知识传播和成果分享。

为的影响相对而言要大得多。领悟个人行为与社会环境的关系，需要把握个体在不同阶段的正常发展信息和特殊行为表现，摸索社会环境中对此发挥作用的影响因素。在社会工作实务中，能否整合外来技术和本土文化，根据服务双方与环境的各自状态和变化展示实践智慧，已成为判断社会工作者实力的重要标志。

本章小结

1. 人类行为指个体的一切外表行为、思想、感受、期望、自我观念等，是一个广义概念，包括人的内在和外在的变化。

2. 社会环境指个体以外的所有的主观和客观存在，包括家庭、朋辈群体、组织、社区和社会，当然也考虑来自文化的无结构的、松散的又根深蒂固的影响。

3. 怎样看待世界及环境与人的互动，直接影响社会工作中工作原则的制定和工作手法的选择。社会工作的专业价值、知识和技巧的学习会融合到社会工作者的价值、知识和技巧中。每个人都有独特之处，个别差异是绝对的，群体内的一致性是概括的和相对的。每个人都有值得欣赏和学习的地方，我们的工作对象也不例外。不论是社会工作者还是工作对象，都在整个过程中不断发生变化。

4. 个体发展主要探讨个体由卵细胞和精子结合开始直到死亡的变化过程以及特点，既有变化显著的特质，也有相对稳定的特质。

5. 个体发展可分为怀孕期、婴儿期、儿童早期、儿童中期、青少年期、成年早期、中年期和老年期，每个阶段都有不同特征。这些发展特征可归纳为生理、认知、社会心理和精神四个层面，个体每个阶段的发展都是这些层面发展的有机结合。

6. 精神分析学是弗洛伊德发展的有关人格发展、人格结构以及心理治疗方法的理论。其中，人格结构理论认为人格由本我、自我和超我构成，本我是与生俱来的，把自己从环境中分离出来形成自我，在儿童中期开始发展出超我，代表良心及社会中对特定行为的期望；随着个体成长，自我和超我变得有弹性和互相合作。

7. 个体有多个发展阶段，其满足来自不同的生理地带。口唇期的满足来自与口唇相关的活动，肛门期中个体从排泄过程中获得感官满足，性征期中儿童的主要满足途径在生殖器官地带，潜伏期则从相对平静到青春期的躁动，生殖器期则发展成熟的性特征；其中，性征期最为关键。

8. 埃里克森指出，人生有八大发展阶段，在每个阶段中，个体都要经历一个危机，如果个体不能在特定时期发展出特定品质，自我的发展就会有困扰。

9. 学习理论强调个体发展是学习的结果，可以分为行为主义和社会认知学派。行为主义强调环境反应对个体行为的影响，主要有经典条件反射、操作性条件反射等。社会认知学派强调个体在学习过程中具有更大的主动性。

10. 皮亚杰认为，儿童认知发展可以归为四阶段，即感觉肌动期（出生到 2 岁）、前运思期（2 到 7 岁）、具体运思期（7 到 12 岁）和形式运思期（12 岁以上）；每个阶段的儿童对世界及各种物质间关系有新的认识，每阶段都是前一阶段的质变和后一阶段的基础。在每个发展阶段中，个体主要是运用组织、同化和调适三种原则来认识世界。

11. 个体发展不是孤立或独立完成的，而是在个体与家庭、朋辈群体、组织、社区和社会系统的相互作用中实现的。

12. 家庭生命周期理论从发展的角度探究家庭的纵向生命轨迹，总结了在每个阶段组成家庭的个体要面对的发展任务。

13. 家庭教养模式对个人的影响可以是纵向的，也可以是横向的；纵向影响主要来自家庭背景和家庭中过去发生的事件，横向影响主要来自家庭中不同个体间互动。

14. 亲子互动在家庭教养模式中极其重要，有感情纽带和行为控制两个重要变量。前者指父母对子女的亲切和负责任的程度，后者指父母对子女行为的控制程度。专制型、民主型、溺爱和放任型、冷漠和疏离型等是目前运用最广泛的家庭教养模式分类。

15. 朋辈群体可以对个人的内部层面(如认知发展、行为塑造、情绪表达、精神追求及支持系统）及其在不同社会系统的作用有一定影响。

16. 组织是有目的地为追求特定目标而建立的社会单位或者群体，有目标、有人和有人际互动是组织的三要素。组织影响人的目标或人生观和身心健康，组织对个体的影响还来自在雇佣关系中的歧视现象。

17. 社区对个人行为的影响可以从社区融合的概念展开讨论，个体的社区融合可以体现在地域、环境和行为等方面。

18. 社会包含八个子系统，每个子系统各司其责。社会有时候透过子系统（如家庭、朋辈群体、组织和社区等）间接影响个体发展，有时候通过社会分层和流动、社会歧视和传媒等直接影响个体行为。

思考题

1. 何谓人类行为和社会环境?

2. 社会工作关于人类行为和社会环境的基本假设有哪些?

3. 个体发展不同阶段有哪些发展特征?

4. 精神分析学的主要观点是什么?

5. 人生不同发展阶段会经历哪些危机?

6. 学习理论的主要观点有哪些?

7. 皮亚杰如何看待儿童认知发展阶段?

8. 根据家庭生命周期理论，家庭的每个阶段中个体要面对哪些任务?

9. 如何理解家庭中的亲子互动？

10. 朋辈群体如何影响个人发展？

11. 组织对个人发展有何影响？

12. 社会分层如何影响个人的发展？

推荐阅读

Bandura, A. (1989). Social Cognitive Theory. In R. Vasta(ed.). *Annals of Child Development*. Greenwich, CT: JAI.

Bond, M. H. (ed.) (1996). *The Handbook of Chinese Psychology*. NY: Oxford University Press.

Chess, W. A., & Norlin, J. M. (1991). *Human Behavior and the Social Environment: A Systems Model*. Boston: Allyn & Bacon.

Erikson, E. H. (1982). *The life Cycle Completed*. NY: Norton.

Freud, S. (1953). *A General Introduction to Psychoanalysis* (J. Riviere, Trans.). NY: Perma-books (Original work published 1935).

Karls, J. M. & K. E. Wandrei (1995). Person-in-Environment. In NASW (eds.). *Encyclopedia of Social Work* (19th ed.): 1818–1827. Washington: NASW Press.

Kondrat, M. E. (2002). Actor-Centered Social Work: Re-visioning "Person-in-Environment" through a Critical Theory Lens. In *Social Work*. Vol. 47, No. 4: 435–448.

Papalia, D. E., Olds, S. W. & Feldman, R. D. (1998). *Human Development* (7th ed.). Boston: McGraw Hill.

Queralt, M. (1996). *The Social Environment and Human Behavior: A Diversity Perspective*. Boston: Allyn & Bacon.

Schriver, J. M. (1998). *Human Behavior and the Social Environment: Shifting Paradigms in Essential Knowledge for Social Work Practice*. Boston: Allyn & Bacon.

第六章

个案工作

通过本章学习，了解个案工作的基本内涵，把握功能派个案工作、心理及社会派个案工作、问题解决派个案工作、行为修正学派个案工作、危机干预模式和任务中心个案工作的基本特性和主要内容，熟悉建立专业服务关系的七大原则，理解个案工作的介入技巧、基本步骤和记录技术。

个案工作（case work）是最早形成的社会工作方法。理奇蒙在 1917 年和 1922 年分别出版《社会诊断》《何谓个案工作》两书以后，个案工作就形成了初步的理论体系，社会工作也因此正式迈入"专业"之林。

第一节　主要模式

个案工作是社会工作的方法之一。许多学者认为，"个案工作是一种助人自助的工作历程，是以个人或个别家庭为服务对象。其目的是帮助人们解决本身能力和资源无法解决的问题。在协助过程中，个案工作者与案主之间维持着面对面或一对一的专业关系，运用专业知识、理论、方法与技巧，协助失调的个人，改善环境，增进实际生活适应能力；调适社会关系，建立良性互动网络；调适自我功能，促进人格发展；以健康、成熟的心态，来认识及面对问题，充分发挥自己的潜能，善用社会资源和机会来解决问题，以及提升自我信心和生活素质"（徐震，林万亿，1983；李增禄，1986；林孟秋，1994；潘淑满，2000；万育维，2001）。可见，个案工作可以协助受助者解决问题，也可以帮助受助者预防原有问题再发生及激发潜能、增强自助能力。

社会工作知识除了来自实务经验外，也参考了社会学、心理学、精神分析学等许多学科的观点。在个案工作中，功能学派、心理及社会学派、问题解决学派、行为修正学派、危机干预模式及任务中心模式都是较常用的模式。

1. 功能学派

功能学派（the functional approach）个案工作于 20 世纪 30 年代起源于美国宾夕法尼亚州立大学。20 世纪 20 年代，美国社会受弗洛伊德心理分析理论的影响很大。当时，功能学派个案工作也受其"人性决定论观点（deterministic view of man）"的影响，认为个人发展受早年生活经验和潜意识的影响，所以，个人不是自己的主宰者，专业工作者能做的也很少。后来，弗洛伊德的门生兰克（Rank）倡导自我心理学（ego psychology），超越了"人性决定论的观点"，强调人是自己的创造者，个人的意志力是个体支配与控制自我内在潜能的主要力量。而且，在助人过程中，社会工作者可透过专业关系与不同时间阶段的运用，为受助者提供心理上的帮助，并激发其潜能，以利于克服困难和解决问题（Smalley & Bloom，1977；徐震，林万亿，1983；黄维宪，曾华源，王慧君，1985；李增禄，1995；潘淑满，2000）。此后，宾夕法尼亚州立大学的塔福特（Taft）首先提出了"运用机构功能（use of agency function）"的概念，强调机构功能与助人过程的关系，认为这些是达成社会工作助人目标的基础。此后，该大学的罗宾逊（Robinson）更进一步将该派理论扩展到社会工作教育与实习督导的过程中。

功能派有三个特性。（A）强调个人的一切由意志力决定，个人可透过运用关系达到自我成长与不断创造及改变自己的目标。改变的关键在于受助者。社会工作者可以善用专业关系与过程，协助受助者增强自我意志力和自决能力，以利于实现自我改变和自我成长。（B）强调个案工作的目的是协助而非治疗。社会工作者透过专业关系和会谈技巧，了解受助者的心理和问题，统筹资源，提供受助者所需的服务。（C）强调个案工作是过程，机构透过这种过程才能提供服务，而受助者只有与社会工作者合作才能寻求适当方法，所有干预方法都经由社会工作者与受助者共同研商后决定，其结果好坏则视受助者的意愿而定。

> 功能派强调：人是成长和改变的中心，社会机构是个人成长和协助人类社会正向发展的媒介，而社会工作是具有时间阶段、具体目标和明确结构的助人过程。

功能派个案工作有特殊的工作原则。其一，诊断与了解受助者的情况。在提供服务时，社会工作者要了解并诊断受助者的生活环境、心理等问题，要求他们主动参与，而诊断也会随着服务发展而适当修正。其二，善用服务过程不同时段的效能。社会工作服务的效能因工作者有意识使用不同时段的特质而使受助者的潜能得以充分发挥。社会工作者在开始阶段能进行尝试性服务，在中间阶段能增强受助者的参与度和责任感，在结束阶段能偏重于受助者的努力改善困境的成就，促其发挥自我功能。其三，善用机构功能与专业角色。社会工作者应善于运用并整合资源，使医疗、教育、宗教、社会福利、社区或企业团体等各种资源充分发挥作用，兼顾专业角色，充分发挥专业能力。其四，注重服务结构与形式。社会工作者有意识地运用时间、地点、参加人员、政策及程序等要素，增进服务效能。其五，善用专业关系的发展。社会工作者应配合机构功能与设立目的，善用专业关系以协助受助者改变，并经由受助者对其本身生活情境的感受和经验，引导受助者重建新自我。

2. 心理及社会学派

心理及社会学派（the psycho-social approach）个案工作起源于理奇蒙的《社会诊断》一书。当时，因受 20 世纪 20—30 年代的经济事件及人格和社会理论成长的影响，此学派有了重大变化。直至 1937 年，才由汉弥尔顿（Hamilton）在《个案工作基本概念》一书中首次作系统阐明，并发展成为"心理及社会学派"个案工作。该流派当时也被称为诊断派，与功能派分庭抗礼。后来，再由哥伦比亚大学教授霍里斯（Hollis）将其理论观点发扬光大，成为美国颇具影响力的个案工作学派。

心理及社会学派有四个特性。（A）强调"人在情境中"（person in the situation）。认为人、环境及其两者间均交互影响。"人"指个人内在的心理体系、人格发展及自我功能，"环境"指个人生活中的社会网络及物质环境（Hollis，1972）。在人与环境交互影响中，任何部分的改变都将牵动其他部分，如此不断交互影响、模塑，最后达到平衡状态（徐震，林万亿，1983）。本派的任务首先在于协助受助者调整人格体系，配合改善环境，以增进人格成长及良好的适应。（B）关注个别化。社会工作者应针对受助者的个人情境，进行个别性诊断，再依据其不同问题或需求提供适当服务。（C）重视早年经验。认为个人的过去经验能影响现在，了解过去有助于明白甚至改变受助者的现状。在诊断和评估受助者情境时，应该对其进行社会调查，并从重要他人处获得更多讯息，以了解及检视导致受助者丧失功能的成因。（D）强调专业关系。社会工作者在提供专业服务时，除了思考合适的介入方法外，与受助者维持良好的专业关系也非常重要。

　　心理及社会学派个案工作包括三个实施步骤。一是心理社会调查。在会谈初期，社会工作者应与受助者建立专业关系，以诚恳、支持的态度，透过语言与非语言的动作让受助者感受到被尊重、了解及获得支持，进而降低其焦虑、罪恶感、恐惧、无价值感、无能感等不安情绪。然后，让受助者对工作者的善意及能力产生信任并订定工作契约。调查时应收集受助者的困难、问题及求助动机、家庭背景、个人发展史等资料。二是心理及社会诊断。将收集到的资料加以整理、分析、归纳，然后针对问题的性质作推论，决定适合受助者情境的服务方式。当然，诊断过程是暂时的和持续的，会随着不同阶段及对受助者情境的了解而作恰当修正。三是治疗。治疗在首次会谈时即已展开，旨在满足受助者的需要，协助受助者面对困难情境、增强受助者的社会功能及增加受助者实现期望的机会（徐震，林万亿，1983；黄维宪，曾华源，王慧君，1985；李增禄，1995；潘淑满，2000）。

心理及社会派个案工作的中心概念是"人在情境中"，强调个人和环境（包括人、事、物及机构组织等）的互动，认为内在心理与外在环境经常交互作用，因此，心理因素与社会因素同样重要。

3. 问题解决学派

　　问题解决学派（problem solving approach）个案工作起源于20世纪50年代初期，创始人是佩尔曼，其《个案工作:问题解决程序》一书是该派的代表作。当时，许多人对功能学派及心理分析学派有颇多争议，且企图整合新的个案工作理论与方法，问题解决学派应运而生。此派由功能学派的实施观点、自我心理学理论、存在主义的哲学观融合而成。

　　该学派有两项基本假设。一是人类生活是一连串问题解决的过程。个人一生不断在面对问题，因而个人必然会有意识或无意识地运用自我功能来解决问题，以免除痛苦、惩罚、不平衡和失望，获得快乐、平衡和较佳适应。二是个人若无法适当地处理问题，其原因可能在于缺乏动机、能力、机会和资源。因此，必须借助机构所提供的物质、社会和心理的协助，才能帮助其解决问题。

　　基于上述假设，问题解决学派个案工作有几个目标。即:引导和增强受助者求助及改变的动机;发挥和演练受助者的心理、情绪和行动能量，增强自我功能，进而提升解决问题的能力;提供相关资源与机会，协助受助者解决问题。该学派认为，个案工作是"人（person）为问题（problem）所困扰，向机构寻求协助，由专业社会工作者通过助人的过程（process）增强个人解决问题的能力，并提供问题解决过程中所需要的各项资源和机会"（Perlman，1979）。其重点是4P，即个人、问题、机构、过程。

> 问题解决派认为个人无法解决自己的问题，通常因为缺乏动机、能力、资源或机会。社会工作者就是要引导其动机，增强其能力，并提供其解决问题时所需的资源与机会。

4. 行为修正学派

　　行为修正学派（behavior modification approach）兴起于19世纪末，其奠基者可追溯到俄国生理学家巴甫洛夫和美国心理学家桑代克（Thorndike）。当时，社会仍以心理分析理论为主流，除了美国沃森的若干行为理论外，其余行为学派理论并不受到重视。20 世纪 50 年代以后，行为修正学派才受到心理学界的普遍重视，并发展成临床及助人的显学。行为修正学派运用到社会工作领域则是最近一二十年的事情。

行为修正学派主张由学习理论来了解可被观察的行为，有三个基本派别。一是古典制约派或反应制约派（respondent model）。它是由巴甫洛夫所创立，强调"刺激→反应"，即反应必须由刺激引发，反应的性质也为刺激的性质所决定。任何行为的学习都是透过刺激与反应的连结产生，所以，可以透过学习概念来强化或削弱原有行为。二是操作制约派或工具制约派（instrumental conditioning）。它是由斯金纳及其门生发展出来的，主张行为模式能否建立以及行为模式方法如何均由行为结果来决定。因此，若要改变人的行为，可考虑从改变其行为结果着手。三是社会学习派。它由班图拉提倡，主张行为反应的建立不需经由制约过程来建立或消除，而是经由观察过程或模塑过程建立，人类行为的建立可由观察学习或模仿学习获得。

联系第五章的有关理论，可以清楚地发现理论假定与工作模式之间的内在关系。

行为修正学派有几个前提。（A）强调可观察的行为，认为所有行为（包括思想、情感和身体动作）都可经观察而被识别，行为变化是由于个体的成熟、学习和中枢神经的变化而来，其中，尤其重视学习行为。因此，可用学习理论为基础，运用行为修正技术，来增进适应且正向的新行为，消除不适应及负向的旧行为。（B）行为可分为操作型行为和反应型行为两种。操作型行为（operant behavior）又称随意行为，由个人意识控制，如说话和思想等。反应型行为（respondent behavior）又称不随意行为，无法由个人意识控制，而是因刺激引发生理改变而产生，如焦虑。（C）行为持续存在的必要条件是引发行为的前因，也维持行为的存在。（D）重视与问题有关的当前行为。直接以偏差行为或症状行为作为治疗对象，但不认为症状或问题是潜在症状的表征。行为修正学派虽不否认过去经验对当前行为学习的影响，但是仍以当前可观察的行为作为矫治目标。

根据行为学派的理论观点，行为治疗与评估包括如下步骤（Thomas，1977；黄维宪，曾华源，王慧君，1985；潘淑满，2000），即：明确列出主要问题与焦点行为；受助者与工作者达成一致协议，选择需立即处理的问题行为；确定受助者的合作意愿；将问题明细化，详细讨论特定问题；制作问题行为的基线，记录问题行为发生的频率、属性和时间的持续性；所有记录尽量以量化方式呈现；确定问题行为可能控制的情境；评估环境中可利用的资源；确定并详细记录所欲修正行为的目标；设定行为修正计划；执行治疗计划；评估治疗结果并详细记录；维持行为修正后的效果；执行维续计划；检验维续计划的效果；个案追踪。

5. 危机干预模式

危机干预模式（crisis intervention）始于 1943 年林德门（Linderman）对于波士顿火灾难民及其遗族所作的适应研究。它以短期干预为导向，强调运用心理分析与自我心理学的概念协助危机状态中的个人和提供快速与短暂调适的专业服务。此后，开普朗（Caplan）、雷波特（Raport）和巴瑞（Parad）等进行推广，从而使该方法普遍运用于助人专业上。雷波特在 20 世纪 60 年代首先将危机干预理论运用于社会工作实务，80 年代后以危机干预为主的短期干预工作模式已普遍融入社会工作实务中。

（1）基本概念

危机原指疾病转好或转坏的转点，有"难关""转机"和"关键"的意思，常被视为是个人面临无法解决的问题。从生活事件来看，危机是个人的困难问题或无法让人改变的情境，且无法在意识上掌控个人生活而防止危机的发生。（A）从情绪层面来看，根据雷波特和开普朗的研究，危机有一极点或突然转折点。当危机逼近此点时，紧张程度骤增而刺激了个人运用前所未有的潜力，或个人反而瘫痪了能力而不知何去何从。它强调个人危机情绪面的不平衡与懊恼，以及危机状态下解决问题或因应方式崩溃。危机也是一种转机，个人会产生求助动机，也容易由第三者介入来提供协助，让其在危急状况下重获身心平衡，渐渐恢复解决问题的能力。（B）从认知角度来看，危机来自认知归因的结果。危机状态下的个人认知很重要。个人若将日常生活的期望看成危机，就会把对事情或情境的感觉或经验认知为无法忍受的困难，超出个人目前的资源和因应机制；除非危机得到缓解，否则，危机可能造成个人情感、行为和认知上严重的失功能。（C）危机有时间性。危机发生后有不同的发展阶段，解决问题的方法可能会带来更好或更坏的生活功能，解决危机要看事件的严重性、个人资源和社会支持等几个因素。

人们处于危机时，会表现出对目前生活适应状况的挣扎和奋斗，个人也会受到无限的威胁和挑战。如果自我功能或社会功能运作不良，个人就会崩溃、无助、焦虑甚至精神失常。在危机情境中，及时的精神支持和有效的实质服务才能使受助者渡过难关，并使之动用其潜在的心力、体力、人际关系及社会资源应付危机。

（2）危机标准

危机特征体现在几个方面。（A）有明显的严重情绪困扰。个人面对危机的反应有其特性。首先是急性阶段，这是混乱和动摇时期，人遇见突发危险事件后产生各种急性反应。如无助感、混乱、焦虑、震惊、愤怒、烦躁等情绪，也常有低自尊、严重忧郁等情绪反应，在行为上可能出现不一致、失序、焦躁不安、反复无常或冷静、退缩或冷漠等。（B）不能有系统地解决问题，心理严重脆弱，防卫能力降低，或可能有日常生活能力但无能力处理问题和因应事情，接受危机介入的可能性增加。人们过去认为多数危机只持续6—8周，但最近研究显示危机持续时间与突发事件性质、个人或家庭环境等因素有关。

在短期内，个人一定要想方设法取得平衡，个体会尝试克服危机的各种方法，最后会选择某种个人认为对己对人都较好的应对方式。此时，需要额外资源来解决。危机情境具有复杂性和

危机在中文中可分解为"危险"和"机会"两个意思。能否协助当事人妥善地应对危险，是社会工作者的基本素养之一。如何运用专业智慧协助当事人转"危"为"机"，也是社会工作者应该塑造的能力。

紧急性，对个人发展同时具有破坏和转变的机会。

（3）危机类型

危机事件相当广泛，形式众多。危机有多个类型。一是发展性危机（developmental crisis），指个人成长过程中，其生理、心理、社会发展方面必须面对的转折，如入学、成长、结婚、生子、更年期或退休等所导致的危机。二是意外危机（accidental crisis），指无法预料的危机，如受暴力伤害、致命性疾病、失业、离婚、家庭遭遇灾难和亲人意外死亡等事件引起的危机。三是自然环境危机（natural environmental crisis），指因自然灾害而触发的灾害性危机，如台风、洪水、瘟疫等。四是存在性危机（existential crisis），指个人面对人生问题而产生的严重困扰，如中年人突觉人生没有任何意义，离乡背井的少年不知道要去那里做什么，进而对生命的意义与价值产生危机感。

> 大而言之，人生面临的"任务"、无法完成任务而面临的困境，都可视为一种危机。当然，其危险程度各有不同。

（4）危机干预的目标

危机干预有特定目标并需利用相应资源。其目标在于：增强个人应对问题的能力，使之比危机前的能力更强，并有能力预防类似危机的发生；使个人面对危机时至少能恢复以往处理问题的能力。为此，应该运用不同资源。工作人员应尝试回答如下问题：什么事困扰案主？为什么他现在来求助？何时何地发生这个问题？与何人有关？如何帮助？应该发掘受影响者的资源，以及对其有影响力者的资源；适当运用危机情况协助危机中的个人和家庭，使他们不仅有能力解决困难，也能创造性地控制未来可能出现的问题。

危机介入应遵守几个原则。（A）立即。将危机在有效时间内化为转机，以降低问题对个人的伤害。（B）主动。积极参与受助者的危机情境，主动对其问题进行整体评价，共同研订适当的解决问题计划。（C）接近。越能接近发生问题的地点和人物，就越能找到解决问题的方法，因此，必须进行家访或拜访重要他人。（D）有限目标。危机干预旨在避免危机情境导致的伤害，工作者应将重点置于危机事件上，待危机事件过后，可依受助者的需要转为进行较中长期的协助。（E）共存。让家庭成为开放体系，越能连接危机中的相关成员间的关系，就越能产生解决问题的合力。工作人员应与受助者及其家庭共同面对危机。（F）期待。受助者往往会觉得没有希望，工作者应不断鼓励并让受助者看到希望，转绝望为希望。（G）委身。工作者不但要委身于受助者的危机情境之中，而且要不断支持并鼓励受助者，运用其社会资源，共同订定解决问题的计划，使受助者自助人助，发挥潜能，共度危机。（H）问题解决。个案工作以解决导致危机的问题为主要目标，在"目标取向"与"过程取向"之间取得平衡。

所谓"危难见真情""时势造英雄"，似乎也与社会工作的危机干预有关。

6. 任务中心取向

任务中心（task centered model）个案工作由雷德（Reid）和艾普斯坦（Epstein）两人提倡，是综合危机干预、问题解决及功能学派等理论而形成的助人方法。此法强调先确定目标问题，再分析并诊断问题的原因，然后确定受助者的任务及完成期限。此法具有短期个案工作的特征。

任务中心个案工作有独特的假设。它认为个人都有解决问题的能力，工作者可透过专业服务过程增强受助者解决问题的能力。受助者是解决问题及改变的主要媒介，工作者只是扮演资源提供者和连结者的角色。

社会工作者应积极发挥功能。应尝试了解并适当评估受助者的问题以协助其解决问题；要评估受助者需求的强度和向度，判断其内在需求、动机及需求引发的实际行动；要了解受助者的内在价值信念，发现其可能影响行动的内在信念系统，发现其可变和不变的价值信念；要协助受助者了解信念的影响，协助其了解自己的价值信念是否正确，并看清楚信念的范围，进而了解信念不一致可能造成的扭曲与影响。

任务中心个案工作包括如下工作步骤。（A) 订定合约。其特

面对案主的需要或问题时，社会工作者是采用任务中心模式还是何种工作模式，这取决于对问题或需要的原因解剖、个人经验和特长，以及人、财、物、时间的可行性等因素。针对同一案主，可以采用不同的工作手法。

色是简要与时限，其处理程序开始于受助者同意进行短期评估，目标达成就可结束专业关系。因此，工作者在确定问题后，需针对问题做进一步探究。（B）履行合约。工作者和受助者根据合约阶段所订任务开始履行，并依计划完成任务。（C）结束合约。工作者与受助者要了解过去与现在目标行为改变的情况，规划未来计划，确保正确结束或设定新问题或新任务的过程，明确结束专业关系，或转向长期干预目标，或转介其他机构接受服务。

第二节　专业关系与会谈技巧

专业关系是个案工作的灵魂。

为了让受助者获得专业协助，个案工作者要与受助者建立有意义的专业关系，激活个案工作的专业动能，降低受助者的焦虑和防卫，激发受助者的潜在动力，使受助者勇于面对困难和需要，发挥本身能力。

1. 专业关系

个案工作的学者对助人关系有很深入的讨论及描述。贝斯提克（Biestek）就提出了建立专业关系的七大原则。

个别化。视受助者为独立个人并与众不同，能随时敏感地意识到受助者的权利和需要，依据其遗传、环境和生活经验的不同而提供适当服务。

有目的的情感表达。承认受助者有自由表达情感尤其负面情绪的需求；能专注倾听而不加责难或批判；以尊重、温暖及接纳的态度引导受助者将积压许久且未被允许或未能充分表达的情绪抒发出来，因为这些情绪可能是问题症结所在。

适度的感情介入。对受助者抒发的情绪给予适度支持及同理心，以增强其安全感，从而愿向工作者袒露情绪；有足够的敏锐度，能掌握整个会谈过程，适时适地回应受助者，必要时可做适度的自我表露。"在个案工作专业关系中，工作者必须保持一种十分微妙的平衡，一方面保持理智客观，以益于分析情况和计划行动，解决问题；另一方面则要投入到与受助者建立的关系中，对受助者有所承担，亦有感情的投入和流露，使对方感受到温暖与支持，因而有动力改变现状"（林孟秋，1994）。

接纳。将每位受助者视为有价值、有独特的性格、气质、特征、思想、观念和背景的独立个体。接纳不等于赞同：接纳是承认其独特性，不带任何批判性；赞同则带有价值的判断。因此，接纳的基本含义是接受受助者是个"人"。

在专业关系中，社会工作者除了遵守社会工作的一般伦理外，还需注重个案工作的特殊守则。

非批判态度。必须以非批判态度了解受助者的处境。暂时搁置自己的参考架构，把自己放在受助者的处境内，投入其内心世界，并从对方的观点与角度设身处地体味和了解其主观感受。同时，也不能迷失自我和过分认同受助者，工作者须保持客观理智，协助受助者分析情况和解决问题（林孟秋，1994）。

案主自决。应尊重受助者有自我选择和决定的权利与需要。不少受助者会依赖工作者提供答案甚至期待工作者作决定。工作者应理解受助者心理，协助其从新角度来看事物，让其发现更多的资源与机会。真正的"选择"就是让受助者能在被接纳和理解的气氛下，自由畅谈，表达感受和看法，并与工作者进行讨论。工作者尽量从旁提议、支持，在适当时机加以援手，让受助者学习和经历自我抉择，做自己的主人，并学着解决问题，为自己日后的人生肩负起责任（林孟秋，1994）。

保密。个案工作中的机密既是信托秘密也是团体秘密，工作者必须保密。有时为了给受助者更多更适当服务，工作者会向督导咨询或透过个案研讨会来研商提供有效服务，它就成为一种专业的团体秘密。社会工作者绝对不能向不相干者提及或外泄案主资料。

2. 移情与反移情

在个案工作的专业关系中，工作者有促使关系建立的责任。双方借由情感交流和互动来满足受助者的心理需求。

移情（transference），指受助者将早期生活经验中对某个特定人士（如父母）的特殊感受反应或投射到工作者身上，将其视为受助者早年情绪生活经验的某个特定人来看待，并将其情感和态度表现在专业关系上。工作者应将专业关系维持在现实的基础上，只要受助者不过分受制于这些反应，就不构成问题。但是，受助者的反应若不恰当而有不符事实的态度和情感反应时，就必须做适当处理。

反移情（counter-transference），即工作者将早期生活经验中对某特定人士的特殊感受反应或投射到受助者身上，因而对受助者产生非现实性的情感反应或态度行为。无论反移情是意识还是潜意识作用，都会使工作者对受助者过度或过少认同，阻碍以客观态度、冷静思考和敏锐察觉受助者的需求、问题或能力，影响专业关系的建立或提供适当服务。因此，专业人员最好能自我检视甚至接受心理分析，以预防并解决个人主观情绪上的问题。

3. 会谈及介入技巧

会谈是个案工作的基本工具。个案工作者透过会谈与受助者产生互动并了解其心理动力，进而促使其自我成长和发挥潜能，达到解决问题及自我实现的目标。在个案服务中，工作者借以经验累积与专业知识、技巧的整合而发展出自己的会谈或介入的风格，在会谈过程中能弹性、灵活并艺术化地运用会谈原理，建构出有条不紊的双向沟通与互动关系，来达到个案工作目标（黄维宪，曾华源，王慧君，1985；Johnson，1998；万育维，2001）。

个案工作会谈或介入技巧有支持、探索、改变和直接影响等

> 社会工作者要恰当地把握其专业角色和普通角色，"止于至善"，采取最恰当的专业行为。

几种。一是支持与鼓励。工作者透过对受助者的重视、尊重、真诚的关怀，传达同感、接纳和了解，让受助者在充满被支持、接纳、安全感的气氛中卸下防卫心态和纾解情绪。工作者表明或支持对受助者解决问题能力的信心，鼓励其建立自信心，激励动能去改善自己，克服困难。二是情绪疏导。工作者引导受助者倾吐自己的经验、问题与表达内在情绪，又能适当地响应，表达同理心。三是探索。工作者对于受助者内在矛盾的情绪做适当处理与探索，给予鼓励和支持，引导受助者勇敢地呈现内心世界，以真诚和坚定的态度陪伴、支持及鼓励受助者，共同面对令人不快、沮丧甚至痛苦的问题。这往往是诱发受助者改变的动力。四是澄清观念。工作者利用反映性的讨论、面质与提问、经验的分享以及具体的教导，直接或间接地帮助受助者反省自己对事物的态度和检验思考方法，使受助者对自己的个性、情绪和问题有进一步了解，澄清和修正以前曾有的错误见解、矛盾和非理性信念，形成更合乎实际和逻辑的思维（林孟秋，1994）。五是行为改变。个案工作者可运用奖赏与惩罚、正向和负向的增强法、角色扮演、松弛训练、系统脱敏法、社交技巧的学习等，帮助受助者消除或减少不适应的行为，同时学习和形成适应性行为（林孟秋，1994）。六是直接干预。如忠告、规劝、积极说服、危急状况下的直接干预行动。七是环境改变。环境改变包括物质和人为环境，是个案工作重要和独特的程序，是其与心理辅导的主要区别。个案工作者有责任帮助受助者多获取合适的社会资源，协助受助者改善甚至改变环境。

在单对单的个案工作中，会谈是获取案主信息、与案主沟通、向案主输出积极信息的最重要手段。广而论之，作为一个社会工作者，口头表达是一项重要的基本功。对此，社会工作者需要积极演练、应用和总结反思。

第三节 工作过程与记录

个案工作是有计划、有方向、有步骤的解决问题过程。工作者要主导整个工作过程，受助者的积极参与和合作也非常重要。

1. 工作过程

个案发展通常分为申请与接案、研究与资料收集、评估与服务计划、服务与干预、结案与追踪五个步骤。

（1）申请与接案

当受助者前来求助时，工作者与案主就开始建立专业关系，并进行接案会谈（intake interview），了解其求助内容并加以筛选，确认其是否符合机构服务领域及提供服务时须考虑的事项等。若求助问题不符合机构的宗旨或规定，或工作者无法提供服务，工作者要充分运用社会资源，做好转介工作。

是否接受为案主、是否转介到其他机构、是否拒绝服务等是服务过程的起始工作，极其重要，需要采用恰当的方式表示。

若受助者的问题符合机构服务宗旨及功能时，工作者要进一步获取受助者的个人史、家庭背景、问题史及其对问题的看法等资料。无论是前来求助的受助者主动申请，还是其他机构转介，抑或工作者主动发现该受助者是被强迫的，工作者都应体现真诚、同理心及了解受助者的心态。受助者的心态包括：要主动求助不太容易，承认自己需要改变是困难的，求助于他人对自尊、自我形象及独立人格有影响，对陌生人坦诚且加以信任不太容易，一开始就清楚自己的问题不是一件容易的事，问题有时似乎太大而无法克服或太特殊而不易处理。

工作者要了解受助者的这些心态，以同理心的会谈技巧，与受助者建立关系并订定初步的工作契约。在接案工作结束前能注意而且做到：充分确认受助者的问题，确实了解适合受助者服务的目标与内容；受助者了解其问题的意义与性质，并明确允诺参与和积极处理的意愿；受助者的问题适合机构的方案、资源和宗旨；受助者的问题为工作者能力和技巧所胜任（黄维宪，曾华源，王慧君，1985）。对上述议题的了解显然有助于个案工作的进行。

（2）研究与资料收集

工作者针对受助者的境遇，再深入了解其经济状况、家庭结构及其互动关系、社会适应力和可用资源，以及当前面临问题的实况等。除了与受助者会谈以了解其主观感受外，尚可与受助者的重要他人会谈，由家庭探访直接观察问题情境，向相关他人或机构收集资料，以利于更客观地获取信息。

（3）评估与服务计划

资料搜集到某种程度时，须对资料完成初步评估，进行整理与分析，然后对个案作诊断，制定计划服务策略。初步诊断不可视为定论，双方的多次接触与会谈能更深入地了解受助者，并发现原来诊断有待修正，不断假设及修正服务计划是工作者进行诊断时应有的态度。

（4）服务与干预

工作者根据评估、诊断与初步规划的介入目标，为受助者提供服务。当然，工作者可采用上述所讨论的会谈与干预技巧，根据受助者的问题，与其一起面对问题并解决问题。

（5）结案与追踪

服务介入进行到某个程度或阶段后，工作者和受助者共同检讨过去的服务成效。若受助者的问题已获解决或受助者已具有应付和解决问题的能力，应考虑结案。结案时，工作者可以与受助者回顾协助过程与评估协助成效，帮助其看到努力成果，支持并鼓励其建立自信心，帮助其将干预过程所学的解决问题的经验和方法应用于未来生活，增强其日后解决问题的能力，并助其规划及迈向未来。

在协助过程中，可能限于机构的功能和政策、工作者能力或受助者需求等而无法继续提供协助时，就必须结案。工作者为了让受助者能获得最佳的服务和协助，要衡量社区的可用资源，然后征得受助者同意，协助做好心理准备，做好转介工作。

结案后，工作者应评估受助者情况，必要时应能主动、适时地与受助者联系，表示工作者关怀，并了解受助者的社会适应状况。

服务案例

第一部分　基本资料提案人：×××

1. 案号：0030
2. 开案日：×× 年 ×× 月 ×× 日
3. 家系图

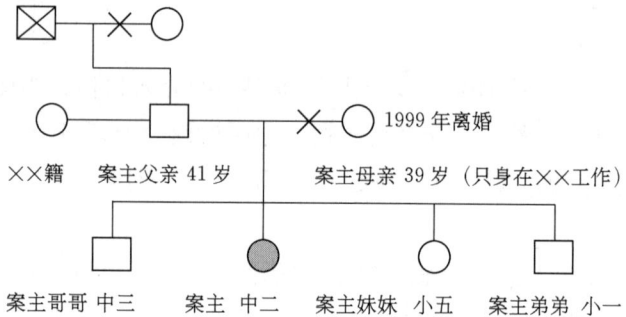

××籍　　案主父亲 41 岁　　　　案主母亲 39 岁（只身在××工作）

案主哥哥 中三　　案主 中二　　案主妹妹 小五　　案主弟弟 小一

4. 生态图

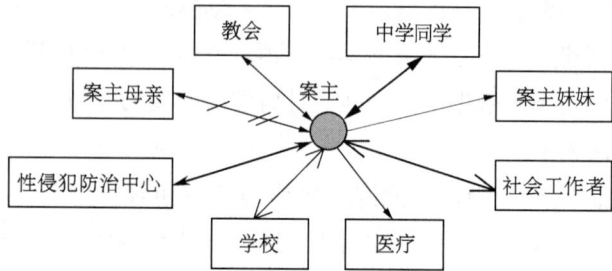

家系图、生态图等可以直观地显示与案主相关的许多信息，有利于社会工作者判明原因和设计工作思路。

5. 重要项目分析

案主父母于 1999 年离婚，监护权归父亲所有，与祖母、父、兄、弟、妹同住于祖母名下房屋内。案主母亲因家庭暴力离去，目前在××工作，很少与案主联络。案主父亲白天以送冰块为业，晚间从事脚底按摩工作。在家偶尔喝酒，管教孩子多以打骂方式为主。2002 年再婚，但似乎是充当人头办理假结婚。案主祖母偶尔进行资源回收工作，以贴补家计，会在言语上管教案主及兄弟妹妹，大多时间是将案主发生的事情告诉案主父亲，由案主父亲管教。案主在母亲离去后需负担家务劳动，若未完成或不符合案主祖母、案主父亲的要求，肯定会立即挨打骂。案主于1991年1月11日当天因收所晒衣物时不慎掉落，案主祖母即在口头上告知说要待案主父亲回家后处理，案主心生恐惧而离家找同学。同学母亲知情后，带案主前往警局以家暴法报案，案主因而被安置于机构中。案主哥哥于2000年起对案主、案主妹妹、案主弟弟均施以不同程度的性侵犯，并以条件式交换或威胁，目前因性侵犯案安置中。案主祖母对此事也知情，曾要案主父亲处理，案主父亲以一顿责打后了事。案主妹妹对于家中之事务皆逆来顺受，并试图掩护父亲、案主哥哥之过，对于案主之离去不谅解，认为是案主害了一家破碎。

第二部分 开案原因

案主原为 ×× 儿童保护个案，因家庭暴力案件被收留，后安置进入中途之家。

第三部分 研讨目的

探讨并介入案主问题：人际困难。

第四部分 问题分析与服务过程

1. 主要问题

课业问题：案主自案主母亲离家后，因心情不佳而忽略功课，功课落下后更无动力用心于课业，程度已不及同学。而且，案主对于写作业感到压力重重，常未按时完成课业或因写不完而不想到校上课。

心理问题：案主对人的防卫心仍很强，害怕再受伤害，故会以先声夺人或哭闹大叫的方式来表达内心想法或感受；面对问题或已发生的不愉快经验通常会以"我忘记了"来应对。

人际关系：案主常会把同伴当成敌人，但又渴望能融入同伴团体中，案主也确实没有贴心说话的朋友，在团体中常被忽视。另外，在与长辈互动中，案主对成人的信任感低，防卫心强。

案例演示不仅是社会工作教材可采用的手法，也是课堂教育、专业实践中的有效专业手法。

2. 服务过程

主要问题	工作目标	服务过程	服务成效
就学	完成中学学业。	200× ×/××，于××中学办理转学。 ×/26，前往××中学办理入学手续。 ×/27，至学校缴交学费并与导师、辅导室主任谈话，告知案主病史及状况。 ×/18，至学校协助购运动服及与导师谈话。 ×/28，至学校处理，案主误听广播，以为父亲来校找她处理危机。 ×/3，案主为协助他人离舍（收她人之金钱），而未到校。 200×/×—200×/×月，每周固定志愿工陪读及辅导	① 案主就学期间，尚能稳定上下学。 ② 完成学校作业。 ③ 学业成绩进步，月考总分突破300分。
医疗	① 疾病史确认。 ② 由××转诊至××医院。	200× ×/8，向××社会工作者确认案主病史，但案主文件上并无记录。 ×/16，于××医院拿到病情摘要，前往××，医院就诊神经外科，领药并咨询。 ×/6，再次前往医院拿药及咨询。 ×/3，案主因发烧而就医。	① 经××医院所提出的病情摘要，确认案主患癫痫症，但已稳定4年左右未发病。 ② ××医师建议持续服药并减少药量，一年后即可停药。
法律问题	① 进行通报。 ② 陪同完成流程。	×/18，去性侵犯防治中心进行通报。 ×/19，陪同前往性侵犯防治中心开案会谈。 ×/28，于性侵犯防治中心进行笔录。 ×/1，于××派出所补作家庭暴力笔录（警方行政疏失，遗失该笔录）。 ×/14，于××派出所补写家庭暴力通知单。	① 完成通报。 ② 笔录及验伤部分已完成，等待进入司法程序中。

（续表）

主要问题	工作目标	服务过程	服务成效
心理问题（性侵犯、易怒、大哭大叫）	① 完成心理鉴定。 ② 依鉴定结果进行心理治疗。 ③ 在其哭泣时让其尽情宣泄。 ④ 处理案主对家庭的情绪。	200× ×/26，就诊新楼身心科，预约心理鉴定时间。 ×/16，于××进行心理测验。 ×/2，回身心科看心理鉴定报告。 ×/9，协议由性侵犯防治中心社会工作者为其安排心理治疗。 *，不定期地与案主讨论情绪表达方式，并于案主哭泣时不加以阻止，让其尽情哭泣。 ×/9—×/28，举行四次情绪管理的主题式会谈。 200×/×—200×/×月，心理咨询共计12次，咨询方向为针对家庭暴力的部分进行咨询会谈。 200×/×—200×/×月，针对案主受×姓案主以言语及肢体暴力对待而与之进行会谈。	① 已完成心理鉴定。 ② 心理治疗尚在安排中。 ③ 案主大哭大叫的歇斯底里状况已明显改善，遇难过事仍会哭泣许久。 ④ 教导个案表达情绪的方式，学习不迁怒他人。 ⑤ 对于家庭暴力部分，案主表现出许多恨意，尚不能原谅家人。
人际关系（同伴关系不佳，常与他人争吵）	① 教导案主与他人互动的技巧。 ② 舒缓案主在与人冲突时的怒气。	200× ×/24—26，参加PA冒险训练营活动。 ×/16起，参加七次同理心与人际关系成长团体。 *，不定期地与案主会谈在家及在校与同伴相处的问题，也教导案主与他人对话的技巧及用语。 200×/×—×月，进行主题式会谈。	① 案主参加团体活动后，已比较能为宿舍学员所接受。 ② 较能表达个人意见，也能让他人了解。 ③ 案主对人际关系冲突仍存在许多怒气及负面想法。 ④ 案主出现讨好型沟通模式。
性教育	① 教导正确的性知识及观念。 ② 性别角色观念的建立。	200× ×/15，卫教课程——青少年性教育。 200×/×/29，青少年性别角色讲座。 200×/×/10，以会谈教导个案生理期常识与生理卫生。	① 案主对性教育的概念未能积极学习。 ② 案主对生理卫生知识缺乏。

第五部分　评价与结论

案主在入×之初原以儿童受虐待之因安置入宿舍，后于会谈中发现有受性侵犯的问题，进而进入113流程，在案主适应宿舍生活之初期，其内心又增加了一层压力，故案主也出现情绪大起大落或对周围人有强烈防卫心之行为。半年后，案主才在情绪上渐渐稳定下来，也愿意与辅导员互动及谈心事；由服务过程中可看见，案主的就学、医疗等外在事务性工作，通常进行得很顺利，但在心理、人际关系上的问题皆渐渐凸显出来，案主内心存在过去家人对其贬低、嘲笑的自我概念，也会认为家庭的破碎是自己一手造成，往往在案主遇到困难时，这样的自贬即会跑出来，案主面对问题时，已习惯用逃避或自怜的方式面对。

每次遇到人际困难时，案主会以说出很绝望的话语来告诉对方，引发对方更不愿理会案主，同时，案主对于喜欢的朋友会为其做事或替他人掩饰过错来赢得友谊，也就是一种讨好型的沟通模式，故在团体中案主常被利用，造成人际伤害。另外，案主的思考模式较多负面思想，而且生活环境较为单纯，融不进同伴的话题，如流行或价值观或过往奇特经验，故在团体中很容易被忽略。近来，×××机构有一新进学员与案主较亲近，案主即配合对方，替对方做事，并与对方一起逃课（案主以前从不逃课），由此可见同伴对案主的力量以及她内心对友情的渴望。

第六部分　问题讨论——人际问题

1.案主与他人对话时的语气，常会出现指使性的语气或用词，如对工作人员说"你过来，我有事要找你"。此种方式让对方感受到压迫感；而大部分案主如此表达时，其后又会经常抱怨他人对自己不好，有时会穿插虚构情节，待处理者求证后，会因虚构、夸大情节而引发同伴不满。

2.案主与同伴发生冲突时，案主常会表态说："我就是这样呀，反正你们不想理我，就不要理我，我也不要理你们"，"是他们先怎样，所以我才怎样"。

3.当案主违反团体规范时，若指正她，案主会说"我不知道"，

"我忘记了","这个说过吗"。令管理者感到案主不负责任,同伴则会认为"她每次都这样"。当同伴指正她时,案主会与其争辩,然后以争吵结束,使得同室的室长对其常有抱怨。

4. 案主为赢得友谊,常成为学员利用的对象,如学员要逃课时,案主帮忙掩护带包外出,学员偷抽烟时,案主帮忙把风……案主会以讨好对方的方式来交朋友,但很多时候案主也会因吵架而将对方发生之事供出来,如此又形成打小报告的行为,再度引发人际危机。

2. 个案工作的记录

个案工作的整个过程必须进行记录。个案记录被视为是助人专业的重要技巧,在助人过程中扮演重要角色。个案记录是指个案工作者对日常服务个案的会谈及有关联络事项,以文字方式记录并将记录保存于特定资料夹中。完整的个案资料应包括个案申请表、接案表、服务记录表、个案服务记录、转介记录及结案记录等(Barker,1991;社会工作辞典,1992;潘淑满,2000)。

个案工作记录有许多功能。如:提供服务的证明、作为社会工作者服务的资料、持续服务的工作依据、服务品质的掌握、评估服务绩效的参考、作为转介照会或个案研讨会的参考、组织工作员的思虑、督导员的查阅、专业沟通、服务提供的适当性、法律行动中机构自卫工具、治疗工具、教学工具、评价与社会研究、评估机构服务功能及制订政策的参考、确保案主的权益、社会工作的责任信用等(徐震、林万亿,1983;黄维宪,曾华源,王慧君,1985;台湾中华儿童福利基金会,1989;潘淑满,2000)。

个案工作记录可根据目的分为三种。(A)过程记录或逐字记录。这是针对从个案接触到结束的整个过程中发生的任何事件,以及内在感受和外在口语或非口语的信息所进行的详实记录。其内容可随实际需要采用逐字、逐句的叙述记录,也可用简单叙述方式描述整个会谈过程。这种记录最常被用于教育训练、实习或对新工作者的督导与训练。（B）摘要记录。记录形式视机构服务的目标与政策而定，至少包括：基本资料、个人发展史、干预行动计划、定期性评估记录与行动相关信息，以及结案描述记录。摘要记录以简短重点描述为原则，内容以受助者的重要事件为主。它适用于长期持续服务的个案。（C）问题取向记录。记录内容以特定焦点或个案问题为原则，内容包括基本资料、主诉与问题描述、工作目标与计划，以及追踪情形等。它适用于专业整合机构中，旨在使不同专业工作人员能有效沟通，增进彼此了解，以利团队服务，避免因不同专业观点而引起不必要的误会或争执（潘淑满，2000）。

在21世纪，社会工作随社会变迁逐渐整合新兴议题并发展出新理论。如女性主义个案工作、生态系统理论个案工作、环保社会工作、后现代理论个案工作等。不但如此，还不断发展与应用充权理念、多元理论典范及行为管理照护模式等趋势。面对快速变迁、多元发展趋势及个案愈趋复杂的场景，个案工作者必须不断地进修和学习。

本 章 小 结

1.个案工作是助人自助的工作历程，以个人或个别家庭为服务对象，目的在于帮助人们解决本身能力和资源无法解决的问题。个案工作者与案主维持着面对面或一对一的专业关系，运用专业知识、理论、方法与技巧，协助失调的个人，改善环境，增进实际生活的适应能力；调适社会关系，建立良性互动网络；调适自我功能，促进人格发展；以健康、成熟的心态，认识及面对问题，充分发挥自己潜能，善用社会资源和机会来解决问题，以及提升自我信心和生活素质。

2. 功能派个案工作有三个特性:强调个人的一切由其意志力决定,强调个案工作目的是协助而非治疗,强调受助者与社会工作者只有合作才能寻求适当的方法。其原则在于:诊断和了解受助者的情况,善用不同时间阶段的效能,善用机构功能与专业角色,注重服务的结构与形式,善用专业关系的发展。

3. 心理及社会学派个案工作强调:"人在情境中"、个别化、个人和家庭早年的生活经验、专业关系的重要性;其实施程序包括心理社会调查、诊断和治疗三部分。

4. 问题解决学派个案工作的基本假设:一是人类生活是一连串问题解决的过程;二是个人无法适当地处理问题的原因可能在于缺乏动机、能力、机会和资源。其目标在于:引导和增强受助者寻求协助及改变的动机;发挥和演练受助者的心理、情绪和行动能量,增强自我功能,进而提升解决问题的能力;提供相关资源与机会,协助受助者解决问题。

5. 行为修正学派个案工作主张由学习理论来了解可被观察的行为,其基本派别有古典制约派、操作制约派和社会学习派三种。行为修正学派强调可观察的行为,认为行为可分为操作型行为和反应型行为两种,重视与问题有关的当前行为。行为修正学派认为进行行为治疗有15个具体步骤。

6. 危机有发展性危机、意外危机、自然环境危机和存在性危机等类型;其特征在于有明显的严重情绪困扰,个人不能有系统地解决问题,需要其他额外资源来解决。危机干预的目标在于:增强个人应对问题的能力,使之比危机前能力更强,并有能力预防类似危机发生;使得个人面对危机时至少能恢复以往的能力处理问题。在危机发生时,立即、主动、接近、有限目标、共存、期待、委身和问题解决是社会工作者应该遵守的原则。

7. 任务中心个案工作认为个人都有解决问题的能力,工作者可透过专业服务过程,增强受助者解决问题的能力;受助者是解决问题及改变的主要媒介,工作者只是扮演资源提供者及连结者的角色。本模式包括订定合约、执行合约和结束合约三个部分。

8. 建立专业关系有七大原则：个别化、有目的的情感表达、适度的感情介入、接纳、非批判态度、案主自决和保密。

9. 移情指受助者将早期生活经验中对某个特定的人的特殊感受反应或投射到工作者身上，将其作为受助者早年情绪生活经验的某个特定人来看待，并将其情感和态度表现在专业关系上。

10. 反移情即工作员将早期生活经验中对某特定人士的特殊感受反应或投射到受助者身上，将其视为那位特定人士，因而对受助者产生非现实性的情感反应或态度行为。

11. 个案工作会谈或介入技巧通常有支持与鼓励、情绪疏导、探索、澄清观念、行为改变、直接干预和环境改变等几种。

12. 个案工作过程分为申请与接案、研究与资料收集、评估与服务计划、服务与干预、结案与追踪五个步骤。

13. 完整的个案资料夹应包括个案申请表、接案表、服务记录表、个案服务记录、转介记录及结案记录等资料。

14. 个案工作记录可依会谈及个案服务目的分为过程记录或逐字记录、摘要记录和问题取向记录三种。

思考题

1. 什么是个案工作？

2. 功能学派个案工作的特性和工作原则有哪些？

3. 心理及社会学派个案工作的特性和实施程序有哪些？

4. 问题解决学派个案工作的主要内容有哪些？

5. 行为修正学派个案工作的基本派别、基本假设和步骤有哪些？

6. 危机干预模式的目标和原则有哪些？

7. 任务中心个案工作的主要内容有哪些？

8. 建立专业关系的七大原则是什么？

9. 个案工作会谈或介入技巧有哪些？

10. 个案工作的五个步骤是什么?

11. 如何做好个案工作的记录?

推荐阅读

扎斯特罗等著, 晏凤鸣译 (2005), 《社会工作实务——应用与提高》(第 7 版), 北京: 中国人民大学出版社。

黄维宪、曾华源、王慧君 (1985), 《个案工作》, 台北: 五南图书出版公司。

廖荣利 (1984), 《个案工作》, 台北: 三民书局。

Brammer, L. C. (1985). *The Helping Relationship: Process and Skill* (3rd. ed.). New Jersey: Prentice-Hall, Inc.

Dorfman, R. A. (1996). *Clinical Social Work: Definition, Practice and Vision.* NY: Brunner/ Mazel Publishers.

Perlman, H. H. (1975). *Social Casework: A Problem-solving Process.* Chicago: The University of Chicago Press.

第七章

小组工作

通 过本章学习，了解小组工作的内涵和要素，把握不同类型小组的特性，知悉小组工作的发展过程，领悟基本的社会科学理论、小团体理论及小组中有治疗作用的因素，牢记小组工作的计划阶段、开始阶段、中间阶段和结束阶段的任务和技巧，理解有效小组工作者的特点，学习小组工作过程的基本对话技巧和基本领导方法，并对小组工作者的知识背景、实务伦理和训练有一定认识。

　　小组工作（group work）是社会工作的传统方法之一。由于小组成员间存在相互影响而能更有力地促进个人改变，小组作为整体也能影响更大社会或组织的改变，因此，小组工作就具有与个案工作不同的功能。

第一节　概　　述

　　对于何谓小组工作，众说纷纭。20世纪初其定义就有很多种，今天，对何谓小组工作的说法仍然众多。本书将首先介绍几个较有影响的定义。

1. 小组工作的含义

　　早期的定义比较宽泛。1959年，美国社会工作教育委员会发表了墨菲（Murphy）的观点，认为小组工作是社会工作方法之一，它透过有目的的小组经验来增进人们的社会功能（刘梦，2003）。崔克尔（Trecker）认为，小组工作是一种方法，借着小组工作者的协助、引导，小组成员在各种社区机构的小组中发生互动，建立关系，并以个人能力与需求为基础，获得成长的经验，最终达成个人、小组、社区的发展目标（林万亿，1995）。

　　近期的定义更为微观，主要强调某方面的特征。特斯兰德等（Toseland & Rivas, 1998）认为，小组工作就是在社会服务输送系统内的小型治疗性和任务性小组中，运用目标导向的活动来美国的《社会工作词典》认为，小组工作与小组心理治疗的区别主要在目标上。后者是利用团体协助个人解决情绪困扰的干预方法，前者的目标更宽泛，不一定是治疗情绪困扰，有可能包含交流信息、发展社交技巧、改变价值观和将反社会的情绪抒发行为改变为正向行为。因此，小组工作的范畴比小组心理治疗更广泛。

满足社会情绪的需求与任务的完成；其中，目标导向的活动既针对个别成员，也针对整个小组。诺森（Northen）则强调小组动力的核心功能（何洁云，2002），他指出社会工作实践将小组既当作过程，也当作手段，强调通过小组过程及小组动力去影响成员的态度和行为。在小组工作者的带领下，成员解决问题的能力和潜力透过成员间的分享、相互分担和相互支持而发挥出来。

美国小组工作专业人员协会的界定则相对简单（Gladding，1999）。在该协会看来，小组工作是指一类在小组情境中助人或完成任务的广泛的专业实践。由一个有专业能力的工作者利用小组理论和过程去协助一个由互相依赖的个体组成的小组，达到与个人、人际或任务有关的目标。可见，小组工作有四大元素。其一，涉及小组，小组成员彼此影响。其二，目的是助人或完成任务，完成任务的小组与助人的小组的根本区别是小组目标与小组成员的需求没有内在或直接的联系（Toseland & Rivas，1998）。其三，由受过专业训练的工作者带领。其四，带领过程以关于小组的科学知识为基础。一般而言，小组属性取决于工作者的教育背景或理论取向（黄丽华，2003）。

2. 小组分类

小组分类有利于深入研究小组特点，从而引导成功经验。美国小组工作专业人员协会将小组分为指导／心理教育、咨询／人际问题解决、心理治疗／人格重塑、任务／工作小组四类（Jacobs，et al，2000）。雷德根据目标将小组分为教育小组、成长小组、支持小组、心理治疗小组、任务小组五类。当然，各类小组并非互斥而独立的，大部分小组都是两种以上类型的混合。

教育小组。旨在帮助成员学习新的知识与技巧。其特点在于（Toseland & Rivas，1998）：通常由专家介绍知识和技巧，多采取结构式小组过程，重点是成员学习知识和技巧，成员自我揭露程度不高，小组讨论旨在促进学习。教育小组存在于学校、医院、社区等场所，家长教育小组作为其典型代表就吸引了众多实践者和研究者（杨家正等，1999）。

成长小组。提供让成员了解、增加与改变他们对自己及他人的思想、感觉及行为的机会；其焦点在于促进个人的正常发展，但并不处理情绪和行为问题。其主题包括人际关系、价值观、问题解决、沟通、思考和感觉等。其特点是（Jacobs, et al, 2000）：重点在成员探索和发展个人目标并更好地理解自己与他人，成员的自我揭露程度较高，创设分享和倾听的氛围，工作者有时会挑选不同背景、利于增加彼此经验的成员来组成小组。体验小组是成长小组的典型例子。小组工作者为成员们设计各种活动，其中多是户外活动，涉及体力上挑战、冒险及成员合作，体验后通常都伴随讨论与分享，增进自我了解及了解他人。在成长小组中，随着分享与讨论的深入，常有治疗性的主题出现，工作者需量力而行。

支持小组。由有相同问题或经验的人组成，成员交流思想与感受，彼此协助解决问题。常见类型包括单亲妇女自强小组、父母离婚儿童小组、突发灾害受害者小组、亲人面临死亡威胁者小组。其特点在于：重在分享经验、知识与技巧，尝试因应策略，处理负面情绪。工作者鼓励参与者交流体验，通过协助成员表达、阻止不良沟通行为，促进交流。成员高度自我揭露；小组成员分享经验，相互作同理反应，简要述说发生的事，畅谈感受，仔细思考该如何面对问题，运用确认（肯定）正常化成员的经验来处理其疏离、耻辱与孤独的情绪。支持小组结束后常会转化为自助小组（self help group），小组内部产生的领导者取代工作者带领小组发展。工作者则担当顾问角色，具体作用有提供资料、做演讲、对个别成员提供协助、提供聚会场所等。有些自助小组则完全由有相同问题的人自发形成。

心理治疗小组。对工作者专业能力要求最高，侧重于协助成员改变问题行为或生理、心理、社会创伤后的治疗，通常在心理卫生机构或矫治机构中举办。如对施虐者的治疗小组、为毒瘾

近年来在城市广为使用的拓展训练其实就是成长小组技术的具体应用。

者设立的小组、抑郁病人小组等。其特点有：工作者被视为专家、权威人物，他们与成员一起诊断问题，制定治疗目标；工作者在一定时间内只侧重一个成员问题的处理；成员自我揭露程度通常是高的；在小组初期需要有周详的、针对特定成员的介入计划。有些带领者严格遵循某种理论模式，有些则不把任何理论作为工作基础而更相信小组中相互作用的力量；有些带领者侧重支持和鼓励，有些则偏好对抗性和攻击性。不论哪种模式，都需工作者对产生治疗作用的力量有深刻的理解与把握。

任务小组。包括委员会、社会行动小组及病人自治小组等，旨在完成管理机构分派的目标或工作。如：不同专业取向人士组成团队，为某临床病人提供综合服务；心理卫生机构中病人代表与职员共同开会，决定食品问题、每周活动、如何解决职员与病人的冲突等。其特点在于，目标是完成任务，工作者的功能在于使小组成员集中关注完成任务，成员的自我揭露程度低。本类型中，病人自治小组有治疗功能（Reid，1997），能训练技巧，增进信心，提高自尊，培养新的合法行为。

3. 历史发展

小组工作发展经历了漫长过程。整合雷德（Reid，1997）和格莱丁（Gladding，1995）的描述，小组工作可分为孕育时期、进入专业化时期和专业发展时期。

（1）孕育期——20世纪30年代以前

小组工作起源于19世纪的欧美地区。20世纪30年代以前，社会工作的主流是个案工作，小组工作并不被视为社会工作的助人方法。当时，小组工作主要被一些有宗教情操者用来为有需要者提供服务。在19世纪，工业革命既带来经济发展和文化进步，也带来了大量社会问题。一些出身富裕家庭、受过良好教育、有社会责任感、有宗教情操、相信人在信仰上的努力表现有助于自己未来荣耀的人，成立了许多小组和机构，通过小组方式来协助他人。

　　小组工作方法最早被青年机构运用。1844 年，商店店员威廉姆斯（Williams）因看到一些同他一样的青年人工作之余无所事事，沾染恶习，就联合一些青年组织青年会，定期聚会并从事各种宗教及有益活动。该组织就是基督教男青年会（Young Men's Christian Association，YMCA）。后来，基督教女青年会（Young Women's Christian Association，YWCA）也成立了。受英国影响，美国也先后成立了基督教男青年会和女青年会。儿童服务的发展也带来了小组工作的广泛运用。另一广泛运用小组工作方法的场所是移民中心，这些中心成立各种俱乐部、成人教育班、讨论小组，以提高移民的教育水平和发展正常娱乐。

　　该时期的小组工作普遍是大型小组活动，小组工作者也并不普遍认同社会工作专业；另外，相关的理论基础和知识体系也没有得到发展。

　　（2）专业化时期——20 世纪 30 年代到 60 年代

　　随着大型小组活动的普遍开展，社会工作学院开始开设小组课程以帮助学生到青年机构和休闲中心工作。1935 年，全美社会工作会议增列小组工作部门；次年，全美小组工作者协会成立。这一时期小组治疗也开始发展。过去，小组心理治疗法只有心理医师和精神科医师用在精神病患者身上；现在，军队和医院开始用于非精神病患者身上，社会工作者也成为工作团队的一员。进入 20 世纪 40 年代，小组领导者开始进入精神医疗院所，为有适应障碍的儿童和成人提供小组治疗。《小组工作对美国青年的服务》（Coyle, *Group Work with American Youth*）、《小组工作实务》（Wilson, *Social Group Work Practice*）、《小组工作》（Trecker, *Social Group Work*）、《儿童小组治疗》（Konopka, *Therapeutic Group Work with Children*）等经典小组工作著作也相继出版。

　　（3）专业发展时期——20 世纪 60 年代以后

　　进入 20 世纪 60 年代，小组工作已有长足发展，出现了包括预防与治疗模式、互动模式和社会目标模式在内的许多模式。

　　著名的"男童军"就是将穿制服的青年人集合成小团体，从事登山、行军、打旗语和大地追踪等活动。

20 世纪 70 年代后，更出现了诸模式的整合，并被称为主流模式。

预防与治疗模式。该模式与医疗模式有关，旨在预防或治疗个人偏差行为，最适合应用于生理或心理残障者、违法者和情绪障碍者。其中，偏差行为及小组治疗标准都参照案主所处的文化与社会规范。该模式的理论基础大部分来自个人心理学理论，同时，角色理论、团体动力学和学习理论也提供了重要参照。这个模式主要被治疗性小组广泛使用。

互动模式。该模式认为问题解决主要决定于小组的彼此协助过程，较适用于由类似问题成员组成的小组，也就是支持性小组。领导者协助成员与其他成员建立有目的的沟通方式，并达到彼此增强的结果。这种小组要求成员讨论自己生命中的重要事件，并且表达经受这些事件时的情绪感受。

社会目标模式。该模式来自青年服务的传统，试图在小团体中处理与社会规范和社会价值有关的问题。这个模式认为每个人都能够通过参与社会小组，培养社会意识与社会责任，并通过小组影响社会的改变。这个模式也认为社会行动是心理健康的表现。

主流模式。该模式融合上述模式的特点，即共同目标、领导者的领导、成员为主体、成员互助合作。其最大特点是提出小组发展的概念，如，小组领导从开始时由领导者独自承担，到最后由所有成员共同承担。主流模式被认为是普遍应用的模式，因为小组工作在过去也多运用了一种以上模式。

（4）未来趋势

利用高科技、重视研究、注重问题解决的短期小组是小组工作未来发展的趋势。（A）互联网技术正迅速改变沟通模式，通过聊天室、电子邮件虽然无法让人看到非语言信息，但极大地促进了信息交换。网上辅导也已开始出现，随着技术不断更新，这种模式会进一步发展。（B）成效研究成为小组工作的新方向。随着小组工作发展及大众对成效的兴趣增加，成效研究逐渐发展，实务工作者与研究者组合团队从事以单系统设计为基础的研究成为流行。另外，雅伦（Yalom，1995）有关小组内治疗性

元素的研究也刺激了相关研究的增长。(C)短期解决问题取向
(solution-focused)的小组开始发展。该理论最初用于家庭治疗，
认为治疗应该是短期的，所有抱怨是相似的，治疗焦点是在找到
解决方案，并创设一套入门者容易应用的提问技巧。把握小组工
作的未来态势是社会工作者不断提升的重要基础。

4. 小组工作在华人社区的发展

　　小组工作的影响遍及包括中国在内的许多地区。1885 年，
中国就有了青年会，其活动深具中国特点（黄丽华，2003）20
世纪头 10 年，推展现代体育和娱乐项目；20 年代，开展平民教
育运动；30 和 40 年代，形成抗日救亡群众歌咏活动、战地服务团；
90 年代，创办社区服务，开办兴趣班和成人教育，组织小组活动，
开展扶贫工作。这些都与早期欧美小组工作有相似之处。专业的
小组工作方法在 20 世纪 90 年代初期开始在中国大陆发展，其背
景是社会工作专业在高校的出现。目前，近 350 所学校建立了社
会工作专业，小组工作成为专业教学的必修课程。小组工作理论
与实务的传播以及近年来相关研究的发表，都是小组工作开始本
土化的重要标志。

　　港台地区的小组工作有不同的发展面貌。小组工作的发展
源于香港的男、女基督教青年会（吴梦珍，1992）。这两个机构
于 20 世纪 20 年代在香港地区相继设立，初期开展与宗教有关的
小组活动和参与社会运动，后来逐渐在学校成立组织，提供与宗
教有关的小组活动及照顾小学生的课外活动。当时的小组工作者
没有接受过正规训练，但小组目的和内容接近于后来的交友小组。
小组工作在香港地区的发展与社会工作专业发展也紧密相连。随
着香港大学和香港中文大学成立社会工作系，小组工作成为社会
工作专业的课程。一些留学北美的学生回港后，带来了治疗性小
组工作模式，吸引了社会服务机构的注意，小组工作内容逐渐从
娱乐与教育、交友转到辅导和治疗。进入 80 年代，小组工作进

　　小组工作在中国内地的开展状况也值得关注，这是社会工作在内地建设现状的一个侧面。内地的小组工作乃至社会工作是类似于港台地区还是已经体现了自己的特色？有什么上升空间？这些都是值得关注的专业议题。

入快速发展时期，并在小组的数量、技巧和种类方面有明显体现。90 年代至今，治疗性小组渐受重视和应用（杨家正等，1998），并在家庭服务和医疗社会工作领域得到较多应用。设计严谨的成效研究也开始出现，这预示着小组工作转入以研究为基础，开始探索本地化的工作模式。

第二节　主要理论

小组工作者需要科学地分析小组，更好地用其变化机制和治疗因素引导和影响小组运作。许多理论可以有助于理解小组现象及激发改变的因素。

1. 社会科学理论

社会科学理论对小组工作实务有启发作用。特斯兰德（Toseland，1998）认为，系统理论、心理分析理论、学习理论、场理论、社会交换理论等五种理论对理解小组最重要。限于篇幅，本书主要对系统理论、心理分析理论和学习理论作简单介绍。

系统理论。与其他系统理论家针对更广阔社会的理论相比，贝尔斯（Bales）的理论对理解小组工作有更直接的帮助，其贡献主要来自对实验室中小型任务性小组的观察。根据其观点，小组为维持存在必须解决工具性问题和社会情绪问题；前者来自小组外在环境的需求，包括小组达成其目标；后者来自小组内部，指人际关系困难和成员满足感。这两个问题常会冲突，不可能同时被解决，工作者经常要轮流照顾这两方面的小组需要，以维持小组的"动态平衡"。贝尔斯同时指出，小组会经历一个进化与发展的过程，不同阶段的成员互动也有不同特点。他还发展出一套 SYMLOG 方法（systematic multiple level observation of groups）分析小组互动过程。近期系统理论衍生出有助于理解小组的许多新概念，如，小组整体性体现在成员间互动，小组对成员行为有强大影响力，小组经常处在形成、发展及改变的状态从而影响小组的平衡及持续存在，小组有发展性的生命周期等。

心理分析理论。着重于个人心理学，弗洛伊德是其主要创始人。其洞察力、自我强度和防卫机制的概念对理解小组成员行为有极大的贡献。心理分析理论认为，小组成员在小组中的行为源于早期家庭生活经验未被解决的冲突。在很多情况下，成员通过移情在小组中呈现这些冲突，工作者则运用移情与反移情，协助他们探讨过去行为模式及其与现在行为模式的关联，以处理未被解决的冲突。源于心理分析理论的自我心理学近年来也得到社会工作者的广泛关注。自我心理学强调自我的自主性，注重自我对个人健康成长和社会适应的影响。它将个人成长理解成贯穿终生的不断开放过程，这对社会工作者有莫大鼓舞。从自我心理学来看，小组是理想的、促进各年龄案主增进社会关系、建立更健康自我功能的途径。工作者致力于构建健康的小组结构，支持与激发成员的力量，处理冲突和抗拒，协助成员建立有效的工作关系与亲密关系，促进自我的独立与成熟。

学习理论。强调清楚及特定目标的设定、契约订定、环境对于小组及其成员的影响、按部就班的治疗计划、可测的治疗结果。该理论认为，小组成员行为可由经典条件反射、操作条件反射和社会学习三种学习方式之一加以解释。如，当小组工作者与其他成员说话，而另一成员与某成员窃窃私语，工作者加以批评；数次之后，只要该成员转头还未及说话，工作者就会开始批评，这就是经典条件反射学习。工作者对成员偶然出现的正向行为进行表扬，成员就会倾向于重复该行为，这就是操作条件反射。社会学习理论的创始人班图拉认为，这两种学习方式太缓慢，人类也可以进行模仿学习。如，在小组中，如果某成员的行为被称赞，其他成员也倾向于表现同样行为。

2. 小团体理论

团体中"整体大于部分之和"，这种"整体性"来自成员互动，成员互动产生的力量称为团体动力，会有力地影响团体成员及整个团体的行为。对团体动力的研究自 20 世纪 20 年代以来持续不衰。特斯兰德（1998）从四个层面进行分析并提出相应原则。

沟通与互动模式。沟通包括语言及非语言的内容，不仅为了传递信息，也包含其他目的（如说服、防卫、印象管理、建立关系）。工作者如能察觉其潜在意义，就会有效地介入及协助。另外，信息接收也有选择性，听者的经验影响对信息的解释。工作者如在这方面有精深钻研，就可能透过对同一信息的不同理解而加深对团体成员的理解。当然，一些生理特点（如听力障碍）也会影响沟通，预防沟通误解的技巧是回馈，如，"你的意思是……""我的理解对不对""如果我的理解是正确的，你是说……"因此，要鼓励成员彼此回馈与澄清。当然，团体成员彼此沟通时会出现有益和有害的互动。互动模式可分为领导者中心型和团体中心型。前者如小组成员只对领导者说话而彼此间无沟通，后者是所有成员自由表达，彼此互动。团体中心型小组会增加社会互动、士气及成员对目标承诺的倾向，但较费时间。互动模式的形成与工作者投入程度、成员间人际吸引强度、团体大小和环境布置、团体中的地位等都有关。沟通模式是可变的，方法是暂停正在进行的团体内容，强化所要的沟通模式。

团体凝聚力。团体凝聚力指吸引成员留在团体中的所有力量行动的结果，与团体效果密切相关。凝聚力越强的团体，对成员的影响也越大。具有凝聚力的团体有九大特征（黄丽华，2003）：守纪律，准时出席；成员感到自己属于团体；成员对"我们"的感情表达有提高；成员关系为接纳、相互依赖和亲密；成员对团体经验的高度参与；成员用语言表达出自己对作为成员和对团体的满意；团体气氛以自发性、非正式、适当的自我暴露为特征;团体规范造成同心同德的压力;形成一个仪式系统。其实,凝聚力与成员和团体工作者有关。成员改变的动机是否够强决定了他们在多大程度上投入团体;团体满足成员需求的程度也决定团体对成员的吸引力。团体工作者应尽量促成团体凝聚力的产生,注重如下几个原则:透过精心设计的活动和讨论营造高度开放的互动,协助成员确定需要及在团体中满足这些需要的方式,协助成员达成团体目标,团体能提供成员不能购买到的奖赏、资源、地位或威望,非竞争性团体内关系、竞争性团体间关系都有助于凝聚力的产生,团体不可过大(治疗性小组以六人为宜)(Rose,1999)。

团体控制力。团体控制力指能使整个团体获得成员一致顺从,进而有秩序运作的力量。团体控制力会限制个别化、自由和独立性,但可稳定和规范团体的运作,协助团体有效发挥功能。其挑战是如何善用团体控制力以对成员和整个团体有益,而不让其造成阻碍和限制。规范和角色与团体控制力密切相关。规范主要指团体可接受的特定成员行为和所有行为模式。规范发展与团体发展同步;有了规范,成员就有了行为准则和安全感。随着团体对某些行为的认可或制裁,规范逐渐清晰并控制团体过程,这时的团体不再像开始阶段那样完全依赖工作者对团体的控制。偏离规范的现象称为越轨;越轨有时是有益的,可以打破已丧失功能的旧规范和建立新规范。角色指团体对特定个体行为的期待,是在团体发展过程中逐渐出现的。角色有很多种(林万亿,1995;林孟平,1998):有的成员关注团体任务的完成,承担发起人、协调人的角色;有的成员对团体中的情绪敏感,经常出任鼓舞者、调和冲突者;还有导师,沉默者、垄断者等反团体角色。工作者对这些角色要敏感,要及时修正丧失功能的角色行为。

团体文化。团体文化是团体成员共同信守的价值、信念、风俗习惯和传统,是展现团体作为整体而非个人组合的有力指标。它透过行为准则、价值、信仰、符号来传达,对成员行为有很大影响。工作者要协助团体互动并讨论,帮助形成欣赏不同文化的团体价值观，帮助团体建立被主流社会认可的团体文化，"在社区和团体价值共通部分提供协助"（Tosland & Rivas，2000:111），以赢得社区支持。

3. 小组中的治疗要素

小组造成的个人改变不是自然发生的，小组气氛需要营造。雅伦（Yalom，1995）总结了小组中有治疗作用的诸多因素：植入希望、一般化、告知信息、利他、重整对家庭关系的理解、模仿学习、自我觉察、团体凝聚力、情绪净化、存在感等因素。其基本假设是，成员迟早会在小组中重现其在真实社会的互动方式，工作者要在当下(here and now)评估其人际行为并作出适当处理，从而促成成员转变。雷德（Reid，1997）认为，在这些互相关联的因素中，社会工作者带领小组时要特别重视下列因素：

把握"当下"（here and now）极其重要，因为工作过程中发生突然事件是不可避免的。

植入希望。坚信参与小组治疗能带来所希望的转变，是治疗成功的最重要因素。如果不怀有希望，成员就无法承受过程中的各种担忧、焦虑和疑惑，无法开放地表达和冒险尝试新行为，就无从谈起小组疗效。在小组中，希望来自工作者的乐观、语言和行动，也来自其他成员特别是已经历过整个或部分小组过程的老成员。如果看到有同样问题的成员完成一个小组治疗过程后有良好改变，新团员就会对小组项目产生希望。所以，工作者常在小组开始时引入上期小组中有效改变的成员来介绍经验，以增强希望。

自我觉察。本概念被认为是治疗过程的核心，心理分析理论称为洞察，并认为洞察就足以引起改变。成员自我觉察的常见模式是透过人际互动发生的，如，通过倾听其他成员对自己行为、想法和经验的感受就可加深自我了解。

模仿。小组可以提供给成员多种互动关系，成员通过观察不同的互动方法、问题解决策略、角色行为，而重新思考自己一直视为理所当然的态度和行为，从而尝试改变自己。工作者要监察自己的行为和态度是否对成员有益，因为这些是成员观察学习的重要部分。

互动学习。小组工作中成员可以互动学习，他们可以在小组中尝试新的人际行为，也可以对其他成员的新行为给予反馈。在工作者努力下，成员间给予真实、真诚、清楚的反馈，协助成员学习并维持新的正向行为。给予反馈最好在事件发生的当时，太早或太晚容易产生问题。另外，工作者的反馈对成员也有重要意义。由于成员迟早会在小组中展现其真实世界的行为方式，工作者就有机会看到其问题行为，从而即刻处理，这比事过境迁的处理有效得多。

经验一般化。让成员知道自己并非世界上最惨的人，还有人有相似问题，这是小组提供给成员的独特体验。当成员与有相同经历者在一起时就觉得不孤单，也会更客观地看待自己和他人的问题。

接纳。这个概念指感到属于小组和自由自在，被其他成员认为有价值，感到被关怀、支持、了解和接受。成员在小组中有"能够做自己"的体验，即使这个"自己"的行为在真实世界中不被接受，他（她）依然能在小组中感到被无条件地接纳和支持。当然，这需要工作者带领成员有技巧地营造气氛。

自我表露。心理健康者只对少数特殊他人做高度自我表露，对大多数人只做中度自我表露。对所有人都做过高或过低的自我表露就意味着适应不良。小组工作中，自我表露就是成员分享与个人有关的内容，其中，有些内容可能是从未在其他场合提及的个人秘密。当然，并非所有的自我表露都有治疗功效，成员也不需要在小组中做非常深刻的自我表露。工作者需保持敏感，通过学习了解不同模式自我表露的作用。

利他。利他在小组中有不少表现形式。如，给其他成员支持与建议，分享相似的问题，忘记自己的需要以协助他人，想要为其他人做事。当处在这些有助他人的情形中，成员会认为自己有价值，增加自尊和自信。

什么时候应用什么治疗元素？如何恰当利用和整合这些元素？这些都需要社会工作者的综合能力。因此，小组工作效果很大程度上依赖于小组工作者的整体实力。

传递信息。利用小组传递与成员状况有关的知识、释疑解惑，会减轻成员的焦虑和增进其因应能力。如，心理教育小组通过传递信息来促进成员的行为改变，心理治疗小组也通过提供心理结构的科学知识来增进成员的自我了解。

治疗性学习的转移。这指成员将改变带到真实生活情境中。如认知改变、人际行为的变化和集体行动。其中，集体行动指成员参与或发起试图影响自己所在环境的大型活动。如，单亲家庭向政府递交要求经济支援的材料。

成员将改变带到真实生活情境中不是自发的，而需要工作者有意识地设计相关小组过程。角色扮演、行为演练、家庭作业都要涉及真实生活中的困难情境，以帮助成员形成在真实生活中的转变。

第三节　过　　程

有一个工作者个人想当然地确定小组目标的例子。有社会工作专业的学生去中学实习，去之前就计划组成一个考前减压团体。到了实习学校，招募组员，开始活动，结果团体在第二次就无法进行下去了。这些被老师转介来的学生对考试根本没有焦虑，他们已习惯成绩不好，其兴趣不在学习上。可见，科学地进行需求评估是何等重要。

小组过程可划分为计划阶段、开始阶段、中间阶段和结束阶段。工作者要对新小组有足够准备，在小组过程开始后保持高度开放性，随时根据成员需要调整小组元素。

1. 计划阶段

根据特斯兰德（1998）的理解，计划阶段有一系列有序步骤，包括确立小组目的、评估赞助机构、招募成员、组织小组、安排见面会、订定契约、准备小组所需的设备、确定经费安排和准备小组书面计划。

小组目的。这是本阶段最花时间的部分。（A）工作者可通过接触成员了解需求，可通过与同事沟通了解其服务对象未被满足的需要且可能透过小组来满足，也可应社区人士要求成立小组。

工作者的兴趣或想当然的理念不应成为形成小组目的的出发点。（B）小组目的是逐步形成的，最初目的可能随着小组活动进展而不断具体化，逐渐切合小组的需求。（C）叙述小组目的应简短和正向。简短就是以自然、清楚及概括的方式说明目的、方式、内容等。如，"这是为白血病孩子的父母准备的小组。鼓励成员表达他们对孩子得白血病的感觉、对治疗的看法和疑问、与孩子的关系等，也提供关于学校安排的信息"。正向表达就是不以否定句表达，有效地带给成员信心。如，"通过参加这个小组，成员讨论他们面临考试的心事，发展适当技巧，使他们能放松考试时的紧张心情，顺利完成考试"。

确定评估机构。这是工作者的重要准备。小组是否适合机构的政策和宗旨，意味着计划能否顺利开展，能否得到支持和帮助。工作者要准备充分理由来与机构沟通，清楚说明该计划的服务成本与效益，尤其是对机构的效益。如果能找到居民领袖或更有影响人士来表达兴趣和支持，对计划会大有帮助。

招募成员和构成小组。（A）招募形式多种多样。寄传单、张贴广告、利用媒体等都是常用技术；直接接触潜在成员是更有效的手法，打电话、写信、面谈、家访都是直接接触的方式，与那些与潜在成员有关系者交谈也比较有效。（B）构成小组时需考虑成员的各种情况。问题相似性、背景相似性等有助于产生凝聚力，在生活经验和专业训练方面的差异性则可带给小组更多互助与学习的机会。小组人数也要考虑，人数太多会不利小组关注每个人，人数太少则在有成员缺席时会影响小组进程。治疗性小组以 7 人为最理想（Yalom, 1995），小组一旦构成就不许新成员加入。但在医院等机构开展的小组常因成员出院退出而需补充新成员。这种小组要考虑运用更为固定的程序，每次活动不要太依赖上一次的参与情况。

安排见面会。在小组开始前，最好有一次成员聚会，搜集一些基线数据，教导小组中有效沟通的技巧，解释小组目的和筛选成员。有时，小组也会在首次聚会中搜集基线数据，不过，越早搜集越可改进计划，以适应成员需求。训练成员如何在小组中与人沟通、表达意见、给予反馈，有助于强化小组的效果和减少退出率。在见面会中也可发觉与其他成员有明显差异的人，可以转介这类成员参与其他项目，否则，他们可能会较早退出小组。

准备场地和设备。空间、照明、布置、音响等都要与小组目的和成员特点配合，经费也宜尽早申请落实，需缴费的项目宜及早告知。

准备书面计划。书面计划必须写明小组目的、举办机构、成员资格、招募方式、小组构成、见面会内容、活动安排、环境及其他必须说明的问题。计划书可用来告知潜在成员有关小组的信息，也可用来与有关人士进行沟通。

2. 开始阶段

开始阶段包括小组最初的几次活动。在这些活动中，成员还不是很投入小组过程，表现谨慎，较多要求工作者的指导，但对指导又常打折扣，令工作者常感挫折。本阶段是带领小组的困难时期，需处理很多内容。首次会面尤为重要，需要处理许多内容（Shulman，1992）。如，介绍成员，简述小组内容，邀请成员提出其看法并作反馈，澄清工作者的角色和工作方式，直接处理阻碍，鼓励成员互动，发展安全与支持的小组文化，帮助成员为自己和小组发展试验性计划，澄清机构和成员彼此间的期待，对于下一步得到一些共识，鼓励成员对于小组的有效与否提供诚实反馈。

如何通过多种形式介绍成员和融洽小组气氛，是小组工作过程顺利进行的基础。所谓"好的开头是成功的一半"。

工作者需要很好地设计小组过程以带出有关主题。如，介绍成员，可将成员分成两人一组互访，然后再向全体报告所得的信息；或每个成员谈谈名字的来历。如果是青少年小组，就更需进行精心设计，在提供有趣活动的同时带出有关信息。

3. 中间阶段

中间阶段中工作者协助成员达成小组目的，大致要处理六项工作（Tosland & Rivas，2000），即：准备小组聚会，为小组过程提供内容架构，使成员参与并增强能力，协助成员达成目标，处理非自愿与抗拒行为，监督和评估小组活动的进行。

准备小组聚会极其重要，其中，活动策划最为关键。如何设计与本次聚会目的相关的活动、游戏和书写内容，从而给成员提供好玩、有意义的经验，不是一件容易的事情。没有带出有治疗作用的互动，所设计的一切都是徒劳的。工作者应注意日常积累相关资料以备不时之需，因为不同成员群体适用不同的游戏等活动。

结构就是有计划、有系统、有时间限制地进行介入和活动。如，每次小组聚会围绕主题的一个侧面提供讲义，然后检查家庭作业、角色扮演、观察和记录，示范新的行为方式，检查新的反应，指定新的家庭作业。一般而言，本阶段会为每一部分计划出所用时间。虽然不是所有小组都适合高度结构化，但结构化确实有助于很快学习新的行为模式。

微观工作技巧是本阶段的重要部分。使成员参与并增强能力，协助成员达成目标，处理非自愿与抗拒行为等都涉及微观技巧。其理解与掌握需要长时间的课堂演练和经验积累，这是小组工作者专业能力的体现。

监督与评估是本阶段的关键任务。工作者在每次聚会结束前，应搜集成员对小组内容的意见，以不断修正小组过程和维持小组的有效性。方式可以是口头的，但书面的更为系统，其内容可以依据小组目的而有很大不同。

4. 结束阶段

整个小组应采用几次小组过程来处理结束事宜，因为结束阶段处理不好会影响小组工作的效果。毕竟小组工作旨在让成员能将在小组中习得的改变带到真实生活情境中。没有精心将小组经验与真实生活连接，小组结束后成员会很快重蹈覆辙。

结束阶段是提炼和总结整个活动成果，从而促使小组成员成长的关键，是将小组工作成果延续到真实世界、承上启下的过渡时期。

结束阶段要设计一些内容帮助成员面对真实生活情境。如，要让成员明白不能期望小组外人士会像组内成员一样提供支持与鼓励，要学习面对现实。不断透过各种方式演练这样的情境可以帮助成员有所准备。

成员在结束阶段会有强烈感受，有些成员会出现退化性问题，呈现进入小组时的症状。让成员讨论对小组结束的感受并为未来做计划极其必要。告知小组成员结束后有何可以利用的支持体系和资源，对有需要者做好细致的转介工作，这些必不可少。

5. 评估

小组工作的评估越来越受关注。常见做法是在小组结束后，搜集成员对课程内容、工作手法、工作者表现等方面的意见。但这并不能反映成员的转变，更无法了解哪些因素造成了成员转变。评估旨在了解小组工作的成效和价值、指引实务工作和研究治疗性元素。由于小组工作与很多因素有关，严谨评估往往很难进行。

评估是工作者和服务机构实现自我增能的必需环节。如何进行社会工作评估涉及评估源起、评估者身份和价值观、资源等因素。评估结果应该予以通告和分享，因为这是为同事提供间接经验、促进社会工作职业和专业整体发展的基本伦理。

评估有不同形式（参见本书第十一章）。成效评估是形式之一，焦点在于小组目标带来的成员转变，常见模式有控制组设计和单系统设计。过程评估是形式之二，关注小组内什么元素导致成员转变。相对简单的方法是关键事件法，即：通过详细记录小组过程中有影响力的事件来探索成员转变的内在动力。关键事件的认定可通过询问成员来获得，最好在事件发生后马上进行记录，其中，成员的心理过程记录（process record）尤为重要。在仔细分析记录以探索有意义的小组元素的基础上，可以改善工作技巧。

第四节　小组工作者

工作者是有效小组的最重要元素。有效工作者的特点、工作手法及如何成为有效工作者等都是社会工作关心的议题。

1. 有效小组工作者的特点

有效小组工作者不是普通人可出任的，工作者可随着反省学习而逐步向该方向发展。整合雷德（Reid，1997）和加科伯（Jacobs，2000）的观点，可发现有效工作者的特点。（A）勇气。能坚持理念，在适当时候当面质问成员丧失功能的行为，敢于引发冲突情境。（B）诚实。基于案主利益传递真实的自己，并不试图充当道德或心理健康的典范。做诚实的回馈，愿承认错误；谈论具体行为和真实感受，而不是躲在专业面具的后面。诚实地面对、了解、接受和喜欢自己，认为自己并非世人楷模，而是在生活中挣扎但不断成长的个体。（C）勇于改变。不拘泥于习惯的技术和活动，愿意在适当情况下作调整。（D）同理。不评价案主而分享其情绪感受，能作正确的同理反应。（E）行动取向。重视行为上的改变，重视目标的设定和达成，运用多种方式促进成员将改变带到真实生活中。（F）坚信所从事的小组治疗是有价值的。相信小组过程对成员的正向意义并将其有力地传达给成员。（G）自我照顾与照顾他人达成平衡，平衡个人生活与工作尤为重要。过于专注于工作，将全部时间、精力都放在工作特别是不停地超时工作，都意味着对工作投注了期望，迟早会因为工作不能满足人生需求而对工作失去兴趣。个人这种内在变化无疑会对带领小组产生负面影响。（H）与人交往的经验。与人交往，特别是与不同人士交往的经验越多，理解小

小组工作者虽然旨在成为有效工作者，但必须认识到社会工作者并非完人，其不完美部分会在带领小组的过程中有所体现。虽然有效小组工作者的特点在某个工作者身上无法全部体现，但是动态地反省与学习正是促使其迈向该目标的必要手段。

组成员的能力越强。小组成员常来自与工作者不同的阶层，了解其生活是治疗的基础。工作者也应有大量的个体咨询经验，否则，无法应对在小组中不断浮现的成员个人问题。（I）知识基础坚实。相关主题的知识丰富和良好理解治疗理论对于有效的工作者必不可缺。丰富的知识有助于更好地把握讨论，治疗理论则有助于理解成员的行为意义和找到切合的干预方法。

2. 小组工作者的基本干预方法

小组工作者需运用技巧促使成员转变。虽然不同背景工作者的技巧有所不同，但是有些技巧和方法是被普遍使用的。一是对话技巧，如无条件正向关怀、尊重、同理心、真诚、积极倾听。二是领导方法，如引导互动、深化讨论、支持与鼓励、对质、协同领导。这些非常微观的实务技巧以治疗理论为基础，不易理解且需大量培训学习。由于对话是个案工作的内容（参见本书第六章），这里只介绍领导技巧。

引导互动。引导互动是工作者最基本的技巧，因为成员间有意义的互动是有效小组的核心。引导是保护成员免受不良互动模式的伤害，放心尝试新的行为模式，进入有治疗作用的深层互动的过程。引导涉及连结成员沟通中的相似部分，使成员互动；引导涉及阻止某些成员不良沟通行为（如人身攻击）；引导还包括设限，坚定、直接地告诉成员要做什么、怎么做、在多少时间内完成。引导互动对小组开始阶段非常重要，因为成员不了解自己在小组中该如何行动。最初的引导可能需运用多种方法（如设计座椅位置）促进互动，随着成员适应小组过程，工作者可弱化这些工作而更注重沟通内容和性质的有效性。

深化讨论。摘要、分类化和重新架构是深化讨论的三个基本技巧。摘要指在适当时候回顾成员讨论过的核心内容。通常在小组每次聚会结束时做，以加深对讨论内容的理解；也可以在聚会中间做，以承上启下；还可以在聚会开始阶段做，以增进每次聚会的连续性。分类化是将不同成员的问题放在一起分类，找到小组共同议题，发现可处理的治疗性问题。其基本思想是在成员表面上彼此不同的问题中，潜藏着许多类似的深层问题（如控制愤怒）。重新架构是帮助成员换个角度看自己的问题，为新的解决方法铺平道路。

支持与鼓励。鼓励成员表达感受和想法并让其知道其想法被了解，在适当时机提供帮助，从而让成员知道工作者始终在自己身后，这些都可以有力地减轻成员的自我防御而进入有效改变的过程。

对质。指出成员自相矛盾的言行和对改变的抗拒是其常见形式。有效工作者常利用对质去推动成员改变。由于新手害怕引起冲突、认为这不符合专业形象或不恰当地看重成员的拥戴，他们常怯于对质。当然，这个技巧要用在合适的时机，否则会适得其反。

协同领导。协同领导就是两人一起带领小组。其好处是互相弥补和分担，当一个工作者处理一个成员走出去的情况时，还有另一个工作者照顾其他成员。如果一个工作者是新手，有经验的工作者陪伴会有极大好处。两个工作者还可以提供行为示范。当然，协同领导也面临问题，所以要花时间协调，在小组聚会前后进行必不可少的讨论。另外，两个人要有清楚的沟通，在角色分担上有共识。

3. 专业培训

成为有效领导者是小组工作者的理想。具备相应的知识、技巧和能力是必要的，但是工作者的个性和人格对成员改变的意义更深远。不断了解和改善、做专业准备和建立专业自我是成为有效小组工作者的基础。

知识基础。黄丽华（2003）结合专业标准和实务经验概括出小组工作的基本知识结构（表7-1），体现为相关学科、社会工作、小组工作和特殊主题四个层面。具备这个结构并不一定

是否可以将前述的社会科学理论、小团体理论及相关理论与这些基本干预方法联系起来？

这些基本干预方法是否能与个案工作的工作技巧及第九章谈及的某些技巧整合在一起？

保证有效的小组带领，还需工作者不断钻研，发展自己的模式并跟上时代发展。

表 7-1　通用的小组工作者的知识结构

相关学科	社会学、心理学、经济学、政治学、精神病学、人类学、咨询学、法律、教育学、语言学、生态学、生物学、医学、统计学、哲学和宗教
社会工作	社会工作、小组、个案、社区、社会福利与政策、人类成长与环境、家庭、社会问题、社会工作伦理、社会工作研究
小组工作	小组动力学、小组结构、小组类型、小组阶段、小组领袖与领导、不同的小组理论取向、小组干预技术、小组研究与评估
特殊主题	家庭暴力、移民、老年、青少年问题、妇女问题、人际问题、精神健康、犯罪与矫治、成瘾行为、艾滋病与同性恋

注：引自黄丽华：《小组工作》，华东理工大学出版社，2003 年，第 220 页（有删改）。

实务伦理。实务伦理是由专业组织制定的、对社会工作核心价值观的操作性陈述，对业内人士的专业行为有管理、约束和制裁的作用。其内容很多很细，这里只介绍工作者与成员的关系和保密问题（黄丽华，2003）。（A）强调成员自决、成员知情、单一关系是界定工作者与成员关系的核心。成员自决就是尊重成员选择小组的权利，工作者有责任帮助成员了解可能的资源和选择及其后果，保护成员在小组内有自由决定权。成员知情权是指告知其有关小组和工作者的基本信息，如小组性质、目的、权利、风险、费用、资源、工作者的教育背景。专业界限强调不能与成员建立工作外关系，核心是禁止工作者利用小组成员满足个人经济、政治或其他的需要。（B）保密是另一伦理核心，而且是最易出问题的部分。保密包括服务过程中获得的信息只有在成员知情同意后才可披露，社会工作者还要遵循披露最小化原则，要让成员知道保密的本质和例外，明确相应的权利和义务，并签署协议，同时告知工作者不能担保所有成员都信守协议。

实务训练。系统培训包含课堂教育，还要有实务培训。课

社会工作者应该德才兼备。"德"包含个人的私德和专业伦理两部分，社会工作者不但要把握其内涵，而且要身体力行。"才"涉及知识和能力，不断地自我强化是社会工作者"才"力提高的必要手段。

堂教育就是参照国际标准设计符合本土情境的课程体系,实务培训则强调有系统的实践与实习课程。实务训练需要关注实用的培训方法。工作者可以从自己带小组所犯的错误中学习而不必过于自责。小组工作者的成长途径有:先领导教育小组,并将成员限制在4—5人;感到胜任后再增加小组成员人数,或试着领导一个自己很熟悉主题的成长小组;当感到比较自如后,再和别人共同领导一些咨询或治疗性小组,然后再开始独立领导这类小组。

把握和领悟小组工作的含义、分类及其演变是掌握小组工作的前提。小组工作需要依托相关的社会科学理论、小团体理论和小组治疗性元素。在不同阶段中,计划阶段和开始阶段任务的完成对小组成功有深远影响,中间阶段和结束阶段则更有赖于小组工作者的专业能力。当然,做有效小组工作者需要大量的学习与实务训练。其中,理解自我、接纳自我、追求自我完善是一个基本主题。

本 章 小 结

1.小组工作是指一类在小组情境中助人或完成任务的广泛的专业实践。由有专业能力的工作者利用小组理论和过程去协助由互相依赖的个体组成的小组,达到个人的、人际的或与任务有关的目标。

2.教育小组通常由专家帮助成员学习新的知识与技巧,多采取结构式的小组过程,重点是成员学习知识和技巧,成员的自我揭露程度不高,小组讨论主要用来促进学习。

3.成长取向小组在于提供让成员了解、增加与改变他们对自己及他人的思想、感觉与行为的机会;其焦点在促进个人的正常发展,但并不处理情绪和行为的问题。重点在成员探索和发展个人目标,并更好地理解自己与他人,成员的自我揭露程度较高,创设分享和倾听的氛围，工作者有时会挑选不同背景但利于增加彼此经验的成员组成小组。

4. 支持小组是由有相同问题或经验的人组成。成员交流思想与感受，彼此协助解决问题。重点在分享经验、相关知识与技巧，尝试新的因应策略，处理负面情绪；工作者鼓励参与者交流体验，通过协助成员表达、阻止不良沟通行为，促进交流；成员高度自我揭露特别是情绪方面；小组过程涉及成员分享经验、相互作同理反应、简要述说发生的事、畅谈感受、仔细思考该如何面对问题、运用确认（肯定）正常化成员的经验来处理他们疏离、耻辱与孤独的情绪。

5. 心理治疗小组侧重于协助成员改变问题行为或生理、心理、社会创伤后的治疗。其特点有：工作者被视为专家、权威人物，与成员一起诊断问题、发展治疗目标；工作者通常在一个时间只着重于一个成员问题的处理；成员自我揭露程度通常是高的；在小组初期需要有周详的、针对特定成员的特定介入计划。

6. 任务小组包括委员会、社会行动小组及病人自治小组，其目的是要完成管理机构分派的特定目标或工作。其特点在于：目标是完成任务，工作者的功能在于使小组成员集中注意力于完成任务上，成员的自我揭露程度低。

7. 小组工作发展可分为孕育期、进入专业化时期和专业发展时期。

8. 为了引发案主改变，小组工作者需要科学地分析小组，用改变机制和治疗因素引导和影响小组运作。系统理论、心理分析理论、学习理论、场理论和社会交换理论是理解小组现象的重要社会科学理论；小团体理论也是其理论基础，沟通与互动、团体凝聚力、小组控制力和小组文化是团体或小组的重要特性。

9. 小组治疗因素包括植入希望、一般化、告知信息、利他、重整对家庭关系的理解、模仿学习、自我觉察、团体凝聚力、情绪净化、存在感等因素。

10. 小组工作可划分为计划阶段、开始阶段、中间阶段和结束阶段。

11. 计划阶段需要完成确立小组目的、评估赞助机构、招募成员、组织小组、见面会、订定契约、准备小组进行所需的设备、确定经费安排和准备小组的书面计划等任务。

12. 开始阶段包括小组最初的几次活动，需处理的内容包括介绍成员、澄清小组的目的和内容、讨论保密的原则、引导小组发展、建立契约等。第一次会面尤为重要。

13. 中间阶段的工作就是工作者协助成员达成小组目的，工作者要准备小组聚会，为小组过程提供结构，使成员参与并增强能力，协助成员达成目标，处理非自愿与抗拒行为，监督和评估小组的进行。

14. 结束阶段要设计内容帮助成员面对真实情境，透过各种方式演练帮助成员有所准备。让成员讨论对小组结束的感受并为未来做计划极其必要。

15. 评估旨在证明小组工作的成效和价值，指引实务工作和研究治疗性元素；有成效评估和过程评估两种。

16. 有效小组工作者的特点有：勇气、诚实、勇于改变、同理反应、行动取向、坚信从事的小组治疗有价值、平衡自我照顾与照顾他人、有与人交往的经验、知识基础坚实等。

17. 基本对话技巧和基本领导方法是小组工作的重要技术。

18. 小组工作的基本领导方法包括引导互动、深化讨论、支持与鼓励、对质、协同领导等技术。

19. 强调成员自决、成员知情、单一关系、保密是小组实务的重要伦理。

20. 系统培训不仅包含课堂教育，而且包括足够的实务培训。

思考题

1. 什么是小组工作？其要素有哪些？它与小组心理治疗有何

区别？

2. 教育小组、成长取向小组、支持小组、心理治疗小组、任务小组的基本特征有哪些？

3. 小团体理论的主要观点有哪些？

4. 小组工作中有治疗作用的因素有哪些？

5. 小组工作的计划阶段的任务有哪些？

6. 小组工作的开始阶段的任务有哪些？

7. 小组工作的中间阶段的任务有哪些？

8. 小组工作的结束阶段的任务有哪些？

9. 设计并组织一次班级活动，在活动结束后对设计、宣传、开场、中间、结束诸环节进行总结，并与同学交流你的感想。

10. 有效小组工作者的特点有哪些？

11. 小组工作的基本领导方法有哪些？

12. 小组工作中应注重哪些实务伦理？

推荐阅读

刘梦（2003），《小组工作》，北京：高等教育出版社。

刘梦、陈丽云（2002），"赋权观念在妇女小组中的运用——小组的理念、设计和本土化探讨"，载《中国社会工作研究》第 1 期，第 27—32 页。

杨家正、陈高凌、廖卢慧贞（1998），《小组工作实践：个案汇篇》，香港：香港社会工作人员协会有限公司。

Jacobs, E; Masson, R; & Harvill, R. 著，洪炜等译（2000），《小组咨询的策略与方法》，北京：中国轻工业出版社。

Toseland, R.& Rivas R. 著，许临高、莫藜藜译（2000），《小组工作实务》，台北：台北双叶书廊有限公司。

Shulman, L. (1992). *The Skills of Helping Individuals and Groups* (3rd ed). Itasca: F. E. Peacock.

第八章

社区工作

◆

通过本章学习，了解社区工作的定义和要素，把握其价值观和行为原则，理解代表性的策略模式，领悟地区发展、社会策划、社区照顾和社区教育等常用模式的主要特性，并对组合模型的必要性有一定认识。与此同时，通过本章学习，掌握社区工作的探索和准备、计划执行、撤离评估和反思等阶段的基本特性、主要任务和工作技术。总而言之，通过本章学习，应该对社区工作的基本架构、价值观、策略模式和过程模式有一定把握。

社区工作（community work）以独特的价值观和行为守则为基础，由特定对象、手法、目标等要素组成。社区工作有许多模式，这些模式可归入策略模式和过程模式两大类。

第一节　定义和要素

社区工作以社区为载体。社区一词最早由德国人腾尼斯提出，在他看来，社区是有共同价值观的同质人口组成的关系亲密、富有人情味的社会关系和社会团体；人们加入该团体并非是有目的选择的结果，而是在社会生活中自然形成。全美社会工作者协会编撰的《社会工作百科全书》认为，社区有两个角度（Martinez-Brawley，1995：539）：一是结构视角，根据空间、要素和作为国家实体的政治身份，社区是个人与国家间的中介结构，常被看为政治实体，并被组成省、市、镇和邻里；二是社会心理视角，强调意义、身份、联系和归属感等。华人学者李增禄（1999：174）认为，社区有几类：一是地理的、结构的、空间的和有形的社区，指生活在特定地区的一群人或这些人所在的地区，如城市；二是心理的、过程的、互动的和无形的社区，指共同利益、共同命运、共同愿望、共同背景、共同职业的人群，如老人；三是社会的、组织的、行动的和发展的社区，指基层自治自决的行动单位或称地方性社区，如集体行动者。社区归属感（即社区意识）是其核心特征。

社区其实是一个整合概念。首先，社区有地域社区和功能社区两种，前者是一定区域内共同生活的有组织的人群（如农村），后者是由共同目标和共同利害关系的人组成的社会团体（如学生）。当然，某些社区兼具功能和地理特性（如科学园区）。其次，社区又体现为外在结构和内在意识的整合体，前者表现为由规模、大小等硬性要素组成的结构，后者则体现为意义、身份、联系和归属感等软性元素。因此，社区是上述两个维度的统一体，其要素包括：一定规模人群、一定联系方式、独特文化和生活方式、相似经历、认同感和归属感。非国家和非市场是其重要特征。

在日常工作中，社区的概念常常被用于说明地理社区，功能社区很少被视为社区。其实，社区工作的许多方法、模式也同样适用于功能社区。社区的软性因素常常成为社会工作的工作载体。

1. 定义

社区工作是一个缤纷复杂的概念。英国的鲍多克（Baldock, 1974:18）认为，社区工作是受薪工作人员从事的工作，以协助居民认识所面对的问题与机会，由居民共同作出实际决定，采取集体行动解决问题。居民在决定付诸行动时，社区工作者也予以支持，以培养居民能力和自我独立。《（国际）社会工作百科全书》认为（1995:555），社区发展是指对具有共同地域、共同文化和哲学共性、或主要的社会经济联系的人群所共同关心的议题采取有计划的行动，以增长、成熟和强化组织，提高人们的生活，改善体现成员身份的社会网络、新知识、经济的有效结构和功能。香港社会福利署（1991）认为，社区发展的整体目标是促进社会关系，在社区内培养自我依赖、社会责任和社会凝聚的精神，并鼓励民众参与解决社区问题和改善社区生活的过程。《中国社会工作百科全书》（1994:452）认为，社区工作是以一定的社区居民为对象，帮助社区居民认识社区存在的社会问题，动员调配社区资源，解决社区的社会问题，以改善社区成员的生活质量。可见，基于不同视角可提炼相应的社区工作定义。

本书认为，社区工作是以社区及其成员整体为对象的社会工作介入手法；它通过组织成员有计划参与集体行动，解决社区问题、满足社区需要；在参与过程中，让成员形成社区归属感，培养自助、互助和自决的精神，加强其社区参与及影响决策的能力和意识，发挥其潜能，最终实现更公平、民主以及和谐的社会。

2. 要素

社区工作的服务对象是社区的部分或整体。与个案工作针对个人或家庭、小组或团体工作针对群体不同，社区工作以社区的部分或整体为对象，地理社区和功能社区都可成为其对象。针对前者，可有地区发展等类型；针对后者，可有青少年社会工作等视角。社区又包含外在结构和内在意识，因此，硬性要素（如社区地理）和软性元素（如归属感）都可成为社区工作的切入口。

罗夫曼和托马斯的两分法并无本质差异，两个目标其实可以融合在一起，在解决具体问题和分配资源的过程中，也可以促进能力和发展市民。

社区工作有多层目标。罗夫曼（Rothman, 1964）认为，其任务目标（task objective）在于解决特定社会问题，过程目标（process objective）在于促进社区人士能力，包括建立不同群体的合作关系，发掘和培养社区领袖参与社区事务，加强对公民事务的了解，以及增强解决问题的能力、信心和技巧等。托马斯（Thomas, 1983）认为，社区工作的目标之一是分配资源，即组织成员就日常切身事情，争取合理而平均的资源调配；目标之二是发展市民，即促进公民权的发展和促进社会发展，前者包括培养基层市民的政治责任感，后者指培养其社区凝聚力，增加其相互交往及社区归属感。本书认为，社区工作的目标之一是帮助服务对象，上述所有显性和隐性内容都归入其中；目标之二是强化服务机构和社会工作者自身。具体项目则可实现一个或多个目标。

社区工作的对象比个案工作和小组工作大得多，当大量不同个体面临相同问题或需要时，从环境或结构视角寻找原因，显然是比较合理的。

社区工作手法至少有三个特性。由于对象规模超过个案工作和小组工作，社区工作主要依托功能论、冲突论等宏观基础理论及社区分析、机构分析、策划等宏观实务理论，从而采用不同的手法。（A）采用结构导向。许多成员同时面临某些问题，其根源应该在于社会环境，因此，社区工作就不能仅要求个人改变，而应改善其所处环境,从而政府、社区均有责任协助处理和解决问题。(B)发动成员有组织地集体参与。社区成员最了解自身的问题和需要,有责任对自己的事情负责,是社区工作的重要资源,也会在参与中获得成长。社区工作秉承助人自助的原则,鼓励社区成员一起参与。由于成员规模较大,进行组织就极其必要,要依靠集体力量达成目标。(C)运用社区资源。社区工作不仅要发挥工作者能力和激发社区成员潜能,也要开发利用社区内外的正式和非正式资源。

社区工作还涉及工作主体、价值和伦理等要素,由于社区工作的存在主要在于其方法特性,本书对主体特性就不作说明,价值和伦理则在第二节中有专门说明。

第二节 价值观和行为守则

社区工作既要遵循社会工作的价值观和行为守则,也应根据自身特性恪守相应的价值观和原则。

1. 价值观

社区工作的价值观是理论和实务工作者探讨的热门议题。罗斯(Ross,1967)认为,社区工作的价值观包括:社区人士能发挥处理社区问题的能力;人们希望改变也能改变;社区民众应参与社区中所发生的事情;社区自发改变有其意义和持久性;以全盘方式能成功地解决问题,以片断方式则不然;民主制度需合作参与,社区民众需学习合作参与的技术;社区民众要协助进行组织以解决社区问题。胡文龙、林香生(1994:45)则感到,社区工作的价值观表现在人有尊严和价值、追求正义、制度取向、民主、群众参与、互助和社区关怀以及社区责任感等方面。

本部分是整合社会工作价值伦理与社区工作价值的结果，可以进一步参见第三章的相关内容。

社区工作的价值观是社会工作价值观和社区工作方法的整合结果，体现在对"人""与他人的关系""社会"和"工作手法"等方面的看法上。（A）关于"人"，社区工作认为，人都有尊严和价值，人都有发展潜力，人都希望改变也能改变，社区成员能发挥出处理社区问题的能力。（B）关于"与他人的关系"，社区工作认为，人除对自己负责外也要想到其他人；人人需要归属，需要互助成群；人具有社区责任感，会鼓励并协助他人自我实现；社区成员会互相关怀和互相照顾。（C）关于"社会"，社区工作认为，个人与社会相互依赖；社会必须提供公平机会，让每个人发挥潜能，通过参与来尽社会责任，充实精神和物质生活；社会应提供资源和服务以满足个人需求；社会应尽力为成员提供最大福利。（D）关于"工作手法"，社区工作认为，制度取向解决问题更具效率；社区自发改变更有意义和持久性；社区民众应合作参与社区事件；社区民众需要协助进行组织；借助他人的专业知识和技能，利于每个人都能行使自己意愿的目标，推动个人和社会的进步；以综合方式能成功解决问题，而以片断方式则不然。

社区工作价值观时有冲突，其价值困境体现在五个方面。（A）成员参与中个人主义与社区精神的冲突；实务工作者是让个别成员自主地积极参与还是投入精力激励成员集体参与？（B）双方互动中，有可能存在社区成员的民主参与和实务工作者的强势领导之间的不和谐。（C）工作手法中，可能出现自助发展和依靠外援何者为主的困境。（D）实务工作者是按照资助者或官僚的思路工作，还是针对社区成员的需要应用专业技能并保持实务的自主性？（E）社区发展可能与国家发展产生矛盾，是注重部分利益还是保护整体利益？

社区工作需要实务工作者领悟社会工作和社区工作的价值观，在具体场景中采用恰当手法应对价值困境。

2. 行为守则

社区工作的行为守则是价值观的操作化。对于行为守则，社会工作界的讨论异常热烈。联合国（1955）提出了社区发展十条原则，罗斯（Ross,1967）和甘炳光（1994）也分别指明了社区工作的原则。本书认为，社区工作的行为原则体现在以下几个方面。

注重以人为中心的发展目标。要认识到人的发展比物质发展更重要，社区发展应以社区的共同需要和根本需要为主，社区服务方案应包括含有情感内容的活动。

根据具体情况策划工作步骤。要有完整的、多方面的多种专门性计划；建立多目标的计划，促使社区各方面配合行动，以利全面和均衡地进行发展。

强调成员的自助参与。社区成员最清楚社区的问题和需要，自助参与会使他们感受到自己的价值和能力，而他们应该对社区承担责任。因此，要组织社区成员，将社区事务交他们承担。社区各种计划的拟定和执行均有社区成员参加；注重发掘、运用和训练各利益团体都能接纳的社区领导人才。

充分开展组织工作。充分考虑社会组织的不可或缺性；组织居民采取共同行动；动员社区内部资源以实现社区自助，争取外援但又不完全依赖外援。

注重社区参与的广泛性及包容性，让不同阶层和团体的人士都有机会参与社区事务。

注重协调发展。要有普遍接受的目标与工作方法，工作步调应与社区发展水平协调一致，社区组织内部和社区组织与社区之间应进行主动有效的沟通，社区发展应与地方计划和国家计划协调，社区的物质与精神、经济与社会应协调发展。

尊重社区自决。不可强迫社区成员接受工作者的意见，而由成员选择和决定改变的方式和行动。工作者在此过程中协助他

行为守则中好几条与"人"有关，既然与"人"打交道，社区工作自然既是科学又是艺术。

们界定需要，指出解决问题的手法，一起讨论和交换意见。

采取民主和理性的行动方式。在制定目标和策划行动时，不受利益集团控制，社区成员参与决策，并依据一些共同制定的规则运营；悉心培养他们的民主和理性的精神，实践民主作风和处事态度，拥有民主的组织方式和治理原则。

注意预防性工作。对社区的局势和发展有科学判断，努力在事件发生前就做好预防工作，以减少工作成本。

在推行实务过程中，社区工作者必须在领悟社区工作价值观和把握其行为原则的基础上，充分根据不同社区的具体情况和时代特点，发挥多元角色，体现实践智慧，努力保证社区工作的成功。

第三节　策略模式

社区工作模式是实务的总结。社区工作的模式众多，这些模式可归入策略模式（strategy model）和过程模式（process model）两大范畴，前者是技巧的组合，后者是不同阶段的技术。随着社区工作的发展，策略模式越来越多，其中，地区发展、社会策划、社区照顾和社区教育等较适合在中国应用。

1. 代表性的策略模式

社区工作中较有代表性的策略模式有班顿（Battern）的二分法、罗夫曼（Rothman）的三分法、泰勒和罗伯茨（Talor & Roberts）的五分法以及威尔和甘布（Weil & Gamble）的八分法。

（1）班顿的二分法

班顿（1967）将社区工作分为直接干预法（direct approach）和非直接干预法（non-direct approach）。直接干预法假设：机构及工作人员对服务对象的问题和需要有充分了解，其程度甚至超过服务对象自己；而由机构及工作人员提出的工作方案应该是最有效率的。该模式认为，社区工作的目标和手法都由机构及工作人员决定，社会工作者是导演，参与者则是演员；机构的目标和工作信念是社区工作的指南，工作方向、原则、手法都不能与机构的整体目标相违背；机构与工作人员是雇主和雇员的关系，雇员不能抗拒雇主的要求。

其他二分法有罗斯（1958）的目标为本法和过程为本法、格劳瑟（1967）的共意法和冲突法以及斯帕格（1969）的社会稳定为本法与社会变迁为本法等。

非直接干预法假设：社区成员对问题和需要有充分了解，由他们决定问题的轻重缓急和次序最合适；成员对急需解决的问题有强烈的参与意愿，更积极地投入社区工作，成效也最显著；成员对社区的事情有自决权。该模式认为，在机构工作人员协助下，社区成员认识和发掘自己的问题和需要，决定事情缓急，寻求资源和支持，商讨解决问题的方法；行动的意愿、目标、对策等完全由他们提出和推行，机构工作人员只负责协助提供资料、联络有关团体、协助分析问题、提出解决问题方案等工作。

根据该模式特性，直接干预法发现问题和解决问题较快，效率较高，但不够民主，较适用于对象较无知、社会经验单纯、对社区事务淡漠、毫无组织观念的人士。间接干预法中机构工作人员的角色较被动，当居民要求与机构目标不一致甚至矛盾时，工作人员存在角色两难。该模式的民主程度较高，但需花费较多精力进行讨论和协调，因而效率不高。其实，上述二分法比较极端，现实工作的手法往往处于上述两种模式的某种中间状况。

（2）罗夫曼的三分法

罗夫曼的社区工作三分法于1967年提出，于1987年和1995年进行了完善。根据对服务对象及其问题界定（社区当事人系统或拥护者的界定、社区结构和问题情况、社区不同部分的利益）、行动目标、策略（对公共利益的概念、求变策略和技术、求变载体、权力机构的取向）和角色四方面指标，罗夫曼将社区工作分为地区发展（locality development）、社会策划（social planning）和社会行动（social action）三个模式。其中的地区发

其余三分法有 Gulbenkian Foundation（1968）的社会发展、服务协调和社区策划，以及罗斯（1955）的社区发展、社区组织和社区关系。美国似乎偏好提出一些实务模型，英国好像更擅长提出一些福利思想。

展和社会策划将在下文有专门说明。

（3）泰勒和罗伯茨的五分法

泰勒和罗伯茨根据资助者和当事人的策略、决策影响度等因素，认为社区工作可归入五种类型。

项目开发和服务协调（program development and service coordination）。完全由资助者决策，关注地理或功能社区服务的公私机构或机构联盟的决策执行过程。机构可能根据社区需要采用社会计划，其重点在于实际操作过程。社区工作者的服务对象是服务机构、资助机构，其任务是发现资源及利益机制，从事中介和社区联络工作，促进成员成长。如老人福利项目的实施。

策划（planning）。主要由资助者决策，强调理性决策在国家、社区等层面的运用。计划者依托正式结构和管理组织运营，利用理性程序和分析技术进行综合活动，以达成一个计划或预测将来，并细化和执行具体项目。民众作为消费者及社区知情者，在决策中发挥一定作用。如纳凉晚会的组织。

社区联络（community liaison）。资助者和当事人各有一半决策权，社区工作者的工作对象是服务机构和专业人员。行政人员除了内部行政工作外，还承担社区关系、支持活动、环境探测和机构联系等社区层面工作，其目的在于促进机构间联系，确保机构提供有效服务，发掘社区资源从而获得社区支持，为机构建立良好形象。直接工作者则进行倡导、需求评估、项目开发，两类人员共同干预社会环境和人际互动。如社区教育的开展。

社区发展（community development）。主要由当事人决策。社区工作者鼓励居民参与和社会介入，培育当地领袖，组建有利于社会经济环境改善的机构，力求借助自助、互助、社区研究和具体项目，使个人、群体、邻里和社区由"无能"转为"有能"。如灾后重建工作。

政治行动（political action）。完全由当事人决策，强调成员参与和介入，认为达成目标必须利用权力。社区工作者是教师、资源开发者，他们对资助机构和当事人的影响都较小。本模式可

这些模式的名称都根据指标特性而予以提炼。此法比我国内地某些模式动辄以地名命名要合理，因为"×地模式"并不能简明扼要地体现其内涵特性。

促使成员成长,利用合作技术提高居民和组织的士气,通过发展新服务和建立新决策机构来解决问题,借助负责任的服务进行功能转换,形成社区层面的不同利益组织以实现权力转换。如学生组织的竞选。

（4）威尔和甘布的八分法

威尔和甘布按照预期目标、目标系统或改变系统、主要对象、关注范围、社会工作角色等维度,将社区工作实务分为八种模式。

邻里和社区的组织（neighborhood and community organizing）。本模式旨在提高成员组织能力,改变城市规划和外部发展的影响,同时注重任务目标和过程目标。本模式以社区居民、外部开发者等为改变的目标系统,依托农村或邻里的居民,提高地理社区居民的生活质量。社区工作者是组织者、教师、教练和催化者。如外来人口教育。

组织功能社区（organizing functional communities）。本模式为达到公正而采取某些行动,倡导成员改变行为和态度,也可以提供服务。本模式依托社区、地区等层面有共识的群体,以大众及相关机构为工作对象,针对特殊问题或群体进行倡导。社区工作者是组织者、倡导者、联络者和催化者。如残疾人服务。

社区的社会经济发展（community social and economic development）。本模式为基层制订发展计划,帮助居民利用社会经济投资,提高生活质量和增加机会。本模式依托银行、基金会、外来开发者和社区居民,以低收入者、边缘人为改变对象,帮助他们增加收入和资源以及社会支持等方面的发展,改善基础教育和领导技术。社区工作者是谈判者、倡议者、教师、计划人员和管理者。如老城区开发。

社会计划（social planning）。本模式通过计划部门提出理性的社会服务、社会计划和服务整合计划,依托社区领袖和服务机构负责人,以社会机构、当选人士或合作机构为目标系统,注重社会需求和地区公共规划的整合,协调服务网络。社区工作者是

模式虽然众多,其核心还是划分模式的指标架构。

研究人员、计划书撰写者、联络者和管理者。如就业促进。

项目开发和社区联络（program development and community liaison）。本模式旨在扩充或重新调整机构项目，以提高社区服务效率和组织新服务。本模式依托服务机构董事局、行政人员或社区代表，以资助者和受益者为工作对象，针对特殊群体进行服务开发。社区工作者是发言人、计划者、管理者和计划书撰写者。如社区教育工作。

政治和社会行动（political and social action）。本模式旨在对政策和政策制定者有所触动，以利于社会公正，依托特殊人口，以合格选民、当选人员、潜在参与者为工作对象，以获取某种权益或机构改变。社区工作者是倡导者、组织者、研究者和候选人。如抵制学校乱收费。

联盟（coalitions）。建立多机构的权力基础，以足以影响项目方向并获取资源。本模式依托在特定问题中的重要机构，以当选人员、基金或相关机构为工作对象，以满足特殊社会需要。社区工作者是中介者、谈判者和发言人。如社区青少年保护。

社会运动（social movements）。提出针对特殊群体或问题的新规则，以采取追求社会公正的行动。本模式依托能够开拓新景象的机构或领导者，以大众及相关机制为工作对象，努力倡导社会内部的公正。社区工作者是倡导者和催化者。如争取外来人员的同工同酬。

无论是二分法、三分法、五分法还是八分法，都是对社区工作的提炼，其中有些模式在中国可广泛应用。

2. 地区发展

地区发展是罗夫曼（Rothman，1968，1987，1995）提出的社区工作三种模式之一。地区发展就是发动社区内不同人士和团体广泛参与，通过参与过程，使他们达到自助和互助的目标，改善社区关系，增加社区归属感。

本模式是由多要素组成的系统。本模式以传统和静态的地理社区为对象。其中，居民参与社区事务的责任不足，社区内部缺乏互动和沟通，民主解决问题的能力也不足。但是，不同部分存在共同利益或可调和利益。本模式旨在解决问题和满足需要，促使居民自助，加强沟通合作、社区参与度和社区归属感，促进社区整合。本模式以权力机构为合作者，借助任务导向小组进行相互沟通、群体讨论，从而形成共识。社会工作者是协调者、老师以及社区领袖的开发培养者，居民是服务对象和活动的积极参与者。

灾后自救就可采用地区发展模式，对象是整个受灾区域。受灾后，不少居民流离失所，家破人亡，对灾情和态势又缺乏了解。同时，基层组织也遭到破坏。因此，生活保障是共同利益。社区工作者可在灾民中招募基层干部、党团员等组成若干工作小组，分担不同功能，发动集体智慧，就食物、住宿、卫生、安全等进行切磋，并达成共识。再推动这些小组与灾民沟通和讨论，发动更多人士参与，并联络外部资源，逐步度过困境，促使生活基本恢复。

地区发展的运用有一定效果，但也应注意一些问题。本模式只能涉及较小的问题，对由体制导致的问题无能为力；强调依靠内部资源和居民参与，但这并不能彻底解决问题；假设不同团体存在共同利益，但是这些利益在工作中会发生变化。因此，社区工作者只有根据具体情况，灵活应变，才可能真正取得成效。

3. 社会策划

社会策划是诸多工作模式的共同组成部分（Rothman，1968，1987，1995；Taylor & Roberts，1985；Weil，1999）。社会策划就是针对具体社会问题，根据相关信息制订工作项目，并将社会目标转化为实务手段的过程。

理性综合计划、分步计划、互动计划、倡导计划、激进计划等都是规划的不同形式。进行社会策划，最好能了解不同规划的具体特性，对影响因素有充分把握。

本模式以整体或部分地理和功能社区为对象，该社区存在着实际社会问题，各方利益或可调和或有冲突。本模式认为，专家和策划者的信息最丰富，策划者能根据所搜集的事实和各类组织的利益，进行理性决策，解决问题是其工作目标。策划者需要搜集资料，进行决策并执行项目。社区工作者是资料搜集者、分析员、项目执行者和催化者，社区成员是服务的消费者和接受者。

就业促进就可采用社会策划模式。社区工作者可通过多种方式了解失业群体的形成原因、现状和市场需求的规模结构，制订有针对性的训练项目，提升失业者的技能，帮助他们客观判断就业形势，树立信心，改善求职技巧，加强其在劳动力市场的综合竞争力。

社会策划作为自上而下的工作模式可获得一定效果。然而，依赖过去和现在的资料制订的计划可能不完全适用于未来场景，理性计划因受利益团体的影响而很难价值中立。因此，社区工作者可以分步决策，以应对过程中的问题，保证计划目标的实现。

4. 社区照顾

社区照顾（community care）始于 20 世纪 50 年代的英国。社区照顾可体现为"在社区内照顾"（care in the community）、"被社区照顾"（care by the community）和"为社区照顾"（care for the community）三方面的含义，就是动员并连接正式和非正式的社区资源，协助社区内有需要者，让他们能与其他人一样居住在家里和生活在社区里，并得到适当照顾，以便社区成员之间休戚与共和相互扶持。

本模式的工作对象是弱势人士。本模式认为，个人自助、家庭支持、机构照顾、市场服务和政府介入都存在不足，社区照顾则有利于建立输送体系，满足差异化需要，提升居民自治能力和强化社区意识。本模式旨在使弱势人士能生活在社区内或被社区人士服务。为此，工作者可采用资源调动、社区联络、倡议、训练等宏观技巧和个案介入、网络服务等微观技术，并体现多元角色。工作对象基本上是服务消费者。

长期病患者的个案管理就可运用社区照顾方式。由于长期生病，患者情绪一般比较低落，家人也需外出谋生。工作者可以组织护理人员、病人及其家人共同对患者进行全面评价，发现其问题和需要，进行整合性工作。针对经济紧张，通过媒体宣传其困境，呼吁政府出台相关保障计划；针对疾病状况，由社区医生定期家访和治疗；针对个人生活，联络义工进行居家护理；针对情绪状况，可以制订专门计划进行个案辅导。

社区照顾作为新模式有不少优势，但也要社区工作者注重正式资源的建设，关注非正式资源的品质，兼顾政策和执行，并注意服务团队和服务手法的双重整合。

5. 社区教育

社区教育（community education）发源于欧洲。社区教育是有关机构或主体针对社区成员的需要和社区发展的需要，组织协调社区内外资源，采用灵活多样的方法传授相关内容，以达成工作目标的活动。

本模式相信个人有能力不断学习并改善自己的生活，对象是社区成员，目标在于塑造有知识和能力的社区成员，加强其对服务机构及内容的认可度，通过认清社区问题和满足社区需要促进社区发展。本模式可借助家庭式、课堂式、社区活动式三种手法，进行补偿教育、控制教育和解放教育（陈丽云，黄锦宾，1994）；前者弥补知识空白，中者教导行为规范的知识，后者激发个人潜能。社区工作者承担研究者、倡导者、组织者、联络者、策划者、教师等多种角色；社区居民则具有决策者、消费者等多重身份。

建设学习化社区就需要进行社区教育。学习化社区以社区成员为对象，相信他们需要自我实现，有能力通过学习不断完善自己。本模式通过激励各类机构参与，推动教育网络的建设，通

与社区照顾模式清晰地显示其以弱势人士为对象的特性不同，社区教育是一个"中性"名词，其工作领域要广泛许多。

过全员教育、全程教育、全方位教育，协助社区成员学习生活知识、内化行为规范、掌握职业技能和确立时代观念，帮助成员自觉学习、自主学习和终身学习。

6. 模式组合

在社区工作实践中，社会工作者的应用技巧或许并不能清晰地归于单个模式，某个模式的出现很大程度上出于其理论提炼的动机。

对于工作模式，不同学者虽见仁见智，但都认同，拟合单个模式旨在理论解析，因为实务工作手法常常是模糊的。

实务过程可能需要模式组合。罗夫曼认为，融而合之（mixing）和分期用之（phasing）是经常采用的策略。前者指在同一案例的某阶段或地点混合采用不同模式的策略技巧，例如，舒缓贫穷可采用地区发展和社会计划的技术。后者指不同时期采用不同模式去应对，例如，城市发展规划的开始阶段运用社会策划模式，执行可借用地区发展手法。因此，可形成单模、双模组合和三模组合等多种方式合成的模式体系。泰勒和罗伯茨也认为，社区工作模式划分是模糊的"液体"（liquid）状态。威尔和甘布也认同八个模式既独立又交叉。由于单个模式众多，模式组合可采用双模、多模等多种方式，因此，模式组合的类型数远多于单个模式。事实上，应用模式组合正是实务工作者从容应对社区问题和需要的前提。

社区工作模式来自实践又指导实践，并会不断变化。社区工作中，实务工作者应该在领悟诸多模式的基础上，充分考虑本土特色，进行外来与本土的整合，发挥社区工作者的专业智慧。

第四节　过程模式

过程模式即不同阶段采用的工作技术。大致而言，社区工作可分为探索和准备、计划执行、撤离/评估/反思三个阶段，每个阶段有独特的目的、工作方法和作用（甘炳光，1994，1997；李增禄，1999；莫邦豪，1994）。

1. 探索和准备

探索和准备旨在透过系统方法搜集和处理资料，安排工作进度和内容，以形成有效工作方案。本阶段需要了解社区背景、界定问题和需要、建立目标和标准、确定工作方案。

（1）了解社区一般背景

了解社区一般背景，旨在把握社区环境，了解人口信息，发现有影响的人士和团体，以宏观把握社区情势。社区环境分析是以社会规划和市政学的观点把握社区，了解地形、地质、土地等级、水资源和水利设施、动植物生长、土地使用、公共建设与公用设备、交通运输、市容和景观、社区位置和面积等信息。社区人口分析包括一般人口和特殊人口。前者指人口总数、质量、结构、分布、自然变动、迁移变动等，后者指贫穷人口、投票人口、社区单位、服务机构、权力分布等。人口分析有助于估计不同人士的问题和需要，及时联络他们参与，获得财政和人力支持。社区资源分析包括有形资源和无形资源。前者包括人力、物力、财力、组织等，对个人、组织和团体进行观察，分析其目标、信念、组成、资源、期望等信息。后者涉及历史、政治、参与感、责任感、荣誉感、伦理道德等。

（2）发现社区问题和需要

社区问题分析旨在了解成员贫困程度、青少年犯罪、环境污染等状况；描述现状，探索原因机制，筹划对策，并决定优先解决的次序。社区需要分析旨在发现社区成员的规范性需要、感受性需要、表达性需要和比较性需要（参见第一章相关内容），可克服潜在需求者不知如何获得福利、不知如何申请服务以及受限于规范性需要等问题，了解对方的需要缓急，从而对何者优先有初步把握。

认识社区和把握问题及需要的方法很多。社区工作者可采用街头漫步、文娱活动、家访、拜访社区领袖、居民大会、特定小组等技术，也可利用社区调查、行动研究、二手资料分析等手法，发现问题和需要的原因机制及其后果。

（3）建立目标及其标准

根据背景资料、问题和需要，可以决定行动主题。确定主题应该考虑下述因素：问题是否严重或需要是否急迫，涉及社区成员的多少及资源状况，社区工作者的价值取向及人手多少，工作对象改变的动机是否强大，成功可能性大小，是否会产生不良后果等。

工作目标可以是任务目标或过程目标，也可兼具两个目标。如果仅仅旨在解决某个问题或需要，可以组织社区成员就日常事情争取合理而平均的资源调配。如果希望增强社区成员能力和促进社区整体发展，就需要建立不同群体的合作关系，发掘和培养社区领袖参与社区事务，加强对公民事务的了解，增强他们解决问题的能力、信心和技巧等，从而培养其责任感和能力，提升社区凝聚力，增加居民间的交往及对社区的归属感。一般而言，过程目标的实现也会使某些任务目标得以完成。

制定不同层面的工作目标及其测量标准。社区工作应在一些大目标下制定次目标，而次目标必须具体、可测、有效，也可以采用多个指标用以测量目标达成情况。如，长远目标是提高社区生活质量，中期目标可以是改善交通、环境、社会服务，短期目标可以是增加巴士班次，增加清扫次数，增加老人宿舍等。显然，短期目标更加清晰可测。

（4）选择可行方案

工作方案的"可行"极其重要，最合适的也就是最好的。

达成一个目标可以有许多方案，采取不同的模式和技术，效果就会不同。社区工作者应该对不同目标的相关信息有充分把握。（A）了解服务机构的工作范围，把握本人的能力、限制和不同目标下的可行度，判断执行项目的可行性或需借助的社会资源。（B）判断不同利益团体在哪些方案中可形成整体利益，居民、政府、服务机构、其他机构、资助单位的根本利益在不同方案中的关系如何，哪些方案中可推动利益集团相互妥协。（C）具备必要的人事安排，拥有良好的沟通协调、公关宣传能力，经费和时间方面也具有可行性。

整合不同方案的安全性、实际性、可行性、具体性、机动性和整体性，确定最终方案书。安全性即保证参与者与过程至少实现底线安全；实际性即了解社区背景、问题和需要；可行性即有能力解决这个问题；具体性即计划细致确实；机动性即可适应预测不到的变化；整体性即计划流畅，不支离破碎或冲突。根据上述原则确定最终方案。计划书应包括社区背景、问题或需要及其原因分析、工作目标、相关理论、实务模式、工作内容、评估方法、经费和时间等相关部分。

2. 计划执行

社区工作的执行要求以社区成员为基本力量，策用组织资源，采用某种工作策略达成计划目标。

（1）联系群众和发动群众

联系群众和发动群众旨在建立信任关系，获得人力资源，帮助计划的推行。

联系群众即与社区成员初步接触。社区工作者要秉持热忱、认真、开放的态度，采用家访、调查、推动整个社区活动、咨询、宣传、介入社区事件、访问社区等形式，选择合适的对象、时间、话题接触社区成员。在交流中探索成员的感受，联络双方感情，鼓励其参与社区活动。介入社区事件是联系群众的重要技术，能真正改善人民生活，使社区成员觉得有能力改变处境因而值得参与。工作者应该注意以下几点：社区成员是否感到活动有成功机会，事件涉及面如何，成员感受是否深刻，时间上是否可行，是否符合社会工作价值观，等等。

发动群众包含组织义工队伍、发现社区领袖、发动成员参与三个部分。组织义工队伍是促进活动成功的重要手段。它可以增加人力资源，协助完成任务和发掘社区领袖。社区工作者可通过报名或邀请等手段组织义工队伍，义工组、兴趣班、宣传广告、电话联络、面谈等都是邀请的有效手段。在吸收义工后，社区工作者通过与义工建立良好的关系、帮助他们认识工作者和机构，以给予成长机会、不断鼓励等手段促进他们发展。

发掘和培训社区领袖旨在团结居民，提高行动效率。社区工作者可以在训练班、小组活动、提供服务、社区调查、社区活动等场合中，积极发现那些热爱他人、善于结交朋友、善于聆听他人意见、与他人关系良好、勤奋工作、乐于助人、表达能力强、勇于面对困难、擅长处理问题的社区领袖，并通过培训、活动参与、私下鼓励和督导等促使其不断提高。

动员居民参与是社区工作成功的根本保证。社区成员最了解自身的问题和需求，最了解社区的背景和资源，对社区也具有责任。发动居民参与，可以使活动获取支持，增强社区行动的实力，扩大教育活动的影响，也可以发现和集合人才，推动社区工作。对多数社区成员可采用宣传广告、媒体宣传、群众大会等手法，对熟识人士可通过电话、信件、家访等方法进行发动。组织者应该提供并告知活动内容，在分析社区情况时，要把握成员的参与热情和兴趣，让他们体会到参与活动对解决问题、满足需要、发展自我、优化社区的作用。动员参与应该尽可能地减低参与成本，选择合适的社区事件，弄清动员对象，控制适当人数，接纳各类合适人士。

（2）建立组织和联系组织

建立组织和联系组织有利于把握人、物、财等资源，解决社区问题，满足社区需要。

建立组织就是成立新机构。有了机构，组织自然会发挥相应的功能，而且使具体工作开展得理直气壮。组织的具体形式可视需要而定。如果社区规模较小，就可筹建全民性机构（如居民大会）；如果社区规模较大，就可成立代表性机构（如业主代表会议）。新成立的组织可以通过强化成员间的联系、巩固分工合作，

落实分工、细化目标、制订可行的操作细节、发布信息、发动各类成员、发挥组织功能、执行分步任务都是计划执行的工作内容。其中，在服务过程中动态地评估执行状况及其原因是计划顺利执行的重要保证。

加强内部建设，也可以借助影响社会资源的分配系统发挥对外功能，建立稳定的资源体系。

联系组织即与其他组织交往。可以借助出席会议、参加活动、定期探访、出版和邮寄相关材料等手法联络其他服务机构和非服务机构，形成资讯互通、资源协调、合作联盟等组织联系形式。尽早为上、利益均等、制定合约、形成目标和守则、刻意推动、双方投入是与其他机构交往中必须注意的原则。

（3）迈向计划目标

在完成准备后，社区工作可进入操作化阶段。提供服务、形成社会和舆论压力是达成目标的重要手段。

建立社会网络就是帮助社区成员利用非正式和正式的社会支持网络资源。社区成员除了利用个人网络外，还可将其网络与他人网络连接，维持士气和发现机会。向社区成员传送正式支持的信息和知识，会使他们首先充分利用现有资源去解决问题。

提供服务就是满足成员的某些需求。可以借助机构直接提供，也可以提供转介服务让社区成员获得其他机构的服务。其中，直接服务作为了解成员、吸引参与的重要方法，可以让成员、社区、权力机构等多方面予以接受，因而是最通用的方法。

社会和舆论压力是借助社区外资源解决社区问题或满足社区需要。如果问题涉及面广，影响大，又属于不同层面的机构乃至政府共同关注的焦点，而依靠社区自身力量又无法解决，利用社会和舆论压力就可达到良好的效果。

达成计划目标要求社区工作者以方案计划为依托，根据工作进程中的实际情况，展示实践智慧，动态评价计划执行情况，进行目标—实践模式—效果的动态修订。

3. 撤离、评估和反思

工作接近尾声时，社区工作者应该准备撤离现场，评估工作成效，并反思工作过程。

（1）撤离

撤离现场前后，工作者须完成有关重要工作，并接受对象或合作者的反馈。重要工作有：处理分离情绪，安排未完事宜，彼此回馈，讨论未来工作，举行结束仪式等。接受回馈的内容则包括强化参与者的良性观念和行为、处理未完事宜、鼓励成员表达情绪并予以处理、鼓励成员表达未来的行动计划、提供咨询和中介及处理工作者自己的情绪等。

何时撤离对社区工作者而言极其重要。时间表已近尾声和工作者离职是撤离的信号。工作者撤离可能会有不良影响，如何继续发挥原有功能？社区领袖和居民有何反应？为了使工作者撤离所造成的影响最小化，撤离前应有所准备。工作开始时就让成员了解时间进度；撤退必须按部就班，逐步撤离；要协助成员组织成为合法组织；如有需要，可以保持一定联系。

（2）评估

评估是有系统的资料搜集和分析活动，用以检验有关程序如何实现目标，或者程序效能是否与期望一致。其目的在于了解困难和问题，找出可改善之处；检查程序表现，从而选择对参加者更为有效的工作技巧；向资助者、服务对象和公众交代。评估可以在计划开始一定阶段后滚动执行，双方共同检讨过去的服务成效，以调整未来的发展计划。

评估有努力评估、结果评估和效率评估。努力评估旨在评判达成程序活动的质和量，重点在于投入的人力、物力资源，可以帮助了解程序进程和情况，可以检查服务的优先次序和工作者的工作分配。结果评估旨在检验工作目标是否达到，目标是否由其他原因造成，工作是否有预期外效果等；可以帮助了解程序是否带来变化、变化有多大，有利于确定成败原因。效率评估是计算一定成本下提供服务的多少。效率评估对工作者而言极其重要，但因为社会成本和社会效应的模糊性，效率评估极其困难。

评估程序由准备、设计和执行组成。评估准备就是在受到委托后，进行理论回顾、经验回顾和实地考察，最后确定评估目标。

撤离、评估和反思是双方获得成长的关键，是收获的时节。

其中，评估目标必须清楚、明确、具体和有操作性。评估设计就是确定对象范围，选择方法和测量工具，制订资料搜集和分析计划，进行经费预算和进度安排。评估执行则包括资料搜集、资料分析、结果解释和结果应用等内容。评估者严守专业伦理是评估成功的基础。

（3）反思

反思即工作者对工作和角色的重新定位和对执行情况的判断，包括未来工作方向、与社区或居民保持何种关系、是否需要进行其他工作以及经验教训如何等。

撤离前反思旨在了解目标达成多少，有无新的需要和任务，是否需要新领袖及新行动。其中，目标达成多少即是否满足需要和解决问题，考察群众意见十分重要。由于社区成员的能力提升极其重要，因此，社区工作的隐性目标也应该值得反思。

撤离后反思则有四个目标。一是评判项目本身，包括目标是否达成、服务方式是否恰当、案主改进是否满意、原先诊断是否需要改进。二是评判是否遵守工作原则。三是评判模型是否得当，包括目标类型、社区结构和问题情况的假设、基本求变策略、求变策略和技术、从业者角色、求变的载体、权力机构的取向、社区当事人系统、社区不同部分的利益假设等诸多方面。四是评判项目的优缺点及其原因。

上述过程只是社区工作的一般模式。在具体工作中，社区工作并不一定严格完成各阶段的各项任务，上述内容的次序也可以颠倒，有些内容可以在几个阶段同时出现。社区工作的成功依赖于社区工作者根据工作理论和具体情况而采用的针对性对策。

本章小结

1. 社区有地域社区和功能社区两种，是外在结构和内在意识的整合体。

2. 社区工作是以社区及成员群体为对象的社会工作介入手法。它通过组织成员有计划参与集体行动，解决社区问题、满足社区需要。在参与过程中，让成员形成社区归属感，培养自助、互助和自决的精神，加强其社区参与及影响决策的能力和意识，发挥其潜能，最终实现更公平、民主及和谐的社会。

3. 社区工作有多个层面目标。一是帮助服务对象，其中，任务目标在于解决社会问题，过程目标在于促进社区人士的能力。二是强化服务机构和社会工作者自身。

4. 社区工作手法有三个特性：采用结构导向展开服务，发动成员进行有组织的集体参与，利用社区资源。

5. 社区工作的价值观是社会工作价值观和社区工作特殊方法的整合，体现在对"人""与他人关系""社会"和"工作手法"四方面的看法。

6. 社区工作的价值困境体现在五方面：成员参与中个人主义与社区精神的冲突，社区成员民主参与和实务工作者强势领导的不和谐，工作手法中自助发展和依靠外援何者为主的困境，实务工作者是遵循资助者或官僚的思路还是针对社区成员的真正需要，社区发展可能与国家发展产生矛盾。

7. 社区工作的行为守则体现在：注重以人为中心的发展目标，根据具体情况策划工作步骤，强调成员的自助参与，充分开展组织工作，注重社区参与的广泛性及包容性，注重协调发展，尊重社区自决，采取民主和理性的社区行动方式，注意预防性的服务工作。

8. 社区工作有策略模式和过程模式两大范畴，前者是技巧组合，后者是不同阶段技术。

9. 班顿的二分法、罗夫曼的三分法、泰勒和罗伯茨的五分法、威尔和甘布的八分法都是代表性的社区工作策略模式。

10. 地区发展就是发动社区内不同人士和团体广泛参与，通过参与过程，使他们达到自助和互助的目标，改善社区关系，增加对社区的归属感。

11. 社会策划就是针对具体问题，根据相关信息制订工作项目，并将社会目标转化为实务手段的过程。

12. 社区照顾可以体现"在社区内照顾""被社区照顾"和"为社区照顾"三方面含义，就是动员并连接正式和非正式的社区资源，协助社区内有需要者，让其能与其他人一样，居住在家里和生活在社区里又得到适当照顾，以便社区成员之间休戚与共、相互扶持。

13. 社区教育是有关机构或主体针对社区成员的需要和社区发展的需要，组织协调社区内外资源，采用灵活多样方法传授相关教育内容，以达成某类工作目标的活动。

14. 社区工作不同模型是对具体实务的理论提炼，拟合单个模型旨在理论解析。事实上，实务中工作手法常常是模糊的，也需要进行模型组合。

15. 社区工作过程可分为探索和准备、计划执行、撤离评估反思三个阶段。

16. 探索和准备旨在透过系统方法搜集和处理资料，安排工作进度和内容，形成工作方案。本阶段需要了解社区背景、界定社区问题和需要、建立目标和标准、确定方案。

17. 社区工作的执行要求联系群众和发动群众，通过建立组织和联系组织策用组织资源，采用某种工作策略达成计划目标。

18. 工作接近尾声时，社区工作者应准备撤离现场，评估工作成效，反思工作过程。

19. 具体社区工作并非一定需要严格完成过程模式每阶段的各项任务，其内容次序也可以颠倒，有些内容也可以在几个阶段同时出现。

思考题

1. 什么是社区工作？它有哪些要素？

2. 社区工作价值观包含哪些内容？其困境体现在哪里？其行为原则如何？

3. 班顿的社区工作二分法的主要内容有哪些？

4. 社区工作三分法、五分法和八分法的各自划分依据和类型有哪些？

5. 社区发展模式的主要内容有哪些？

6. 社会策划模式的主要内容有哪些？

7. 社区照顾模式的主要内容有哪些？

8. 社区教育模式的主要内容有哪些？

9. 联系实际，谈谈模型组合的必要性。

10. 在社区工作的探索和准备阶段有哪些工作？

11. 在社区工作的计划执行阶段如何联系群众和发动群众？

12. 在社区工作的计划执行阶段如何建立组织和联系组织？

13. 社区工作的撤离、评估和反思如何进行？

推荐阅读

F.埃伦·内廷等著，刘继同、隋玉杰等译（2006），《宏观社会工作实务》（第3版），北京：中国人民大学出版社。

甘炳光等编（1997），《社区工作技巧》，香港：香港中文大学出版社。

甘炳光等编（1994），《社区工作理论和实践》，香港：香港中文大学出版社。

世界卫生组织（2002），《社区应急准备：管理及政策制定者手册》，北京：人民军医出版社。

莫邦豪（1994），《社区工作原理和实践》，香港：集贤社。

顾东辉（2016），"'三社联动'的内涵解构与逻辑演绎"，《学海》第3期。

Cox, F. M. et al. (eds.) (1987). *Strategies of Community*

Organization: Macro Practice (4th ed.). Itasca: F. E. Peacock.

Rothman, J. (1995). Approaches to community intervention. In Rothman, J. et al. (eds). *Strategies of Community Intervention: Macro Practice* (4th ed.): 26–63. Itasca: Peacock.

Taylor, S. H. & Roberts, R. W. (ed.) (1985). *Theory & Practice of Community Social Work.* New York: ColumbiaUniversity Press.

Weil, M. (1999). Community Practice: Conceptual Models. *Journal of Community Practice.* Vol. 3, No. 3/4. New York: The Haworth Press.

第九章

社会工作行政管理

通过本章学习，了解社会工作行政管理的内涵和理论基础，把握社会工作行政管理的主要要素，领悟政府和机构两个层面社会工作行政管理的内容和特色，认识社会工作督导的必要性、功能及良好社会工作督导的内容，体会到社会工作行政管理者应有的基本素养，从而通过对社会工作行政管理的全面领悟，为社会工作的良性发展打下基础。

社会工作行政管理是较晚得到认可的社会工作领域。然而，近年来，不论是社会工作教育界还是社会工作实务界，均将其视为社会服务提供过程中最主要的部分，甚至有一部分学者认为行政管理才是社会工作实务的真正核心（Skimore，1995；蔡启元，1998；古允文等，2002；林胜义，2003）。

第一节　定义和理论基础

社会工作行政管理（social work administration and management）是社会工作的方法之一。社会工作者常采用个案工作、小组工作等基本方法，这些方法不能单靠社会工作者来完成，而必须透过一些机构来提供或输送服务，行政管理是社会工作者必须面对的工作，社会工作行政管理也因此成为社会工作实务的重要部分。

1. 定义

将行政管理的理论和方法应用于社会工作一般称为社会工作行政、社会福利行政或社会行政。近年来，非营利组织蓬勃发展，它们强调人力资源、财务、营销和信息的管理。因此，行政管理的理论和方法在社会工作中的应用又被部分专业人士称为社会工作管理（王海国，1994；黄源协，2002b；林胜义，2003）。

行政与管理究竟关系如何？有些学者将这两个名词等同起

来，交互使用（黄源协，2002b）；有些学者则认为两者存在差异。休斯（Hughes，1998：5）认为，行政是包括依循指示来提供服务，管理则包括服务结果达成以及经营者必须为所获结果负责，而不仅是依循指示来提供服务，两者之间似乎有一些差异。不少社会工作学者使用社会工作行政、社会福利行政或社会行政等概念。但是，在强调效率的年代，社会工作界也较常使用社会工作管理的术语。由于政府、企业和非营利部门在管理的内涵和功能上无太大差异（林胜义，2003），本书采用美国 1995 年版《社会工作辞典》的观点，将行政与管理视为同义词，并融合两者的观点与内涵，合称为社会工作行政管理。

社会工作行政管理是一种连续的、动态的、机构成员将社会政策转化为社会服务输送的社会行动过程，透过这个过程将社会政策转化为具体的社会服务，并使用实务经验来修正政策。社会工作行政管理涉及领导者与其他成员，包括计划、组织、人事、领导与控制等方面，人力与物力资源的发掘、安置、协调与合作是其重要内涵。

2. 理论基础

现代管理理论植根于 19 世纪末 20 世纪初。与社会工作行政管理相关的组织管理可以分为古典管理理论、人际关系学派和近代管理理论三大类。

（1）古典管理理论

古典管理理论主要有科学管理学派、行政管理学派和科层管理理论三种。(A)科学管理学派的主要代表人物是泰勒(Taylor)。该学派假设，如果工作有效率，人就会感到快乐。其主要要素包括：用科学来替代笨拙的规范，系统地解决问题，根据设定标准对员工进行选择和提升，对管理者进行培训，制订工作测量的方法与标准，在对工作进行测评时运用时间和动作研究，完善工作规则，遵守工作程序，提高个人生产力，实现管理和员工工作的革新。(B)行政管理学派通常被称为原则学派,其代表人物是费尧(Fayol),古力克和厄威克又进一步发展了该理论。该学派的核心假设是,存在着可应用于任何地方的一般管理规则。费尧将行政行为划分为计划、组织、指挥、协调和控制等职能。古力克等人又认为,组织理论与协调框架有联系,该框架又对工作划分施加影响;组织结构可以按照目标、过程、客户和地点四个基本标准进行划分;组织需要一个权威体系;组织结构中应保持指令的统一,限制强有力控制的范围;工作在一起的团体的技术效率直接与工作、过程及目标发生联系;权威、等级和职能是组织的重要原则。(C)科层管理理论的代表人物是韦伯(Weber)。韦伯认为,确定的和官方的权限范围是根据法则、法令和法规进行安排的;等级制度和权力分层意味着上下级之间固定的等级体系,较高地位者管理较低地位者;对现代政府机关的管理是在成文文件的基础上进行的;管理通常事先进行了专门的培训;政府行为通常对工作能力有很高要求;管理遵循一般性法则,这些规则保留着或多或少的稳定性和彻底性,可以通过学习获得。

(2)人群关系学派

人群关系学派认为,组织利益与个人利益应该协调,假设人若快乐工作便会有效率。麦格雷戈(McGregor)的X理论与Y理论是这一时期的代表。(A)X理论强调指导、控制和权威;认为人天生不喜欢工作,而且会尽可能地逃避工作;管理者必须严密地控制并以强迫、威胁及惩罚,迫使他们达成组织目标;一般人会尽可能逃避责任,而且喜欢正规指导;大多数员工追求经济安全感,很少有其他企图。(B)Y理论则强调民主参与,认为人视工作为休息或吃饭、游戏般自然的事情;若员工对目标有所承诺,将会自我指导、自我约束,以达成组织的目标;人普遍有做好决策的能力,这种能力并非只是管理者独具,即员工具有高度的意念与创造力去解决组织的问题。因此,激励员工的最佳方法就是满足其成就感。

社会工作的"问责"潮流和管理主义的兴趣,使不少商业管理的理念渗入社会工作行政管理之中。

（3）当代管理理论

古典管理理论与人群关系学派分别从结构与程序探讨管理，对实务有相当助益。然而，在运用上却出现一些问题，因而有些学者对个别问题进行研究并获得了许多成果。（A）计量管理学派。主要以数学方法解决管理问题的管理理论。（B）系统管理学派。其中，系统指一套互有关联和相互依赖的部分项目，共同构成整体项目以达成目标和执行计划。该学派注重开放系统的视角，强调组织结构与环境之间的联系，因此，应该由整合和全面的视角解剖组织的功能。（C）权变管理学派。权变管理是各项管理理论的统合，其基本观念在于，管理者没有一种适用于所有情境的最佳方式或正确决定，不同情境要有不同的决定和管理行为。（D）新管理主义。胡德（Hood）（1991）在英国提倡3E，即economy（经济）、efficiency（效率）和effectiveness（效能），重视品质，最终目标是提供零缺点的服务与产品。其中，经济指确保机构的资产及所购买的服务，在符合特定的质与量的前提下以最低成本生产或维持。效率就是以符合规定条件的最少资源（输入）提供特定服务的量与质（输出），最起码的输出使用最少的资源。效能就是提供正确的服务，使得机构的政策和目标能实现；同样的输出应该发挥最大的影响效果。

认清社会工作行政管理的定义，领悟组织管理的主要理论，可以较好地从整体上把握社会工作行政管理的要素、层面、技巧等方面，为社会工作干预提供基础。

第二节　要　　素

社会工作行政管理包含人力、物力、计划、组织、领导、协调与控制等要素。整合管理职能的五个要素与公共行政的一般要素，可以清楚地说明社会工作行政管理的运作过程（Skimore，

1995;黄源协，2002;林胜义，2003）。

1. 规划

规划（planning）是一种分析与选择过程，是针对未来工作，配合对未来环境的评估分析，设定工作目标并拟定和选定实现目标的可能方案。其内容至少包括依据（或缘起）、目的、实施内容、实施方式、经费编制、人员配置、评估方法或预期效益等要项（林胜义，2003）。

一般来说，规划程序由目标选择、机构资源的考量、候选实施方案的列举与说明、各种可供选择方案的利弊评量、最佳方案选择、具体行动制订、方案修正等组成。规划制订其实是一种决策，依循"问题—政策—立法—行政"的逻辑，将社会政策转化为服务输送。

策略性管理是社会服务组织应对危机与追求成长的重要策略（黄源协，2002）。策略性规划指对组织整体长远未来方向的思考，它以系统分析方法（SWOT 分析）审视组织与环境的关系，以弄清未来的方向，而且可以促进组织为即将面临的挑战预作准备，并增强控制环境的能力。策略性管理由策略性规划与策略的执行和评估构成，其程序包括确认组织目前的使命、目标和策略，分析外在环境，确认组织的机会与威胁，分析组织资源，确认组织的优点与缺点，形成策略（包括书面记录及符合集体认同的组织使命、政策、目标、策略和行动方案）。其首要工作是有明确适当的规划。

2. 组织

社会工作也是一种有组织（organizing）的服务。为了有效实施社会工作，社会服务机构或团体必须依其业务需要设置正式的组织和安排适当的人员，以便分工合作和分层负责。

社会工作服务的非盈利特性、社会工作的专业伦理等专业特色使得社会工作行政管理与政府管理、企业管理等有本质区别。其区别何在是非常值得关注的议题。

为了使得组织成员有效建立共识以达成目标，行政管理者完成规划后便将达成组织目标的工作加以分类，并设计适当的职位结构将相关活动集合起来，指派给一位管理者并授予职权付诸实施，而且在组织中建立完善的沟通系统，使得组织中各工作人员和各部门之间的纵横关系建立起来，此项工作即为组织（陈海鸣，1998）。组织具有共同目标；成员必须认清组织目标并愿为之努力，如果成员"不知为何而战"，则容易出现危机。组织要有统一领导；为发挥众人力量达成目标，必须要有领导中心。组织成员必须要有沟通意愿；成员彼此沟通，可以建立共识，达成促进服务的意愿，共同努力达成目标。

组织结构指组织的正式架构或沟通的体系以及权威。（A）正式组织与非正式组织。正式组织是机构中的有形架构，有主任、副主任、督导、社会工作者，也包括委员会和董事会（或理事会）。非正式组织是无形的、不成文的安排和运作，也包括私下或工作时间外达成的协议。非正式组织包含幕后活动、"在桌子底下的"、社交性的、远离办公室的活动。（B）水平组织。水平组织指组织内某特定层级以不同方式与其他工作员有横向关系，其基础是分工和部门化。其中，部门划分可以是功能性的（如社区工作部与研究发展部）、生产性的（如团体治疗部、家庭治疗部）、顾客性的（如儿童保护部、身心障碍服务部）、地理性的（如台北家庭扶助中心）、过程性的（如门诊部、社区工作部、心理测验室、住院部）。目前，部门划分有增加顾客部门和跨功能团队两种趋势。

非正式组织的向背甚至可以导致正式组织的兴亡。大部分机构在行政系统的较低层次都有一个灵魂人物，具备领悟政策与执行操作的能力。由于求教上级会使员工焦虑、较费时间、有压迫感，工作人员之间磋商和非正式互动就极其重要。社会服务机构的行政管理者善用非正式组织有几个方法（Williams，见Skidmore，1995）。（A）作为沟通渠道，管理者可与工作者闲聊，探询信息。非正式组织也可分享情绪与想法，将此向上反映并付诸实行。（B）维持凝聚力，如果能在某议题上拉拢非正式组

织的领袖，全部工作者就会支持他们。高效管理者应认同一些
非正式组织的领袖，与他们工作和沟通，听取他们的建议和推荐。
一致性、整合、友谊关系和亲密是非正式组织拥有的正面效果。
（C）帮助员工增强自尊，工作人员渴望认同与赞同，也努力建
立自尊与自我实现。老板与工作人员互动可以成为员工的心理
维他命。（D）尊重与赞美，老板说"我们的决定"会使得员工
较有安全感，获得尊重。非正式组织的同仁参与蕴藏在老板与
员工之间的分享中，具有许多心理能量。

　　正式组织与非正式组织之间会有矛盾，处理差异成为行政
管理者的必须工作。威廉姆斯（Williams，见 Skidmore，1995）
提出四个解决办法。一是排除疏离的原因；拜访、分享、讨论和
以小组形式面对面互动。如，有人抱怨上班前和下班后无法进入
办公室，给一把钥匙就可以解决问题。二是说服、恳求、劝说。
三是分派任务由其负责，易位而处。四是调职或解雇。在机构最
大利益考量下将之调职或解雇，但不可操之过急。

3. 人事管理

　　人事管理（staffing）就是在组织中对人与事作适当安排。
其主要工作有处理雇佣关系的改变，发展合适的人力资源管理策
略，符合法律要求运用人力，节约人力和预算控制，协助组织人
员的发展。社会工作是劳动密集型行业，大部分预算花在员工薪
资、服务输送付费及支持性人力费用上。因此，服务是否成功就
要视主管人员动员人力资源的能力如何。社会工作的行政管理包
括社会行政人员与社会工作者的培训、遴选、任用、考核及迁调
等都要建立制度，以期提高工作效率。

　　社会工作机构的人力资源管理具有对机构的专业人员、半
专业人员和志愿服务人员的晋用、培训、激励与维持等四项主
要功能（黄源协，2002）。（A）人员晋用：确信有合乎组织各层
级短期或长期目标的可用员工的过程，包括工作分析、人力资源

　　社会工作既然是劳动密集型行业，人力成本就应该在服务项目购买中占较高比重。对此，项目委托方必须有充分的认识。

分析、招募和甄选。（B）培训及发展：主要有员工训练与员工发展两种活动。前者可以使员工的工作更具效率与效能；后者可以增进教学双方的技术和能力，进而更具自信。（C）激励：面对员工的高流失率、士气低落、欠缺成就感等，如何有效地为工作人员适时提供激励，对被服务对象的权益维护及组织目标达成，将有相当大的影响。激励方法包括认知员工间的差异、可达成目标模式的运用、提供员工参与决策的机会、增进员工对工作的兴趣并开发其潜能、协助员工职业生涯的发展、完善奖赏制度的建立和不可忽略的金钱奖励（梁伟康，1997）。另外，确认激励方法是否恰当、工作再设计、回馈员工、报酬与绩效挂钩、处理员工的抱怨等策略也可促使员工提升努力以追求组织目标的意愿。（D）维持：着重于提供适宜的工作条件或环境，以维持或增进员工对组织的认同，具体做法有提供有效的福利方案、建立安全健康的环境和确保适当的沟通渠道等。

4. 领导

领导（directing）就是邀请其他人在思考、感觉或行动上跟随其行动，结合众人力量共同完成任务。现代社会工作特别重视团队，以便结合工作人员与不同专业人员共同为案主提供最佳服务，所以，社会工作机构必须特别重视领导。

> 领导技术如何在很大程度上影响管理的其他要素，如何注重依"法"管理与以"德"管理的适应性平衡是社会工作行政管理的重要议题。

领导者必须具有影响他人的权力。其权力来源有：法定权力，组织或文化赋予的影响力，是基于组织中正式职位而获得的权力；专家权力，基于个人特殊的能力、技能及专业知识的权威所产生的领导权力；吸引权力，领导者有吸引人的特质或魅力，员工可能因佩服或尊重这种特质而受其影响；报偿权力，领导者对员工成就有奖赏能力（如加薪）；威胁权力，领导者对员工有惩罚能力（如调职或开除）；掌握信息的权力，主管是重要信息源且有权决定是否要将信息告知员工（Skidmore，1995；黄源协，2002）。

现代社会工作的领导必须是有效能的领导，以激发工作者的参与感和自信心，使其能够自动自发地在分工合作之下各展所长，从而共同完成机构所赋予的任务。为此，领导者要展现对组织基本价值的承诺（如尊重个人、创新和满足社区的需求）；监督团队工作并确保目标达成；具有弹性领导形态；清楚说明机构未来方向并建立明确目标；提出且鼓励可达成的高层次绩效；提供对有效团队工作有助益的情境；展现对团队个别成员的信任、尊重与重视；察觉并善用每个人的潜能和卓越的特性；以开放胸襟吸收并接纳新观念；寻找并雇用能对自己忠诚并分享自己价值的人；能关注到接受服务的消费者，倾听其意见并给予响应；不过于武断，自信，了解有多种方式可达成相同目标；以直接方式进行沟通，不拐弯抹角；热爱工作，但不将领导职位视为己有；有企业家精神，勇于接受挫折的挑战，能从挫折和失败中汲取经验（黄源协，2002）。

5. 协调

协调（coordinating）就是使机构的各单位、各职员能以分工合作、协同一致的整齐步调达成共同使命，是广义的领导方式。

社会工作机构的协调包括机构内协调和机构间协调两种。机构内协调需要对每位工作人员的职责有明确决定，并应确定责任与权力的限度。机构间协调，就积极视角而言，应该进行联合设计和共同行动，配合及集中力量以发挥更高行政效率，促进整体福利；从消极视角而言，则在于避免机构间的分立与冲突，以及职权及工作上的分歧与割裂，尽量相辅相成，以维持机构寿命并开展活动。

李克特（Likert）认为，组织充分发挥协调功能需要五个条件。一是在督导者与从属（特别是同僚）之间提供高层次的协调行为（即：供应的协调，切实供应适宜设备，以便能作出最适当选择，以满足消费者需求）；二是在成员间采取友善态度并给予信心与信任；三是具备组织结构及互动技术，以消除差异与冲突；四是具有发挥影响力和产生动机的能力，而且协调不以传统的权威途径实施；五是在决策过程中以及在督导者与从属关系上，促使他们做好自己的工作，而且当他们有两个或更多督导员时也不会进行任何冒险。

沟通是协调的条件和目标。沟通是协调的前奏，协调是沟通的结果。沟通讲求在思想及意见上的共同了解，协调则谋求在行动上的协同一致，以完成任务，避免在本位主义和个人英雄主义的作祟下，由于各自为政而四分五裂，影响到工作效率（台湾社会工作专业人员协会，1997）。

6. 报告

关于 accountability，在中文中有多种翻译方法，如问责、责信、社会交代、多元交代等。其内容不仅涉及财务，也涉及业务、事务、法务等诸多方面。

报告（reporting）是工作成果的具体呈现。社会工作是一种负责任的工作，社会工作行政管理的实施过程或执行结果需要提出报告。报告既可以作为工作记录以备查考，也可用以争取相关人员的了解、支持、参与或赞助，向外界证明该机构的重要性、效率与效能，争取社会信任。这也是社会工作的"责任承担"（accountability）（林胜义，2003）。

7. 预算

预算（budgeting）就是经费的编制。预算有两个功能，它记录组织最近一年来经费运用的真正目的或项目，提供监督渠道来控制经费的使用（Skidmore，1995）。在助人过程中，社会工作者往往需要对经济困难的案主提供救助，办理各种活动也需要经费支持。所以，社会工作者对于经费的筹措和支用，必须合理和有效（林胜义，2003）。

社会服务机构的预算没有特别的方法，单项预算最常应用。近几年来，社会服务机构察觉到这种方法的效力和效率正在降低，也没有办法根据机构的优先级或方案来执行。因此，其他预算策略（如方案预算、功能预算和零基预算）也被应用并加以相互搭配，以达到最有效的行政运作。

8. 评估

评估（evaluating）是对于社会工作成效的评定或鉴定。在社会工作中，大多数人习惯在所有工作接近完成时才思考评估，这正是评估无法提供改善方案所需信息的原因之一，设计良好的评估应该在方案计划过程中就开始加以考虑。

依过程来分，评估至少包括两大类型（高迪理，1999）。一是形成性评估（formative evaluation），即方案仍在执行时所进行的评估，它提供有关过程的各种信息（过程目标及方案活动），使管理者能够用来修正方案。二是总结性评估（summative evaluation），它通常在方案周期（预算）的最后阶段或整个方案结束后才进行，以检视方案的成果或成效，即方案的相对成功或失败率。

依作用来分，方案评估有四种类型。一是效力（或努力）评估（effort evaluation），即说明方案究竟提供了何种服务（服务类型）及多少服务（服务量）；二是成果评估（outcome evaluation），即检视案主所达成的结果，确认方案目标达成的程度，检验改变案主的结果；三是整体表现适切性评估（adequacy of performance evaluation），即检视方案服务有否满足计划过程所认定的社区需求的程度；四是成本效率/成本效益（功效）评估（cost-efficiency/cost-effectiveness evaluation），前者检查所提供服务（时间、事件、物料、输出等不同）的单位成本，即提供服务与使用资源的比率，后者偏重达成某种成果（成功成果）的支出，即成果与使用资源的比率。

成功的方案评估取决于方案计划过程中其他阶段的活动。必须评估成果及其适切性，对方案所欲处理的问题明确界定，同

评估是社会工作中最高精尖的领域。熟悉拟评事项、掌握研究方法和具有专业伦理是合格评估者的基本标准。

时确认社区问题的严重程度;必须设立专门的目的与目标;必须在方案设计与预算设计中形成合理的各种定义。

以上过程是公共行政在社会工作中的应用，这些要素的要求在政府的社会行政机构和民间的社会工作机构的行政管理中都应有所体现。

第三节　两个层面的社会工作行政管理

社会工作行政管理是把社会政策转化为实务的过程，并用所得经验建议政策修订，属于宏观社会工作的范畴，表现在政府和机构两个层面。

1. 政府层面的社会工作行政管理

政府层面的社会工作行政管理也称社会福利行政或社会福利管理，是公共行政的一部分;由社会福利行政主管机关或公务员按照社会政策和社会立法，在其辖区内进行的社会福利措施，解决、处理和预防社会问题并促进社会福利，其焦点是将政策转化为行动及公务管理的程序。一般覆盖范围大，比较笼统。

在政府机构从事社会工作行政管理的人员称为社会福利行政人员或社会行政人员。他们基于社会工作的专业知识，运用前述八个行政管理的要素，在各级行政机关及社会福利机构内从事下列工作:

政策拟定。大至国家福利政策的走向（如社会福利政策纲领），小至某项福利服务（如老人福利服务）的未来发展，社会福利行政人员常常需要提供意见供决策者参考。

法规草拟。现行社会福利政策是否需制定法规作为执行的依据? 母法规定的子法如何草拟? 现行社会福利法规是否有难行之处从而需加以修正补充？法规不明之处如何解释说明？这些都是社会福利行政人员常常遇到的问题。

制度设计。法规明订的业务如何形成可操作的制度（如身心障碍者保护法规定必须建立公益信托、员工培训、个别化服务计划等制度），社会福利行政人员需透过制度设计加以落实。

经费拨补。政府部门常对非营利社会福利机构或团体加以补助。经费补助牵涉到资源配置，其决定过程会有政策考量，社会福利行政人员必须依据考量拟定或修正补助标准。

监督管理。随着民营化的来临，政府部门作为业务主管机关的监督管理功能日益强化。如何将业务委托民间办理、如何招标、如何考核就成为社会福利行政人员常常遇到的问题。地方政府社会福利行政人员也需应对中央政府的考核，于是，接受考核与考核相关单位就成为社会福利行政人员的工作重点。

举办活动。社会福利行政人员基于业务宣传指导、研习研讨、节日联欢等情况，常常需要举办活动，以结集相关人员达到特定效果。

行政协调。为了沟通意见、说明做法，开会、打电话、拟定公文、草拟文稿、撰写发言稿及新闻稿等都是社会福利行政人员的业务，偶尔还要陪同领导出席会议以及出差。

上述工作内容大多涉及社会工作的知识与思维。尤其是政策拟定、法规草拟、制度设计、经费拨补及监督管理等业务绝非无专业背景者在短期内可胜任的（赖两阳，2003）。

2. 机构层面的社会工作行政管理

机构层面的社会工作行政管理就是使服务机构的所有成员按照其功能承担职责，充分发掘并运用所有资源，以有效地为民众提供最佳服务；一般较具体并具有操作性。它有利于妥善运用与管理有限资源，避免浪费，激励士气，取信于大众及应对福利服务民营化的趋势。

在社会工作机构里，管理者运用前述行政管理的要素与过程来从事行政工作。近年来，社会工作机构受公共管理与企业管理的影响，也发展出与社会工作相配合的管理项目。

人事管理（人力资源管理）。涉及雇佣关系的改变及发展合适的人力管理策略、人力运用符合法律要求、节约人力和预算控制、协助组织人力的发展等。

财务管理（预算与募款）。包括规划和预测财务需求及财力来源、发展资源（编预算与募款、经营产业等）、安排资源、记录财务和方案执行情形、控制开销和管理资源、报告和解释财务运作情形等。

商业管理的不少理念正在一定程度上影响社会工作机构，但两者有本质区别。如，由于社会事业的复杂性，如何判断工作效果就是一个世界性难题。

营销管理。（A）营销组合，旨在满足顾客且让机构获得大众的支持与资源。营销的最基本要素即营销组合（marketing mix）包含寻找预期案主、发展本身的服务与产品、配销服务与产品、以广告促销及宣布价格。该过程可归纳成4P：产品（product）、价格（price）、渠道（place）和促销（promotion）（陈政智，2000）。策略性营销则需要分析市场机会、设定营销目标、明确市场定位、进行营销组合、拟定营销计划、确定详细执行技术及执行与评估等内容。（B）公共关系。公共关系是机构体系与外在环境互动沟通的主要运作方法，需要展现服务成绩，联系大众传播媒体，自行刊载广告，建立与政府的良好关系及美化机构对外形象。公共关系的建立与维持可以使机构服务成效获得政府主管单位、社区大众的了解与认同，获得更多的资源及协助，从而使机构存续更为容易并发挥更多效能。

信息管理。信息管理指适时获得决策参考的信息以促进组织效率提升及目标达成，普及可用信息是有效解决问题的唯一基础。社会工作机构的信息可区分为多种类型（黄源协，2002）。一是社区信息，包括人口、社会经济特性、未服务人口、外部服务和资源；二是个别案主及案主群的讯息，包括问题、历史、接受服务的形态、服务期间、社会经济和家庭的特性、满足的测量和服务结果等；三是服务信息，包括机构内各单位提供服务的类型、接受服务案主的人数、特定时间允许或解除接受服务的人数及服务相关措施的内容；四是员工信息，包括花在各项活动的时间、服务案主人数、服务量及机构内不同方案的区分等；五是资源配置信息，包括总成本、特定服务类型的成本及财务报告的必要资料。

绩效管理。非营利机构和社会工作者都面临竞争，必须向社会大众、政府及捐款者证明机构的重要性及机构的效能和成果。随着社会大众教育与意识的提升，社会工作必须面对困难，用心发展有效策略。绩效管理包括机构绩效、方案绩效及员工绩效三部分（赵善如，1999b）。（A）员工绩效。员工绩效考核并非仅仅做传统的人事管理，并非只做人事升迁、升级、奖惩及薪资管理，而是有双重目的：一是帮助员工了解和利用其潜能改善工作绩效，以完成相应任务；二是提供信息给员工和管理者，以进行有关工作决策。（B）方案绩效。即注重服务方案的绩效评估过程与工具。（C）机构绩效。可以用经济、效率及效能为指标来评估，机构绩效评估还涉及：组织运作（包括组织、员工、作业、财务以及组织与外部团体的关系等）；组织对社会的实质贡献（包括理念、目标及品质等）；组织与客户的互动关系（包括组织举办活动的频率、参与活动的顾客人数、活动及顾客人数的成长、员工及义工的人数以及外部对组织的认同等）。

目标管理。组织透过整体目标设定个别目标，借由自我控制与分权管理达成机构的经营绩效（王忠中，2001）。管理者与部属共同设定明确的目标（包括如何及何时完成某事），这些目标可测、务实、可达成、有时限且具挑战性。

时间管理。其方法包括决定每日（周）要做什么和知道自己目前如何运用时间；设定目标并问"我被雇用要达成的是什么"；决定优先等级，即每一项活动对目标达成的重要性如何；规划时间的使用并要求自己或主管严格遵守会议时间；组织和检视自己的习惯并决定自己要改变什么；反省自己如何协助或阻碍员工对时间的利用；与主管或员工的沟通应尽可能明确；将时间管理当作个人工作的目标，以便能对时间作最佳利用。

压力管理。主要方法有工作扩大化和多样化，工作丰富化（提供更多的认知、成就、成长及责任，如参与决策），协助员工认识自己的限制，向员工提供适度的督导和提供咨询或支持团体。

品质管理（total quality management）。TQM 是由机构采取一系列和全面性的品质提升而获得。以顾客为导向，以改善产品及服务品质的追求为员工的责任，从上到下全面动员，其最终目标是生产零缺陷的服务与产品。TQM 的五个要素为品质、顾客、变异、变迁和承诺（代替服从）。这五种特性以消费者满意度为组织方向；强调持续改善（即"未曾满足"的承诺），好了还要更好；组织的每一部分都力求品质改善，即它不仅是产品及服务，而且还包括输送的速度、礼节及对申诉的回应；精确的量，即形成测量变项并与标准比较，以确认问题所在；员工授权，即让所有员工参与改善的过程。

政府层面和机构层面的社会工作行政管理都有实施主体，都属于间接服务，都是持续不断的动态过程，都旨在达成共同目标，都需要发掘并利用各种资源，都需要进行协调和合作，都包含设计、组织和领导等阶段。因此，社会工作行政管理本质上是某社会工作实施主体及其成员为了有效地向民众提供最佳服务，在设计、组织等阶段中进行协调和合作，以不断发掘并利用各种资源，从而把社会政策转化为具体服务并进行动态修订的过程。

第四节　督　　导

督导（supervision）是社会工作实务的重要一环。社会工作教育的特性在于科学原则的艺术化运用和专业伦理意识的培养。新进社会工作者的实务运作需要督导，社会工作的培训离不开实习，而实习更不可缺少督导（简春安，2002）。社会工作要求高，压力大，孤单而又常遭挫折。社会工作者面对复杂的案主问题，容易形成身体疲劳和情绪低落。因此，督导有助于社会工作者纾解压力、专业知识技能提升、机构目标达成与案主权益保障。

1. 定义

督导是社会工作专业训练的一种方法，它是由机构内的资深社会工作者对机构内的资浅社会工作者或学生，通过一种定期和持续的指导程序，传授专业服务的知识与技术，以增进专业技巧，并确保对案主服务的品质（莫藜藜，2002:28）。

2. 类型

督导可以分为行政性督导、教育性督导和支持性督导三种，这也可以视为社会工作督导的三大功能（Kudushin, 1992）。

行政性督导主要关怀机构政策执行程序上是否正确、有效和适当。行政性督导并非指行政工作，而是指社会工作提供服务时，在面临行政问题上必需的督导工作。如，指导社会工作者如何填表、如何写报告。督导者要让受督导者明了其职责所在及机构对其之期待，并视其能力、特长、兴趣而分配适当的工作（台湾社会工作专业人员协会，1997）。

教育性督导旨在改善社会工作者的能力，使工作有效进行。教育性督导帮助社会工作者专业成长和发展，尽可能地加强其临床知识技术，以有效地帮助案主，甚至使受督导者将来可独立自主，成为督导者（莫藜藜，2002）。新社会工作者往往满怀热情与理想，要将学校所学发挥出来。当他遭遇挫折或阻力时，就需要有人在旁给予激励，培养更适切的工作态度和技巧，甚至是助人的动机和价值观的强化（台湾社会工作专业人员协会，1997）。

支持性督导就是在社会工作者解决社会问题过程中面对挑战及压力时协助纾解压力。支持性督导旨在提高社会工作者的工

督导在帮助新进社会工作者和社会工作专业的学生成长过程中不可或缺。就社会工作者而言，督导是一种"外来"帮助。在实践过程中注重自我反思，注重书本学习，注重书本知识与个人体验的整合，应该是一种个人"内在"成长、自我充权的关键途径。如果再与"外来"的督导积极互动，其效果自然不言而喻。

作士气和工作满意度，即在社会工作者的工作范围内让其自己做好准备，以有效地完成工作，也帮助社会工作者觉得自己能胜任工作（台湾社会工作专业人员协会，1997；莫藜藜，2002）。

三种督导的关系极其密切。行政性督导可整合和协调社会工作者在机构中与他人的合作，教育性督导可使社会工作者拥有更多技术，支持性督导则使工作动机更强。行政性督导和教育性督导的最终目标都在于尽可能最好地服务案主，行政性督导主要关心组织机构和功能，教育性督导主要关心教育和训练来促进社会工作者进步，两者互动。支持性督导由于可对员工进行充电而成为行政性督导和教育性督导达成高效的基础。三者的良好整合有利于保证新进社会工作者的工作整体效率和效果，达成服务质和量的平衡。

3. 原则

社会工作者不一定能成为督导，但督导应该是优秀的社会工作者。

社会工作督导应遵循一定的原则。督导者应该了解受督导者对新知识的反应可能受个人特征、家庭环境、学历、道德及宗教观念的影响；应该观测受督导者的学习反应、学习速度、人际交往方式及在新情况下的反应；不可以把自己的方法强加于人；在与受督导者建立关系时，应该确定社会工作者的需求类型和首要目标，注重独立精神的培养；关注与案主建立良好关系的技术；不可简单地由督导者提供答案，而应该分享彼此的看法；督导者应与受督导者互相了解和信赖。

有效的督导具备五个元素（Munson，1993；莫藜藜，2002）。一是有结构，即，有明确的督导制度、工作角色、任务和工作方式；二是有规则，不论是否定期进行督导，每一次督导都有一定的要求和做法；三是态度一致，受督导者可以有一定的期待，而这与督导风格有关；四是个案导向，应注重讨论个案如何应对；五是评估检讨，定期以正式或非正式的方式检讨督导的效率和效果。

优秀的督导者应该注意以下几点（Munson，1993）。他（她）

必须以受督导者为基础，以教育为前提，即教导受督导者有关实务的技巧，必须提供良好的示范给受督导者，并建立对专业的承诺，应该在受督导者需要时提供答案，应该减少权威性的使用，促使对方的专业专长得到强化，应该避免非语言的沟通，即尽量以"说"的方式沟通，应该避免类推、穿凿附会或故事式的教导，应该运用个案资料为教学工具，但不作评鉴，以免受督导者感到影响。

督导属于社会工作行政管理，自然也应具有社会工作的品性。临床技术如何运用，宏观智慧怎样引入，助人自助如何体现，也应该是督导人员考虑的问题。

第五节　行政管理人员

机构行政管理者的态度会影响到组织气候，进而影响机构目标。成功的行政管理者应该了解社会工作的专业知识，了解与社会工作理论和实务相关的知识，并具有很好的工作技能。社会工作的行政管理者要想实现管理机能或程序则至少需具备三种技巧（Skidmore, 1995）。一是概念性技巧，即要具有远见；二是技术性技巧，即需要专业的特殊知识、方法和技术；三是人群关系技能，即沟通、领导与激励、了解他人及与他人相处能力。

社会工作行政管理者应该具备行政管理者必需的知识（Skidmore, 1995）。他们要知道服务机构的目标、政策、服务和资源，要把握有关人类行为动态的基本知识，要对社区资源有清楚了解，特别是全面了解与自己机构有关的信息，要了解机构使用的社会工作方法，要知道管理的原则、过程和技巧，要能恰当地了解社会工作方面的协会，要通晓组织理论以及组织运作的优缺点，要熟悉评估的过程和技巧。

社会工作行政管理者对社会工作专业的态度极其重要。社会工作行政管理者应该尊重每位员工皆为独立个体，认识到没有任何个体是完美无缺的，且以此观念对待员工和自己，要期望能提供让所有员工充分发挥的物理环境和情感氛围，要知道价值的重要性，要有开放的胸襟且善于接纳新观念和事实，要知道机构福利比任何工作者（包括管理者）更重要。

社会工作行政管理者应该了解社会工作的专业知识。他们应该了解社会工作在社会福利系统中的逻辑地位，把握社会工作本身的类型架构、过程架构和制度特征，认识到微观社会工作的理论基础、工作原理和工作技巧，体会到宏观社会工作的特性和方法，熟悉社会工作研究的基本技能，掌握专业社会工作的最新态势和本土化途径。

最高境界的社会工作行政管理者还应在把握社会工作知识的同时，积极参与社会工作实务，同时进行相关的社会工作研究，并能借助上述三者的互动促进自身权能的强化和专业领域的发展。他们不仅应该是思想者，也应该是行动者，更应该是团队领导者。

随着社会工作专业化及不同领域的分工化和专门化，将会出现越来越多的专业社会工作行政管理者。目前，社会工作行政管理者大多由直接服务者升任，较欠缺社会工作行政管理的专业训练。这并不表明未来社会工作的行政管理者一定要由其他具备行政管理相关背景的人士来担任，因为社会工作行政管理的本质是社会工作而非行政管理。社会工作行政管理者不仅需要设计与推动组织工作的能力，还需要有社会工作相关的知识和讯息，更需要将此能力、知识、信息与社会工作的伦理、方法和技巧相结合。这种结合能力最好要从专业社会工作者队伍中寻找，而不是从公共行政或企业管理领域中去发现。社会工作行政管理也已发展出一套具有价值体系、专业知识与操作技术的领域，它有别于一般的行政管理与企业管理，具有社会工作专业知识者方能胜任这些角色已是一个不争的事实。

无论将来是否从事行政主管的工作，社会工作者都或多或少从事行政管理，都需要一定的行政管理能力。社会工作的教育与训练应该加强社会工作的行政管理训练，确保学生具有良好的专业行政管理训练经历，使其在职场中一展所长，推进专业社会工作不断发展。

本章小结

1. 社会工作行政管理是连续的、动态的、机构成员将社会政策转化为服务输送的行动过程，透过这个过程，将社会政策转化为具体社会服务，并运用实务经验来修正政策。

2. 与社会工作行政管理相关的组织管理可分为古典管理理论、人际关系学派和近代管理理论三大类。古典管理理论主要有科学管理学派、行政管理学派和科层管理学派三种，代表人物分别是泰勒、费尧和韦伯。人际关系学派认为组织利益与个人利益应该协调，麦格雷戈的 X 理论与 Y 理论是其代表。计量管理学派、系统管理学派、权变管理学派和新管理主义则是近代管理理论的代表。

3. 规划是一种分析和选择过程，它是针对未来工作，配合对未来环境的评估分析，设定工作目标并拟定与择定实现目标的可能方案，其内容包括缘起、目的、实施内容、实施方式、经费编制、人员配置、评估方法或预期效益等要项。策略性管理目前被视为社会服务组织应对危机和追求成长的重要策略。

4. 行政管理者完成规划后，便将达成组织目标的工作加以分类，并设计适当的职位结构，将相关活动集合起来，指派给一位管理者并授予职权付诸实施，而且要在组织中建立完善的沟通系统，使各工作人员和各部门之间的纵横关系建立起来，此项工作即为组织。社会服务机构的行政管理者必须善用非正式组织。

5. 人事管理的主要工作有：处理雇佣关系的改变；发展合适的人力资源管理策略；合法地运用人力、节约人力和控制预算；协助组织人员的发展；具有针对机构的专业人员、半专业人员和志愿服务人员的晋用、培训、激励与维持等主要功能。

6.领导就是邀请其他人在思考、感觉或行动上跟随其行动，结合众人力量，共同完成任务。领导的权力基础来源有法定权力、专家权力、吸引权力、报偿权力、威胁权力和掌握信息的权力。社会工作的领导必须是有效能的领导，以激发工作者的参与感和自信心，使其能自动自发地分工合作，各展所长，从而共同完成机构赋予的任务。

7.协调就是使机构的各单位间、各职员间以分工合作、协同一致的整齐步调完成共同使命，包括机构内协调和机构间协调两种。

8.报告是工作成果的具体呈现，可以作为工作记录以备查考，争取相关人员的了解、支持、参与或赞助。

9.预算就是经费的编制，可以记录组织的经费运用目的或项目，提供监督渠道。

10.评估是对社会工作成效的评定或鉴定。依过程来分，评估包括形成性评估和总结性评估；依作用来分，方案评估有效力（或努力）评估、成果评估、整体表现适切性评估、成本效率/成本效益（功效）评估。成功有效的方案评估取决于方案计划过程中其他阶段所发生过的活动。

11.社会工作行政管理有政府和机构两个层面。政府层面的社会工作行政管理由社会福利行政主管机关或公务员按照社会政策和社会立法，在其辖区内实施社会福利措施，解决、处理和预防社会问题并促进社会福利，其焦点是将政策转化为行动及公务管理的程序；涉及政策拟定、法规草拟、制度设计、经费拨补、监督管理、活动举办、行政协调等工作内容。

12.机构层面的社会工作行政管理就是使服务机构的所有成员按照功能承担其职责，充分发掘并运用所有资源，以有效提供最佳服务。受公共管理与企业管理的影响，人事管理、财务管理、营销管理、信息管理、绩效管理、目标管理、时间管理、压力管理和品质管理已开始成为其工作内容。

13.督导是由机构内资深社会工作者对机构内资浅的社会工

作者或学生，透过定期和持续的指导程序，传授专业服务的知识与技术，以增进专业技巧，并确保对案主服务的品质。督导分行政性督导、教育性督导和支持性督导三种：前者主要关注机构政策执行程序上是否正确、有效和适当；中者旨在改善社会工作者的能力，使工作有效进行；后者就是改善社会工作者的士气和工作满意度。社会工作督导应遵循一定的原则和元素。

14. 社会工作的行政管理者应该了解社会工作的专业知识，了解与社会工作理论和实务相关的知识，并具有很好的工作技能。他不仅是思想者，而且是行动者和团队领导者。

思考题

1. 何谓社会工作行政管理？

2. 社会工作行政管理的要素有哪些？

3. 社会工作行政管理中如何做好规划？

4. 如何善用非正式组织？

5. 服务组织的成功领导者应该具有哪些基本素养？

6. 社会工作评估有哪些内容？

7. 何谓政府层面的社会工作行政管理？其主要内容有哪些？

8. 何谓机构层面的社会工作行政管理？近年来的机构层面社会工作行政管理发展了哪些内容？

9. 何谓社会工作督导？其功能如何？良好的社会工作督导有哪些内容？

10. 行政管理者应该具备哪些基本素养？

推荐阅读

E.S. 萨瓦斯著，周志忍等译（2002），《民营化与公私部门的伙伴关系》，北京：中国人民大学出版社。

Peter C. Brinckerhoff 著，许瑞妤、钟佳怡、雷宇翔、李依璇译（2004），《非营利组织营销：以使命为导向》，台北：扬智文化事业股份有限公司。

王名（2013），《社会组织论纲》，北京：社会科学文献出版社。

王海国（1994），"社会工作管理"，载周永新主编《社会工作学新论》，香港：香港商务印书馆。

米歇尔·诺顿著，张秀琴、江立新译（2005），《全球筹款手册》，北京：中国人民大学出版社。

雅米尔·吉瑞赛特著，李丹译（2003），《公共组织管理——理论和实践的演进》，上海：上海译文出版社。

阿尔弗雷多·卡杜山、丹尼尔·哈克尼斯著，郭名倞等译（2008），《社会工作督导》（第 4 版），北京：中国人民大学出版社。

赵善如（1999），"社会福利组织社会工作者绩效考核"，载《社会工作与社会政策学刊》第 3 卷第 1 期。

梁伟康（1997），《社会服务机构行政管理与实践》，香港：集贤社。

雷克斯·A. 斯基德莫尔著，张曙等译（2005），《社会工作行政：动态管理与人际关系》（第 3 版），北京：中国人民大学出版社。

蔡启元译（1998），《社会工作行政》，台北：双叶书廊有限公司。

Gummer, B. (1987). Organization theory for social administration. In Cox, Erlich, Rothman & Tropman (eds.). *Strategies for Community Organization* (4th ed.): 427–449. Itasca: F. E. Peacock.

Skidmore,R.A. (1995). *Social Work Administration* (3rd ed.). Boston: Allyn & Bacon.

第十章

社会政策

通过本章学习，了解社会政策的内涵，把握福利国家的类型及其特性，掌握社会政策的一般过程及其工作技巧，领悟政府、市民和社会工作者在社会政策中的角色，认识社会政策代表性决策模式的基本特征，了解解释国家社会政策形成的理论观点、社会福利的基本理论观点和女性主义社会政策的理论观点，能够用社会政策的相关理论和方法分析某些社会政策项目。

社会政策是社会工作理论和实务的重要领域。它以解释社会政策形成的理论、社会福利的基本理论、女性主义理论等为意识形态基础，并有自身的过程与模式。把握其本质并领悟社会政策分析的原理，是社会工作尤其宏观社会工作成功的基础之一。

第一节　定义和内涵

社会政策是一个笼统名词，有福利的重点内容、规范性功能、目标、整体计划、解决问题等不同角度，其定义也存在研究重点、研究角度、研究背景等方面的局限。

1. 社会政策的内涵

社会政策源于价值观和意识形态，社会公正、平等、民主过程，弱势人士充权是社会政策的关键价值观。

社会政策（social policy）指政府为影响人民生活福祉所采取的行动，包括：（A）提供有关医疗健康、住宅、社会保障、就业、家庭等社会福利的措施。各国对社会福利界定的范围存在差异，如，有些国家将教育视为社会福利的范围。（B）政府制订法律规则，以规范雇主、公私部门社会服务机构或其他相关单位等应如何保障受雇者或服务对象的权益、应如何推动社会福利服务。（C）政府透过税收制度来提供社会福利，如儿童、老人或身心障碍者所缴税收可部分减免（DiNitto，2000：2—3；Midgley，2000：4—6）。

在各国的社会政策中，社会保障（social security）政策是最基本且重要的一环。政府最常采取的政策包括社会保险（social insurance）、社会津贴（social allowance）和社会救助（social assistance）三大类。社会保险是人民需缴纳社会保险费以防因事故发生而导致经济不安全,其中,事故发生包括老年或退休、疾病、职业灾害、失业、鳏寡等（Heidenheimer, 1990: 220—221）。社会津贴是以政府税收为财源,提供均等现金给人民,领取资格并不考虑人民的收入高低、就业与否或财产多寡,但通常会有居住所在地的限制,家庭津贴、老人津贴、身心障碍者津贴等是常见的津贴类型。社会救助或公共救助（public assistance）的财源也是政府税收,其领取资格需经过资产调查,符合低收入标准者才可领取现金补助或是其他服务;这类救助的领取者常被社会歧视,被贴上不努力工作的标签。

蒂姆斯（Timmuss）(1958)认为,福利分为三个类型:一是财政福利,政府利用财税政策对所得进行分配,如申报所得税时某些项目(如慈善捐赠)的扣除;二是职业福利,与其工作有关,由雇主提供,如员工医疗费;三是社会福利,指社会保险、社会救助、各类特定人群津贴以及一般福利服务。

2. 福利国家的概念

与社会政策相关的一个概念是福利国家（welfare state）。福利国家指政府保障每个国民的最低收入、营养、健康、住宅、教育的水平,有四个特征:一是国家介入市场经济;二是国家保障每位国民的最基本需要;三是福利是一种权利而非慈善;四是福利提供具有强制性、集体性及非差别性（林万亿, 1994:7—13）。

费德力可（Federico）(1997)认为,责任、资源和服务是社会福利的三大要素。

福利国家的概念正在变化。福利国家发展是近代以来的一种现象,可追溯到19世纪中叶的德、英等国。社会福利的责任由家庭、宗教团体、社区等承担。福利国家一词最早出现于1941年坦普尔（Temple）所著的《公民和教徒》（Citizen and Churchman）一书（林万亿, 1994:7）。第二次世界大战结束后,福利国家形态在工业发达国家的发展也日益重要,但20世纪70年代末期起,以政府为主导的福利国家形态受到挑战。因此,西方国家近年来的福利发展在政府与民间的角色分工、国家与人民的权利和义务上都有所调整。

埃斯平安德森（Esping-Andersen, 1990）根据去商品化威伦斯基和利伯劳克斯（1958）将社会福利分为剩余性福利（residual welfare）和制度性福利（institutional welfare）。前者就是社会福利只扮演常态结构及家庭和市场崩溃之后的补救措施，政府有限介入福利分配；后者视福利服务扮演常态第一线的角色，强调个人福利是社会的责任，主张最低原则，所有国民无条件地被给予基本生存的权利，市场不可扮演初级的福利分配功能，政府应该承担此责任。

以西方福利模式审视东方社会，以独特视角提炼东方社会的福利模式，都是社会福利中极有意义的事情。

（decommodification）程度与社会阶层化（social stratification）程度将发达工业国家的福利区分为三种类型。其中，去商品化程度指社会福利是否是一种权利的程度，人民维持生活不需要依赖市场的程度；社会阶层化程度指社会政策促成社会阶层形成的程度。三大福利国家类型中，一是自由主义福利国家（liberal welfare state），去商品化程度低，低收入者依赖国家，经济能力较好者可从市场购买服务，此类国家包括美国、加拿大、澳大利亚等。二是保守组合主义福利国家（conservative-corporatist welfare state），体现为中度去商品化程度，政府给付的取得资格主要是依据个人过去所缴社会保险费及职业身份，此类国家包括德国、法国、意大利等。三是社会民主主义福利国家（social-democratic welfare state），表现为高度去商品化，普及式的政府给付，高度均等的给付水平，此类国家包括挪威、瑞典、丹麦、荷兰等。

许多学者对上述分类提出批评。主要批评包括：（A）缺乏对地中海国家的适当分类，埃斯平安德森只分析了意大利，并未包含西班牙、葡萄牙与希腊。文献中已指出这些国家有共同特征。除了希腊，其他都是天主教国家，具有强烈的家庭主义。因此，南欧国家有不同类型。（B）缺乏对澳大利亚与新西兰的适当分类，澳大利亚与新西兰有特别的社会保障制度，不同于自由主义福利国家。这两国虽重视资产调查的社会政策，但所定的资产调查限制不多，所以，大多数人口都可领取一些政府的给付。换言之，澳大利亚与新西兰既有范围较广的资产调查政策，又重视运用薪资控制与就业安全政策（而非政府的社会福利）来保障人民生活。（C）缺乏对性别议题的讨论，相关议题包括了家庭在福利提供与照顾责任上的角色、女性参与劳动市场的状况等（Arts & Gelissen, 2002）。

近年来，东亚的社会福利经验渐受重视。东亚模式有几个特质：（A）较重视经济增长，社会福利居于次要地位。（B）社会福利经费与人事支出较有限，重视财务资源的投入具有生产性目的（如国民教育）。（C）政府提供的收入安全网较薄弱，社会福利对工作诱因兼有正负影响。（D）不鼓励对政府的依赖，重视其他部门（如家庭、社区、雇主等）的角色。（E）社会保险制度具有重要性，可以为政府提供资金，投资于国内的相关建设，以促进经济发展（White & Goodman，1998）。

第二节 一般过程与决策模式

社会政策是政策制订者根据所面临的问题而提出的解决方案。其一般过程和决策模式决定了执行效果及政策对象的福利状况。

1. 一般过程

社会政策的一般过程分为五阶段。（A）界定社会问题。社会问题并非都会被政府重视进而制订政策来解决，因此，需要让政策制订者重视此问题和让更多人关心此问题，才可能进入政策一般过程的后续阶段。（B）提出各种可能规划。对如何解决社会问题，在政策层面会有许多做法，政府行政机关、利益团体、民意代表等也会有不同看法。因此，不同的政策选择会在第二阶段出现（DiNitto，2000：12—13）。（C）政策合法化。政府在多种政策选择中，确定一种政策并将之公诸社会，并代表政府采取所欲采取的行动。立法机关或行政机关都有其政策合法化过程。（D）政策执行。是否有新单位或新职位承接此工作？是否有新办法或新规章提供给工作人员来依循？是否有充足的人事安排与经费来执行？这些都是影响政策推动的关键，因为"徒法不足以自行"。（E）政策评估。旨在了解政策推动是否达到目的？是否需要修正？政策评估的工作可由政府自己来做，也可由外来专家或民间团体来监督政府（DiNitto，2000：12—13）。

事实上，具体的政策过程并不一定会依照这五阶段，有些可能一直停留在第二阶段；有些可能第一阶段与第二阶段一起发展，之后便直接进入政策合法化的过程；有些可能并无政策评估。无论如何，上述阶段在概念上提供了参考架构。

奥森（1965）认为，市民参与有被操纵、治疗（医治冷漠感）、单向信息发布、征询意见、安抚、平起平坐地参与决策、赋予权力从而左右政策、市民控制等几个层次。

政府、市民和社会工作者在社会政策中的角色不同。（A）政府在决策过程、需求规定、资源分配、需求满足、服务供给等方面有多元角色，在社会政策每个阶段的角色也不尽相同（詹火生，1995：5）；偶发因素、政治、经济、社会、人口、文化和环境又对其角色发挥产生重要影响。（B）市民参与有利于政策的公平可行和执行。市民会受邀进入咨询小组以提供决策意见，会参与诸如咨询大会、听证会之类的活动，以在一定程度上影响政策，会参与执行某些项目以体现自己的思路。（C）社会工作者在政策过程中的功能不同。吉尔伯特和特雷尔（Gilbert & Terrell, 2002：275）认为，社会工作者最能直接发现问题，因此，在界定社会问题阶段可扮演发现问题的角色。在提出可能的规划时，社会工作者可做社会研究，分析问题的严重性；可运用社区组织工作来教育大众，关注该社会问题，并撰写政策规划书。在政策合法化过程中，社会工作者可运用社区组织工作让更多人支持其政策规划，并推动该政策合法化。在政策执行中，社会工作者可设计及提供各类服务方案，以落实政策的推动。在政策评估过程中，社会工作者可运用研究方法评估政策效果，可借直接提供服务以发现政策设计的缺失，作为政策修订的参考。总之，政府、市民和社会工作者在整个过程中积极互动，是社会政策获得良好效果的基础。

2. 决策模式

观察不同政策的一般过程，有些偏向由科学系统分析来决定政策，有些是不同利益团体相互影响的产物，有些则考量现实状况而非用科学理性分析来制订政策。因此，至少可以归纳出三种社会政策决策模式：理性模式（rational model）、政治模式（political model）、渐进模式（incremental model）（DiNitto, 2000：4—12）。

理性模式有系统分析的特征。（A）社会必须能对某社会问题的认定有一致看法，同时认为有必要去处理。（B）对某社会问题相关的社会、经济、政治价值都能纳入考量，并判断各种价值的优先顺序。（C）对各种解题的政策选择都要纳入考虑。（D）考量每种政策选择对于政策的目标人口与非目标人口的长期和短期成本效益。（E）计算每种政策选择的成本效益比率。（F）选择一个政策，使其能以最低成本产生最大效益。事实上，要充分考虑并计算每种政策选择的成本与效益并非易事，因此，西蒙（Simon）提出了"有限理性"（bounded rationality）的论点，即在某个限度范围内考虑数种政策选择，并决定出一个适当政策，该政策较能在合理的成本范围内达成既定目标（DiNitto, 2000：6）。

政治模式涉及权力分配。由于不同的人或团体对社会问题的认知与解法不同，又因为不同的人与团体拥有的权力大小也不同，政策发展过程中就会出现冲突，政策便成为权力大小相互影响与抗衡的产物。因此，政府的责任就是管制因权力不同而产生的冲突。狄尼特（DiNitto, 2000：7）指出，政府需要建立各个利益团体加入一般过程的规范，并设法平衡利益团体间的冲突，以达成共同的协议，制订出政策。

渐进模式主张新政策的产生是在既有政策的基础上增删或变更（DiNitto, 2000：11）。政策规划不像理性模式必须先回到社会问题的本质加以分析，渐进模式是在现有政策与预算的框架下来思考如何改变政策。因此，新政策未必能真正处理社会问题。然而，由于延续了既有政策，政策制订者较能掌握新政策的效果，较能避免太多变动带来的反抗或冲突。

虽然实际政策的制订过程可能更为复杂（如理性模式与政治模式并存），但是上述三个决策模式提供了一个参考架构，有助于厘清复杂的政策过程。

不同的社会规划模式（如理性综合计划、分步计划、互动计划、倡导计划、激进计划等）似乎与社会政策的决策模式有交叉之处。

第三节 理 论 观 点

社会政策与某些理论紧密相关，因为后者代表某类社会人群对人、社会和国家的概念，影响到政治机制、经济机制和社会机制。

1. 解释国家社会政策形成的理论观点

解释国家社会政策形成的理论众多（林万亿，2000：76—90），本书将对工业主义逻辑、新马克思的资本主义国家论、国家价值说、权力资源论、社会抗争论、扩散模型以及国家中心论作简单说明。

工业主义逻辑（logic of industrialism）也称聚合论（convergence theory），它从经济决定论角度出发，认为因工业化、人口移入都市而产生新兴社会问题（如失业、贫穷、医疗卫生、犯罪、家庭解组等），因此，政府必须制订社会政策和服务以应对社会变化。

新马克思的资本主义国家论（Neo-Marxist theories of the capitalist state）从政治经济论解释资本主义社会中政府提供社会福利的本质。这些国家政府的社会政策既要协助资本家累积资产（使受雇者与家庭有一定购买力），以刺激经济成长；又要协助被劳动市场淘汰者（如老人）以免其不满意政府而影响社会稳定。因此，资本主义社会中政府提供社会福利的不同动机存在着矛盾。

国家价值说（national value approach）从文化决定论说明社会政策的产生。不同国家的文化、主流价值会影响到政府是否采取行动以及采取何种行动来处理社会问题。如，中国社会强调父权关系、家族主义等。因此，政府对于家庭中儿童的照顾介入较少，大多由家庭承担责任。

权力资源论（power resources approach）和社会抗争论（social protest theory）都从民主政治的观点来分析政府社会政策的制订。权力资源论重视工会与左派政党对社会政策的影响力，以争取在资本主义社会中劳工的权益。社会抗争论并非只讨论劳工，认为其他利益团体（如老人）也可能透过集体抗争来表达民意和影响政策。因此，政府可能会选择采取社会政策而非镇压的方式来响应民意，减少冲突的发生。

扩散模型（diffusion model）从外部环境来解释政府社会政策的制订。政府会以国外经验作为学习仿效的对象，这种学习仿效分为空间扩散（spatial diffusion）和层级扩散（hierarchical diffusion）两类，前者指邻近国家之间的学习，后者指发达国家对发展中国家的影响。

国家中心论（state-centered theory）重视国家在制订政策上的自主性。决定社会政策制订的最主要因素并非经济、政治和外部的因素，而是国家既有的制度与政策传承，即国家宪法、战争经历、选举制度、政府科层制、公务人员的政策规划等。

2. 社会福利的基本理论观点

不少社会福利理论对社会政策形成也有相当影响。本章将以福利国家的立场介绍马克思主义、民主社会主义、新保守主义和第三路线等基本理论。

（1）马克思主义

马克思主义（Marxism）主张，在资本主义社会中，资产阶级借着控制生产方式，剥削工人阶级而取得利润。因此，工人阶级与资产阶级处于对立状态，阶级冲突与抗争必然存在。福利国家是资本主义社会的产物，从而会强化既有的社会关系，不能真正改善人民的生活福祉，也不能减少贫穷或社会不平等的现象。

根据前述的新马克思学者的论点，资本主义社会中政府提供社会福利本身就存在矛盾：既要促进资本家累积资本，又需要得到人民支持，以维持政权合法性。资本主义的经济危机也会影响到未来福利国家的发展，有些学者认为透过民意表达，福利国家仍会继续存在，另一些学者则持较悲观的立场（赖伟良，2002a：12—14）。

（2）民主社会主义

民主社会主义（democratic socialism）主张，透过民主议会方式推动社会政策的发展，社会政策主要是以政府来提供普及式（universalist mode）的福利，如此便能产生资源再分配的功能，以减少不同族群间或不同阶级间的生活差距，建立社会主义社会。它相信福利国家能改善人民福祉，减少贫穷与社会不平等。同时，政府的福利支出可刺激人民的购买力，刺激投资，创造就业机会，有利于整体经济的发展（赖伟良，2002b：27—28）。

政府倾向的理论和意识形态历来是社会政策及社会福利制度模式的重要基础之一。

民主社会主义的普及式福利建构于利他主义及社会整合的思想之上。人们愿意透过资源再分配，将资源贡献出来，发展普及全民性的福利制度。这样的福利制度也创造出相互帮助的社会，促进社会的凝聚与整合。此外，民主社会主义主张政府是主要的福利提供者，反对民间营利的社会福利，因为营利的社会福利会加深阶级分化，同时，营利部门也相对不像政府那样需要对社会负起责任，受到监督（赖伟良，2002b：29—32）。

（3）新保守主义

新保守主义（the new conservatism）约在 20 世纪 70 年代末期开始兴起。由于发现第二次世界大战后的福利国家发展面临问题，新保守主义对福利国家的运作与效果提出质疑。它主张减少政府作用，让自由市场扮演主要角色，市场竞争机制能为人民带来更多福利服务的选择。同时，民间部门的运作也比政府部门更有效率。政府职责是提供法律架构，促进自由市场的有效运作；当人民没有能力从市场取得福利服务时，政府才介入以弥补市场的缺陷（苏毅朗，2002：50—51）。

新保守主义者从经济层面批评福利国家，认为福利国家的高税率增加生产成本，不利于经济发展；从政治层面来观察，福利国家的运作不良也会让人民产生对政府的不信赖。新保守主义者批评福利国家会培养人民对政府的依赖性，造成道德危机；过多的政府介入限制了人民的自由选择权。因此，新保守主义主张除了减少政府作用外，还要倡导恢复个人、家庭及社区的责任心，使人民不至于过度依赖政府（苏毅朗，2002：47—51）。

（4）第三路线

第三路线（the third way）主要发端于 20 世纪 90 年代末期，当时，新保守主义的论点开始被质疑，上台执政的英国新工党与美国民主党也不支持新保守主义。虽然相对于英国保守党，英国工党较重视推动社会福利；相较于美国共和党，美国民主党也较重视推动社会福利。然而，两国的执政党也没有积极推行昔日福利国家的做法，其路线已超越左右两派的观点，而发展出所谓的第三条路线（苏毅朗，2002：41）。

第三路线对于福利国家的发展至少有下列主张。首先是积极性福利（positive welfare），主张减少政府补助，协助个人重新找到自信，投入就业市场，自力更生；敦促第三部门（如志愿组织、自助组织、非营利组织、社会企业等）加入福利服务的提供。其次是社会投资（social investment），主张政府政策应带动更多的经济和社会的效益，可以加强终身教育，以提升人民的人力资本。因应全球化的趋势，增加政策的便利性，使劳工不致因为工作转换而丧失享受福利的资格，如此有助于劳工人口的世界流动。推动对家庭友善的劳动政策，使就业与家庭生活能相互配合，有助于人力资源的有效运用（赖伟良，2002c：61—63）。

新型混合经济（the new mixed economy）主张重视私人企业的优点。政府应与私人企业合作，以公共利益为目标去运用市场动力。因此，政府应在管制与放任之间、经济领域与社会领域之间取得平衡。此外，第三路线主张平等是一种社会包容，社会资源再分配的机制应使每位公民都享有公民权，同时也享有各种社会参与的机会，不致被社会排除在外而形成不平等。同时，第三路线认为个人权利与责任应具有同等重要性，而不

政府作用与市场作用的不同，体现了不同的社会福利模式。完全由政府承担福利责任与完全由市场承担福利责任都是比较极端和少见的。

应过度强调权利。因此，其提倡父母应该对养育子女负起责任、企业应该对员工和社区负起责任、公民要相互负起责任等（赖伟良，2002c:63—68）。

3. 女性主义的社会政策理论观点

女性主义对于社会政策的讨论主要围绕两个议题：一是生育及照顾责任；二是经济依赖者（梁丽清，1999:79—80）。（A）对于生育及照顾责任，女性主义认为，妇女承担了生育和照顾家庭的责任，如果社会政策能将照顾家庭责任社会化，则有助于改变既有的性别分工模式，减轻女性的身心压力，增进她们的就业机会与经济独立。（B）对于经济依赖者，女性主义认为，女性无法就业或无法持续就业而成为经济依赖者。从社会政策角度而言，如果社会政策是以社会保险方式且根据所缴保险费多寡决定可领取老年给付的金额，那么，从未工作且从未缴保险费的妇女或因照顾家庭而中断工作的妇女，她们的老年生活就缺乏保障，而且需要依赖其他家人。如果妇女因经济困难而需要接受经过资产调查的社会救助，这类社会救助也就会给她们打上社会烙印，不利于妇女地位的提升。当然，不同女性主义流派对社会政策的看法有所差异。

自由主义派女性主义（liberal feminism）强调女性应拥有与男性相同的公民权。因此，性别不平等可以透过妇女团体的努力，改革立法，改善现有政治制度、教育或就业等社会制度中的不平等，使妇女在公共领域与男性享有平等的权利（梁丽清，1999；Woodward, 1997）。

社会主义（马克思主义）派女性主义（socialist/Marxist feminism）既关注资本主义社会的生产方式，又重视父权对女性的控制。其论点是：在资本主义社会中，女性除了就业从而发挥生产功能外，还生育并照顾在劳动市场上工作的家庭成员，发挥再生产功能。她们又能弥补劳动市场的人力短缺。女性在公共领域与私人领域的生活中相互影响，反映了资本主义社会中因经济权力不平等而产生的性别不平等（梁丽清，1999；Woodward，1997）。因此，社会政策应打破这种性别分工方式以改善女性的经济地位。

激进主义派女性主义（radical feminism）主张性别不平等的根源在于父权，它是透过制度（包括社会福利制度）或个别关系进行的男性对女性的主宰。此流派格外重视女性的经验（如分析父权对母职的影响，分析异性恋的社会制度是男性对女性的压迫，分析男性对女性的暴力等）（梁丽清，1999；Woodward，1997）。因此，社会政策需要重视女性的自主权，并鼓励女性自助团体投入福利服务的提供工作中。

后现代主义派女性主义（post-modernist feminism）认为，所谓的理性逻辑认知并非真理；社会透过语言建立起既有的秩序来规范两性关系，其背后隐含着性别权力关系的不平等。透过女性对自我处境的重新诠释及论述，用自己的观点和语言重新发现自己，则可以解构社会既定规则背后隐含的权力关系，如此也可以呈现女性经验的多元形态（梁丽清，1999）。因此，社会政策需要建立女性的语言知识，使女性掌握解释事物的权力。

上述理论或意识形态是社会政策系统的有机组成部分。由于社会政策是拥有复杂的结构和动态的过程，因此，理论对社会政策的不同阶段和不同方面都有一定影响。

第四节　政　策　分　析

社会政策除了代表政府影响福祉的行为外，也可视为一个学术研究领域。社会工作、经济学、政治学、社会学、公共行政等领域的学者都可对其进行分析研究。社会政策分析可分为描述分析（descriptive analysis）、过程分析（process analysis）、解释性分析（explanatory analysis）和评估（evaluation）四类（Dolgoff & Feldstein，2000：136—159；Midgley，2000：3—10；Popple & Leighninger，2001：45—58）。

1. 描述分析

描述分析主要陈述某项政策的内涵，而陈述方式又有许多种。第一种也是最简单的描述分析，就是有些机构会出版年报或手册等。其中列出：政策为何要推动（即政策目标），政策提供哪些给付或服务，谁有资格领取给付或服务，推动政策的经费从何而来，如何运用，由政府或民间的哪些单位推动等。有时也可能列出相关统计数据（如预算或支出金额、服务次数或人数等），以呈现政策实际运作的状况。

第二种描述分析就是讨论各种政策选择的可能性，常见于正在规划的政策。政策选择包括：对象是普及式（universal）还是选择式（selective）？提供给人民的是现金（in-cash benefits）还是实物（in-kind benefits）？推动政策的组织体系属于中央集权管理方式（centralization）还是地方分权方式（decentralization）？政策应由政府来推动还是由民间来推动？所需人力是以志愿工作者为主还是以专业人员为主？（Dolgoff & Feldstein，2000：142—153）。

第三种描述分析是比较分析。最常见的是跨国比较，如比较东亚各国的失业政策。此外，也可以作不同地区之间、政府与民间部门之间的比较等。

第四种描述分析是历史分析。让我们了解在不同时代中政策应回应不同时期的社会问题，以及分析影响政策转变的因素。历史分析时常会加入社会分析、经济分析与政治分析。波普尔和利宁格（Popple & Leighninger，2001：37—39）就明确提出了进行历史分析、社会分析、经济分析和政治分析的参考架构（见表10-1）。

表 10-1　历史分析、社会分析、经济分析、政治分析的参考架构

历史分析	社会分析	经济分析	政治分析
1. 过去是运用何种政策来处理社会问题的？	1. 问题的分析 ① 我们对此问题的了解程度如何？ ② 我们是否根据问题进行系统性分析以制订政策？	1. 政策对于整体经济产生的影响？（总体经济分析）	1. 与某政策有关的利害关系人 ① 支持者的权力如何？
2. 这种政策是如何发展的？ ① 哪些人或团体推动此项政策？ ② 哪些人或团体反对此项政策？	③ 此问题影响的人口有多少？是哪些人？分布状况如何？ 2. 此政策运用的理论观点有哪些？ 3. 与此社会问题相关的社会价值观有哪些？这些价值观是否有冲突？	2. 政策对于个人行为、厂商、市场产生的影响？（个体经济分析）	② 反对者的权力如何？ ③ 政策的受益者如何参与政策制订的过程？
3. 过去政策是否有效？ 4. 目前政策是如何处理社会问题的？ 5. 目前做法是否会重蹈覆辙？	4. 政策目标有哪些？ ① 外显目标。 ② 内隐目标。 ③ 社会对目标共识程度如何？ 5. 对于社会问题的认知与政策处理的方法，政策制订运用了哪些预设的立场？	3. 机会成本、成本效益分析	2. 政策是否有完成合法化的程序？ 3. 政策发展属于理性模式还是渐进模式、政治模式？ 4. 政策执行中的权力分配问题

注：Popple & Leighninger, 2001：37—39。

2. 过程分析

过程分析着重于分析政策的制订过程，如本章第二节所述的政策一般过程，每个阶段都可能有不同的个人或团体（如政府官员、民意代表、大众传播媒体、利益团体等）影响政策的推动。过程分析可以呈现不同的个人或团体如何推动或阻止某政策的制订。他们可能在政策推动中相互影响，可能彼此结盟或分裂。因此，过程分析可观察到政策制订的动态、非直线的过程。

3. 解释性分析

解释性分析可用于解释社会现象、社会政策发展的原因、社会政策的运作如何影响社会现象等。如，利用前述的解释国家

社会政策形成的理论，针对单一国家或是多个国家进行分析，尝试去验证这些相关理论，以探讨各种理论的适用性。

4. 评估

政策评估乃至社会工作评估是由发源主体、执行主体、政策对象、信息来源、研究方法、评估内容等组成的系统。这是极其复杂的议题。如何才算有效？社会效益如何测量？这些都是极难回答的问题。

评估某政策的执行，可能关心以下问题：政策有无提供目标人口以适当服务？政府政策提供的给付或服务是否足够？财务运作是否良好？政策支出的经费是否已达到预期结果（成本效益的分析）？政策推动是否产生未预期的正负效果？

回答上述问题可运用以下四种方式（DiNitto，2000：419—424）。首先，由政策执行机关做口头或书面的报告。但是，这种方法不太客观，因为执行机关通常会倾向强调政策推动的正面效益，较少提及负面问题。其次，进行实地考察。由一组评估人员前往政策执行机关实地了解情况，访问相关人员，观察机构的运作。但是，评估人员的主观判断也会影响评估结果的客观性。再次，根据政策执行机关所订的目标（如服务多少人次、举办多少活动等）评估绩效，或根据政府所订的规定（如多少家庭需一位社会工作者、多少人口需一个服务中心）评估政策执行是否符合标准。依据这些标准来评估较为客观，但是无法判断政策提供的服务对于人们的影响。最后，运用实验设计或准实验设计了解政策是否达到目标以及对人们的影响。然而，无论是实验设计或准实验设计都有其限制。以实验设计来说，随机分派人们到实验组或控制组可能限制了人们的自由，若真正有需要者被分派到控制组而无法接受服务，这也是专业社会工作者无法接受的。至于准实验设计，由于未使用随机分派，就无法控制外来因素对效果的影响；将政策推动地区与其他地区比较，虽然可发现地区间的差异，但仍然不易区分地区间的差异是由政策引起的还是因其他外在因素引起的。

研究者也可采用多角度方法，整合依靠多个方法搜集的来自政策制订者、执行者、政策对象的不同时点和场合的资料，由多个研究者共同研究，从而得出相对全面、深入、客观的结论。无论如何，社会政策评估是改善政策效果从而保障政策对象福利的必要手段。

综上所述，社会工作者应该把握社会政策的基本概念、一般过程及决策模式、相关理论观点及政策分析方法。对于从事间接服务（或宏观服务）的社会工作者而言，上述讨论应该有助于推动社会政策的发展。对于从事直接服务（或微观服务）的社会工作者而言，社会政策的相关概念和做法也与专业工作紧密相关，即：社会工作者可根据在第一线获得的经验，在政策决策过程的各个阶段中发挥不同的积极功能，以发现政府政策与服务对象需求间的落差，协助推动政策改善，使政策更能符合服务对象需求。

本章小结

1. 社会政策是指政府为影响人民生活福祉所采取的行动，包括提供有关医疗健康、住宅、社会保障、就业、家庭等社会福利的措施；政府制订法律规则，规范雇主、公私部门社会服务机构或其他相关单位等保障受雇者或服务对象的权益，并推动福利服务；政府透过税收制度来提供社会福利。

2. 社会保障政策是各国社会政策中最基本且重要的内容，包括社会保险、社会津贴和社会救助三大类。

3. 福利国家指政府保障每个国民的最低所得、营养、健康、住宅、教育之水平，其主要特征有：国家介入市场经济，国家保障每位国民最基本需要，福利是一种权利而非慈善，福利提供具有强制性、集体性及无差别性。

4. 根据去商品化程度与社会阶层化程度，可将福利国家区分为自由主义的福利国家、保守组合主义的福利国家和社会民主主义的福利国家三类。

5. 社会政策的一般过程包括界定社会问题、提出各种可能规划、政策合法化、政策执行、政策评估五个阶段，某个具体政策过程不一定依照五个阶段来发展。

6. 政府、市民和社会工作者在社会政策不同阶段的角色不同。

7. 理性模式、政治模式和渐进模式是社会政策决策的三种模式。前者旨在周全考虑并计算出各种政策因素后选择最佳政策；中者认为政策是权力大小相互影响与抗衡的产物；后者主张在现有政策和预算的框架下来思考如何改变政策。

8. 工业主义逻辑、新马克思的资本主义国家论、国家价值说、权力资源论、社会抗争论、扩散模型及国家中心论等都是解释国家社会政策形成的重要理论。

9. 马克思主义、民主社会主义、新保守主义和第三路线等社会福利和福利国家的理论对社会政策形成有相当大影响。

10. 女性主义对于社会政策的讨论主要环绕生育及照顾责任、经济依赖者等两个议题展开。自由主义派、社会主义（马克思主义）派、激进主义派、后现代主义派的女性主义看法自然各不相同。

11. 社会政策分析可分为描述分析、过程分析、解释性分析和评估四大类。

12. 描述分析主要陈述某项政策的内涵。出版年报或手册、讨论各种政策选择的可能性、比较分析和历史分析是描述分析的四个类型。

13. 过程分析着重于分析政策的制订过程中不同个人或团体如何影响政策，发现政策制订的动态、非直线的过程。

14. 解释性分析可运用于解释社会现象、社会政策发展的原因、社会政策的运作如何影响社会现象。

15. 政策评估就是分析政策的执行情况和落实效果。口头或书面的报告、实地考察、绩效评估、实验设计或准实验设计是常用的政策评估手法，采用多角度方法可得出相对全面、深入、客观的结论。

思考题

1. 何谓社会政策? 社会政策一般包含哪些内容?

2. 福利国家的三大类型是什么?

3. 社会政策的一般过程包含哪些步骤? 社会政策是否一定依循一般过程?

4. 选择一个社会政策, 分析其适用的决策模式?

5. 选择一个社会政策, 思考哪些解释社会政策形成的理论比较适用?

6. 在社会福利的基本理论观点中, 你比较赞同哪种观点? 作为专业社会工作者, 你觉得是否应该只赞同其中某个 (或某些) 观点?

7. 选择一个社会政策, 思考其忽略了哪些性别议题?

8. 选择一个政策议题 (如都市中贫穷问题), 思考你要运用何种政策分析方法来检视目前政策?

推荐阅读

Titmmuss, R. 著, 江绍康译 (1991), 《社会政策十讲》, 香港: 商务印书馆。

王卓祺、Alan Walker (1998), "西方社会政策概念的转变及对中国福利制度发展的启示", 载《社会学研究》第 5 期。

邓锁等主编 (2014), 《资产建设: 亚洲的策略与创新》, 北京: 北京大学出版社。

李钦勇 (1996), 《社会政策分析》, 台北: 巨流图书公司。

林万亿 (1994), 《福利国家——历史比较的分析》, 台北: 巨流图书公司。

梁丽清 (1999), "女性主义的社会政策观", 载李健正等人主编《新社会政策》，香港：香港中文大学出版社。

詹姆斯·E.安德森著，谢明等译（2009），《公共政策的制定》（第5版），北京：中国人民大学出版社。

DiNitto, D. M. (2000). *Social Welfare:Politics and Public Policy.* MA: Allyn & Bacon.

Espin-Andersen, G. (1990). *The Three Worlds of Welfare Capitalism.* Oxford: Polity Press.

Gilbert, N. & Terrell, P. (2002). *Dimensions of Social Welfare Policy.* MA: Allyn & Bacon.

Midgley, J. (2000). The Definition of Social Policy. In J. Midgley et al., (eds.). *The Handbook of Social Policy:* 3–10. CA: Sage.

Popple, P. & Leighninger, L. (2001). *The Policy-based Profession: An Introduction to Social Welfare Policy Analysis for Social Workers.* MA: Allyn & Bacon.

第十一章

社会工作研究

◆

通过本章学习，了解社会工作研究的主要内容、特点和伦理，把握社会工作研究的基本逻辑、一般程序以及质性研究和量性研究的程序和特性，熟悉实验设计、准实验设计、单案设计、问卷调查、观察、访谈、非干扰性研究等常用类型及其具体技术，并对项目评估的目标、类型和程序有初步把握。

社会工作研究（social work research）是社会工作和社会研究的交叉领域。社会工作研究有不同类型，这些类型都是社会研究的一般逻辑和过程模式的具体化。由于社会工作的特性，社会工作研究也在多方面体现出自身特点。

第一节 定义、特点、意义和伦理

社会工作研究是社会工作的重要系统。早期，社会工作研究主要采用社会学或心理学方法，注重调查研究。1950 年以后，社会工作方法的有效性开始引起关注。20 世纪 70 年代开始，评估研究进入社会工作研究领域。在社会工作研究中，质性研究和量性研究在不同时期受关注程度不同，源于两者的研究方法已得到了广泛应用。

1. 定义

社会工作研究是社会研究的有机组成，有两种不同的理解。其一，把社会工作当作社会现象和对象进行研究，既可以从其他学科角度也可以由社会工作学科视角进行探索（王思斌，1999：340）。其二，把它理解为针对社会工作专业的本质、为了发展社会工作而从事的研究工作（王思斌，1999：340；莫邦豪，2000：2；周月清，1994：231）。由于社会研究是包含研究者、研究对象和研究工具的有机架构，本书认为，社会工作研究是获取知识和发现事实的过程;在此过程中,社会工作及其他领域的理论与实务工作者使用社会研究方法,搜集和分析与社会工作有关的资料,协助达成社会工作目标。研究内容和研究目标与社会工作有关是社会工作研究的根本特征。

需求预估(needs assessment)、方案开发(program development)和影响评估(effect evaluation)是社会工作实务研究的三个重要部分。需求预估就是了解案主的信息,对其需要、问题及个人与社会环境原因机制有所把握,如,通过文献研究发现低保领取者的社会需要。方案开发就是利用专业知识,发展有效的服务方法、模式或政策,如,通过对医院义工的观察和访问,制订医院义工服务指南。影响评估就是了解所执行工作方案对解决案主及其社会问题的效果,如,评价政府创业激励项目的效果。由于上述三者与社会工作服务不同阶段有关又合成整个服务过程,因此,社会工作服务过程也应该是社会工作者的研究过程。

> 社会工作研究本质上也是一个获取知识和发现事实的过程。

2. 特点

社会工作研究既有社会研究的共性,也有自身特性。把握这些特性既有利于理解社会工作研究,也有利于推动社会工作专业的发展。(A)社会工作研究以弱势群体为主要对象。社会工作研究往往需要发现对象的独特性,这些对象除了拥有普遍需要外,还面临特殊需要。(B)研究者可以是资料的搜集者和分析者,也很可能是研究结果的应用者。很多研究源于社会工作者在服务过程中发现的问题,这些问题在经过探索之后可以为工作提供思路,社会工作者就成为研究者和成果使用者。(C)社会工作研究旨在同情和帮助案主而非研究人员的自身满足。社会工作研究必须真诚地关心案主,旗帜鲜明地为他们服务,帮助进而协助他们实现自助。(D)社会工作研究与实务及理论紧密相关。由研究目的看,资料分析只是研究的基础,推动实务才是其主要内容;社会工作研究与社会工作实践可以整合,他们的研究成果可以同

> 研究者与实践者可以是两个独立个体,也可以合二为一。香港中文大学社会科学院前院长周健林(2000)指出:"社会工作研究是自我评核、自我检讨和自我批判。"

时推进实务和理论的发展，研究者也因此成为成果使用者、知识创造者和传播者的结合体。

3. 意义

社会工作研究促进了社会工作实践的发展。早期的社会工作是一种慈善活动，在帮助有需要者时存在着科学性和助人效率等问题，正是研究推动了社会工作开始组织化帮助和专业化活动。在具体项目中，采用科学研究方法，有利于制订服务计划，也有利于在计划执行中修正工作技术和评价服务效果。因此，社会工作研究可以帮助弱势群体解决问题，满足市民需要和推动社会公平，是实现社会工作目标的重要手段。

社会工作研究也会推动理论进步。社会工作的有关理论和模型无不来自社会工作领域诸多人员的不懈努力。社会工作范畴的不断完善、丰富和进步显然以社会工作研究为基础。研究与实务的整合检验了原有理论，又推进了实务理论的演进。"实践为基础的理论"和"理论为基础的实践"显然都与社会工作研究紧密相关。

4. 伦理

社会工作研究是社会工作与社会研究的交叉领域，伦理是其不可回避的议题。

自愿参与和知情同意（voluntary participation and informed content）。自愿指"没有任何威胁和利诱下完全自由地选择"（Sieber，1992：19）；知情指参与者需要了解与研究有关的所有信息；同意指参与者"自愿同意"（Parry，1981），有能力自行决定且未受任何因素影响。当然，自愿参与也可能会破坏科学性，如，参与者完全被告知所有信息就可能使实验设计无法实现，实验设计与专业道德就可能存在矛盾。

参与者无伤害（no harm to the participants）。任何研究都可能导致伤害，如家庭暴力研究可能使参与者遭受更严重暴力，探索个人困境也可能让参与者回忆心理创伤，只关注研究而对问题解决漠不关心也是对被研究者的伤害。参与者无伤害要求在选题和设计的开始就要注意到可能给案主带来的危险；如有必要，在研究完成后可以对被研究者进行相关的心理辅导。

匿名和保密（anonymity and confidentiality）。匿名就是研究者在资料集中后删除某些个人信息，以让人无法分辨被研究者。保密则要求被研究者提供资料前、中、后无旁观者或不遇到他人，未经被研究者同意不向他人公开其资料，所提供信息让他人无法判断案主身份，成果发表需征得被研究者认可等。

研究者身份。研究者在伦理上不可以故意隐瞒身份或采用欺骗手段。但是，研究者如果提供真实身份就可能无法获得可靠资料。因此，倘若研究上有需要且已获有关部门允许，工作人员可凭借研究人员身份搜集资料，此为"实务上的欺骗"（周月清，2001b：523）。

价值中立。研究者应价值中立，避免倾向性。在研究主题的确定、研究设计、资料搜集和分析过程中，研究者客观地记录信息，不作任何诱导，不凭个人意志选用信息，客观报告分析结果。但是，社会工作研究很可能带有研究者的个人烙印。

研究结果的公开和分享。研究成果必须清楚介绍研究背景，不可有任何欺骗，应客观报告研究结果和研究不足，以供其他人士参鉴。研究成果也应与他人分享，因为提高研究效率、促进服务技术、改善案主福利是社会工作研究乃至社会工作的根本要求。

社会工作研究必须遵守社会工作的一般伦理，也要遵循社会工作研究的特殊伦理。"研究者身份"和"研究结果公开与分享"就充分体现了社会工作研究的特性。

第二节　研究逻辑与研究程序

社会工作研究是发现事实和获取知识的过程，而事实发现和知识获取则有一定的规律和逻辑。根据何谓知识及如何获得知识的理念，社会工作研究可区分为质性研究和量性研究，并体现为不同的研究过程。

1. 研究逻辑

科学研究旨在获得知识，知识可以分成两种（Rubin & Babbie, 1993：5）。大部分知识来自认同和相信，即在被告知其真实性且他人都认可时我们也予以认同，称为赞同性事实（agreement reality）。如，我们认为，社会福利有利于社会公正。小部分知识来自个人的直接经验和发现，称为经验性事实（experiential reality），如失业人士对心理压力有切身体会。科学提供了把赞同性事实和经验性事实整合起来的方法，对于那些未经历的事情，科学会用某些标准去衡量，并在其满足逻辑可信性和经验可信性后接受为知识。

拥有合理的研究思路和清晰的研究逻辑是高层次研究者应有的重要素质。

科学研究包含归纳推理（induction）和演绎推理（deduction）。（A）归纳推理是从观察到的资料出发，加以概括，从而解释观察到的事物之间的联系，是由经验上升为理论的过程。如，所有观察对象在失业后都有心理失衡现象，就可以据此认为失业会导致失业者失去心理平衡。（B）演绎推理是从某普遍法则出发，将其运用到具体事例，是在应用中检验理论的过程。如，根据社会支持理论，由他人处获得的支持信息有利于提高应变能力。我们就可以假设：失业者所得的再就业服务越多，其求职行为就越多。（C）归纳推理和演绎推理都有局限性。归纳推理只要出现一个反例就无法完成，它可以发现事物间的一定联系，但无法揭示具有普遍意义的理论。演绎推理主要采用三段论，大前提或小前提错误都会导致错误结论。

假设演绎法是科学研究的逻辑方法，是获取知识的逻辑载体，由旋进的归纳和演绎构成。其基本思路是：根据某个具体问题，寻找某个或某些参照理论，根据上述理论提出尝试性假设并将其具体化，然后进行观察以检验假设；如果检验结果与前述理论不一致，就说明该理论在说明该问题时有所不足，需要补充或修订，也可能需要提出新理论，然后根据新理论提出新的尝试性假设；再次进行观察、检验和修改；如此演进，直至理论完全解释所研究问题。其中，理论—假设—观察的过程是演绎推理，观察—检验—理论的过程是归纳推理。两者循环递进，克服了单用演绎推理和单用归纳推理的各自局限，发挥了两者优势，有利于减少错误、发现事实和获得知识。

2. 研究程序

（1）科学研究的基本程序

科学研究的基本程序体现为假设演绎法的一个周期，包括以下步骤（袁方，2000:81）。（A）提出问题和研究假设，即确定研究课题，选择理论，并通过对理论的演绎提出研究假设。（B）制订研究方案，即将课题具体化，确定研究方法和研究计划。（C）观察，即采用具体方法搜集资料。（D）整理和分析资料，即对事实进行归纳、概括或检验研究假设。（E）得出研究结论，即通过分析、抽象和综合得出理性认识。显然，前三个步骤归于演绎推理，后两个步骤属于归纳推理。

（2）社会工作研究的程序

社会工作研究可以类似于科学研究的基本程序，包含准备、搜集、研究和总结四阶段。准备阶段需要确定课题，在查阅文献或实地考察的基础上提出研究设想，制订研究方案。搜集阶段需要进行观测，获取相关资料。研究阶段必须审核以保证资料的客观性、准确性和完整性。整理就是把已审资料完成系统化和条理化工作；分析就是对已整理的资料进行统计分析、逻辑分析和理论分析（袁方，2000：321）。总结阶段首先要撰写研究报告，并以书面形式汇报研究问题、方法、结果，然后根据研究结果制订干预方案、推行相应实务。

社会工作研究的程序有其特性。由于问题和目标千差万别，某具体研究不一定照搬上述基本程序，不一定有明确的起点和终点，而可以从研究阶段的任一点开始和结束。研究成果往往直接应用于正在或随后进行的服务。由于研究者可以是资料搜集者、分析者和成果应用者，而且不少研究与实务同步，因此，原始任务可能有所变化，研究者要根据委托解决当时当地的状况，其研究过程比其他社会研究更具弹性和针对性。

（3）质性研究和量性研究的程序

质性研究（qualitative research）和量性研究（quantitative research）是不同研究范式（paradigm）。质性研究即依据现象学、解释学、社会互动论等理论，搜集和分析非数字化资料，描述回答者所经历的现实，探索社会关系。量性研究则基于实证主义和新实证主义方法论，在严格设计的基础上，采用量性测量手段搜集资料，并对此进行统计分析（Sarantakos，1993：6）。两种研究范式的差异表现于研究者与研究对象的关系、研究者相对于研究对象的位置、研究和理论之关系、研究策略、结果范围、描述事实的手法、资料特性等方面（Brannen，1992：4—9；Bryman，1992：93—104）。

质性研究的程序有自身特性。（A）它通过自然世界作真实世界的观察，适用于不熟悉的社会系统、无权威和不受控制的场景，较适合探索基本定义，适合探索较为特殊、变项都还未被仔细定义的题目，主要探索问题的深度或意义（简春安，2002：122—128）。（B）分析单元视研究题目与目标而定，可以是个人、团体、方案项目、整个方案、组织、社区、关键事件等。（C）对象多以

有一般过程但不死守一般过程是社会工作研究乃至社会工作系统的不二法门，这个法门依赖于社会工作的"实践智慧"。

社会工作注重"个别化"，使得质性研究近年来大行其道，在社会工作研究中占据重要地位。单案研究等体现"个别化"的研究方法也因此成为社会工作的重要方法。

非概率抽样获取，样本"有的只是以一个个案为研究对象者；有的访问了五六十个，甚至近百个个案；但大体上以20至40为样本者较多"（简春安，2002:144）。其主要方法有非结构式直接观察和访问等。（D）分析解释是研究的核心。质性研究注重事实的本质和整体性，以当事者视角看待事、物、人和环境，细致探讨人与人、人与事的互动。从大量资料中寻找意义、模型或架构，以获取最真实、最丰富、最具意义的信息，但是这些目标很少有能被一致接受的标准。（E）调查阶段较长并与研究阶段紧密结合。进入现场后，研究者要尽快与研究对象建立良好工作关系。在初步考察中发现问题，形成观察、访谈的内容和次序，并在资料搜集后进行整理，其资料整理过程也是分析过程。一般而言，资料分析需对研究目的进行再确认，在资料整理时按照主题或个案分类，单个案分析或跨个案分析是其常用策略。研究者要对上述主题或个案所及资料分别进行特质分析，然后通过引用固有或已存的概念、研究者自我感知、从固有类型中转型、研究者建构等方法作归纳性分析，并努力证明有关特质、组型、概念和架构，发现案主的主观理念、定义新概念和形成新假设，形成整体性建构，从而使得研究发现随研究进行而不断得到旁证、丰富、深化和完善。质性研究的灵活性较强，认识深入丰富，有助于发现事物的独特性。（F）研究成败与品质取决于研究者的技巧、训练、洞察力和能力。研究者需要综合分析力、判断力、创造力、洞察力和抽样思维能力，采用旋进思维。

量性研究与质性研究有许多不同。（A）它可以提供大量客观资料，确定成果的普遍性或代表性，并可以用来验证假设和理论，但不能完全照顾社会工作对象的独特性。（B）它适用于研究问题已有大量资料、资料搜集相对容易以及需要探讨变量关系的场合，资料搜集方法包含问卷、量表、测验等。（C）量性研究基本遵照科学研究的程序，"建立研究架构、确定调查指标、设计调查问卷、制订抽样方案和汇总统计资料是其关键步骤"（袁方，2000:92）。建立研究架构就是根据相关理论或初

质性研究和量性研究基于各自研究范式认定己方优点而指出对方缺点。多角度测量法可以整合两者，不但可使资料相互佐证补充，而且一个类型研究的不足也可能由另一类研究弥补或克服。此外，组合质性研究和量性研究还可以发现社会现象的异常部分，并提供全面深入的描述和理解，从而修正或丰富当前的解释理论。

步设想形成概念间的联系；确定调查指标就是将概念先细化为变量，再将变量体现为可测指标；设计调查问卷就是将研究问题及被研究者背景按一定原则组合于问卷之中；制订抽样方案要求确定选取调查对象的方法；汇总统计资料就是将原始资料进行审核整理，并利用统计技术进行分析。与质性研究注重调查不同，量性研究的成功"很大程度上取决于精心的准备和设计"（袁方，2000：94）。

社会工作的任何研究方法都可归入质性研究或量性研究的范式，两者并非互斥而是互补，研究者应根据主题、条件和特长等采用相应范式。就某个研究而言，虽然其程序有特殊性，但是社会工作研究的基本程序始终是具体研究的参照。

第三节 常 用 类 型

社会工作研究或者搜集一手资料或者搜集二手资料。前者包括实验研究（experimental research）和调查研究（survey），被研究者可能会受到研究者或研究场景的干扰；后者不接触被研究者，称为非干扰性研究（unobtrusive research）。

1. 实验设计

实验设计（experimental designs）就是用精密实验了解问题，基本逻辑是因果关系。因果关系的判断有三个标准：原因先于结果；两变量经证明存在相互联系；两变量间可观察的经验关系不能被第三变量解释。

标准实验设计包含三对要素（Baker, 1994）。（A）自变量和因变量。前者是实验刺激，后者是受试者反应，实验目的就是检验自变量对因变量的影响。（B）实验组和对照组。设立对照组旨在消除实验本身的影响。研究者要让这些组在实验前大致相似，组员选取可采用概率抽样或匹配组合，分组情况保密。（C）前测和后测。在实验前后分别测验实验组和对照组的因变量状况，实验组变化与对照组变化之间的差异视为自变量的效果。由他人进行测量并解释结果，这种做法由于可以避免研究者的倾向性而成为较好选择。

（1）实验室研究

实验室研究就是事先严密设计实施细节，然后在实验室进行研究。在此过程中，受试者被分为实验组和对照组，自变量刺激也完全在实验室内进行，对受试者反应予以记录。根据不同组的反应水平差异可发现自变量刺激的效果。

实验组和对照组可以随机形成，也可以匹配而得。随机选择需要概率抽样，掷硬币、随机数、奇偶数等都是常用手法。匹配过程可以随机，也可以非随机。匹配过程可通过定额分配矩阵达成，该矩阵则由所有相关特征构成。定额分配矩阵每个格中的一半对象归入实验组，另一半归入对照组，实验组与对照组就较相似。

实验设计旨在对影响因素进行控制，有前后测控制组设计（传统实验设计）、单后测控制组设计、所罗门四组设计等几种形式。

前后测控制组设计就是首先把对象随机分配到实验组和对照组，然后测量两组在某指标上的水平，再对实验组进行某种干预，此后对两组进行再测。实验组的前后变化与对照组的前后变化之间的差异就视为干预效果。如，研究者希望了解技术培训对提升就业自信心的影响。在将 20 位失业者分为相似的两组后，利用自信量表同测两组人员，实验组和对照组分别得 2.7 分和 2.8 分。然后，安排实验组参加求职技巧训练，对照组则不接受任何训练。再测发现实验组和对照组分别得 3.5 分和 2.9 分。结果显示：实验组得分增加 0.8 分，对照组得分增加 0.1 分，实验刺激净效果为 0.7 分。据此可以认为，求职技巧训练会提高就业自信心。

单后测控制组设计认为，随机分配过程消除了实验组和对照组最初的重要差异，从而后测所得的两组间差异反映了自变量影响。如，20 位失业者被分为相似两组后，实验组参加求职技巧训练，而对照组没有接受任何训练。后测发现实验组和对照组的自信得分分别为 3.5 分和 2.9 分。据此可以认为，求职技巧训练的效果为 0.6 分。

所罗门四组设计则整合了前后测控制组设计和单后测控制组设计。用随机方式把对象分为四个，对照组和实验组各两个。对一个对照组和一个实验组进行前测和后测。另一个实验组和对照组仅进行后测。如果前测确实引起某些结果，这些结果就可能通过两个实验组结果的比较和两个对照组结果的比较而得。如，20 位失业者分为相似的四组，控制组为 C1 和 C2，实验组为 E1 和 E2。首先，利用自信量表测试 C1 和 E1，得分分别为 2.8 分和 2.7 分。然后，安排 E1 和 E2 参加求职训练，C1 和 C2 则不接受任何训练。此后，C1、C2、E1 和 E2 的测量得分分别为 2.9 分、2.8 分、3.5 分和 3.3 分。比较 C1 和 E1，训练效果为 0.6 分；比较 C2 和 E2，训练效果为 0.5 分。据此可以认为，训练利于提升就业信心，前测对就业信心的影响是 0.1 分。

（2）实地实验

实地实验就是把实验置于真实场景，受试者按照事先设计完成某些要求，再分析效果。其步骤与实验室研究相同。如，社会工作者希望了解新环境对学童课堂参与的影响。她找到某教师上课的两个班，由一个班选取几位上课积极发言的同学，安排他们进入另一班学习。社会工作者发现，这些同学在另一班中该教师上课时的发言明显减少。可以认为，新环境会对学童课堂参与有所影响。

（3）成功设计的标准

实验研究成功与否取决于设计，实验设计好坏有一定的标准（简春安，2002:228—237）。这些标准包括：（A）是否回答研究主题？是否可有效地测量假设？（B）对外在变量或不恰当变

可能造成误差的因素有：历史、受试者自身成熟、熟悉测验内容、工具准确度、统计影响、不同组相似度不足、实验本身消极影响、因果次序等。研究环境包括：对测验的反应、对实验安排的反应、选择偏差、多自变量等。

量有无控制从而使因变量前后差异尽可能扩大？（C）可推论性如何？（D）研究过程是否有漏洞？可能造成误差的因素是否已排除？研究结果是否准确？研究环境是否受干扰？安排是否产生偏差？如果上述回答都是肯定的，那就是好的实验设计。

实验设计有其特性。其变量较清楚明白，自变量作用明显；规模有限从而节省资源；可有效控制实验场景和外在环境，排除影响自变量、因变量及实验过程的因素；测量工具较精确，误差较少。然而，实验设计场景是创造的，研究结果在社会中的适用性较低。

2. 准实验设计

由于将对象随机分配，有可能涉及专业伦理问题，因此，社会工作研究也可使用准实验设计。准实验设计（quasi-experimental designs）比实验设计的精度低，但仍可为因果推论提供适度支持。

（1）非对等控制组设计

非对等控制组设计就是发现一个与实验组表面相似的既存对照组，依托实验研究的技术进行分析。如，为评估针对青少年沉溺于网络的干预项目，研究者挑选了两个社区分别为实验组和对照组。两个社区的青少年沉溺于网络的比例都为15%，其他方面也较接近。对实验组的社区青少年每月进行一次有关网络负面作用的讲座，对照组则无上述安排。半年后，实验组和对照组的该指标分别为13%和17%，可以认为干预是有效的。

（2）简单时间序列设计

简单时间序列设计不要求有实验对照组。首先，在多个时点对因变量进行测量，然后进行干预，再在多个时点测量因变量的数值。如果干预前的因变量水平稳定，干预后的因变量水平变化且变化程度持续提高，就可以认为干预达成一定效果。如，复旦大学的社会福利制度课程最早主要采用教师教授模式，在开学后六个星期内该班积极回答教师提问的学生数每次约8人。主讲教师改变了策略，在此后的三次上课中各留半小时进行个人经验分享。从第十周开始又恢复原有的教师教授模式。主讲教师发现，从第十周开始，该班级积极回答教师提问的学生数分别为 11、13、13、16 和 17 人。可以认为，该班在第七到九周安排的经验分享对增加学生积极回答教师问题有积极影响。

（3）多组时间序列设计

多组时间序列分析就是将非对等控制组设计与时间序列分析结合起来，研究者在干预前后同时对实验组与非对等控制组的某变量进行若干次测量，对两组因变量的前后测量结果进行比较就可发现干预效果。如，某地邀请社会工作者设计了教学内容，对超速行驶者举办专题教学。评估者搜集了专题教育前后几个时期的交通事故死亡资料，发现对超速行驶者举办专题教学后超速行驶情况有所下降。与此同时，相邻地区的相应资料显示，这些地区该时期对超速行驶者的对策没有变化，他们的超速行驶情况也没有变化。可以认为，被评估地区对超速行驶进行专题教育对减少超速行驶情况有一定效果。

3. 单案设计

单案设计（single-subject designs）在行为研究中具有重要地位。巴甫洛夫的条件反射实验就是其重要例子。在人类行为研究方面，单案设计在 19 世纪 60 年代开始扩展，目前已成为整合社会工作研究和实践，增加实践导向研究，从而最终推进社会工作实务的重要基础。

（1）单案设计的含义

单案设计就是将时间系列设计应用到对单个对象干涉或政策的影响评估，也称单个案设计或单系统设计。其案主系统可指个人，也可是一个家庭、一个社区等。研究者首先针对单个对象的特定目标进行足够多的重复测量，该阶段称基线期。稳定趋势的出现是重复测量是否结束的标志。然后，研究者引入服务并继

单案设计研究单个对象，与社会工作注重案主独特性的理念完全吻合，因此，可以视为充分代表社会工作特性的研究方法。

续进行多次重测，本阶段称介入期或实验期。基线期的数据要与介入（实验）期的数据比较。研究者可把上述测量资料按时序画在一张图表上，在每个资料点间连上线段，判断数据变化趋势。如果数据趋势的变化点与基线期和干涉期的转换同时发生，一般可以认为干预发生了效果。

（2）单案设计的类型

AB设计。AB设计包括一个基线期（A）和一个介入期（B），能为那些对案主的影响还没得到充分验证的服务提供一些合理的、经验性的证据。如果不同AB设计对同样介入服务的研究结果保持一致，就进一步说明了这个介入的有效性。

ABAB设计。ABAB设计增加了一个基线期和一个介入期。通过介入服务撤离一段时间来设立第二个基线期。在第二个基线期确定了稳定趋势后再次引入介入服务。（A）如果第一个介入期中介入服务导致了目标问题的改善，在第二个基线期中目标问题将会恢复到原始基线期水平。当再次引入介入服务时，目标问题应再次改善。（B）有两个问题值得关注。一是伦理问题。如果情况返回到基线期，案主可能要承受痛苦和其他损失，迷惑不解，并可能破坏服务双方关系。服务者参加会议或休假可成为第二个基线期形成的自然机会。二是许多实践情况下对目标问题回复到基线期状况的假定可能不成立，因为第一次介入服务对目标问题可能有影响。为此，可能需要相对缩短第一介入期。一旦第二个基线期显示出逆转趋势，就可再次引入服务并希望再建改善趋势。当然，如果ABAB设计不断复制，结果趋向又不断出现，介入影响就得到进一步证明。

多基线设计。同时开始两个或多个基线期，在每个基线期测量不同目标行为，或通过在两个不同环境中或对两个不同个人测量同一目标行为。虽然每个基线期同时开始，但是在不同时点引入介入服务。因此，当对第一个行为、环境或个人引入干涉时，其他还都处于各自的基线期。同样，当对第二个行为、环境或个人引入介入服务时，第三个（如果多于两个）还处于基线期。其假设是：如果无关事件与介入服务同时发生且导致了案主改进，改善将同时出现在每一个行为、环境或个人的数据图表中。反之，如果是介入服务导致了改善，改善将对应于不同介入时点出现在每个图表中。

4. 问卷调查

（1）问卷调查的含义

问卷调查（questionnaire survey）就是依托问卷搜集和分析资料的方法。其中，问卷是被研究者态度、行为、状态等按一定顺序排列的问题组合。问卷有自填问卷和访问问卷两种。自填问卷分邮寄问卷、发送问卷和网上问卷三类，由被调查者填答。访问问卷有电话问卷和面访问卷两类，由调查员根据被研究者的回答进行填答。

正式问卷有一定结构。（A）封面信。旨在说明调查者身份、研究目的和内容、对象选择方法、保密原则，并署明研究机构。（B）指导语。说明问题细节及回答要求。（C）问题和答案。问题有态度、行为和状态三种：前者说明对议题的看法；中者代表实际行为状况；后者涉及人口社会特征、个人经历及其他信息。根据答案特征，问卷又可采用开放式问题和封闭式问题：前者需要被调查者自行填答；后者已有答案并要求被调查者选择。（D）编码。给每个答案予一个数字代码；调查前已有的编码为前编码，资料回收后完成的编码称后编码。

（2）问卷设计

问卷设计有其原则和步骤（袁方，2000:198—214）。问卷设计应该以回答者视角为主，让回答者认可，容易理解和回答，用时恰当；应该明确阻碍问卷调查的被调查者主观因素及其能力、经历、环境等不足；应整合研究目的、内容、样本特征和资料处理方法等因素，保证调查的可行性。在遵守以上原则的基础上，研究者需经三个步骤完成问卷。首先，进行探索性工作；通过文献回顾或实地考察认识研究问题。其次，设计问卷初稿；依托卡片法先将问题列出后再进行排序，或依托框图法先形成问卷结构再补充相关问题。再次，试用和修改。可将问卷初稿发放给专业人员和调查对象以获其主观评价；根据回收率、有效率、填写错误、不全状况等信息，进行语言、次序、题数等方面的修订，形成正式问卷。

问题和答案是问卷设计的核心。（A）开放式问题应注意空间大小；封闭式问题应关注答案的穷尽性和互斥性。（B）问题语言应简短明了，避免双重含义，不具有倾向性，不采用否定方式，对敏感问题注意提问方式（简春安，2002:332—334）。（C）题数适当。无论研究内容、性质、方法、资源、有无礼品、对象感兴趣等状况如何，回答问卷所花时间越短越好，一般在被调查者 20—30 分钟内完成为宜。（D）问题应按序排列。熟悉、简单、对方感兴趣、封闭式问题置于前面，行为、态度、背景、敏感的问题放在后面，从而有利于被调查者较快进入答题状态，提高问卷回答完整度。

> 所谓穷尽性，指答案包含所有的可能性。所谓互斥性，指不同答案并不交叉。穷尽性和互斥性是社会工作研究中的重要名词，在问卷答案设计、分组等多个场合都出现。

（3）资料的搜集和分析

资料搜集是问卷调查的重要阶段。在此之前，研究者须根据一定原则抽取调查对象，根据性别、年龄、经历等因素选拔合适人士担任调查员，然后对他们进行必要的培训和模拟。在调查员搜集资料的过程中，研究者必须派督导同步指导，以保证资料搜集的质量。

资料分析是资料搜集的后续工作。资料搜集以后，首先应该抽查回收资料，发现可疑问卷后，或放弃该调查员的所有问卷或进行重访；然后将资料输入电脑并进行多重检查，以保证资料的准确性。此后，对资料进行定量分析，描述单变量的集中和离中趋势，发现双变量间的关联状况，探索多变量间的关系。

（4）问卷调查的优缺点

问卷调查是社会工作研究的常用方法。采用匿名访问有利于获得真实信息；搜集较多人士的资料有利于中和个别人士的极端回答；搜集数据的内容、时间、格式基本统一，从而资料处理相对容易并便于比较分析；在同一时段访问众多对象则节省不少资源。然而，问卷调查要求调查员有较好素质，这在大规模研究中较难达到；问卷调查要求被研究者有一定文化，对地域、职业等有一定要求；某些类型的问卷调查中调查员无法当面指导和记录，填答质量可能难于保证。可见，综合考虑研究对象的特征、研究目的、资源可行性及相关因素，是问卷调查质量的重要保证。

5. 观察

观察（observation）就是利用感觉器官和其他手段搜集对象的资料，它并不简单地"看"，而需要研究者去"感受"。根据观察者是否融入被观察群体，观察分为参与观察和非参与观察；前者是观察者真正进入被观察场景，从内部进行感受；后者是观察者持旁观者身份搜集一般信息，一般用于探索性研究。根据过程控制程度，观察分结构式观察和非结构式观察；前者体现标准化，对象选择、范围确定、内容架构和程序安排都事先有明确计划；后者的诸多要素都是临时决定的。总之，根据具体情况选用合适方法是获取全面客观资料的前提。

观察准备包括思想、身体、知识和心理等方面。思想准备指如何在观察过程中集中注意力，因为观察需要视觉、听觉、味觉、触觉、嗅觉等感觉的应用；观察者需要足够知识；观察者心理也必须成熟，否则，可能会面临不必要障碍。

观察内容取决于研究设计和研究问题。研究者必须领悟情境脉络、目标、介入、接案、实施、历程、成果、成品、影响性等概念，使研究主题操作化，用敏感性概念来引导观察，根据研究主题的架构，强调某些事件、活动或行为的重要性。案主所处的自然环境、人文社会环境、方案过程和正式活动、非正式互动及计划外活动、方案或案主本土语言、行为语言、非干扰性的指标、计划文件等都是值得搜集的资料。

观察记录是质性分析的基础。观察记录应包括值得注意的一切内容，因为任何信息都可能为分析提供思路。说服被观察者接受当场记录或录音是一个有效记录手段，但也可能使他们望而却步。如果受访者不同意当场录音记录，研究者在每次访谈结束后应赶快回忆当时情境，做好事后记录。记录应标明基本资料（如地点、在场人员、自然环境、社会互动等），内容详细具体。除了记载所见所闻外，观察者感受、对事情进展反应、对事情进展的感触及思考等也应成为记录内容。

6. 访谈

访谈（interview）就是研究者探访被研究者并通过问答获取资料。依据接触程度，访谈有直接访谈和间接访谈，前者是社会工作者与案主当面交流，后者是社会工作者利用电话对案主进行访问。依据被访者人数，访谈有个别访谈和集体访谈，前者如督导与学生的个别交流，后者如督导对实习学生的团体指导。

结构式访问和无结构式访问是社会工作研究的重要技术。结构式访问就是按既定访谈指引向对象提问和搜集资料（如根据大纲了解政策制定者、原则和程序等信息），问卷调查是结构式访问的特殊形式。无结构式访问是"只给访问者一个题目，由访问者和被访问者就这个题目自由交谈"（袁方，2000:259），交流议题在双方互动过程中逐步形成。

非正式会话式访谈、引导式访谈和标准化开放式访谈是质性研究的三种访谈形式。前者没有预定的主题或文字资料，问题在自然进行中临时想起；研究者以不同问题从不同受访者处搜集信息，资料分析缺乏系统性或综合性。中者事先预备访谈纲要，在实际访谈时依情境决定问题的次序及字句，有助于系统性整理，但一些重要且突出的议题可能被排除。后者事前规划问题内容、字组与顺序，受访者按标准化字句与顺序回答，资料容易比较，但弹性极小。在质性研究的访谈中，受访者的经验与行为、意见与价值、感受性的资料、知识性问题、感觉等都是值得了解的领域。

深度访谈（in-depth interview）和焦点小组（focus group）是常用访问手段。深度访谈就是研究者与研究对象间反复面对面交往，借研究对象视角把握其用自己语言表达的生活、经历和状况（Minichiello，1990：87）；可较深入搜寻对象的特定经历和动机的主观资料，体现个别化原则。焦点小组是一种集体访问，是将许多对象放在一起同时进行访问。"访问过程不仅是访问者和被访问者的社会互动过程，而且也是被访问者之间的社会互动过程"（袁方，2000:263）。焦点小组的规模不宜太大（十人左右），事先应告知主题、要求、时间、地点等，主持人应采用语言技巧穿针引线，激励成员自由发言，积极表达意见，不批评是其重要原则。焦点小组可以发挥团体动力，通过多层次互动，启发、补充、修正与主题相关的资料；但是，由于存在群体压力，对敏感问题采用此法就存在不足。

访谈过程有特定工作技术。研究者要根据目的选择方法，确定对象后了解其特性，并拟订程序表。在正式或非正式联络后，就可以进入访问。良好的过程控制是研究者获取资料的关键。语言、表情和动作是过程控制的三种技术。语言控制即以中立态度和灵活语气对对方原话进行转述、追问和插话；表情控制即用面部神态向被访者传达认可、疑问、鼓励等信息；动作控制即用行为和身体语言表达个人感受。前言陈述、转移形式、直接宣告、探问和追踪、增强与回馈都是可应用的过程技术。耐心、细微、理智、平等、中立、不讨论是过程控制的重要守则。在访谈中，研究者应在对方同意后当场或事后记录其语言、居住条件、邻居状况、观点、行动、有意义词语等信息，并同步进行评价性思考。

访员素质是访谈成败关键，对其选拔和培训极为重要。社会工作研究特别关注伦理问题，访员选拔首先以诚实、礼貌、公正、认真、负责、耐心为标准，在具体情况下根据要求考虑性别、年龄、教育等因素。访员选拔之后要进行必要的训练，介绍背景、讲解要求、模拟访谈、讨论可能遇到的疑难问题和安排督导。访谈效果完全取决于访员的个人实力。

访谈比较适用于实地研究尤其是个案研究。其优点是适应面广、弹性大、利于发挥双方主动性和创造性，对变化也可及时回应，因此，可获得比较深入的资料。其缺点在于主观作用强、规模小，不便涉及敏感性问题（袁方，2000:276—278）。

7. 非干扰性研究

非干扰性研究（unobtrusive research）是不接触研究对象的研究技术，工作对象不受研究过程和场景的影响而变化是其根本特征。现存统计资料分析、历史或比较分析、内容分析是其常用方法。

（1）现存统计资料分析

现存统计资料分析（analyzing existing statistics）就是对既有统计数据进行剖析以进一步发现信息，可以直接达成研究目的，也可以为大型研究提供背景资料。

现存统计资料可能存在有效度和可信度问题（Rubin & Babbie, 1993: 415）。前者即资料是否反映了研究对象的真实信息，后者即资料在不同时间、地点是否接近或一致。现存统计资料也可能并不覆盖研究者感兴趣的内容，测量手法可能并不有效代表所测的变量和概念。因此，研究者必须首先对资料进行审核，以保证分析质量。

统计资料审校要完成如下工作。（A）了解其来源、目的、方法、整理和分析技术，以对其背景有全面把握。（B）了解资料的指标定义、分组、统计范围等信息，从而判断其可比性（袁方，2000:303—304）。如，街道贫困人口变化既与街道区划调整有关，也与贫困人口界定有关。（C）对可疑资料进行逻辑检查和重复检查（Rubin & Babbie, 1993: 419—422）。研究者可采用多角度方法整合不同研究者、不同时间、不同方法获得的同一主题的资料，以发现可靠资料和校订有关信息。

在实验研究、统计调查和实地研究中，研究对象都会在有意无意中发生变化，从而使研究者搜集的信息可能与实际情况存在偏差。

现存统计资料分析应注意几方面问题。首先，分析单位往往不是个人而是群体甚至国家。如果用群体层次资料反映个人行为模式，就出现层次谬误。其次，指标属于不同测量层次，在探索多变量关系时应关注统计技术的前提是否满足，从而使用恰当指标。在分析准备和实施中充分关注所有统计陷阱，是发现客观事实和把握真实联系的根本要求。

（2）比较法

比较法有历史分析（historical analysis）和比较分析（comparative analysis）两种，目的"是寻求发现发生在不同时间和地方的事件的共同特征。力图超出他人的发现，根据原始数据提出自己的结论"（Rubin & Babbie, 1993：424—426）。

比较法以现存非统计资料为研究对象。这类资料包括案主的个人资料和个案记录、公共资料、服务机构资料、政府资料、学术机构报告等。这些资料可归入初级资料和次级资料两类：前者指对某些事件的第一手记录，如日记、会议记录、目击证词等；后者是依赖于初级资料对过去现象进行描述，如新闻评论。

避免资料错误是比较法的关键。初级资料可能存在错误，如：案主可能提供不明确信息；次级资料则在初级资料偏差甚至错误时重复其错误，导致研究者的视角偏差。因此，必须对分析前资料进行审核。对初级观察资料，要关注其是否严格按照调查提纲获得，如果资料由多种方法和角度获得就应进行比较，并注意观察时间的长短；对初级访问资料，要关注被研究者的态度、熟悉程度等状况；对于次级资料，应搞清文献的作者和出版者的背景，注意文献编写时间，留心伪造文献（袁方，2000：300—303）。其实，无论初级资料还是次级资料，采用多角度方法是防止错误的有效手段。

比较法应遵循有关原则（袁方，2000：385—386）。一是横向与纵向比较结合。如，比较不同城市的社区照顾模式以发现其影响机制；比较不同时期失业人口变化以说明就业政策效果。二是比较共同点和差异点。三是注意可比性。如，评价不同街道的社区教育成效，除要比较任务完成状况外还应比较区位和资源状况。四是发现和比较本质的异同。

由于与研究对象的非接触性，在资料可靠时，比较法有利于对事物进行区分和概括，发现有价值信息，建立一般理论概念。然而，这种方法只是有限地认识事物间联系，无法详细解释事物变化的原因。因此，在必要时应与其他方法结合使用。

（3）内容分析法

内容分析法（content analysis）是将质性资料转成量性资料的方法，由不同内容的编码和列表分类等工作组成；它要求研究者首先形成因变量的操作定义，然后细化所测内容，再开始观测、分类和记录，从而发现变量特征和不同变量之间的联系（Rubin & Babbie, 1993：406—407）。

编码和抽样是其最重要工作。首先，编码必须提炼概念结构，对变量进行概念化和操作化。编码还要确定分析单位，单词、短语、句子、段落、节、章、书、作者、书籍等都可成为分析单位。其次，建立抽样框并采用随机方法抽选若干单位。其中，抽样单位不一定等同于分析单位。如：以社会工作者为抽样单位了解案主的情况，案主就成为分析单位；抽取案主并了解其自身情况时，分析单位就等于抽样单位。然后，对抽中单位依托概念化和操作化后的分类方法进行编码。直接可见的文献内容称为显性内容，编码可采用类于标准问卷的编码方法；非直接可见但含于信息中的内容称为隐性内容，编码依赖于对内容理解的深度和专业性（Rubin & Babbie, 1993：410）。编码必须采用数字形式，并有必要将变量的编码汇总成册，根据编码手册就可初步分解文献内容。

内容分析法的资料分析比较复杂。（A）显性内容的输入和分析类似于问卷调查。如，某社会工作者的案主治疗中有七成个案采用行为疗法，另一社会工作者对同样情况的处理只有四成采用行为疗法，这表明前者比后者更倾向于行为疗法。（B）隐性内容的分析并不完全通过频数，而需要把握字里行间的内在含义。例如，有作者指出"女性预期寿命居然比男性长四岁"，这显示了作者较难认同女性优于男性的事实。由于隐性内容的分析较复杂和精深，研究者的洞察力、逻辑能力显得极其重要。（C）在依据一类单位无法发现有价值信息时，可变换为其他抽样单位。（D）资料分析可信度和有效度较难得到保证，因为两个人的解释、个人在不同时点的解释都可能存在差异。最好方法是采用两种以上方法，从而保证观测单位由不同方法分析中得到相同信息。如果两类方法得出的信息相当接近，最终信息可能反映了两个独立方法的信息，否则，可能需要重新考虑理论的概念化。

内容分析法有自身特性（Rubin & Babbie, 1993：410）。其不足在于必须对资料进行专门编码，只依托现存信息的结果准确与否不得而知。其优点是不影响研究对象，从而消除了研究本身可能导致的偏差。由于其非接触性，资源比较节省，一人就可完成。本法的资料比较安全，可以重复、重新编码，弥补失误，也可以进行纵向分析。

第四节　项目评估

Accountability 在中国应如何翻译才体现其本意？

项目评估（program evaluation）可以"追溯到公元前 2200 年的古中国"（Rubin & Babbie, 1993：537）。系统化的项目评估方法发端于 20 世纪初；20 世纪 50 年代，预防社会问题的需要使项目评估广泛发展；20 世纪 70 年代后期，由于福利经费短缺，项目评估日益受到关注；近年来，由于"问责"（accountability）潮流和管理主义的兴起，项目评估在社会工作中占据了日益重要的地位。

1. 定义

项目评估是利用不同的研究方法和设计，对社会干预和人类服务项目的概念化、设计、策划、行政、执行、效果、效率和效用等方面进行诊断和提升（Rossi & Freeman，1982）。项目评估涉及投资者、服务机构和公众三类主体。投资者希望了解项目是否达到预期目的，其社会效果如何，但项目质量有时并非投资者的唯一目标。公众希望了解服务项目的覆盖情况及消费者评价。服务机构则希望把握项目诸多方面的优劣。政治性、信仰和价值观可能会影响项目评估的科学性。它们不仅影响方法论和解释，而且影响其结果是否被利用，如何被利用，其利用逻辑如何（Rubin & Babbie，1993：539—540）。

项目评估可以有三个目标（Rubin & Babbie，1993：545）。（A）评估项目的最终成功情况，即了解干预对解决案主及其问题的效果。如，评判创业激励项目帮助多少人尝试了自我创业。（B）评估项目执行中的问题。如，工作者根据组员反应调整小组技术。（C）评估项目策划和开发所必需的信息。如，通过社区调查发现居民缺乏照顾老人的知识。当然，研究者可以根据需要，追求一个或多个目标。

2. 类型

项目评估类型可有多种划分方法。简春安认为，项目评估有需求性评估、评估性评估、过程评估、结果分析评估、成效分析等几种（2002:290—298）。鲁宾和巴比认为，项目评估有总结性评估和影响评估两种（Rubin & Babbie，1993：545）。前者涉及项目或决策的最终成功情况，从而决定项目是否采用或继续；后者旨在获得有利于项目策划和改善执行和表现方面的信息。沙狄希（Shadish，1991）将项目评估分为可操作的解决问题模型、可一般化的解释模型和股东服务模型。他认为三者互不排斥（Rubin & Babbie，1993：561—563），前者以大众利益为首，可能测试多种计划以发现最佳方案；中者相信许多模型都有效，但它们在不同环境下的效果存在差异，工作者应努力寻求导致不同结果的变量;后者认为评估符合股东需求时对社会问题影响最大，股东应成为项目经理、服务消费者、提供者等多种角色。可见，采用何种划分法取决于学者或实务工作者的个人取向。

由于任何评估都在实务过程某时段进行，因此，项目评估也可划分为服务前评估、服务中评估和服务后评估三大类。

服务前评估有需求预估（needs assessment）和方案开发（program development）两种。需求预估指社会工作者"诊断所需舒缓议题的范围和领域、目标人口的特征、问题、表达性需要和欲望，从而指导项目的计划和开发"（Rubin & Babbie，1993：557）。如，考察发现，居民普遍感到卫生状况不佳，从而改善环境就是居民的社会需要。关键线人、社区论坛、社区调查、社会指标都是界定需求的手法。为真正把握案主的需要项目、需求量、需求程度，可根据实际情况组合上述方法及其他方法。方案开发就是在若干候选计划中选取合适的方案。（A）在完成需求预估后，根据某些指标排列需要的优先次序，确定核心需要。研究者必须意识到，人的发展比物质发展更重要，市民共同需要和根本需要比其他需要更紧迫。（B）把握满足这些需要的多个模式并预测其各自效果。（C）形成工作方案。研究者整合各方利益、行政、财务、时间、工作者特性、职业操守等因素，选择某工作方案或整合工作模型。（D）针对目标形成各种专门性计划，配套制定不同层面的可量度的操作目标。计划必须符合实际，有能力解决问题，细致确实，可适应预测外变化和具有整体性。显然，形成合适的工作方案是服务成功的关键。

服务中评估是一种过程评估（process evaluation）。

服务中评估就是评价实务过程相关活动的状况，是一种动态评估。"由评估者自己直接观察，总是比较容易了解每个过程进展的结果。评估者也应该在评估进行期间，随时检查各种各样的报告，以便能了解方案施行所产生的变化"（简春安，2002：294—295）。评估者可以搜集工作者的工作记录，了解其特征和背景、与案主的接触次数、地点、资源、阶段性目标、新问题等；也可以直接接触案主，了解其接受服务时的感受、认识、想法。

社会工作者在提供服务时最好同时成为评估者，从而有利于了解参与者回应、社区其他组织态度、资源变动状况、执行效果、目标与方法接受度等，滚动修订计划，保证服务顺利。

服务后评估是对服务效果进行评判，有结果评估（outcome evaluation）和效率评估（efficiency evaluation）两种。结果评估就是比较服务前后服务对象的变化，判断项目是否有效实现计划目标。如，对医院义工进行小组工作以帮助其了解相关知识、强化能力和团队精神。训练后，小组成员对社会工作和志愿服务、价值观、义工功能及角色等方面的了解有所改变，掌握了把握病人需求，进行探访服务的技巧；自信心和积极性也有提高；可以认为小组工作有一定效果。结果评估可以反映变量的变化，但其社会和政治涵义无法反映，也未考虑到工作过程的投入状况。因此，根据服务投入和结果而综合评价服务成效的手法应该更有全面性和更具说服力。

效率分析就是将干预结果与服务投入进行比较。上例中，如果两个社会工作者分别主持的小组工作都达到了上述结果，但是第一组的工作投入较少，其服务效率就较高。可见，效率分析需要估算服务的投入，这些投入就是服务成本。与经济学以货币为基础计算有所不同，社会工作的成本与结果难以货币化，社会工作成本和结果的多元化和多层次组成是效率评估和结果评估的困难所在。

项目评估是社会工作实务的特色，社会工作服务应该在不同阶段采用相应评估类型，理想的社工服务应该是自始至终的评估过程。

> 评估究竟是始于需求评判还是始于项目执行，智者见智，仁者见仁。如果是前者，评估就可以有本书所及的服务前、服务中和服务后之分类法。如果是后者，评估就可以有过程评估和结果评估两分法。

> 根据香港中文大学社会工作学系区初辉教授的研究，就服务机构专业人员而言，"效率"作为"工程概念"甚于"数学概念"，不同工作者对如何"有效"地推行同一政策有各自的理解。

3. 步骤

项目评估包括准备、设计和执行等步骤。（A）评估准备就是根据委托方的要求，进行理论和经验资料准备和实地考察，确定具体评估目标。（B）评估设计就是制订评估方案，需完成确定对象、选择方法、选择工具、搜集资料、分析资料、经费预算和进度安排等工作。需求预估主要以潜在案主为信息来源，方案开发主要以评估者或其他研究者为咨询对象，服务中评估依托对案主、资助者和工作者自身反思等信息整合，结果评估和效率评估则可依靠案主、资助者、工作者、普通市民等提供有关感受。实验法、问卷法、访问法、观察法等都可用来进行资料搜集和分析。如果评估者采用多种方法，其客观性和公正性应更好。（C）评估执行则完成资料搜集、资料分析、结果解释与应用等工作。分析成败原因具有特殊价值。相互比较是评估者和研究者的常用思路，因为变量和指标可能没有绝对标准。与此同时，评估结果也并不一定能被应用，表达方式也可能由于结果与常识不一以及既得利益者的反对而不被理解。诸多人士的共识是：发现潜在案主的根本需要、案主回应、案主变化及其效率固然重要，但是发现其原因和作用机制对积累经验、改善服务，甚至提炼理论更加重要。

对于项目评估的类型、影响因素、变量的组成和估算、评估者角色、评估伦理等相关议题，专业人士见仁见智。这些议题在社会工作发展过程中得到关注的程度越来越高。这正是项目评估重要性的体现，因为客观把握最大多数人的根本需要，改善和提升社会工作者的服务，正是评估者、研究者乃至所有从业人员追求的重要目标。

本章小结

1. 需求预估、方案开发和影响评估是社会工作研究的三个部分，社会工作服务过程也应该是社会工作者的研究过程。

2. 社会工作研究以弱势社群为主要对象，研究者可以是资料的搜集者、分析者和研究结果应用者，其主要目标是同情和帮助案主。

3. 社会工作研究伦理涉及自愿参与和知情同意、参与者无伤害、匿名和保密、研究者身份、价值中立、研究结果的公开和分享等方面。

4. 社会工作研究包含准备、调查、研究和总结四个阶段，某项具体研究则不一定照搬上述程序。社会工作研究的成果很多情况下直接应用于正在或随后进行的干预，研究者可以是资料搜集者、分析者和成果应用者。

5. 质性研究和量性研究是两种研究范式，其差异表现于研究者与研究对象的关系、研究者相对于研究对象的位置、研究和理论的关系、研究策略、结果范围、描述事实的手法、资料特性等方面。质性研究注重事实的本质和整体性，以当事者视角看待事、物、人和环境，细致探讨人与人、人与事的互动。从大量资料中寻找意义、模型或架构。但是，这些目标很少能够被一致接受的标准。质性研究的准备阶段较短，调查阶段较长，并与研究阶段紧密结合。量性研究基本上遵照科学研究程序，建立研究架构、确定调查指标、设计调查问卷、制定抽样方案和汇总统计资料是其关键步骤。

6. 实验设计的基本逻辑是因果关系。因果关系有三个标准：原因先于结果；两变量存在相互联系；两变量间关系不能被第三变量解释。

7. 实验设计包含三对要素：自变量和因变量；实验组和控制组；事前测验和事后测验。

8. 实验设计旨在对影响因素进行最大限度控制，有前后测控制组设计、单后测控制组设计、所罗门四组设计等几种。

9. 成功实验设计的标准包括：是否回答研究主题？是否有效测量假设？对外在变量或不恰当变量有无控制从而使因变量前后差异尽可能扩大？可推论性如何？研究过程是否有漏洞？造成误差的因素是否已排除？研究结果是否准确？研究环境是否干扰研究？安排是否产生偏差？

10. 常用的实验设计有非对等控制组设计、简单实验序列设计和多组时间序列设计等几种。

11.单案设计就是将时间系列设计应用到针对单个对象干涉或政策的影响评估，样本单位只有一个，常用类型有 AB 设计、ABAB 设计和多基线设计等几种。

12.问卷调查就是依托问卷搜集资料的方法，其结构包括封面信、指导语、问题和答案以及编码四个部分。问卷设计应该以回答者视角为主，让回答者认可，容易理解和回答，用时恰当；应该明确阻碍问卷调查的被调查者主观因素及其能力、经历、环境等方面的不足。问卷设计分进行探索性工作、设计初稿、试用修改三个步骤。问卷设计时，针对开放式问题应注意空间大小，封闭式问题应关注答案的穷尽性和互斥性，问题的语言应简短明了，避免双重含义，不具有倾向性，不采用否定方式，对敏感问题也要注意提问方式。

13.观察准备包括思想、身体、知识和心理等方面，内容涉及案主所处的自然环境、人文与社会环境、方案的过程和正式活动、非正式互动和计划外活动、方案或案主的本土语言、行为语言、非干扰性指标、计划文件等方面。记录包括值得注意的一切内容，除了所见所闻外，观察者感受、对事情进展的反应、对事情进展的种种感触及思考等也应予以记录。

14.结构式访问就是按访谈指引向对象提问，搜集所需资料；无结构式访问是只给访问者一个题目，由访问者和被访问者就这个题目自由交谈。

15.非正式会话式访谈、引导式访谈和标准化开放式访谈是质性研究的三种访谈形式。前者在访谈之前没有任何预先决定的问题主题或文字资料，访问问题都是在自然进行中临时想起的；中者事先预备访谈主题的纲要，在实际访谈时依情境决定问题次序及字句；后者事前就把问题内容、字组与顺序做好规划，受访者按标准化字句与顺序回答。

16.深度访谈就是研究者与研究对象间反复的面对面交往，借研究对象视角把握他们用自己语言表达的生活、经历和状况。焦点小组是将许多对象放在一起同时进行访问。

17. 访谈过程有特定工作技术,语言、表情和动作是过程控制的三种技术,前言陈述、转移形式、直接宣告、探问和追踪、增强与回馈等都是可用的过程技术。

18. 社会工作研究的访员选拔首先以诚实、礼貌、公正、认真、负责、耐心为标准;在具体情况下,根据要求考虑性别、年龄、教育等因素。访员选拔之后需要进行必要训练。

19. 非干扰性研究是在研究过程中不接触研究对象的研究技术,有现存统计资料分析、历史或比较分析、内容分析等几种。前者就是对既有统计数据进行剖析,进一步发现其信息;中者旨在寻求发现发生在不同时地事件的共性,力图超出他人发现;后者是将质性资料转换成量性资料的方法。

20. 项目评估可以评估服务项目的最终情况、项目执行中的问题、项目策划和开发所需的信息。项目评估可分为服务前评估、服务中评估和服务后评估三类。服务前评估有需求预估和方案开发两种,服务中评估就是评价实务过程中相关活动的状况,服务后评估有结果评估和效率评估两种。理想的社会工作服务过程应该是自始至终的项目评估过程。项目评估的基本程序包括准备、设计和执行三部分。

思考题

1. 社会工作研究的特性有哪些?
2. 社会工作研究应该注意的伦理守则有哪些?
3. 质性研究和量性研究范式的差异有哪些?
4. 实验设计中判断因果关系的标准有哪些?
5. 标准的实验设计包含哪些要素?
6. 举例说明前后测控制组设计。
7. 举例说明单后测控制组设计。
8. 成功实验设计的标准有哪些?

9. 举例说明非对等控制组设计。

10. 举例说明简单实验序列设计。

11. 何谓单案设计？

12. 问卷设计的原则和步骤有哪些？

13. 简述观察准备和观察内容。

14. 简述质性研究的三种访谈形式。

15. 访谈过程的工作技术有哪些？

16. 非干扰性研究的类型有哪些？

17. 简述项目评估的三种类型。

18. 简述项目评估不同阶段的任务。

推荐阅读

李沛良（2001），《社会研究的统计应用》，北京：社会科学文献出版社。

周月清（1994），"社会工作实务研究法"，载《中国社会工作教育学刊》第 3 期。

莫邦豪、周健林编著（2000），《社会工作研究的经验》，香港：社会工作人员协会。

顾东辉主编(2009)，《社会工作评估》，北京：高等教育出版社。

顾东辉（2015），"社会工作研究"，载王思斌主编《社会工作综合能力（中级)》，北京：中国社会出版社。

简春安、邹平仪（1998），《社会工作研究法》，台北：巨流图书公司。

Gillespie, D. F. (1995). Ethical Issues in Research. In Editorial Board. *Encyclopedia of Social Work* (19th ed.): 884–893. Washington DC: NASW Press.

Rubin, A. & Babbie, E. (1993). *Research Methods for Social Work* (2nd ed.). Pacific Grov: Brooks/Cole publishing Company.

第十二章

社会工作：年龄视角

通过本章学习，了解儿童、青少年、老年的适龄行为、认知特性和面临的危机，把握他们所处社会环境中的重要系统的多方面作用，领悟生态系统理论、个人与环境交流的理念、结构功能主义、冲突学派、社会交换理论、撤离理论、活动理论等不同社会工作理论，了解针对不同年龄段的常用社会工作宏观和微观手法。

社会工作的核心对象是弱势人士。由于按年龄划分的社会工作较清晰简明，而儿童、青少年、老人相对于成年人而言又处于弱势。因此，本章将对儿童社会工作、青少年社会工作和老年社会工作进行简单说明。

第一节　儿童社会工作

实务工作者服务儿童时常面对其家庭，因此，讨论儿童社会工作必须涵盖家庭社会工作的有关理念。

儿童社会工作（social work for the children）涉及成长发展理论、系统与交互概念等方面，它具有事半功倍的效果，可尽早协助个人步入健康轨道。

1. 成长发展理论

儿童有其适龄行为，决定其发展的因素包含生物与基因等方面，文化环境对其生活经验也有许多影响。

（1）受孕与新生儿阶段

受孕是儿童形成的最重要时期。母亲的年龄、健康、饮食、情绪、压力、药物使用等都对胎儿产生影响。分娩时胎儿头部缺氧或头部不正会产生头盖出血而死产、智能障碍、脑性麻痹等现象，早产或发育不良也常导致新生儿并发症和体重不足等问题。

实务工作者在协助早产儿时需与初为父母者沟通。早产儿或体重不足的新生儿常与贫穷及低教育水准、高失业率、未婚妈妈等相关。实务工作者应思考胎儿的生理、心理、社会等情境，其中的社会环境可能包含众多危险因素。贫穷家庭、失业、不利居住环境、母亲酗酒、父母有精神病等都可能使新生儿不易存活。实务工作者必须改善新生儿所处的社会环境，才有可能增加其存活机会。

（2）婴幼儿时期

婴幼儿的身体发展极为迅速，其肢体发展顺序为抬头、翻身、坐起、爬行、攀附站起、独立站起、拉着物体行走等。有些婴幼儿存在严重智障，无法触摸、爬行、抬头等。实务工作者需给予其父母一些生理上的判断方法，让他们知道如何刺激婴幼儿以早期发现和治疗。婴幼儿时期会面对跌倒、中毒、窒息、溺水、烫伤等生理危机，对一些疾病不具免疫力，易感染水痘、破伤风、百日咳、肠病毒等疾病，专业工作者应给其父母以相关的疾病预防知识。

在心理层面上，埃里克森认为，婴幼儿会存在信任与不信任的危机，其最重要的心理状态是鲍尔伯（Bowlby）在1958年提出的依附（attachment）心理。婴幼儿能辨认谁是照顾者，在生存本能上与父母亲产生依附关系，当母亲以抚育姿势抱起婴儿时，婴儿会面对母亲且感受安全感。艾斯沃斯（Ainsworth）在1978年的实验发现，婴儿的依附反应有三种形式。（A）安全型依附（secure attachment）。婴儿以母亲为安全基地，在探索游戏室时会意识到母亲的同在，会不时查看以确定需要时母亲在旁。母亲离开时，婴儿会哭或抗议。母亲回来后，婴儿会靠近母亲以取得安慰，并与母亲有肢体接触。（B）焦虑型依附（anxious attachment）。不喜欢探索游戏室的事物，母亲离开时会很生气，哭了很久后待母亲回来时，婴儿会寻求肢体接触，但也可能即刻推开甚至打母亲，不易被安抚。所以，此类婴儿不够信任母亲，而且不相信母亲能满足自己的需要。（C）回避型依附（avoidant attachment）。这类婴儿不太在乎母亲的离开，也不以母亲为基地，行为举止视母亲不在场，眼神不太与母亲接触，也不会试图吸引母亲的注意，对母亲的离开或回来毫无反应。其实，婴儿、母亲

阿美在怀孕第26周时有早产征兆，宝宝31周出生，仅重1 134克，目前在新生儿看护中心。阿美夫妇接触宝宝时有些害怕，不知所措且担心自己养育宝宝的能力。该个案中，社会工作可思考胎儿的生理、心理、社会等情境。家庭支持很低可能间接影响新生儿的适应。可以由专业人员家访以减低家庭压力，强化家庭功能，改善压力，教导子女教养知识，培养社会支持网络，以提供给父母亲处理压力与愤怒的方法，避免危机的情境与技巧。

与家庭都可能影响依附关系的形成。如早产儿就不太会与照顾者互动，对周围事物也少有回应；未成年母亲由于本身还属于成长期从而无法与孩子有很好沟通，他们对孩子的行为解读与回应也有所不足；家庭婚姻稳定与否影响婴儿与母亲的互动依附，伴侣若多给些支持，则母亲与婴儿间的依附会更稳固。

婴幼儿的认知发展属于皮亚杰所指的感觉动作期。他们由随机反射的动作发展出目标取向行为，且可将某人或事物的印象存留于脑海。皮亚杰将感觉动作期分为反射动作、主要循环反应、次要循环反应、次要基模协调阶段、三级循环反应、具象思维的开始。配合认知的发展，婴幼儿开始学习如何与外界沟通。通常，婴幼儿由口语发展开始，语言学习与表达呈现出情绪与态度。在这段时期，父母亲应该给予社会规范与认知教育，让婴幼儿知道如何"分离与个别化"的自我中心概念。

婴幼儿时期可能会面对复杂的家庭。如，父母离异时，婴幼儿多半由祖父母照顾或通过领养来让婴幼儿接受较完善照顾。实务工作者应该对领养儿童的家庭状况、是否有照顾不周和虐待儿童现象等进行思考；必须协助父母以不同方式教导孩子性别认知的知识，因为这对孩子成长有深远影响。

（3）儿童早期

该阶段在3—6岁，在生理成长层面会有更大的动作产生，是所有年龄中最活跃的时期，很少能够安静下来。许多儿童会面临营养不均或失调，产生肥胖或健康问题。

在认知心理层面上，该时期的儿童想象力最丰富，对周围事物有幽默感、同理心、利他主义等思考。埃里克森认为，其发展危机是在进取和罪责感的阶段中，儿童心理问题可分为三大类型：一是发展迟缓，即技巧掌握过于缓慢，或正常行为在不当年龄时产生；二是发展失调，即技巧表现突然中辍，较多表现在吃、睡、言语、排泄和注意力等方面；三是发展违常，即个体无法善用资源和应对压力而造成适应问题，或无法从创痛中复原，常见的心理违常有焦虑和忧郁。

儿童自闭症、暴力与攻击性行为、儿童虐待等是值得社会工作者关注的议题。（A）自闭涉及认知、心理、社会等层面，男生比率比女生高 3—4 倍。自闭症儿童只能进行回音式对话，在语言上产生相当大障碍，游戏方式也僵化和缺乏想象力。他们多半只能做一些固定性游戏，无法虚拟、想象或做其他儿童游戏。实务工作者多半可采用代币政策、角色扮演、社交技能训练、语言训练等行为修正方式。（B）这一时期的儿童学习能力很强，透过游戏可以发展更多不同类型的思考。但是，电视剥夺了儿童与家人互动的机会，使得许多儿童模仿如暴力与攻击性行为等不良行为。（C）儿童虐待包含身体虐待、性虐待、心理虐待、疏忽等情形。实务工作者必须了解其复杂与困难度，鉴于个案关系到社会福利机构、家庭系统、行政单位等，要在有限资料中作快速决定，在亲情两难中作合适选择，在保护儿童安全的前提下不损及儿童、父母或是整个家庭的完整性。

（4）儿童中期

此阶段介于 6—12 岁，大致处于小学阶段。此阶段儿童的生理成长较为缓慢且平稳，在动作发展上越来越有成人的架势，但也会面对外在环境的压力。按照埃里克森的说法，这个时期为勤奋与自卑的危险时期，孩子开始有社会认知与角色能力的知觉，尤其是人际觉知与人际关系互动，会有自己的友谊、同辈团体、家庭互动。父母管教对其影响极为深远。

皮亚杰指出，该阶段在认知发展上属于具体运思期。"具体"指其思考局限于实物，无法以逻辑作正式运思，无法将理想与现实作比较，且无法作假设性思考。他们的思维也会有所进展，不太会以自我为中心，在思考运作上能够倒转，并且开始有"物体的形状即使改变，但其质与量不会改变"的观念，智力发展相当快速。

与儿童中期相关的领域是学校。首先，学校对儿童社会化有正面影响。儿童必须学习遵守规范、与同辈互动及完成日常任务。其次，儿童也可能学到不良行为。当学生面对学习挫折时，学校应适时帮助，使其不产生挫折感，可给学生更多的发展空间。

自闭症范例:阿翔婴儿时，双亲就觉得他易烦躁，当大人抱他时，他的视线会转移而不会看着抱他的人。学走步期，他有时候喜欢自己一个人玩，且长久注目外面的阳光，也会一直重复将积木丢下和拾取的动作，其语言能力发展特别迟缓。三岁上幼儿园时，老师发现他不与其他儿童互动，常自己坐着摇椅且唯一说出的话是"水"，而这是他想要喝水时才会说出那个字……阿翔一直活在自己的世界中。

当然，如果有些弱势儿童的父母对儿童的期待不高，则会影响儿童在学校的参与。学校社会工作者是学校与社区的桥梁，其角色是强化学校与社区的关系，其任务是辨认特别的教育计划、方案或支持有服务需求的儿童，与社区代表合作以便使学校、社区、学生三方面特质的互动对学生产生正面影响，与社区机构合作以便发展学校没有提供的教育方案和支持服务，订定目标、监控目标进展和测量目标达成的程度。

除学校外，不良婚姻关系让儿童面对调适压力。西格曼（Sigelman）与沙弗（Shaffer）在1991年指出，儿童在下列因素中能更坦荡地面对父母离异事件：家庭有冲突时获得财务支持，获得监护权的父亲或母亲能提供充分的关照和管教，非监护父母提供足够的情感支持，有额外的社会支持，能减少额外压力。本书认为，实务工作者可扮演额外的社会支持角色，帮助儿童建立正确的价值认知观点。

由整体上把握儿童发展，需要社会工作者具备完整的系统概念，科学地思考如何评估儿童的发展性，提供较完整的治疗与应对思路。

2. 系统与交互概念

社会工作者在面对儿童问题时，不能仅从个人或环境的一个方面出发，而必须以生态观点与系统概念等视角整体看待问题。

（1）生态观点

社会工作是为了改善人与环境的互动。雷波特认为，生态观点（ecological perspective）特别注重人与社会、物理环境之间的关系。在社会工作视角看来，问题或不和谐源于人与环境的不适当互动或失去平衡。

生态系统理论认为，行为、人、环境三者合而为一，而且是持续交错的关联程序，三者相互依赖；行为是依场所特定的，生态体系各部分之间关联是有次序、有结构、有定律的且彼此有

决定性影响，每个个体都有特定的位置与地位；生态的基本功能
单位含有生物与环境；交流指人针对经常或可能交涉的各类体系
而作的安排，互动是个体之间在行动反应序列中形成关联的过程；
整体观指人与环境的整体形貌，调适指生物长期的适应与妥协；
能力指个人所能运用的全套技能。

由生态学观点可判断儿童在特定场合中产生的问题。如，
儿童是家庭成员，但这个家庭也存在于社区和社会。儿童在不同
系统中达到平衡且调适得宜，有赖于每个系统的接口都保持契合
状态。

（2）个人与环境架构

"个人与环境交流"（transactional in environment，TIE）的理
念由蒙克曼（Monkman）与 艾伦 - 梅雷斯（Allen-Meares，1985）
提出，可以作为检视儿童与青少年问题的架构。该架构不是形成
以人为对象的工作目标，而是关注环境的各个方面。实务工作者
在 TIE 架构中需处理案主的生存行为、依附行为、成长与成就等
三方面问题。一个孩子在生存行为上可区分为取得食物、衣着、
医疗处置与交通等资源的能力，在依附行为上需在环境中与他人
有密切连结，在成长与成就方面需获得学习和体能等方面成长。

案主的环境品质指案主会直接接触或交涉的一些情境的本
质与特质，因此，社会资源（如非正式资源、正式资源、法律与
政策等）都必须清楚其影响力如何。以下三项基本资料也是实务
工作须具备的资源。

生态图。生态图（eco-map）由哈特曼（Hartman）所创，用
以了解案主与环境的互动，可帮助实务工作者评估案主有哪些正
向资源（如助人机构、雇主、学校、邻居、亲戚、教会等）。在
生态图中呈现正向资源的同时，也会充满压力的联系，对助人过
程会有很大帮助。生态图绘制步骤是：在图的中央圆圈内画出案
主家系图，与案主交流其环境中的相关元素，了解案主所谈论的
与各元素的接触经验，将生态图完成后交案主核对，运用评估作
出干预计划。画生态图时，要特别注意以下线条的含义："连续

的"————，"薄弱的"⋯⋯⋯，"压力的"〰〰〰，"资源流向"————
和←———。具体的生态图可能用到其中的部分或全部线条。

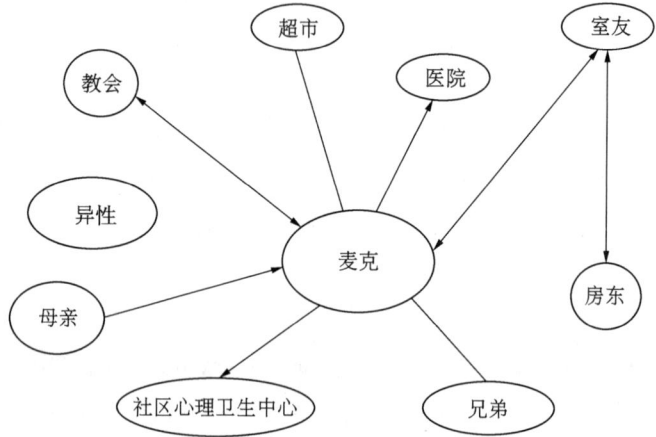

图 12-1　生态图范例

利用生态图、家系
图等图示法可以清晰地展
示案主的许多信息，有利
于社会工作者提出适当的
干预思路。

　　家系图。在家系图（genogram，GN）中可看出个人在家庭
内产生的人文资料，也可显示家庭内三、四代的家庭事件、失落、
流离、盟约或各种形式的沟通。它有助于实务工作者了解儿童在
家庭环境中成长、家庭彼此间互动沟通、家庭如何应对、调适危
机与压力等各种资料。

　　行为评估表。实务工作者也可运用量表检测儿童行为。可
利用"儿童家庭行为检核表"指出儿童每天从事的行为及儿童可
能的反应；使用"地域图"搜集儿童在特定团体内的表现；利用"社
区互动检核表"看出儿童在家庭中与哪些人互动及彼此互动是否
友善；借助"个人网络图""网络趋向量表""社区支持系统量表"
等在实务中对儿童进行评估。

　　健全家庭能够塑造健康快乐的儿童。由于儿童无力改善环
境的影响，社会工作者在协助儿童时的首要任务就是协助暂时受
创伤的家庭获得有效资源来改善失功能的情境，通过支持性与补
充性的服务帮助儿童健康成长是基本的可行做法。实务工作者在
从事相关服务时，除了专业精神与判断外，更要在繁琐且疲惫的
工作中依然持有爱心与耐心来帮助儿童谋取更大福利。

第二节 青少年社会工作

青少年阶段是人生风暴期,在生理或心理上都显现出不稳定态势。为此,青少年工作(social work for the youth)需要了解青少年的生理和心理,思考正向辅导青少年的方向。

1.青少年生理层面的变化

青少年阶段始于 10—12 岁(青少年早期),终于 21—22 岁(青少年晚期)。其最大特征是身体急速成长和生理功能日趋成熟,生理变化包含了成长冲刺、生殖器官成熟、第一性征发展及第二性征成熟。其身体改变来自荷尔蒙发出的生理信息差异,有些人早熟,有些人晚熟。早熟者会被赋予更多的成人责任,而且没有足够时间为青春期的强烈变化作准备。

大多数青少年对身体变化的关切程度比其他方面更高。男孩希望更高更壮,女孩希望苗条美丽吸引人。许多青少年会在外貌驱使下进行减肥、节食或整形,丧失生命事件时有所闻。在此阶段,青少年体重会明显增加。父母因忙碌而无法固定提供适时的营养,许多青少年就选择快餐或是便利性食物补充营养,易造成营养不均而致使肥胖比率增加。所以,政府应关注学校的营养午餐,帮助青少年弥补家庭环境中的营养不足。

青少年时期较有可能饮酒、抽烟等。许多青少年饮酒,认为这是成熟的象征,且在与同伴社交场合中可缓解焦虑和逃避问题。一些青少年因好奇而服用摇头丸等毒品,落入药物滥用的恶性循环之中,甚至出现犯罪行为。所以,学校或父母应给他们正确的药物使用观念和知识,正当的预防会帮助他们避免药物诱惑和滥用。

2. 青少年的认同与混淆心理

皮亚杰认知发展理论指出，儿童至青少年有四个发展阶段：感觉动作期（出生至2岁）、运思预备期（2至7岁）、具体运思期（7至12岁）、正式运思期（12岁至成年）。

青少年开始接受未来生活和启蒙，希望各方面达到自己的期望。他们不断询问"我是谁？我为何来到这个世界？我活着的意义是什么？"他们对人生选择感到困惑，代际冲突比较剧烈，亲子关系明显紧张。皮亚杰称青少年阶段为"正式运思期"（formal operation），他们开始以抽象思考方式来学习，可以由操弄—运作—得到信息，会主动分析周围的人和事，有时还有革新环境的观点且建构自己的理论。青少年会发展抽象思考的能力，其中蕴含着情绪自控能力，他们有更多机会扩展生活经验。但是，他们尚未达到真正成熟，其他因素也影响他们的成熟程度，因此，外界须保留一个空间来看待他们。对此，不少学者有各自看法（表12-1），这些看法可为实务工作者辅导青少年提供清楚的指引方向。

表 12-1　不同学者关于青少年发展的观点

学者姓名	理 论 内 容
赫尔 （1961）	第一位形成青年期理论的心理学者，主张青年期重大的身体变化会导致重大的心理变化。因此，相信年轻人为适应将其引入风暴与压力时期的身体变化作出努力。此学者视青年期为充满强烈不定情绪的时期，但年轻人会从中变得更坚强。
西蒙·弗洛伊德 （1925）	将冲突视为青年期身体变化的结果之一，是属于两性期的准备，也认为风暴与压力是青年期不可避免的现象，而且旨在摆脱自己对异性父母的性依赖。因此，年轻人一般会经历"同性恋"的阶段，青少年会对同性别的某个成人形成极度崇拜，或与同性别的另一年轻人形成亲密友情，这种关系是与异性形成成熟关系的先驱。

（续表）

学者姓名	理 论 内 容
安娜·弗洛伊德 （1936）	西蒙·弗洛伊德的女儿。强调焦虑会引发知性化与禁欲两种防卫的机制。 　①知性化。指把性冲动转化为抽象思考，如青少年喜爱高谈阔论政治与生命意义等话题。这类谈话可视为青年人追求自我认定的过程，或是他们抽象思考能力增加的事实。但是，安娜·弗洛伊德则视其为一种自卫，相信年轻人并非想解决实际问题，而是以话语和想法来反应本身因生理变化而产生的本能需求。 　②禁欲。自我否定，可视为一种自卫机制。由于年轻人害怕对冲动失去控制，因此，有些人可能会放弃喜爱的食物、衣物等这类单纯的快乐，来对自己做过度控制。
埃里克森 （1968）	相信青年期的主要课题在于解决认定与混淆的危机。为形成个人的认定，年轻人会将能力、需求和欲望加以组织，并将其调整以适应社会的要求。所以，下列几项相当重要： 　①追寻认定的努力。这是青年期生活的重点，而且在成年期不断出现。内心有一种想要了解自我与世界的冲动，这是一种健康与重要的历程。 　②事业抉择成为追求自我的重要一环。此阶段的青少年会为成年期作准备，因此，会不断开发自己新的技能，并思考自己在成人社会中所扮演的角色。 　③对于异己的排斥与不能容忍的心态。青年人也会有退化的行为来处理冲突或心中的混淆，因此追寻风尚、流行，而且对伙伴忠诚，这些都是为了掌握解决认定与认定混淆的能力。 　④危机中的"德行"与"忠诚"是相当重要的认定价值。青少年开始选择自己将忠于的价值观或人和事物，而非接受父母的想法。所以，忠诚代表着较高层次的信赖，不只是信赖他人和自己，也是使自己获得信赖的能力。此时的青少年会将信赖对象由父母转至导师和他们所爱的人。

3. 青年期的道德发展中心

科尔博格（Kohlberg）指出，青年期的道德发展是一个推理过程，有三个阶段。一是习俗前道德观。这属于一些偏差行为青少年的道德观，他们的思考注重对惩罚的恐惧或某个行动大小的程度，或以兴趣为出发点。这些多属于儿童期思考的特征。二是习俗道德观。属于大多数青少年或多数成年人的道德发展观，他们遵从社会习俗，想维持目前地位，以做事取悦他人或服从法律为出发点来进行思考。三是习俗后道德观。这属于青年能做抽象思考的或成年期后自己发展的道德原则，能认清道德标准是相对的，因此，某个社会的价值观可能不容于另一社会，多数青年在大学阶段开始感受文化价值差异后，会慢慢建立新的价值道德行为体系。

4. 青少年的自我中心特征

青少年开始能解决问题，分析道德两难问题。但是，有时候青年期的思考在某些方面仍常处于不成熟阶段，表现出自我中心的特征。（A）挑战权威。青年期多数会对权威提出自己的想法，而且喜欢实事求是地回复父母的观点。他们拥有想象理想世界的新能力，当发现自己崇拜的人远不及心中想法时，他们会挑出其所有缺点，因为只有如此才能将现实与想象拉近。（B）好争辩。青年人急于表现对某事件细微观察的新能力，如果成年人能鼓励并参与有关原则的争论而避开论及人格因素，则可帮助青年人扩展推理能力。（C）自我意识。该想法大部分来自想象，即他们心中有一个观察者，此观察者和自己一样关切他们的思想与行为。（D）自我中心。坚信自己是独一无二的，这也解释了青少年的自我破坏行为和冒险行为。（E）犹豫不决。青少年很难作决定，其原因在于他们意识到生活居然有如此多的选择。（F）明显伪善。青少年时常不明白表达某种理想和现实实践的差异，他们可以同时游行抗议污染而又制造许多脏乱。青年期的道德发展观点是他们对周围事件形成看法的主要原因。

5. 人格发展各层面的关系

青少年的人际互动多以学校为中心，亲子关系不如儿童期频繁，他们开始学习摆脱父母亲的要求与控制，进而与同学、朋友表现出更亲密的互动。

与父母的关系。青年期人格发展逐渐独立于父母，但风暴与压力也多来自父母，在许多时候，青少年对父母价值观的排斥是部分、暂时或表面的，其反叛并不如想象中严重。冲突根源在于他们需要与父母分开却又觉得依赖父母，从而感受到持续的紧张压力。这也是父母具有的情绪冲突;父母希望孩子独立又希望孩子继续依赖他们，所以会给出双重信息。实务工作者在与青少年谈话中，若论及家庭互动关系时，应该评估青少年信息传递的是否多是负向感受或忌妒感。在青少年的家庭争吵时讨论出的解决方式一般是对父母进行教育。这虽不一定马上能解决问题，但能让青少年与父母了解各自立场，并能找出双方可妥协的方式。

与同辈的关系。青少年的重要支持源是同辈团体，他们在同辈中获得感情、同情与谅解，同辈也是试验场所、个人寻求独立与支持之所在。在实务工作中，了解青少年与同辈一起的时间多寡，就可以了解友谊的重要程度。青少年的友谊忠实度比童年期多，竞争较少而分享较多。同辈的影响力会产生社会价值的认定，他们学习考虑别人的立场，也能了解朋友的想法与感觉。此外，不同性别的友谊存在差异，多数女性一生中的重要友谊都在此时认定,男性的亲密则没有女性来得持久。在社会工作实务中，同辈辅导对当事人有正向影响力，父母师长适时给予关怀也有正面引导作用。

网络科技交友。21 世纪是计算机时代。青少年透过网络认识许多人，在虚拟世界中容易产生交友问题，对身心有许多负面影响，此乃实务工作者需要面对的重要议题。

6. 青年期的性认定

青少年的性认定极其关键。青少年交友倾向由同性间亲密友谊变成异性间友谊与浪漫。因此，认同自己的性别或性冲动，发展出亲密浪漫关系，都是达成性认定的重要步骤。青少年自我印象、与同伴和父母关系等都与性认定有关。

性态度与性行为。青少年最初性经验以自慰获得，但多数社会价值并不鼓励这种行为，以致他们将自慰视为羞耻行为。若有正确的性教育来帮助其了解自慰是健康行动且不会引起生理伤害，则可在满足内在性欲时也帮助他们为未来的两性关系作好准备。

性取向认定。什么因素决定了青少年的性取向呢？有些年轻人在成长中有同性恋经验，随着年龄增加，他们会判断或改变其倾向而适时与异性互动。现今社会中，越来越多人宣称自己是同性恋，过去被认为是心理失调的疾病现今已获认可。正确教导青少年接受与自己不一样的人，会发展出多元化的成熟心理。

面对爱情。在青少年阶段，爱情多是一种对原生家庭失去支持而转向的依靠，在青少年还未真正了解感情世界时，许多情伤或两性问题就此产生。青少年与异性互动过程、父母与教师如何给予正向鼓励等应该成为学习内容。对青少年说说自己恋爱史或两性互动经验，会帮助他们了解自己所作选择的后果。此外，帮助他们学会正确的感情抒发，对于学习中的孩子也有相当大帮助。

青少年服务需要正视家庭功能，提供亲子互动的机会，使亲子冲突能适时化解，帮助他们找出光明道路。青少年服务应该让青少年有正确的模仿榜样，突破混淆与认同，勇往直前。

整合学校和社区资源，积极进行青少年社会工作，可以为青少年健康发展提供思路。与针对更大年龄人士的社会工作相比，青少年社会工作显然可以很大程度上节省社会成本。对此，上海社会工作界已开始专门尝试。有兴趣者可参见上海阳光社区青少年事务中心网站www.scyc.organ.cn。

第三节　老年社会工作

敬老崇孝是华人社会的传统美德。然而，社会变迁使老年人角色与问题发生了很大变化。20世纪50年代前，由于人类生命较短以及老人在家庭或社会中地位较高，很少有人关注老年生活与问题。在当代的老龄化潮流下，政府和社会需要妥善规划老人福利、有效运用相关资源，恰当面对他们的健康医疗、收入、照顾、休闲、孤寂及心理健康等议题。

斯特林认为，对每人而言，老化是一种新经验，无人知道那是什么，除非他或她已达老化年龄。

1. 老年学的理论基础

根据约翰（John）的《老化与社会》一书，影响老年社会学（gerontology）的理论基础有结构功能主义、冲突论、社会交换理论、撤离理论、活动理论等多种。

（1）结构功能主义

结构功能主义（structure functionalism）把整个社会视为一个有机组织体，该组织要透过不同架构间的相互依赖来维持平衡，其中一个元素功能发生问题，其他架构将做足够的改变以维持、复原整个体系的平衡。功能主义者强调社会秩序与稳定，认为社会需要重于个人需求。

该理论相信每个社会部门都有功能，老人在社会体系中也有其价值。老年人累积长期经验，将文化传到下一代。老年社会不是隔离孤立的，老年问题可能不在老人本身而在社会结构。功能主义理论应用在老年问题时比较乐观，因为老年问题的存在只是暂时性失调，会引起其他部门的改变，从而修正这种失调。

（2）冲突论

马克思主义的冲突论（conflict theory）相信人类历史是阶级

老年学的发展是近数十年的事。所谓老年学，就是以老年人为中心的主要学说，包括教育老年学、社会老年学、工业老年学、心理老年学及医疗老年学等。

斗争史。人类缺乏资源，所以必会由一个团体控制资源及剥夺另一团体的资源，直到后者找到新方法组织起来并控制经济资源。他们强调团体间的资源竞争、社会阶级、种族团体、年龄团体或利益团体，尝试从现存社会制度或风俗中找出团体的利益。德国社会学家达伦多夫（Dahrendorf）认为，人类社会基本上是一种不均衡权力分配的组合团体；只要人们组成社会，就必有一些人拥有指挥他人的权力，也同时必有一群人受他人指挥。权力分配是不均衡的，只有如此，团体成员才会顺从地实行团体的行为模式，符合团体规则的要求。达伦多夫的冲突理论虽然是以马克思的阶级斗争论为出发点，但不认为人与人关系由经济因素决定，冲突也不一定因阶级而起。

冲突论的最大贡献在于其对社会阶层的解释。他们相信社会阶层的存在是因为社会里已拥有财势与高地位的人不愿意改变现状；个人才干并非社会阶级地位的主要决定因素，权力和背景才是主要决定因素。从冲突理论看，老年问题之所以存在，是因为握有权势的团体（主要是青年和中年人）不愿改变既得权益。老年问题发生是因为在年龄阶层里老年团体被分配的权力或资源不多也不均。他们属于弱势团体，为求生存，必须与非老年团体抗衡以改变地位和争取权益与福利。

（3）社会交换论

社会交换论（social exchange theory）认为，每个人都有特殊的自我需求及目的。社会互动的动机是获取期望的喜乐与物质的满足，社会互动是双方交换的行为。此种交换行为是自我中心和利己的，如果双方不能彼此都得到满意结果，那也就没有交换必要，社会互动也就不会发生。该理论相信，社会互动是人与人在交换过程中对利润和成本、取与给的计算，人们尽量寻求最大酬赏，同时避免受到惩罚。

交换理论创始者霍曼斯（Homans）提出了一些理论命题。（A）成功命题。在个人行为中，若某特定行为时常获得酬赏，该行为就会重复出现。（B）刺激命题。如果个人过去的行动在某种状况下获得酬赏，则当类似状况发生时，同样的行动就会重复出现。（C）价值命题。某种行动的成果对个人越有价值，他越可能去做同样行动。（D）剥夺—满足命题。某特定酬赏若时常获得，该酬赏的价值性就越低。（E）攻击—赞同命题。如果某人常受不公平待遇、未获预期酬赏或反得惩罚时，则会愤怒。（F）理性命题。个人行动的选择不仅取决于效果价值的大小，也取决于获得效果的可能性。

社会交换论认为，互动以互惠为原则，奖赏可激励人们的行为，而奖赏资源包含经济、社会赞许、自尊或顺从、承诺等。根据交换理论，老年问题的产生源于他们缺乏交换价值，没有资源给予社会，从而无法获取社会的尊崇。

（4）撤离理论

撤离理论（disengagement theory）是昆铭（Cumming）和亨利（Henry）在1961年提出的。他们认为，老年人有脱离社会的倾向，社会现有制度也会让老年人自动地从社会中脱离出来。年老而健康变差、活动减少、退休、丧偶或子女离家等使老年人与社会互动的频率随年龄增长而减少。

撤离理论强调，当老人从社会逐步退出时，社会也有意无意地排挤他们参与社会事务。如，退休制度半强迫半期待地等老年人从岗位上撤退以利年轻人递补，这是一种双向撤离。（A）老年人可主动地从社会撤离。如，当身体有病或家庭变故时，他们可能会主动放弃工作，自愿撤离社会。（B）倘若老年人是随着社会结构运作而被迫撤离，他们可能需较长时间适应撤离后的生活。这种社会运作旨在将老年撤离社会制度化，以便协助其在退出后获得稳定的经济收入，当老年人和社会双方面的撤离顺利完成时，老年人便可安享幸福的晚年。

很多撤离理论学者强调老年人与社会双方面的撤离是自然的、不可避免的、自愿的、正常的和普及性的。其实，撤离理论涉及个人、社会、文化和经济等许多因素。在工业社会的退休制度和社会保障制度之下，将老年人与社会做双方面撤离有其制度

此部分的某些观点似乎与学习理论的某些理论有相通之处。

老年学理论都可以从不同角度解释某些老年现象。由于社会现象的复杂性，某些现象可能需要多个理论同时解释，这就是理论层面多角度测量法。

原因。在双方撤离时间和形式方面，是否能考量老年人的个别差异，重视其个人意愿、健康状况、性别、心理、性格、行为、社会经济地位、职业及生活形式等因素，考量他们撤离社会的时间、文化背景、历史因素、工业环境、人力多寡、人口结构、经济情形和社会体系等。这样将可降低老年人从社会撤离的失落与挫败，提升其晚年的生活质量。

（5）活动理论

活动理论（activity theory）来自柏基斯对老年人生活的研究。活动理论强调老年人要在精神和心理上与社会保持接触，要有活跃的社交生活，才能获得幸福的晚年和维持开朗的心境。柏基斯发现，不少老年人退休后很少参加社交活动，很少担当实质性社会职务，有些甚至整天无所事事，体现了"没有角色的角色"。不管如此情况是自愿或被迫，终将导致老年人放弃身份和社会价值，自我形象变得模糊。这些对晚年生活都极其不利。

活跃理论强调社会互动对每个人都有同等价值，正常的老化过程不能脱离社交活动。不同年龄参与的活动形式和内容可能不同，但其对日常生活的意义却一样。老年人要积极参与社会事务和社交生活，在体能许可范围内增加活动次数和与外界保持密切联络，这样才可以克服孤立状态，找到符合身份的角色，树立自我形象，增强自信心，增进身心健康，展开人生新篇章。

2. 老年社会工作

老年社会工作（social work for the elderly）旨在使老年人在人生最后阶段持续人生各阶段的生活，依自己的意念去实践自我，从而协助其恢复受损的社会功能与社会关系，提升运用资源的能力，预防社会功能的衰微（谢美娥，1993；李增禄，1995；周永新，1994）。其对象包括个别老年人及其家人、老年人同辈团体、老年人组织成员和老年人所在社区。

（1）老年个案工作

老年个案工作旨在增强其对老化的适应能力及恢复社会功能，协助维持及建立心理平衡，使其能迅速处理因老化带来的压力。同时，促进老人自我觉察和自我了解，使其了解到不可抗拒的身心变化因素，并坦然接受亲友协助或借由福利服务机制，以解决问题。社会工作者可运用各项咨询辅导理论与技巧，来协助老人有勇气面对压力，与老人分析压力的种类或情况，寻求资源一起解决压力，并体现热忱的服务态度。

（2）老年团体工作

老年团体工作提供的方案包括娱乐性、职业性和教育性的活动，也针对他们的心理、生理、社会适应方面，进行团体辅导与团体治疗。老年阶段常常经历人际关系与地位的丧失，社会隔离因此成为团体工作讨论的主要议题之一。从事老年团体工作的原则有（谢美娥，1993）:（A）领导者须以支持、鼓励和同理心来处理老年人的特有问题。（B）领导者须采取主动角色，提供信息，回答问题和分享自己的经验。（C）团体目标以排除焦虑、解决紧迫问题为主，强调心理健康而非人格改变。（D）成员多有生理和感官的疾病，领导者须不断评量成员的能力，说话速度要慢而清楚，成员数目不宜太多。（E）多使用团体外接触，以维系老人参加团体的意愿和兴趣。（F）邀请团体里的老人作为共同领导者。

（3）老年社区工作

老年社区工作一是发展老年人的社区网络以照顾其社区生活，一是透过社区行动与解决问题的能力来集体解决老年人在社区生活中的共同问题。社区照顾网络的建立是社会照顾计划的一环，意味着对老年人提供较长期及直接的社会服务，让他们能在熟悉的社区环境中生活。主要方法有建立社会支持网络、成立自助团体、动员邻里参与、发展或运用其他资源体系等。在此过程中，多种工作模式可依需要而弹性混合使用。

（4）生命回顾法

生命回顾（life review）又称生命历史法，借着老年人口述

社会工作者与老年案主会谈时，应能运用一般会谈原则来了解其需求，保持热忱服务态度和恪守社会工作伦理，经常反省自己参与老人服务的动机和目的。

社会目标模式可让老人藉参与团体活动，共同改变社会环境;治疗性团体模式借由团体治疗，减少老人的失落、哀伤或社会隔离，促进老人发展新的角色或重建熟的角色，提供支持以促进改变和强化自尊;交互性团体模式允许老人参与人际关系的互动以协助解决问题，强调寻求成员需求的共同基础，去除妨碍，发展团体契约。

其历史事件，经由协助或解释，比较口述者和听者的过去与现在、事件与事件的意义而达到成长、整合及改变（Sprinkart，1988）。回忆是最主要的过程，是有意识的、选择性的记起往日事件。

布尔特（Bulter，1963）认为，生命回顾可帮助我们以理性态度审视过去经历，寻找自己生命意义、透视生命本质，可帮助老年人了解生命、老化及重建自我概念。此法常被运用于处理悲伤案主（如，处理丧偶伤痛就是让案主建立对自己的新看法，而非局限在心爱者的死亡）。其焦点在于自我概念的创意性发展（Knight 著，康淑华、邱妙儒译，2001：233—236）。

生命回顾包括唤醒过去经验中不堪回首的部分，特别是未解决的冲突、悲伤，期待再一次的审视能以更宽广角度诠释生命事件，而对旧创赋予新意义，与昔日自我重修旧好。因此，生命回顾的重点并非事件，而是当事人回顾时能否持开放、和谐、接纳自我的态度与观点，去正视生命中的阴影，体认走过阴影的力量，进而统整并接纳自己的生命历程（李开敏、江美芬，1998）。

受精神分析理论的影响，它是由参与者开始的过程，但经由实务者的催化，使回忆事件更意识化，更深思熟虑并更有效率。生命回顾常配用一些技巧。如，由老年人及家人共同手写或录制自传以进一步讨论；做一次人生旅行，到出生地、童年居住地和工作地旅行；参加周期性聚会；鼓励老年人寻找祖先历史；整理剪贴簿、相簿、旧信件等；总结生活工作，让视工作如命的老年人或无子女老年人从过去工作经验中重新发现他们对社会的贡献。

3. 协助老年人面对死亡议题

研究死亡、讨论死亡及协助老年人面对死亡，是老年社会工作面临的议题。老年人比年轻人更能接纳、适应人之将死的想法，对死亡也畏惧较少。但这并不意味他们对死亡完全没有恐惧，或在面对死亡事件时不需协助。年老病人不仅要与疾病对抗，还得面对疾病带来的孤寂;这就需要专业人员特别是社会工作者的帮助。

协助老年人面对生命的终结。某些老年人面对死亡时没有明显的忧伤情绪，他们很少采取自杀结束生命，但是，他们也会消极地加速死亡，期望赶快结束生命以解除生活负担。社会工作者应借由谈话与他们建立重要的支持关系（Knight，1986），协助老年人接受死亡与老化不仅是寿命的一部分，而且也是生命的表现，协助老人接受活得有尊严也要死得有尊严的理念。

协助老年人为不可避免的事务做井井有条的准备。（A）尽早完成未了心愿，让他们做年轻时想做但一直没时间去完成的事务，当然，这些事务都必须是正向、建设性的（黄富顺，1995:211）。（B）处理医疗事宜。对于处于无能力、神志不清从而无法处理事务时医疗事宜应如何选择？是全力抢救还是自己选择安静？在晚年心智均健康的状况下，应把握自决权，来决定如何画下人生的休止符，对家人展示体贴之情。（C）处理财产。若因未妥善处理而导致将来有遗产纠纷，不是很遗憾吗？（D）计划自己的葬礼。家人可能想知道老人的愿望是什么，老年人是否要对亲朋好友说些安慰话等，如果预先安排妥当，就容易办事。

协助家属作面对濒死老年人的心理准备。经历过亲人死亡的家属其适应也较困难。死者在痛苦、无尊严的状况下过世对亲人的打击会特别深,他们常会伴随着内疚、后悔、懊恼等负面情绪。所以，极有必要在心理上帮助家属面对濒死老人。（A）克服对死亡的恐惧，坦然与家中老年人谈论有关死亡议题。（B）照顾濒死老年人须遵守一些原则。不要堵住宣泄口，让濒死者有宣泄情绪的途径;了解自己对死亡及濒死的看法和感受，不要让这些看法和感受影响自己与濒死老人的关系;真诚相待和量力而为，不要让自己的身体和情绪疲乏耗竭;让濒死者觉得总有人在身边，不要让他们感觉到只在需要时才给予协助;调适自己的休息和步调，别竭尽精力;不要把对死亡和濒死的哲学强加于濒死者，让他们保有自己的看法（Atchley，1997:322）。（C）选择宁静、有尊严的情境

"那美好的仗我已打过，当跑的路我已跑尽，所信的道我已守住。从此以后，有公义的冠冕为我存留，就是按着公义审判的主到了那日赐给我的，不但赐给我，也赐给凡爱慕他显现的人"（《新约·提摩太后书》4:7—8）。

向濒死者告别。（D）把丧礼作为支持丧亲者及向他们表示关心与同情的机会。社会工作者要把握机会，协助家属处理丧礼仪式，表达对死者的哀悼与怀念，也让丧亲者能透过丧礼过程获得慰藉。若逝者已安排好自己的葬礼，就应遵照其心愿执行。

遗嘱的安排与撰写。遗嘱有多种类型：（A）自书遗嘱。立者书写遗嘱全文，记明日期并亲自签名；如有增减涂改，应注明删改之处及字数并另行签名，不能盖章或按指印。（B）公证遗嘱。指定两人以上见证人，在公证人（无公证人则由法院书记官或侨居地领事充当）面前口述遗嘱意旨，由公证人笔记、宣读、讲解，经遗嘱人认可后记明年月日，由公证人、见证人及遗嘱人一同签名。（C）密封遗嘱。在遗嘱上签名后将遗嘱密封并于封缝处签名，指定两个以上的见证人，向公证人提出（可由法院书记官或侨居地领事担任），陈述其为自己的遗嘱。如不是本人自行书写，须陈述撰写人的姓名和住所，由公证人于封面记明提出的年月日及遗嘱人所为的陈述，与遗嘱人及见证人一同签名。（D）代笔遗嘱。遗嘱人指定三个以上见证人，在口述遗嘱意旨时，由其中一见证人笔记、宣读、讲解，经遗嘱人认可后记明年月日及代笔人姓名，由见证人全体及遗嘱人同时签名。若遗嘱人不能签名，应以按指印替代。（E）口授遗嘱。遗嘱人因生命危急或其他情况，首先，可由遗嘱人指定两个以上见证人口授遗嘱意旨，由其中一位见证人将该遗嘱意旨据实作成笔记并记明年月日，与其他见证人一同签名。其次，也可由遗嘱人指定两个以上见证人，并口述遗嘱意旨、遗嘱人姓名及年月日，全部予以录音，将录音带现场密封，并记明年月日，由见证人全体在封缝处同行签名。再次，也可由见证人之一或利害关系人在遗嘱人死亡三个月内，提经亲属会议认定真伪。如有异议，应申请法院判定。

社会工作者如何以老人的视角审视死亡等老年生活议题，是极有社会意义和道德价值的助人自助工作。

当人们生命走到终点时，相信每个人都冀望能以坦然的心境交出人生旅途的记录表。老年社会工作可以协助他们坦然面对死亡，协助他们有充分的心理准备超越死亡的阴影，协助他们尊重生命的意义和价值，协助他们有尊严地告别人生。

本章小结

1. 儿童有其适龄行为，生物与基因、文化环境等因素都影响其发展。

2. 婴幼儿会存在信任与不信任的危机，其最重要的心理状态是依附心理。

3. 3—5 岁是所有年龄中最活跃的时期，其发展危机分为发展迟缓、失调和违常三种。自闭症、暴力与攻击性行为、儿童虐待是值得关注的议题。

4. 6—12 岁在认知发展上属于具体运思期，学校和家庭与儿童的关系最紧密。

5. 生态系统理论认为，行为、人、环境三者合而为一且持续交错，生态体系各部分间的关联是有次序的、有结构的、有定律的，且彼此有决定性影响。

6. "个人与环境交流"的理念能看到环境的各个面向，实务工作者需处理案主生存行为、依附行为、成长与成就等三方面问题。

7. 生态图用以了解案主与环境的互动，可帮助实务工作者评估案主有哪些正向资源，对助人过程有很大帮助。

8. 从家系图中可看出个人在家庭内的人文资料，有助于了解儿童在家庭中成长、家庭彼此间互动、家庭如何应对、调适危机与压力等各种资料。

9. 青少年时期很有可能饮酒和抽烟等。学校或父母应给予青少年正确的药物使用观念与知识，正当的预防会帮助他们避免药物的诱惑与滥用。

10. 青少年对人生选择产生困扰，代际冲突比较剧烈，亲子关系明显紧张。

11. 青年期的道德发展是一个推理过程，有习俗前道德观、习俗道德观和习俗后道德观三个阶段。

12. 青年期有挑战权威、好争辩、自我中心、犹豫不决、明显伪善等特征。

13. 青少年阶段的人际互动多半以学校为中心，亲子关系在此时期不如儿童期频繁，青少年开始学习脱离父母的要求与控制，进而与同学、朋友表现出更亲密互动。

14. 青少年服务工作需正视家庭功能，提供更多的亲子互动机会，让青少年能有正确的模仿榜样。

15. 影响老年社会学的理论有结构功能主义、冲突论、社会交换理论、撤离理论、活动理论等多种。

16. 老年社会工作的对象包括个别老年人及其家人、老年人同辈团体、老年人组织的成员和老年人所在社区，个案工作、团体工作、社区工作等方法都可使用。

17. 生命回顾法就是借老人口述其过去事件，经由协助或解释，比较口述者与听者的过去和现在、事件与事件意义而达到成长、整合及改变。

18. 研究死亡、讨论死亡及协助老人面对死亡是老年社会工作面临的议题。老年社会工作可协助老人面对生命的终结，协助老人为不可避免的事务做好准备，协助家属做面对濒死老人的心理准备，进行生前遗嘱的安排与撰写等工作。

思考题

1. 婴幼儿依附心理的表现形式有哪些？

2. 家庭和学校在儿童中期的作用如何？

3. 生态系统理论的主要观点有哪些？

4. 青少年时期的主要行为特征有哪些？社会工作可以在哪些方面发挥作用？

5. 举例说明个案工作、团体工作、社区工作在老年社会工作中的具体应用。

6. 生命回顾法的主要内容与方法是怎样的？

7. 社会工作者如何协助老人面对死亡问题？

推荐阅读

Ashford 等著，张宏哲、林哲立译（2002），《人类行为与社会环境》，台北：双叶书廊有限公司。

顾东辉（2015），"'治理型增能'：治理理念在流动人口增能中的应用"，《西北师大学报（社会科学版）》第 3 期。

徐丽君、蔡文辉(1985)，《老年社会学——理论与实务》，台北：巨流图书公司。

谢美娥（1993），《老人长期照顾的相关论题》，台北：桂冠图书公司。

Paula Allen-Meares 著，阙汉中译（1999），《儿童青少年社会工作》，台北：洪叶出版社。

Atchley, R. C. (1997). *Social Forces and Aging - An Introduction to Social Gerontology* (8th.ed.).Belmont, CA: Wadsworth Publishing Company.

Hancock, B. L. (1990). *Social Work with Older People* (2nd ed.). New Jersey: Englewood Cliffs, Prentice-Hall, Inc.

第十三章

社会工作:机构视角

通过本章学习,了解院舍社会工作的内涵、工作模式和原则,把握其工作过程及内容;了解医务社会工作的概念和近期工作焦点,掌握其理论和实务模式,认识到社会工作专业方法在医务领域的应用;理解学校社会工作的基本体系,领悟其代表性运作模式的主要内容;认识企业社会工作的定义、对象和目标,掌握其不同分类模式,弄清社会工作方法的具体应用及其实施原则。

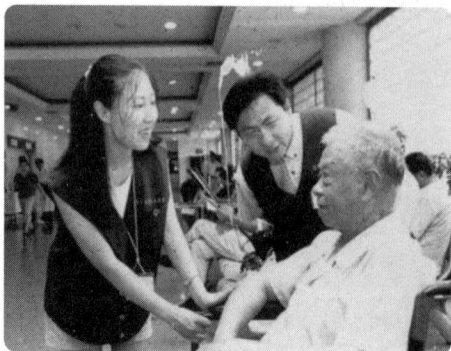

无论弱势人士、普通人士还是强势人士，都生活在一定场景之中，院舍、医院、学校、企业等都是可以实施社会工作的场所。由于这些机构的特性不同，在上述场所进行专业服务的技巧就各具特性。

第一节　院舍社会工作

儿童、青少年、老年人、弱势妇女、弱智（弱能）人士、慢性病患者等不同服务对象，在其无家可归、家庭严重失功能、受虐、失依、失养、被遗弃、患有精神（或其他被社会烙印的）疾病或情绪受创适应不良等情况出现时，依据个别需要进行短期或长期安置并提供必要的社会工作服务，这就是院舍社会工作（residential social work）。

早期，家庭外住宿照顾多采用大型机构照顾模式，近年来，"非机构化"（non-institution）照顾成为趋势。居宿照顾并不限于大型机构的照顾，因此，residential care work 被译为院舍工作、居宿照顾工作或机构式照顾，也有学者认为译为舍护工作更能反映目前社会工作的服务取向（列国远，1994）。

1. 基本内涵

院舍社会工作具有照顾保护、监控约束以及治疗和改变行为的功能（列国远，1994）。首先，幼老疾伤者因本身没有或失去自我照顾能力，加上其家庭无法承担照顾、教养和保护等责任时，院舍工作可发挥功能。其次，针对行为偏差或触犯法律者，为免其继续造成社会困扰以及使其改过迁善，可进行强制院舍安置，让其学习社会认同的行为与规范。再次，针对弱智（弱能）身心障碍者或精神病患者等，院舍安置让其可接受治疗，学习和培养自理能力。进一步，院舍社会工作可评估服务对象的需要及问题，提供适当的照顾或治疗；可以针对某类服务对象行为问题的严重性，相应地进行再教育、人格重塑及监管。

院舍工作包括不少服务对象与服务设施（Walton & Elliott, 1980b）。一是需要照顾、保护和教养的未成年人，如紧急及短期收容中心。二是有行为及情绪问题的儿童和青少年，如中途之家、家庭式照顾。三是乏人照顾、被遗弃无人照顾或缺乏自我照顾能力的老人，如庇护式住宿照顾、长期照护机构。四是需被照顾或训练的身心障碍者，如社会福利机构托育养护。五是需长期照顾或处于康复阶段的精神疾病患者，如精神疾病疗养院。六是需人格重整、行为重塑和生活再适应的罪犯，如社区机构居住式安置等。七是需被保护、改变认知和行为模式的受虐或受暴妇女，如庇护式安置机构等。

院舍社会工作分为与家庭问题及功能相关的三种模式（Davis, 1981；列国远, 1994）。（A）代理家庭照顾模式（family-substitute care）。此模式旨在提供类似正常家庭的照顾，家庭化居住环境设计及生活节奏的安排，着重温馨的居家关怀、情绪支持及个别辅导，最适合缺乏家庭照顾的儿童及老人。（B）取代家庭照顾模式（family-alternative care）。此模式旨在提供某些因家庭失功能造成的个人行为问题、情绪不稳、欠缺自律、人际不佳等情况，以当事人为本，让其在与过去不同的生活方式和环境中成长，较适宜缺乏正常社会化、价值扭曲、行为偏颇的青少年。（C）补充家庭照顾模式（family-supplement care）。此模式旨在协助当事人的家庭渡过暂时难关，强化基本照顾能力，发挥家庭应有功能，具有弹性特色及预防意义，被视为社

以美国儿童教养机构为例。20世纪30年代前纯以收容孤儿或单亲儿童为主而非问题儿童，之后随住宿之家增加而使机构数量减少，再加上相关研究陆续发现机构收容的缺点，机构照顾或团体之家被视为最不利于儿童照顾，而以家庭寄养或家庭维系方案取代。20世纪90年代后，不少人重新思考并倡导针对不幸儿童，回归机构收容且以小型机构为佳，当然，也有人对此持质疑态度。

区照顾的一种（如临时照顾服务）。不论哪种模式，都应尊重并认同院舍成员的平等权利，鼓励并倡导所有院舍成员参与舍内管理和政策制定，以民主、包容和共同享有的原则贯穿于整个院舍工作方法的运作之中。

院舍工作发展有如下趋势（列国远，1994；Whittaker，1997）：政府逐渐加重其对个人的照顾和责任；由志愿及义务人员发展而成，由专业人员提供服务；针对个别差异提供特殊照顾，以取代一般照顾；逐渐注重照顾及治疗而非控制；由有限服务逐渐发展出系列服务；逐渐发展出小型居家服务形式，以替代大型院舍照顾护理；由早期强调社区隔离的院舍照顾，发展出以社区为单位的院舍护理单位；工作目标逐渐由保护个人取代保护社会；更加重视生态系统的预估与介入、家人的参与、干预要素的说明、院舍工作评价指标的重新界定及对服务品质的保证；更加注意机构对院舍成员可能造成的虐待与忽视的预防。

2. 应用原则

院舍照顾（institutional care）需考虑以下原则。（A）必要性。当事人需家庭照顾，但欠缺此等照顾也没有其他方式可替代（如孤儿）。（B）监控性。当事人行为需在受控制治疗环境中进行（如受刑人）。（C）支持性。当事人要在一段期间接受系列专业治疗，但因某些原因无法单独或每天前往，训练单位有必要同时提供住宿服务（如身心障碍者）。（D）替代性。当事人缺乏独立生活能力（如患痴呆症的老人）。（E）补充性。当负责儿童、老人或身心障碍人士等的照顾者需短暂休息时，院舍工作可暂代其照顾责任。

3. 服务阶段与过程

接受院舍服务需经申请与等候、许可与入舍、居宿与干预、离舍与复原或临终与死亡四阶段。各阶段有相应的服务目标、角

色 与 任 务（Brearley，Paul et al，1980；Walton & Elliott，1980a；Davis，1981；Whittaker，1997；列国远，1994）：

申请与等候。指有必要或想入住院舍者的申请入院居宿、接受院舍机构评估及等候入住的过程。其目标有三：了解与评估申请者需要；决定申请者应否接受院舍服务和衡量机构能力能否满足案主需要，若不符合机构条件则进行转介；在等候期间，持续与申请者保持联系以消除其因不确定所导致的焦虑感。社会工作者的功能在于：详加说明申请入院程序、可能安排及入住机率，让申请者明白程序办理的进度与情况，予其支持并协助其消除等候焦虑；对申请者进行风险分析，在其未能正式入住前根据其需要予以临时安排；检视申请者是否符合入住条件、适宜接受何种服务及入舍后居宿期长短；了解除院舍服务外有无其他满足需要的途径；留意申请者及家庭的可能变化，若在等候期间有紧急或新需要时可提供适当援助，予以紧急安排或撤销原来申请；联络转介的社会工作者（机构），决定转介机构的社会工作者在过程中的角色。

许可与入舍。指申请者进住院舍和获得舍友的身份，其目标在于协助新成员完成入院居宿的手续及了解相关规定，并协助其适应院舍环境和营造接纳的温馨气氛。社会工作者的任务在于：澄清许可入院舍的理由、预期成果及期间长短的安排；进行入院准备，如进行工作者与案主间、案主与院舍间的探访计划；详细介绍院舍的环境设施及生活作息的规定；提醒及安排所有工作人员及现有成员对新伙伴表达欢迎；提供新成员所需的一切照顾；与新成员讨论及确定初步介入计划，与申请入院舍成员的家人和重要关系人建立初步的关系并签订合约。

居宿与干预。指在入住院舍机构后的住宿、接受照顾、干预或治疗，其目标在于提供及创造系统性的照顾或治疗环境，从而让入住者能满足所需，在于依当事人的需要而拟定适当工作计划和执行程序以达成既定目标，在于协助当事人善用本身及社区的资源，培养个人充分适应院舍生活或未来独立生活的能力。社会

社会工作者在院舍社会工作中需承担的任务众多，在不同阶段的角色要求各不相同。

工作者的角色在于:进行观察和需求预估并确定其资源;确定干预目标以改变新成员、其家庭及外在环境;与其他职员及相关专业人士制定个别化的照顾及治疗计划;提供院舍成员及其家庭的个别及小组辅导服务,以便尽快解决导致入舍的问题;鼓励家人或适当他人对案主提供帮助;致力于目标执行,促进案主参与所有干预方案,在个别辅导和团体工作中善用各种自然事件及家庭琐事与案主进行讨论;促使案主形成自我责任感并参与决策制定,检视案主进步和认知改变,进行目标再评估及报告准备;鼓励案主计划或参与有助于身心健康的休闲、社交和文化等活动,包括跨出院舍进行拜访家人、看诊等活动;鼓励案主及其家人或重要他人参与个案讨论会,并确实执行会议决定;参与院舍机构有关政策、设施及运作上的制定及改善,以切合居宿舍友的需要;从其他曾服务案主的机构及新成员本身搜集核对数据,并录音存盘完成个案记录。

离舍与复原。指舍友因个人或家庭情况改善或有独立生活能力而准备离开院舍及离后初期的适应,其目标在于给予情绪及实质的服务支持,使当事人能完全脱离院舍照顾,重新回到家庭或独立生活。社会工作者的任务在于:检测预期目标达成与否,如寻找适合的寄养家庭;协助当事人强化离院正向感受,减少或消除负面感受,如举例对其给予正向的肯定、支持和回馈,以增强其面对未来挑战的能力和信心;为履行新阶段的计划作准备,如协助案主找工作;带领学习独立生活的技能,提供案主长期的资源,如教育或工作机会及社区支持;达成既定目标后,工作者定期或在一定期间内追踪其情况,在案主遇到危机时提供安全基础。

临终及死亡。指某些接受院舍服务的成员,因疾病、老迈等因素而走向人生终点。其任务是减轻当事人身心灵的苦痛,协助做好相关准备,面对及接受人生的最后阶段。社会工作者的作用在于:尽可能协助临终舍友满足生命愿望和减少身心不适,尊重其隐私权,协助临终舍友及其亲友等保持互动和沟通,协助处理后事。

4. 院舍社会工作的任务

西方社会中院舍社会工作的历史和现状为我国目前的院舍建设提供了参鉴思路。是小型化还是大型化？是政府主导还是多个主体的责任分担？

社会工作者除从事个别干预和担任阶段性角色外，还可在不少领域发挥功能。（A）在院舍层面，针对所有院舍成员，促成自发性团体的产生，创造成员间沟通、表达和互动的机会，并运用团体动力正向地发挥团体资源、次团体、团体学习、团体压力与团体支持等力量，有计划地形成小型任务团体、休闲娱乐团体等次团体，与院舍成员共同策划和执行既定目标及处理院舍中的各种问题。（B）在社区介入层面，动员及运用外在资源（如家庭、休闲、教育、医疗、精神疾病、宗教、志愿服务、社会保障），并基于院舍成员利益进行相关资源的倡导和支持。（C）在照顾给予层面，发挥对院舍成员需求的敏感度，配合院舍机构对舍友提供全人照顾，提供温暖舒适的个人空间和尊重隐私，发展出共同的信任和尊敬。（D）在行政层面，参与机构的政策决定和未来规划的发展，与不同专业、机构其他处室建立合作关系，建立院舍与外界的互动渠道，对实习学生或工作同仁提供督导、支持和训练。总之，院舍社会工作可运用个案工作、团体工作、社区工作及社会工作管理等方法，并在运作和管理上体现独特性；可以根据需要发挥整体合作性和团队精神，以达成共同制定的目标（列国远，1994）。

院舍社会工作的发展需要关注如下领域（曾华源等，1996）。其一，服务网络是否满足院舍居民多样需求？服务是否不仅着重机构内的教养、辅导、生活起居等，在院舍居民离开机构后至少可提供一段期间的后续追踪服务？或能根据个别需要提供个案管理服务？其二，机构硬件设置、人力配合、服务水准和内容及福利服务概念是否可回应快速变化而作弹性调整？生活辅导员是否足以胜任各种挑战？其三，院舍服务形式上，究竟采用大型机构的方式还是以去机构化、小型社区安置方式? 社会工作者如何根据当事人情况而予以安置? 其四,为使院舍工作顺利设置与运作,应该制订合理法规;为加强对机构监督辅导和保障对象权益,有必要促进福利机构业务发展、提升其服务品质、制订规划及进行机构评估。

第二节　医务社会工作

疾病的发生、治疗与康复并非只取决于生理因素,也受当事人生理—心理—社会三方面的交互影响。因此,除了对疾病进行治疗外,也需注意病人对疾病的心理反应以及疾病对其家庭、经济与工作的影响。

1. 历史沿革

医务社会工作(medical social work)起源于英国(Farley et al., 2000;莫藜藜, 1998),始于对贫病交困问题的关注。16 世纪,英国便有"施赈者"在医院工作,解决病人因病而生的社会问题。美国在殖民地时期,除了公共贫穷救济外,教会也在针对教友疾病及死亡事件上扮演重要角色。殖民之初,因各种因素移民多有损伤及疾病,医生人少路远,就医费用昂贵。为此,政府决定由贫民监督或保安人员安排就医,并在 19 世纪末开始在贫民区进行医疗护理救助工作。1905 年,麻省州立医院设置医院社会服务部,正式推行医疗社会工作,1918 年,创立医院社会工作人员协会(莫藜藜, 1998)。20 世纪 30 年代,受心理分析理论及精神医学影响,医院社会服务分化为一般医疗及精神医疗两部分;20 世纪 50 年代,病患的心理社会适应和社区康复开始受到重视；20世纪70年代，多元治疗技术得以发展；20世纪80年代，受医院注重成本效益和绩效评估的影响，开始注重行政管理、档案管理、品质控管和责信问题，并开始将出院计划视为工作重点。1992年，政府大幅削减医疗预算，使该项工作更显重要（莫藜藜，1998）。

港台华人社区的医务社会工作有其特色。香港的医务社会工作始于1939年，当时以物质和金钱援助、辅导、服务转介和义工协调为主。作为医疗服务的一部分，医务社会工作者由医务卫生署直接雇用。自1982年10月始，政府将医院的社会工作者纳入社会福利署管理，而辅助医院的社会工作者则由医院直接雇用。因人手流动及对职务缺乏归属感，1993年年底，香港地区尚未有医务社会工作者之组织，其介入方法及经验也未能被有系统地整合（区月华等，1994）。在台湾地区，国民党迁台之后，省立台北医院（今台北市立中兴医院）首先成立社会服务部，之后，许多医院相继成立社会工作部，掌管医院社会服务及贫病救助等事宜。1983年，医务社会工作协会成立；1985年，社会工作纳入医院评鉴项目，正式肯定社会工作在医疗体系中的重要性；1990年，精神卫生法得以颁布并提及社会工作者的职称与任务；1994年，全民健康保险的实施使医疗服务改变，医务社会工作者面临角色转型；1997年，社会工作师法得以通过，此后，领有执照者都被称为社会工作师。目前，台湾地区公私立医院的社会工作部门多属二级或三级单位，人员编制由一人至二十人不等，业务与执掌也有相当分歧（莫藜藜，1998）。

医务社会工作的发展表明，病者在不少方面有特别需要，医务社会工作者可透过对病者及其家属的了解，在整个医院系统提供的服务中扮演重要角色。

由于多维健康是人的基本需要，生活质量已成为内地居民追求的目标之一，医务社会工作应该会成为我国最热门的实务领域之一。

2. 基本概念

（1）定义

对何谓医务社会工作，众说纷纭。有学者将其视为一种协助与服务（姚卓英，1978），也有学者将其视为一种预防与治疗（Skidmore & Thackeray，1997;徐震等，1983）。本书采用莫藜藜（1998）的界定，认为"医务社会工作是社会工作者运用社会工作知识与技术于医疗卫生机构，从社会及心理层面来评估并处理案主的问题，以医疗团队之一分子共同协助病患及家属排除医疗过程中之障碍，不但使疾病早日痊愈，患者达到身心平衡，并使因疾病而产生之各种社会问题得以解决，同时促进社区民众之健康"。其本质是在医疗单位进行的社会工作实务，协助患者与家属解决因病而生的问题是社会工作者的功能。

（2）范畴与内容

医务社会工作是在医院、诊所及其他一般医疗开业场所提供服务。其内容包括患者、医院和社区三部分，各类医疗设施内与病人及其家属有关的经济、社会和心理情绪的困难均是其服务领域。社会工作者要协助和辅导病人入院、计划出院、出院追踪及转院，协助病人及其家人解决可能遇到的困难;社会工作者除服务病人外，还须为医院提供服务，包括:参与医疗小组的治疗计划，为病人和医护人员进行沟通，协助医院开展社区服务，以建立医院的良好形象，成为病人、医护人员及社区的互动桥梁;针对社区组成医疗团队，协助出院病人后续的康复追踪服务，提供疾病预防宣导及医疗知识，使卫生工作与福利工作能相互结合（徐震等，1983a;廖荣利，1991a）。

医务社会工作的工作原则及服务内涵大致体现在以下几个方面。

保护工作。随着保护案件增加，医院被赋予通报、鉴定与后续治疗的角色。针对受虐儿童，医务社会工作者有通报之责，使儿童及时获救，免于继续受虐。除非因司法诉讼程序需要传讯社会工作者出庭作证，否则，受虐儿童在转介给社区中负责儿保的工作人员后结案（莫黎黎，1998）。针对受暴妇女，医务社会工作者会针对受虐事件、受虐者认知、早年受虐经验、心理反应及其应对受虐的策略加以评估，并经由保护、增强作决定的能力及创伤复原等增权的方式，协助受暴妇女走出受创阴影（丁雁琪，1996）。针对老人保护，医务社会工作者应从门诊或住院开始，早期发现受虐征兆或需接受保护的需求，提供危机处遇及后续追踪服务（莫黎黎，1998）。

精神医疗。精神医疗单位分医院治疗与社区康复两部分，医务社会工作者作为精神医疗团队的一员，从事门诊与病房个案会谈工作（黄梅羹，1992）。有的医院要求社会工作者参与门诊新案的接案，有的只针对有需要的个案才转介给社会工作者。由于精神疾病多属于慢性疾病，需长期医疗与照顾，因此，干预对象应包括病患家属特别是主要照顾者。一般而言，社会工作者干预的内容包括：评量患者与其家庭状况，协助家属与患者了解病况，成为患者、家属与医疗团队的沟通桥梁，为患者和家属提供与治疗康复相关的讯息，为患者寻求社会资源，转介患者至适当的社区康复机构，进行患者出院后的追踪，协助家属解决其自身问题等（宋丽玉，2002）。在社区康复方面，医院社会工作者多将患者出院后转介至相关社区康复设施，转由社区医疗照顾机构中的社会工作者继续提供服务。

器官移植。欧美早在20世纪70年代就有医务社会工作者在急诊单位或创伤中心提供服务，但他们并未针对器官捐赠的哀伤家庭加以协助。直至80年代，社会工作者才开始加入团队，由全人医疗角度关心病人的人身心灵及社会的需求及其家庭需求

(Dhooper & Wilson，1989;莫藜藜，1998)。由于器官捐赠及器官移植的特殊性，社会工作者的评估、建议与协助都十分重要。社会工作者可以进行器官捐赠及移植方面的宣传引导，对其家属进行辅导与支持，进行受赠者的社会心理评估与调适，对捐赠者、受赠者与移植团队进行协调联系(秦燕，1997)。

艾滋病患者照顾。医务社会工作者针对艾滋病患者提供服务始于20世纪80年代。由于艾滋病具有浓厚的社会宗教意义，社会工作者要面对患者的各种反应、是否要告知其家人、社会烙印、医疗团队成员本身价值观的冲突等方面的挑战(宋丽玉，2002)。医务社会工作者主要是在确立诊断初期、疾病稳定期、疾病恶化期及进入临终期等各个阶段，不断地针对艾滋病患者进行心理社会评估，提供情绪支持及心理辅导;针对患者家属的生理心理反应、社会烙印、社交隔离、经济负担及宗教和灵性的需求进行协助;协助纾解医疗团队成员的压力;在社会资源运用方面包括转介志愿工进行心理慰问、患者出院安置转介中途之家、提供经济补助(莫藜藜，1998)。由于疾病的特殊性，社会工作者会面对来自家属与患者的负面反应、团队间专业理念差异、实务运作面及服务输送面各种问题、社会工作专业性未获肯定、社会工作者个人的困扰、资源不足、组织体制缺失等有待克服的困境。面对挑战和困境，工作人员投入倡导工作以对抗社会烙印和争取更多的资源实属必要(莫藜藜，1998;宋丽玉，2002)。

安宁照顾。安宁照顾兴起于20世纪70年代，其信念是尊重生命尊严及临终病人权利，重视生活品质。其服务包括减轻病人痛苦、协助病人及家属面对与接纳死亡、提供居家与住院服务、丧亲后追踪辅导等。这种服务强调同时对病人及家属以"全人照顾"，社会工作者除需处理病人及家属的生理、心理和社会方面的议题外，也需学习有关死亡的议题，思考死亡与人生意义的问题(莫藜藜，1998;宋丽玉，2002)。

医务社会工作者的任务有五项（秦燕，1991）：处理患者与整体医疗体系的关系，如协助与医疗相关的经济补助等；处理患者个人问题，如处理患者心理及情绪上的困扰；适应医院环境及规定，如对病人及其家属说明医院相关规定；出院追踪服务，如指导家属如何照顾患者；其他特殊服务，如医疗纠纷疏导等。因此，医务社会工作者可以通过其对病者及其家属心理—生理—社会等层面的了解，在整个医院系统所提供的服务中扮演推动者的角色。

（3）工作模式

生活适应模式（生理—心理—社会的模式）。其核心概念是适应、压力和回应。疾病的发生可能会造成当事人的压力，形成病人、家庭与其生活环境的改变或适应的问题（莫藜藜，1998）。根据此模式，社会工作者需对患者和其家属的个人与环境资源进行评估，了解其与环境的互动模式。测量内容包括患者及其家属的个人资源（包括压力认知、惯用应对方式、人格特质等）、家庭与社会资源（支持系统、人际网络等）（宋丽玉，2002）。针对测量结果，医务社会工作者要协助个人和家庭加以改善，要学习有效的应对压力方式；要通过提供适当的社会资源，协助患者及其家庭运用网络中的各种支持，维持或拓展人际互动，强化患者及其家属的社会支持功能。总之，医务社会工作者作为团队一分子，要运用专业知识与技术，协助患者及其家属解决治疗过程产生的困难，使疾病能尽早痊愈，解决因病而生的问题，使患者无论在生理、心理或社会等各方面都达到最佳适应，重新回归社会生活。

社会医疗诊断模式。根据吉尔曼（1984）的看法，社会工作者对医疗个案的诊断内容包括疾病、个人、人际关系、环境和文化等事实，并整合上述五项以了解案主面对压力时的内外反应。在医疗机构的社会工作诊断除了病人疾病外，就是对病人及其家庭的社会心理诊断，这被称为社会医疗诊断模式。该模式可分为两方面（莫藜藜，1998；宋丽玉，2002）。一是对病人和疾病的了解与分析,即:应用社会系统的观点对病人的生理、心理、社会、情绪及精神方面进行分析,了解疾病可能对生理或心理造成的影响,了解病人的宗教文化对疾病态度的影响,以及社会对疾病的反应。二是对疾病于病人与其社会环境影响的分析,即:以社会系统理论检视与评估角色、反应、关系和资源(4R 分析)。诊断的基本步骤包括(莫藜藜,1998;宋丽玉,2002):确定患者与工作者共同关心的问题与需求,由各方面搜集相关资料,分析相关资料,制定暂时性假设,设立暂时性目标及长期目标,决定干预方法以达成目标,观察干预效果以检验之前设立的假设后开始新的循环。

危机调适理论。疾病是一个危险事件,但并非所有患者都会陷入危机。只有疾病造成的影响超过个人内在与外在资源可以回应的程度时才会产生危机。该理论着重当事人对事件的情绪反应,干预目的在于协助个人重新适应,尤其是情绪调适,长期目标是增进当事人未来处理危机的能力,工作步骤包括情况评量、设定干预目标、进行干预、干预结束等几个阶段(宋丽玉,2002)。

家庭取向工作模式。家庭在医疗与康复过程中扮演关键角色。影响健康的家庭因素包括遗传、卫生饮食和医疗行为模式等生活方式、社会经济地位和文化环境等因素以及医疗照顾(刘琼瑛,1992;宋丽玉,2002)。家人生病也会影响家庭平衡。常用的家庭取向工作模式包括危机调适、深度治疗取向的家庭治疗、具有支持及卫教功能的家属团体(刘琼瑛,1992)。家庭取向医疗社工旨在协助家庭成员建立各项能力,包括获得疾病信息与知识、提供家庭内部的支持、减轻家人各种负面感受、协助建立家庭的社会网络、建立良好的家庭互动系统和协助资源的运用等(宋丽玉,2002)。

(4)医疗体系与社会工作

医务社会工作与医疗体系紧密相关。该体系涉及法律依据、医疗机构的特性、医疗团队的专业分工等方面(莫藜藜,1998;

医疗团队中有无社会工作者是医院是否体现以人为本理念的重要标志。

宋丽玉，2002）。（Ａ）卫生保健政策尤其是福利立法。为保障病人均得到适当照顾，建立完善的医疗保障制度极其必要。医疗保险给付制度中的给付项目很大程度上影响医院服务项目，也决定了社会工作在医院的发展。（Ｂ）医疗机构的特性。作为科层组织，医院有非私人性、权威层级体制、业务进行有系统及效率、用人唯才和以其训练与资格考量、强调专业性和组织提供合理的环境、文件档案制度化等特性（张苙云，1998）。作为专业组织，医院以从事医疗为主，在组织层级上通常分为医务和行政两个部门，社会服务部属于行政部门。（Ｃ）医疗团队的专业分工。患者的治疗和康复必须由生理—心理—社会观点来评估与处理，因此，必须由不同背景、学有专精的专业人员组成的团队来处理疾病及相关问题。

3. 工作方法

医务社会工作是将社会工作方法运用在医疗体系的相关单位，包括个案、团体和社区工作等方法。个案工作过程包括通过"转介单"开案、资料搜集、诊断与处置，执行过程中不断作成个案摘要并与医护人员保持密切联系，结案后若有必要得重新开案。卡尔顿（Carlton，1984）认为，医务社会工作者的技术包括专业权威、澄清、面质、咨询、探索前因后果、促进行动或改变、支持、运用机构组织政策与程序八种。团体工作中，医务社会工作者必须在组成团体之前，确实了解社区背景、认清医院状况、研究团体各种状况，根据团体各个阶段，运用相关工作技术，充分掌握团体的带领与实施技术。为加强公共关系方案、支持及推广社区保健计划、发掘与运用社区资源以协助有需要的患者和家属，医院社会工作者也应善用社区工作方法，促成医疗服务效果的提升。

展望未来，有几个问题值得深思（秦燕，1997；莫藜藜，

1998;宋丽玉,2002)。医务社会工作如何在医疗体系中受到足够重视?当案主利益与医院利益产生冲突时,医务社会工作者该如何面对?医疗团队成员对医务社会工作者角色和功能的期待与社会工作者个人认定的专业角色有相当差异时又该如何?随着医疗科技的日新月异,医务社会工作价值和伦理的复杂性和困难度不断提高。病人知情权、病人自决与专业判断、资源有限性与公平分配、效率与效果、病情发展与结果不确定性、器官予取、人工生殖与宗教人伦和社会规范、疾病的社会烙印、堕胎等议题,都是医务社会工作者面临的重大挑战。

医务社会工作者应该开拓思路。医务社会工作者可以将工作内容作调整和改变,积极开展方案。如,扩展医疗救助运用范围,协助医疗组织增进医病关系及社区关系,加强志愿服务工作的开展,拓展急诊室的社会工作,协助医疗纠纷的处理,提供发展迟缓儿童的鉴定。医务社会工作者可以积极参与医疗团队的运作,作为出院准备服务、安宁照顾、器官捐赠、艾滋病工作、保护性服务和社区医疗照顾等工作小组中不可或缺的一员。医务社会工作者可以不断总结本土伦理困境的应对原则,恰当解决多元伦理冲突。所有这些都将有助于医务社会工作的地位不断提高和医疗团队对社会工作专业角色的真正认同。

第三节　学校社会工作

学校社会工作(educational social work)是教育与福利的结合。由于学校偏重知识传授,再加上社会变迁及家庭功能式微,学生问题层出不穷。为弥补教育制度的缺失,有必要为教师、行政人员、学生、家长和社区人士提供整合性及全人性的专业服务。

1. 基本内涵

学校社会工作是依据社会工作的原则，运用社会工作的专业知识、技术与方法，解决存在家庭、学校和社区间可能会引发及影响学生问题和干预效果的专业服务。其服务对象包括全体学生，少数在学习和"社会—情绪—文化"适应上有困难的学生，其服务领域的实施扩及家庭与社区，对学校教师、学生家长及社区人士也提供各种协调、咨询与服务（社会工作辞典，2000）。其目的在于协助处于不利地位的学生以实现教育机会均等，协助学生与学校—家庭—社区建立良好的关系以增进教育的功能，协助学生获得实用的技能以适应现代生活的需要，协助学生获得适应变化的能力以便继续学习,促进学生社会化人格的正常发展(林胜义，1994;社会工作辞典，2000)。因此，学校社会工作可以协助学生与其环境建立良好关系，实现卫生、教育和福利的综合功能，实现广义的社会福利。

学校社会工作与学校心理工作在基本观点、工作取向、主要方法、涉及层面、对象范畴、专业资格等方面都有不同，学校社会工作较注重"人在环境"的理念，兼顾助人自助与促境美好两大方法。

2. 运作模式

学校社会工作常用的有传统临床模式（traditional-clinical model）、学校变迁模式（school-change model）、社区学校模式（community school model）和社会互动模式（social interaction model）四种，其共性在于重视目标系统（target systems）和与某人共同做某事（working something with someone）（林胜义，1995）。这些模式的发展与美国社会工作方法的发展相结合，其个案工作、团体工作、社区组织的运用也与美国社会的变迁息息相关，新的学校社会工作模式的产生，回应了社会、经济和政治条件的改变及其衍生的问题（林万亿等，2002）。

表 13-1 学校社会工作的运作模式

项目 \ 运作模式	传统临床模式	学校变迁模式	社区学校模式	社会互动模式
工作焦点	社会适应困难和情绪困扰的个别学生身上。	学校规范和设施条件不能充分发挥效能的情况。	社区中不利于学校发展的情况,特指社区的价值观及规范与学校步调不一致时。	个人和各种团体的交互影响,这种交互影响也包括个人和自己的互动。
工作目的	协助被认定有困扰或问题的学生,发挥学习效能,获得最佳的学校生活经验。	顺应社会变迁需要,促使学校改变那些功能欠佳会引起学生困扰的规范与设施。	促使社区居民尤其学生家长能了解及支持学校政策和做法,发展适合的教学方案,协助适应困难的学生。	检视所有与学生个人产生交互作用的领域,并运用社会工作方法,协助学生调适在社会过程中和所有参与者的互动关系及困扰问题,以获得良好适应。
概念基础	视学校为社会中的一种体系,学生必须配合和适应学校的条件。	针对学校功能欠佳提供补救除弊服务。关心学生与学校的关联性,尤其重视学校本身的情况。	主张社会工作者在态度上必须同时认同学校与社区,并具备参与社区的必要技术,如调查、分析、组织、规划、沟通、协调等,以及维护和推动变迁的高度技术。	学校社会工作者必须具备各种案主体系的知识,并以专业工作方法,在权责范围内有目的、有计划地协调各种案主系统,与案主产生良好互动。
主要理论或观点	认为工作者与学校、学生、家长和社区的关系是封闭但不断发展的。理论依据源自心理分析理论、自我心理学、个案工作理论及方法论的观点。	以维护学生权益为要务,将学校视为目标体系的一环。要求社会工作者具有较高工作技术,包括具备组织行为知识、有效协调技术、高度谈判能力,不断接受社会变迁的挑战,以在学校结构权力中发挥功能。	社区取向。学校社会工作不仅注意学生在校时间,也应留意学生上学前及放学后在家和社区的时间。	以案主或案主团体困扰问题为中心,界定问题的意义;并将学生当作学校、家庭和社区体系的一部分,觉察造成学生困扰的各种因素,有系统地调整学生与每一个关系体系之间的交流关系。

（续表）

运作 模式 项目	传统临床模式	学校变迁模式	社区学校模式	社会互动模式
案主体系	学生及其家长。	所有属于学校的一分子，包括学生、教师、行政人员。	学校周围的社区环境，以及学校与社区间的交互作用。	包括学生个人及其成长过程中有关的团体，如学校、家庭、社区、教师及其他学生。
困扰来源	学生内在或心理困扰是由于亲子之间或与其家人关系出了问题而产生。	不当的学校规范和政策会对学生产生标签和各种不良的影响所造成。	①学生所在社区的经济条件匮乏，社区组织松散，功能欠佳。②学校人员未能充分了解学生所在社区的文化差异、致贫原因，以及协助学生所需的专门化知识和技能。	个人成长过程中，当人际互动或关系付诸阙如或不当运作时，便会产生。
工作者任务与行动	①对有困扰的学生提供直接服务。②与教师及学校行政人员建立专业间关系。③对学生家长提供咨询服务。④与社区的社会福利机构共同合作，向学生提供必要协助。⑤向社区解释学校社会工作服务方案。	①充分了解学校及学生的各种情况。②倾听学生抱怨，扮演学生权利的维护者。③协助学生认清及判断其对学校相关规定的不满。④协助学生、教师和行政人员建立沟通渠道，解决紧张与冲突。⑤组成问题解决小组，从事学校体系的改革。	①学校社会工作者亲自投入社区的各种活动，从中观察导致学生适应不良的社区因素。②协助社区人士了解学校教育方案，鼓励其参与学校相关活动，以改变那些不能满足青少年学生需要的社区情境。	①找出学生个人与其他团体互动关系的范围。②协助有困扰的学生充分利用社会资源以对抗其与体系间互动的障碍。③社会工作者提出工作愿景，并发掘工作情境的需要和限制。
工作者主要角色	使能者、支持者、协力合作者、咨询者和心理及社会评价者。	学校变迁的推动者和催化员，促使学校进行必要改革。	调解者、组织者、发展者、拥护者、使能者，协助学校与社区建立良好互动模式。	主要扮演协调者角色。

注：整理自林胜义（1995）。

台湾的学校社会工作学习了美国及香港地区的经验,体现为几种模式(林万亿等,2002)。(A)外部支持。由校外民间机构派员进入学校协助进行学童服务,由民间机构受委托承接学校转介的个案。前者是入校支持,后者是委托外包。本模式较契合传统临床模式的观点,但是难以做到适应学校变迁,也难以整合学校—社区—学生的关系,只能以个案来解决学童适应的困扰。(B)内部巡回支持。政府自行聘用学校社会工作师,依教育行政区巡回支持各校。本模式包含内部聘用及巡回支持两种要素,以协助校内既有辅导人力,处理学童适应问题。本模式也倾向传统临床模式,无法发挥学校变迁及社区学校模式的功能。(C)内部驻校。由政府教育主管部门聘任学校社会工作者分派到学校常驻,纳入学校辅导团队。

这些模式各具特点,如,外部支持模式可节省聘用社会工作者的人事经费。结合社会资源,对学校辅导教师不太会产生竞争压力,从而易被学校接纳。其缺点在于只能提供个案或团体辅导,社会工作者为外来者而非校内人员,不熟悉校园文化而不易产生合作的互信关系,辅导成效不易估量(林万亿等,2002:475)。

3. 工作方法

学校社会工作主要运用个案工作、团体工作和社区工作等方法。前者包括申请与接案、资料搜集、问题诊断与研究、干预与服务、结案与检讨、追踪与辅导等步骤;中者包括准备期、形成期、转换期、生产期和结束期等阶段;后者涉及建立关系、情境估量、发展计划、社区活动及成效评估等方面。其中,社区工作的重点包括为离校学生提供追踪服务;加强社区与学校关系,促使学生自我成长;加强家庭与学校的联系;结合社区资源,推展社区教育(徐震等,1983;林胜义,1994;彭淑华,2001)。

在中国内地,随着青少年发展日益得到关注,学校社会工作必将成为社会工作的重要领域。

未来的学校社会工作应该关注如下重点(林胜义,1994)。(A)熟悉学校系统的运作。社会工作专业人员必须熟悉学校运作,除提供临床服务外,还要实施学校变迁模式及学校社区模式,有效整合并引进社区中正式及非正式的资源,提升辅导效能,从而充分发挥学校社会工作的特色,建构学生—家庭—学校—社区的互动连结。（B）以特殊需要的学生为主。学校社会工作应包括全校学生在内，以情绪、文化及社会适应欠佳的学生为优先对象。（C）工作方法趋向整合。为避免只用某种方法可能导致的服务残缺，学校社会工作应顺应社会工作发展趋势加以统筹和整合。（D）兼顾矫治与预防。从传统注重个别学生的困扰与问题的处理，转而强调全人发展，针对全校学生不断推出新的辅导方案，防患于未然。（E）教育训练将趋向科技整合。学校社会工作除专精于社会工作外，尚需具备心理测验、咨询技术、教育与职业辅导、特殊儿童教育与心理等知识与能力，以利于学校团队的合作及不同部门的整合。

第四节　企业社会工作

随着工业化发展，不少劳动者因工作环境的改变而产生适应问题。个人问题会影响其职场表现，而工作产生的问题也为员工带来困扰。若不能及时加以处理，可能会因恶性循环造成企业损失甚至形成社会问题。

企业社会工作（social work in enterprise）是新兴专业领域。与此相关的名词有工业社会工作、职业社会工作、工厂社会工作、职工社会工作、工业辅导、工厂辅导、劳工辅导、员工辅导、劳工咨询、员工咨询及员工协助方案（EAPs）等。在学术上，这些名词各具有不同的意义，服务范围和方法也有差异；从实务看，则是在不同阶段使用不同名称而产生的区别（林桂碧，2002）。方隆彰（2001）认为，由于早期是以劳工为服务对象，故一般是以工业社会工作或职业社会工作称之，近年来，由于白领员工的不断增加，服务范围也拓展到服务业，企业社会工作的名称较符合实际情况。

1. 基本内涵

企业社会工作是"以企业界为服务领域的一种社会工作。透过社会工作者和其他相关专家的协助,运用适当的专业知识和方法介入影响员工的多元环境系统,借由各种方案和政策的推动与倡导,协助企业员工增进其解决个人、家庭和工作上所面临问题的能力,促进良好的工作环境,提升组织运作的效率和提供人性化的全方位服务"(Googins & Godfery,1985;林万亿,1984;方隆彰,2001)。

企业社会工作是由多个要素组成的系统。首先,企业员工及工会会员是其主要服务对象,主管、员工家属及消费者也可包括在内。其次,服务内容包括解决问题的直接服务和预防推广的间接服务,如福利、咨询、教育、休闲、申诉、组织发展及其他协助性或协办性的工作,服务范围不只是关心与工作直接有关的问题,影响工作的当事人生理、心理、经济、社交、家庭、婚姻等皆包括在内(方隆彰,2001)。近年来广为所用的员工协助方案(EAPs)则包括辅导新员工适应工作环境,向宿舍员工提供生活辅导,推广教育性或成长性的方案,协助员工规划职业生涯,设计或举办员工休闲活动,利用社会资源协助员工解决问题,建构企业内意见沟通体系,辅导与协助离职员工、不适应员工或被解雇员工转业,推动员工个人身心发展,提升福利需求的满意度等(林桂碧,2002)。其三,实施企业社会工作可以稳定劳动力,降低缺勤率和离职率,改善员工福利和提升生活品质,提高生产力和工作绩效,增加沟通渠道和促进劳资关系,增强工会与员工之间的关系,促进企业组织的人性化和建立良好的企业形象(Ozawa,1980;方隆彰,2001)。

2. 运作模式

　　劳动人口是企业社会工作者提供服务的对象。斯基莫认为，不论雇主还是员工及其家庭，都可能需要专业工作者运用咨询和治疗等直接服务方法，协助其面对职场内外的各种挑战及有效解决问题；社会工作者可运用各种专业知识及技能，以有效预防或减少酗酒、药瘾、家庭和婚姻冲突等导致的各种问题，协助生活品质的提升，丰富每个人的生命（Farley, et al., 2000a；陈月娥译，2002）。企业社会工作的发展，其内部因素在于员工需求和企业组织管理，其外部因素涉及产业结构改变、女性就业率增加、平等工作权及职业生涯所延伸的工作与家庭兼顾等各种与社会变迁及价值转换相关的问题。企业社会工作可兼顾劳资双方需求，回应外在环境要素交互作用产生的结果（Straussner, 1990；方隆彰，2001）。

　　依据服务输送来源和服务对象重点，企业社会工作可分为不同模式（表 13-2）。

表 13-2　企业社会工作的运作模式

聚焦 ＼ 模式	内涵	意　义	工作取向、服务方式、工作者角色
服务输送来源	企业外模式	企业与外部社会服务机构或顾问签约，由外部专业人员提供服务给员工，分为驻厂服务和机构(厂外)服务两种，也称为契约模式。	根据工作目标及做法归出三类工作取向：促进劳资和谐，增进个人调适能力的心理调适模式；照顾及关怀劳工生活和身心成长的生活照顾或人际联谊模式；强调劳工意识的社会行动模式。
	工会模式	由工会聘用专职的社会工作者，为工会提供服务。	服务方式可分为提供直接服务和间接服务两种。

（续表）

聚焦 / 模式 / 内涵	模式	意　义	工作取向、服务方式、工作者角色
服务输送来源	企业内模式	由企业组织聘用专任的社会工作者,为组织提供各项服务,又称In-House Model。	组织形态可分为三种工作方式:类似同辈辅导员的做法;企业内成立相关部门的做法;由人事相关人员或高层主管兼任相关工作的推动。
服务对象	员工服务模式	针对个别员工的需求提供服务,以增加员工的生产力及对组织的使命感,或对工会的忠诚度。目前,此种模式运用最多。	社会工作者扮演咨询者、调解者及训练者的角色。
	雇主或组织服务模式	协助雇主或组织认定及发展与员工有关的政策和服务措施,社会工作者可能外聘或内部聘用。目前,此种模式运用较多。	社会工作者扮演顾问、评估分析者、训练者等角色。
	消费者服务模式	针对顾客的需求提供服务。	社会工作者扮演咨询者、方案策划发展者、顾问及倡导者等角色。
	企业社会责任模式	确认和协助企业践行其对社区的福利责任。	社会工作者扮演社区分析及计划者、预算分配者、方案发展者及谈判者等角色。
	与工作相关的公共政策模式	促成、认定、分析会直接或间接影响公共或政府政策、方案和服务。	社会工作者须具备政策规划、分析、方案发展、宣传及促成联盟等技术。

注:根据方隆彰"企业社会工作"整理,载万育维编:《社会工作概论:理论与实务》,2001年,第248—251页。

3. 工作方法

企业社会工作需要运用个案工作、团体工作、社区工作、社会工作研究和社会工作行政等方法（Farley, et al., 2000;陈月娥译, 2002）。个案工作可以以员工或其家庭为服务对象,处理相当广泛的问题,必要时会转介至社区相关机构。小组工作主要以人际关系不良、有酗酒、药瘾等问题的员工为对象,利用小组方式进行讨论，分享感觉和经验，通过团体互动彼此互助，了解自己，解决问题并增进自我成长。社区工作主要指联结企业与社区资源：一方面，将有需要的员工转介至适当的社区机构；另一方面，协助企业主管了解社区、回馈社区和增进社区福祉。社会工作研究可协助企业主管了解员工和管理者间的问题、劳资关系情况，提出改善或加强以达双赢的对策。运用社会工作研究及方案规划与评估等方法，需要针对组织内某个议题或为处理某特定问题作需求或问题的评估、拟定目标、设计和执行方案、评估成效。社会工作行政指协助将产业相关政策和目标转化为具体行动。总体而言，企业社会工作目前仍以直接和临床方法为主，其他方法的使用正在不断增加，专题讲座、家庭访视、教育训练、休闲活动规划与执行都成为常用方式。

古汀斯认为，社会工作的主要服务方案包括咨询项目、多重服务方案、社会与社区变迁项目、人力资源方案四大类。

4. 原则与步骤

为兼顾社会工作专业的价值与使命及企业营运的目标，企业社会工作者应注重主动、弹性、借力、发展和客观五个原则，企业则应秉承支持、明确、尊重、持续和人本五个原则（方隆彰，1995）。

企业社会工作方法与社会工作一般方法相比的特性何在？

企业社会工作有其推动步骤。方隆彰（1995）认为，企业社会工作可分四个步骤。一是构思期，包括需求评估、提出草案、寻求决策者的支持；二是准备期，涉及拟定政策、撰写方案计划、行政安排、教育宣传等；三是服务期，旨在解决目标问题、预防教育推广、干预组织；四是评估期，主要进行方案成效评估和社会工作者自我评估。林桂碧（2002）则认为，建立"员工协助方案"工业社会工作模式的服务系统需要确认导入的负责部门、成立推动导入的组织、根据方案需求进行调查与分析、设立目标及编列预算、设置专业服务人员、指定专业服务机构、建立员工协助系统、发展员工协助系统、试行方案和全面导入。

企业社会工作除为个人、家庭和社区开辟新的服务途径，也让数以万计的劳工获得专业服务。为此,应注意以下几点(林桂碧,2002)。一是制订相关法律。宜以奖励取向尽速拟定相关办法,除提供事业单位作为推动的依据,也考评事业单位推行企业社会工作所需的成本,它可于营运成本中抵扣,以促进社会工作在企业组织中真正落实。二是建立企业社会工作专业制度。企业社会工作的推展必须规定经由专业训练合格人员来专办或兼办,劳工行政机关、教育单位、企业或工会、民间机构及社工协会等单位各司所职,经由协调、督导、整合与推动使企业社会工作专业制度充分落实。三是培训企业社会工作专业人才。其中,专业知识部分除须具备社会工作专业知识与技能外,尚需具有组织理论、人力资源管理、心理卫生常识、劳工政策、劳资关系、劳工福利、领导与管理、就业辅导等相关知识。培训目标是协助员工了解工业环境的相关信息及增进相关知识。培训方式可以由政府补助或举办各项相关的教育训练;由事业单位定期或不定期举办工作人员的教育训练、研讨会、座谈会、观摩会等;由学校规划企业社会工作专业人员的教育,以培训专业人力,或与事业单位建立合作关系,提供学生实习和事业单位员工在职进修的机会。四是充分发挥企业社会工作者的角色与功能。配合服务项目,企业社会工作者将同时扮演咨询者、教育训练者、居间调停者、评估分析者、联结者、促进者及方案发展者等多重角色。五是加强企业社会工作的研究。许多企业是基于人道主义及社会责任对社会工作感到兴趣,也会基于成本效益及经济利益而重视社会工作。为积极有效地协助事业单位推动企业社会工作及充分了解事业单位面临的困境,不断从事研发工作极其重要。

　　总之,社会工作在企业实施的成效如何,是决定企业社会工作是否可以继续存在的前提。在实施过程中,企业社会工作者必须不断通过实证研究和研发评估,回应社会经济发展的需要,并体现企业社会工作的存在价值。

　　随着经济改革的不断深入和全球化对中国影响的日益扩大,企业社会工作已开始成为中国经济生活的有机组成部分。其地位日益重要将成为社会工作实务和企业发展领域的双重事实。

本章小结

1. 院舍社会工作就是在弱势人士面临无家可归、家庭严重失功能、受虐、失依、失养、被遗弃、患有精神疾病或情绪受创适应不良等情况时，依据个别需要考虑进行短期或长期安置，并提供必要的社会工作专业服务。

2. 院舍社会工作具有照顾保护、监控约束以及治疗与改变行为等功能。其模式有代理家庭照顾模式、取代家庭照顾模式和补充家庭照顾模式三种。

3. 在运用院舍照顾方法时需考虑必要性、监控性、支持性、替代性和补充性等原则。

4. 接受院舍服务必须历经申请与等候、许可与入舍、居宿与干预、离舍与复原或临终与死亡四个阶段。

5. 院舍社会工作除从事个别干预外，也在院舍层面、社区介入层面、照顾给予层面和行政层面发挥功能。

6. 院舍社会工作可运用个案工作、团体工作、社区工作及社会工作管理等方法，并在运作和管理上体现独特性；可根据需要发挥整体合作性和团队精神，以达成共同制定的目标。

7. 医务社会工作是社会工作者运用社会工作知识与技术于医疗卫生机构，从社会及心理层面来评估并处理案主的问题，作为医疗团队的一分子共同协助患者及家属排除医疗过程中的障碍，不但使疾病早日痊愈，患者达到身心平衡，而且使因疾病而产生的各种社会问题得以解决，同时促进社区民众的健康。

8. 医务社会工作涉及内容包括患者、医院和社区三部分，各类医疗设施内与病人及其家属有关的经济、社会和心理情绪的困难均是社会工作者服务之所在。安宁照顾、艾滋病患者照顾、保护工作、精神医疗、器官移植是其重要领域。

9. 医务社会工作者需要处理患者与整体医疗体系的关系，处理患者个人问题，适应医院环境及规定，提供出院后追踪服务，以及进行其他特殊服务。

10. 医务社会工作有几个常用模式。生活适应模式的核心概念是适应、压力和回应;社会医疗诊断模式可分为对病人和疾病的了解与分析，以及对疾病和对病人与社会环境影响的分析两方面;危机调适理论着重当事人对事件的情绪反应，干预目的在于协助个人重新适应尤其情绪调适，长期目标是增进当事人未来处理危机的能力;家庭取向工作模式旨在协助家庭成员建立各项能力，常用模式包括危机调适、深度治疗取向的家庭治疗、具有支持及卫教功能的家属团体等。

11. 医务社会工作与医疗体系紧密相关，该体系涉及法律依据、医疗机构的特性、医疗团队的专业分工等方面。

12. 医务社会工作就是将社会工作方法运用在医疗体系的相关单位，包括个案工作、团体工作和社区工作等方面。

13. 学校社会工作是依据社会工作的工作原则，运用社会工作的专业知识、技术与方法，解决存在于家庭、学校和社区间可能会引发及影响学生问题和干预效果的专业服务。它是在学校中运用社会工作理论与方法实施专业服务，是教育与福利的结合。

14. 学校社会工作的服务领域包含家庭与社区，学校教师、学生家长及社区人士都可能成为其对象。其目的在于协助学生与其环境建立良好关系，实现卫生、教育和福利的综合功能，实现广义的社会福利。

15. 学校社会工作包括传统临床模式、学校变迁模式、社区学校模式、社会互动模式四种，其工作焦点、工作目的、概念基础、主要理论或观点、案主体系、困扰来源、工作者任务与行动、工作者主要角色等各不相同。

16. 个案工作、团体工作和社区工作是学校社会工作的常用方法。

17. 企业社会工作是以企业为服务领域的社会工作。它透过社会工作者和其他相关专家的协助，运用适当的专业知识和方法介入影响员工的多元环境系统，借由各种方案和政策的推动与倡导，协助企业员工增进其解决个人、家庭和工作上所面临问题的能力，促进良好的工作环境，提升组织运作的效率和提供人性化等全方位服务。

18. 企业社会工作是一个系统；企业内员工、工会会员、主管、员工家属及消费者是其服务对象，服务内容包括解决问题的直接服务和预防推广的间接服务，其功能在于稳定劳动力，降低缺勤率和离职率，改善员工福利和提升生活品质，提高生产力和工作绩效，增加沟通渠道和促进劳资关系，增强工会与员工之间的关系，促进企业组织的人性化和建立良好的企业形象。

19. 根据服务输送的来源，企业社会工作可划分为企业外模式、工会模式和企业内模式等几种；根据服务对象重点，企业社会工作可以划分为员工服务模式、雇主或组织服务模式、消费者服务模式、企业社会责任模式、与工作相关的公共政策模式等。

20. 企业社会工作需要运用个案工作、团体工作、社区工作、社会工作研究和社会工作行政等方法，专题讲座、家庭访视、教育训练、休闲活动规划与执行也是其常用方式。

21. 企业社会工作者应该注重主动、弹性、借力、发展和客观五个原则，企业应秉承支持、明确、尊重、持续和人本五个原则。

22. 企业社会工作可分为构思期、准备期、服务期、评估期四个步骤。

思考题

1. 根据Davis的院舍社工模式，说明本地为不同对象提供的院舍工作属于何种模式？

2. 运用院舍社会工作时需要考虑哪几个原则？

3. 访问一间院舍，了解社会工作者在院舍各个服务阶段的角色和任务。

4. 谈谈你对医务社会工作内涵的理解。

5. 试就本章的四种理论模式，查阅更多资料，剖析它们在医疗实务中的运用。

6. 试就目前医务社会工作的发展现况，讨论其在中国医院体系中的发展可能性及面临挑战。

7. 试说明学校社会工作各运作模式的焦点是什么？其在中国实施时会面对哪些挑战?

8. 你觉得学校社会工作在中国的发展前景如何？

9. 何谓学校社会工作的外部支持模式、内部巡回支持模式和内部驻校模式？请剖析各种模式的优缺点。

10. 试比较企业社会工作各种运作模式的异同。

11. 在营利企业中，社会工作者的角色与定位如何？可能会面临哪些冲突？如何调适?

12. 试讨论员工协助方案的基本概念与工作方法。

推荐阅读

方隆彰:"员工协助方案概论"，1995 年，载朱承平等著《员工协助方案实务手册》，第 11—25 页，台北:张老师出版社。

林胜义:《学校社会工作》，1994 年，台北:巨流图书公司。

莫藜藜:《医务社会工作》，1998 年，台北:桂冠图书公司。

黄源协译:"健康照护社会工作"，2002 年，载谷允文审订、沈琼桃、詹宜璋校阅，《社会工作概论》(Rex A. Skidmore 原著)，第 207—227 页，台北:学富文化公司。

Allen-Meares, P., Washington, R.O. & Welsh, B.L., (1996). *Social Work Services in Schools* (2nd ed.). Boston: Allyn & Bacon.

Straussner, S.L.A. (1990). *Occupational Social Work Today.* New York: The Haworth Press.

Walton, R.G. & Elliott, D. (1980). *Residential Care.* NY: Pergamon Press Inc.

附录 1

癌症康复者的心理和
行为支持服务

——江东新村陈先生的个案工作计划

　　癌症患者手术后需继续治疗，治疗成为癌症康复者生活的有机组成部分。癌症发生、治疗和康复会带来多方面困境，这些困境会给康复者及其家庭带来其他压力，而且妨碍其康复过程。协助癌症康复者适应生活、应对压力是使他们迈向康复的一个重要课题。本方案为江东新村的陈先生提供心理和行为支持服务。工作者期望在干预过程中依托不同方法，协助案主以达观、积极的心态直面问题和需要，认识满足这些需要的方法，并采取积极手段帮助自己逐步摆脱困境。

1. 案主背景

　　陈先生，男，48岁，高中文化。1981年结婚，育一女。2001年发现患有胃癌，同年7月完成手术。因患病，陈先生失去工作，妻子为照顾丈夫也辞工全心做家务，全家靠最低保障费维持生活。女儿今年又中专毕业，因无力支付学费，其继续就学及就业都面临困难。

2. 个案分析

在与陈先生的多次接触中，社会工作助理分别获得了其个人及家庭资料，把握了其患病经历，了解了其夫妻关系及其在案主患病和康复中的共同应对经历，观察了其物质生活状况，并初步掌握了案主及其家庭对现状的看法和未来的期望。根据了解，陈先生及其家庭至少面临以下问题：

（1）疾病与治疗。癌症是特殊病症，康复更是长期过程，这些都给康复者带来负面作用。癌症、康复过程、药物副作用等给陈先生及其家庭带来心理压力、经济短缺、失去工作等消极影响。

（2）失业。发现患有癌症后，陈先生不再工作。手术半年后，他曾瞒着家人进行身体锻炼以期重新工作，但巨大的负面效果彻底击碎了他的梦想。自陈先生患病至今，妻子辞工全心照顾丈夫。女儿今年中专毕业，尚未正式就业。因此，全家三人都没有正式工作。

（3）经济紧张。陈先生康复需要不少医疗和营养费用。医疗费用的绝大部分可由医疗保险费和职工互助基金报销，自己尚需负担 7%，每月 200 到 300 元。全家都靠最低保障费（每人每月 280 元）维持生活，家庭经济十分紧张，无法保证陈先生的充足营养费用，有时甚至连医疗费也无力支付。

（4）女儿读书与就业。由于经济短缺，处于继续就学年龄的女儿只好寻求就业。由于尚欠学校学费，其就业手续无法办理。女儿获得正式工作岗位并继续深造是全家高度关注的问题，因为女儿是全家的未来，也是全家改变命运的希望所在。

（5）心理压力。案主情绪起伏很大，经常出现忧郁、无助感，对疾病及生命比较焦虑。由于陈先生及其家庭面临"复合"困境，他们不可避免地面临焦虑、烦恼等心理问题。

可见，疾病是案主及其家庭困境的初始诱因，上述困境之间存在时序关系，目前又同时存在，成为陈先生家庭系统现状的有机组成部分。

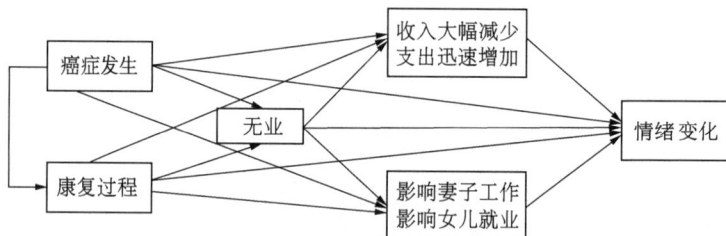

3. 工作目标

本方案旨在达成任务目标和过程目标的融合。任务目标首先在于协助案主直面当前的各项困境，然后再围绕具体问题和需要来讨论和分析可能的解决途径并发掘资源；过程目标是提升案主的多方面能力。

4. 工作理念

癌症康复者是弱势人士。由于健康水平下降、康复费用昂贵，因此，如果他们应变不当，可能会导致失业、贫穷、心理健康水平下降等后续负面事件。这些物质和精神层面的事件不但会影响其康复，而且会影响家庭的整个生命周期。

癌症康复者比一般人面临更多困难。扬（Young）指出，重要需求的降临或失去可能成为未来幸福好坏的转折点，个人面临这一情况时会处于不安状态，该不安状态就称为危机。因此，癌症康复者面临的各种困难可以视为危机。

癌症康复者是弱势人士，其中绝大多数人士的个人资源不足，客观环境恶劣。这可能使他们缺乏恰当应对危机的办法，或者采取不当方式应对困境。因此，他们首先需要他人和社会的支持和帮助,协助提供心理辅导和解决现实问题。鉴于"助人自助"是社会工作的重要原则,协助他们"自助"即达观面对困境、增强应对压力的能力是帮助其解决问题的根本手段。

由于癌症康复者会同时面临诸多问题,这些问题是案主所在系统的有机组成部分。根据"一般系统理论"(general systems theory)原理,这些问题作为系统的一个部分会相互依赖,任何问题的舒缓或解决都会对其他问题产生影响。因此,如果针对这些问题同时采用干预手段,那么,一个问题的舒缓或解决显然会有利于其他问题的良性发展。

5. 工作原理

本方案采用危机干预法(crisis intervention)对案主提供帮助。危机干预法是经过专门设计的、旨在影响危机过程的活动,其目标是改善案主应对未来危机的能力以及取得其他良好结果。其基本假定是:个人应该与其环境处于平衡状态,面临危机者的人境平衡被打破。危机干预法的基本技术涉及情绪、认知和行为等方面。其效果取决于案主原先的应变资源(如个人意志、情绪控制能力、积极达观的认知等)、可用的社会支持系统、危机的本质、帮助者采用的干预手段等。

对危机干预法的工作步骤的说法众多(EII, 1995; Gilliland & James, 1988;Parad, 1990;Slaikeu, 1984; Wainrib & Bloch, 1998)。本方案将采用斯莱科(Slaikeu, 1984)的阶段性工作模型,其步骤有三个。①起始诊断(initial assessment)。涉及当前的主要问题、个人面临的威胁、个人的心理状态、应变资源、支持和行动需要的类型。②首级干预(first-order intervention)。即提供心理紧急援助。目标在于重新进行紧急应变,如给予支持、降低怠倦度、联系可提供帮助的资源。主要技术有进行心理联系、多角度探索问题、检测可能的解决方法、帮助采取各类行动、跟进。③次级干预(secondary-order intervention)。即:采用多种手法进行危机治疗，目标在于解决危机，如影响危机、将危机与生活整合、建立开放的迎接未来的心态。其技术涉及物质生存（衣食住行）、情感表达、认知主导、行为修正等方面。

应变（coping）是压力和应变理论（stress and coping, Lazaraus & Folkman，1984）的重要组成部分，与危机干预法紧密相关。应变由认知评估和应变行为合成。认知评估由初级评估和次级评估合成，前者判断自己在危机中有无风险，后者判断采用什么行为可以克服或防止损害、改善未来福利前景。应变行为有两种：一是情感为主应变法，即抑制压力事件带来的压力性情感；二是问题为主应变法，即改变导致压力的原因。应变是一个过程，个人和社会环境的多个因素共同决定应变努力。

整合危机干预法和应变理论的原理，可以提出如下工作方案。

6. 工作方案

第一节　提供心理援助

目的：在情感层面协助抒发负面情绪，发现可能的应急资源。

内容：

① 分享案主的情感体验：个人感受、家人反应及发泄情感的办法。

② 探索与这些情绪有关的个人需要。

③ 讨论案主发泄情绪方法的特性。

④ 介绍和演练管理情绪的技巧（空椅子法、气功方法），学习释放，达到平静心境。

⑤ 讨论可能资源：针对康复，提供市癌症康复俱乐部的联络信息；针对无业，提供福利彩票销售点工作岗位申请的信息和有关政策的咨询方法；针对女儿就业与读书，提供继

续教育信息。

⑥ 家庭作业:演练管理情绪的技巧（下次分享感想）;
根据信息，联络市癌症康复俱乐部，完成福利彩票销售点
工作岗位申请书的初稿，联络有关院校获得确切的继续教
育信息。

第二节　直面当前困境

目的:在认知层面协助达观评估和面对已经出现的各种
困难。

内容:

① 分享案主过去一星期的管理情绪体验、效果及感想，
讨论案主各类其他家庭作业的完成情况及其体验。

② 进一步分析案主面对的各种困难状况。

③ 讨论这些困难的产生原因及其机制。

④ 分享案主对不同困境的未来和可能发生改变的看法。

⑤ 讨论案主对困境看法的合理和不合理之处。

⑥ 切磋达观认识当前各种困难的方法。

⑦ 家庭作业:继续演练管理情绪的方法，反思各种困境
的可变性，思考舒缓和解决困境可以采取的行动。

第三节　切磋应变行为

目的:在行为层面协助案主设计积极的应变行动。

内容:

① 分享案主情绪管理的体验和对行动思路的思考。

② 分享案主已经采用过的舒缓或解决困境的行为。

③ 讨论这些行为的合理性与不合理性。

④ 分享有利于康复的行为，包括参与癌症康复俱乐部、
介绍与演练气功技巧等。

⑤ 讨论有利于就业的行为,包括:妻子从事非正规工作,申请福利彩票销售点工作岗位（要求街道提供帮助）。

⑥ 切磋有利于女儿就业与读书的行为,包括鼓励女儿在实习期间体现优秀员工的行为,根据继续教育信息报名就读等。

⑦ 商讨有利于改善经济紧张的行为,包括进行伤残鉴定从而办理提前退休手续等。

⑧ 家庭作业:演练管理情绪的技巧,实施本次讨论的积极行为。

第四节　进行反思提升

目的:回顾已往工作过程,探索未来努力方向。

内容:

① 分享案主的家庭作业完成状况。

② 讨论人生事件的应对过程:事件评估、发现资源、采取行动。

③ 反思和讨论已经采用的情感抒发、认知修正和行为修正的技巧。

④ 分享对上述方面的各自感受。

⑤ 讨论未来可以继续努力的领域。

⑥ 家庭作业:思考针对上述困境还可以采用哪些方式发泄情感? 还可以开发哪些资源? 还可以采取哪些行为?

第五节　提高应变能力

目的:依托对多种困境的应对体验和思考,掌握应对未来可能负面事件的能力。

内容:

① 分享案主的家庭作业完成状况。

② 建立达观、开放的和迎接未来的心态:认识人生危机事件的不可避免性,认识自身与家庭的作用,在理念上积极追求可行的改变。

③ 领悟发掘各种外来资源的技巧:学会巩固和建立支持网络、获得非正式社会支持的方法,讨论发现机构、政府和市场资源的途径,商讨积极参与社会生活的方法。

④ 讨论面对人生负面事件的"治本之法":发现原因机制,改变可变因素,从而防止损害和改善前景的方法。

⑤ 家庭作业:总结自己在工作过程中的收获,反思自己在服务过程中的改变,发现人生的意义。

第六节 寻找人生意义

目的:总结收获和巩固成效,与其他弱势人士进行互助从而提升自我。

内容:

① 分享案主在工作过程中的多元感受。

② 发现案主在整个课程中的积极转变。

③ 探索工作计划的优点与不足。

④ 讨论案主需要继续努力的方向。

⑤ 共同家访社区孤寡老人。

⑥ 体会个人对社会的价值和互相帮助的重要性。

⑦ 进行再测。

⑧ 赠送纪念品。

7. 成效评估

本方案的评估采用量表测量法和问卷法两种方法,其中,量表测量分前测和后测两次,问卷评估在工作计划完成前进行。

(1)量表测量。量表测量分前测和后测两次,由案主填答量表。前测旨在比较全面地发现案主的问题，后测旨在了解案主在接受干预后的情况。工作者通过比较两次测量中的量表得分，发现工作效果。前测：用情绪评估表（CES-D）测量案主的自我评估状况；采用华人应付压力方法量表了解案主的婚姻、家庭、人际关系以及应对工作有关压力等状况的方法；应用自我照顾能力调查表把握其需要帮助的程度和社会支持的利用情况。后测：用情绪评估表（CES-D）当场测量案主的自我评估状况。

（2）问卷测量。问卷测量旨在把握案主在接受干预后了解解决问题/满足需要的技巧方法（知晓度）和演练这些技巧（操作度）的情况。案主在服务结束前被要求回答由若干开放式问题组成的问卷，借此，工作者可以了解案主对下述方法的知晓度和实际操作状况：①自我调解烦恼；②锻炼身体；③获得工作岗位；④帮助女儿继续读书；⑤帮助自己减轻经济压力；⑥扩大个人交往网络；⑦寻求某些组织或机构的帮助。

附录 2

妇女辅导案例

1. 个案称谓:林 ×× 、蔡 ×× 夫妇

2. 个案来源:由 ×× 法院谢 ×× 法官转介

3. 访谈时间:× 年 × 月 × 日

4. 协谈员:×× 社会工作师

5. 转介原因

（1）由于林 ×× 女士坚持到法院控告丈夫蔡 ×× 先生精神虐待，由法院开庭审议该控告诉讼案件，法官视当初情境建议双方前来接受婚姻咨询，并取得双方同意，进行此项婚姻咨询服务。

（2）据林女士向社会工作师提及，法官建议他们夫妻接受婚姻咨询，主要原因是在法院开庭时，女方这边是由其孩子、林女士的表妹及娘家长兄出面，丈夫这边由其担任社团或基金会的董事数人一起出面进行劝说。在这么多亲朋好友的参与或劝说下，法官见此状况，建议进行婚姻咨询。又据林女士表示，当时谢法官也提及婚姻咨询后并不表示不能离婚，或夫妻一定要和好。

（3）社会工作师接到法院公文通知后，即刻与林女士联络

并约定咨询时间，进行婚姻咨询工作。

6. 案主基本资料

（1）案主家系图

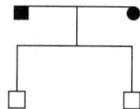

（2）家庭成员概况

① 林 × ×，1947 年出生。②蔡 × ×，1940 年出生，于 × × 航空公司担任督导一职，婚后不久即辞去该职，转为从事生意。③林女士于 1972 年与蔡先生结婚，婚后生下两个孩子。老大今年 28 岁，企管研究所毕业后，服两年兵役，打算于近期结婚成家。④小儿子今年 22 岁，尚在五专就读，今年延期毕业，准备考二年制的技术学院。

7. 与林 × × 的会谈过程

（一）会谈内容

（1）有备而来，资料齐全

林女士来接受协谈时，手中带着两个大旅行袋。一走进社会工作师的办公室，林女士就从袋子中取出很多资料，希望社会工作师能看她准备的资料，以便了解其委屈及事件的来龙去脉。社会工作师只是简要地帮其过目那些资料，其中也听了一小段录音，因为录音效果不佳，很难清楚听到对话内容。

社会工作师很简短地询问林女士旅行袋内的资料有哪些，林女士很大方地将旅行袋内的资料呈交给社会工作师查阅。其资料是六本账册（林女士婚后两人共同做生意及日常生活开销，其中，1974 年一本，1976—2000 年五本）、两本日记（婚后日记）、六卷录音带及 47 页的录音带笔录稿。据林女士表示，这些笔录稿是其亲自誊写，13 卷录音带则是在离家前（2000 年离家）一年内将其与蔡先生的对话，或特别约蔡先生出来讨论有关财产等家务事时用特制小型录音机录下的。

（2）婚后生活

社会工作师请林女士简要描述其家庭生活状况及夫妻间相处情形。据林女士表示，她与蔡先生于 1972 年结婚后，夫妻相处不错，她也很努力，勤俭持家。当时，蔡先生就非常大男子主义，家庭中任何大小事都由他作主，就连她结婚时母亲给作嫁妆的土地，蔡先生也常常表示要由他作主。

婚后，林女士就已有写日记的习惯。所以，林女士在描述过程中把 1973 年写的日记给社会工作师看，内容大致是描述日常生活中夫妻相处的琐事。从日记记载中可看到，那时的林女士对先生在各项事情上都加以容忍，比较体贴地与其相处；当然，夫妻间也会斗嘴，有争执且先生常常会骂脏话，但据林女士表示，她都很忍耐地帮先生持家及协助生意上的事情，尽量扮演好贤妻良母的角色。

（3）问题的开端与争吵

据林女士表示，夫妻两人较为强烈的吵架始于 1991 年。当时，先生曾与一位美容院小姐有过外遇，2—3 个月，两人一同出游并在饭店吃饭时，被林女士的姨妈碰到。但先生回来后，反告知林女士说，他们一伙人一起在聚餐且还碰到某某人等。本来林女士不怀疑有其他情况，但后来在无意闲聊时，林女士才了解到先生骗她。针对这件事，林女士曾与先生争吵过，也曾想为此事自杀，但后来先生一再向其表明，他对那位小姐只是喜欢、没有爱，也承认两人有过一段时间的交往但绝对没发生过性关系，并答应太太以后不再与对方交往、将照片烧毁等，才结束这段争执。

1991 年，林女士的母亲过世，在过世前也曾住院一段时间，林女士常常家里、医院两头跑，而先生常利用太太前往医院照顾母亲时与美容院小姐约会。

　　林女士的母亲过世后，留下一笔土地遗产。1993 年，经中介及林女士与蔡先生的奔走，将那块土地卖出，林女士分得遗产二千多万元。拿到这笔遗产后，蔡先生曾要求林女士买部车子给他，林女士买了一部三百万元的名车给蔡先生。之后，蔡先生又帮林女士将那笔钱投资股票。林女士表示，当时股票若有赚钱，蔡先生就只将赚的部分还她，而本钱就留在先生处，所以，最后结算，她只取回本金，甚至还亏了一部分钱。

　　不仅如此，蔡先生于 1993 年要求太太支付生活费，生活费是一人一半，这种状况持续到 2000 年太太二度离家出走为止。

　　两人的第二次激烈冲突发生在 1999 年。林女士受不了先生对金钱的重视且对她经常辱骂等精神虐待，所以离家出走，跑到台北表妹家住了三天。林女士表示，在这期间自己也写了一封很长的信件给先生并寄给他。后来表妹与她搭飞机回来，先生到机场接她们，并在机场抱着太太痛哭，且表明日后一定要对太太好一些，才结束那次风波。

　　最近一次是 2000 年。先生一再威胁她，若不将那块她嫁过来当嫁妆的土地分一半给他，他就要与太太拼死拼活，这让她心生恐惧，还有蔡先生对大儿子交女朋友及结婚的对象只要求现实的"有钱、门当户对、学历好、漂亮"等，而根本不重视两人的感情和爱情。她表示，在先生眼里根本没有爱，所以自己与他生活很痛苦，故在离家出走前一晚即 2000 年 10 月 22 日，约了先生到一间名为海洋波利的餐厅用餐，目的是与蔡先生谈判有关土地及大儿子婚事等方面的事宜。当时林女士已有准备，所以利用二人用餐时间录下二人谈话的过程。隔天，林女士就趁先生不在时离家出走。这么一走就是半年多。之后，林女士就找了律师团，进行这项控告，并要求离婚。

　　前不久，蔡先生中风入院，林女士和两个儿子到医院照顾了 17 天。林女士表示，先生住院期间，她因为顾念夫妻一场，所以虽然自己搬出来独自居住，但也天天到医院照顾先生。先生对她也非常依赖，虽然身体病痛，但若太太晚一点到医院，自己就跑到医院的电梯门口等她，这也让她倍感压力，觉得先生过度依赖自己。

（二）社会工作师对林女士会谈的诊断与分析

（1）说明社会工作师的角色

在协谈前，社会工作师表明立场，告知林女士，社会工作师是受法官之托，答应接受他们有关婚姻咨询的协谈工作。社会工作师不作任何价值批判或牵涉其夫妻离婚与否的裁决问题。社会工作师的角色基本上是通过协谈来了解其夫妻间到底出了什么问题以及如何妥善处理这些问题。若双方愿意和好，社会工作师将安排较为长期的辅导，帮助双方一起找出问题或困难，协助夫妻或家庭成员一起解决家庭问题。当然，若双方中有一方不愿意妥协或不愿意和好而坚持离婚时，社会工作师只能站在客观立场，根据实际状况帮他们分析实况，再由他们自行决定解决途径。当然，最好是能好聚好散，夫妻不必走到反目成仇、对簿公堂的地步。林女士听完社会工作师的解释后，了解及同意社会工作师的说明。当时，社会工作师很清楚地告知林女士，因为是受地方法院法官之托，所以协谈后的内容，社会工作师会据实记录，并将记录寄给法官。

（2）会谈分析与干预

针对林女士所描述的问题，社会工作师帮林女士作了分析，了解到林女士的家庭问题主要有：

① 夫妻沟通问题。长久以来，林女士的家庭生活模式是受传统父权社会价值观的影响，夫妻间是以男尊女卑的沟通型态为主。丈夫抱持大男人主义，在家庭中是父权角色，常以指责或握有决策权的态度对待太太和孩子。太太也受到传统文化的影响，尽量扮演好贤妻良母角色。因此，在先生强权、不尊重太太、对孩子过度苛求的情况下，妻子为了家庭和小孩仍坚持忍耐。

社会工作师指出，林女士与先生这样的沟通方式，在她们传统文化与价值观主导的年代是较为普遍的现象。可能先生根本不知道自己的行为已深深伤害了太太和孩子，或自己已无形中在破坏婚姻和家庭。社会工作师提醒林女士，夫妻间的沟通和相处是要学习的，良好的婚姻关系是要借着正向沟通来用心经营的。若她有意愿与先生和好（其实，二人的关系还可以沟通），还可以再学习，再给彼此一次机会，重新共同经营婚姻及家庭。二人目前都处于晚年时期，很快就迈入老年阶段，都须要互相扶持和彼此照应，尤其是先生最近又中风，也曾经历过或面临过生命终结的问题，相信他往后的人生观会有不同。

②经济问题。显然，这对夫妻的经济算是富裕、充沛，只是彼此间在经济的管理上过于计较。当然，这可能与家庭权力分配有关。

另外，由于先生的大男子主义，在其价值理念中，觉得娶了太太后就将太太视为自己（财产）的一部分，太太陪嫁的东西也是自己的一部分，因此，林女士的嫁妆（一块土地）先生有权利分得一半。这点让林女士很不以为然，自己的嫁妆为何一定要分给先生，为何先生的金钱观那么强烈，处处算计得那么精，就连家庭生活费也要各出一半，而土地又要分一半，对大儿子的结婚对象也要计算女方是否有钱等。

社会工作师与林女士一起讨论并分析他们夫妻对家庭经济的这项看法。社会工作师告诉林女士，一般家庭的经济通常是由夫妻一起处理。当然，每个家庭都有各自的处理模式，若夫妻两人对家庭经济过度计较且将彼此的经济分得那么清楚，这倒不是夫妻之福。因为这可能导致夫妻间不信任及对家庭责任分担的观点分歧，因此才会导致目前的状况。现今，他们夫妻在经济上就有这项争执，若两人要再次和好，上述方面也是必须处理和沟通的要点。

③亲子问题。据林女士表示，大儿子打算近期与女友结婚，但先生一直反对。先生反对的理由是嫌弃女方家有负债，经济状况不好，所以强烈反对大儿子的婚事。但林女士觉得只要年轻人相爱、两人能同心，经济问题是其次。因为这事，也让林女士忍受不了先生的价值观及其强势作风。

社会工作师分析，这个问题其实是林女士与先生在经济问题上的延伸。先生对金钱的观点也表现在其控制儿子的婚姻上。社会工作师借机从林女士处了解先生中风后对经济的观点是否有所不同。林女士表示，她已离家几个月，先生中风期间到医院照顾时也没有特别提及此事，所以并不怎么了解生病后的丈夫是否对金钱的价值观有所改变。不过，林女士表示，她个人觉得先生看钱很重，要改变可能很困难。

在此次会谈结束前，社会工作师针对今天会谈作了摘要，并再次告知林女士有关社会工作师的角色。社会工作师期待能约谈蔡先生，了解蔡先生的看法。若能找到两人关注的焦点且两人都有意重修旧好，社会工作师会针对此次会谈分析的上述几项问题，与两人进行磋商;若没意愿和好，也尽可能让双方好聚好散。林女士同意和接受社会工作师的看法。最后，林女士表示不想让先生知道其住处及电话，社会工作师表示，这是社会工作的专业伦理，社会工作师会为其保密，不会让对方知道的。

8. 与蔡先生会谈的过程

（一）观察印象

社会工作师与林女士会谈后，在很短时间内又约了蔡先生会谈。

蔡先生由看护陪同来社会工作师的会谈室。之后，看护先行离去，等会谈过后再来接蔡先生。

从蔡先生的外表观察，他长得很绅士，中风后的复原状况还不错，虽然是一手一脚有受伤，但残障状况不是很严重。说话也算流利，在谈话应对上，反应也很好。从整体来看，作为中过风的人士，复原得不错。

（二）会谈内容

蔡先生表示，他与妻子一向都被视为恩爱夫妻、最标准的模范夫妻，今天怎么会变成这个样子和走到这步田地他实在不知道，也非常难过。因为过去数十年来，夫妻就是这样生活着，也不觉得有什么不妥的地方，且太太离家前还对他很好，找他到餐厅用餐，两人还在沟通，所以，他真的不知道为何太太要告他、要求离婚。

社会工作师很简短地将与蔡太太会谈后所分析出来的几项重点，提出与蔡先生讨论，希望从蔡先生的立场来了解其夫妻沟通、相处问题、家庭经济问题、亲子问题特别是大儿子婚事。

关于夫妻沟通问题，蔡先生承认自己确实是大男子主义，对太太尊重不够，在经济上他确实对太太较为刻薄。但他并不知道这会对太太造成那么大的伤害，他很后悔，也承诺若太太能原谅他，现在他什么条件都可以答应，只要太太能回来，大家从头做起，重新生活。他非常期待社会工作师能协助他们，让这项婚姻咨询能成功挽回他们的婚姻。

会谈中，蔡先生表示，最近大儿子要结婚，他已经不再反对了，大儿子的女朋友与他见过几次面，他也表示很赞成。自己与太太各出一半共同购买了一千多万元的房子，儿子来征询其意见，要装潢准备结婚时进住，而且其母亲要一起和大儿子住进那套房子，他也欣然答应。他又表示，本来大儿子对其夫妻两人争执离婚的事并不表示意见，但最近大儿子已有点改变，似乎较能体贴父亲的现状。据蔡先生的说法，大儿子表示说父亲与母亲离婚后，父亲应该再重新追求母亲。蔡先生对这样的说法感到很奇怪，他觉得太太何必如此多费周章，能借由婚姻咨询改善夫妻关系，其实是最理想的。

社会工作师分析了蔡先生夫妇的问题，并明确请蔡先生表明其立场。蔡先生很明确地请求社会工作师协助，如借婚姻咨询能让太太打消离婚念头，任何条件都可以答应太太。太太可以过她想过的日子，他绝不会加以干预；太太要求的金钱部分，他也可以不再计较，全部给太太。

社会工作师告知将尽力协助，不过能否和好，则要看双方的意愿。若一方强烈要求离婚，不愿和好，那也很难达成，所以，彼此要面对现实，接受挑战。若有意愿和好，社会工作师将会择期再与蔡先生做个别会谈，或做夫妻联合会谈。

9. 再次与林女士会谈的过程

与蔡先生谈过后，社会工作师再度约谈林女士。

首先，社会工作师简要说明与蔡先生会谈后，觉得需要再澄清的事项，并提及蔡先生期待和好的意愿，但林女士仍然坚持要离婚。她还告知社会工作师，她曾将上次与社会工作师会谈的情况转告给其聘请的律师，律师则传真一份有关家暴法忽略的死角即精神虐待的报道给她，要她转给社会工作师看，并一再强调，若要了解她的痛苦及先生对其施予的精神虐待，就必须去听其录音带或看她收集的资料；只有谈谈，是很难理解的。

社会工作师利用机会给予说明。其实，社会工作师的角色不是当判官，需要那么仔细地去看或听她的资料，倒是她用高价（两位律师费大约 11 万元）聘请来的律师需要帮她阅读及听取资料。社会工作师的角色主要是帮助他们夫妻和好、重新建立良好关系、学习夫妻沟通技巧及用心经营家庭。因此，社会工作师除了分别与夫妻双方会谈之外，还希望借由夫妻联合会谈来了解两人的沟通模式及其对家庭问题、夫妻争执等问题的看法，以便能在社会工作师的面前一起讨论、一起分享，也让社会工作师有机会了解夫妻的争执点及其各自观点，以便协助他们找到两人真正的问题，帮助他们解决问题。

可惜，经社会工作师的解说及说服，林女士还是坚持不愿与先生见面，她表示很怕再与先生会面，且坚持要离婚，所以也没有必要再见面。她似乎怕两人见面后，自己的决心会动摇。

由于林女士的坚持，社会工作师只好作一次结案会谈，并表明会将会谈结果写成会谈记录，交予法官。当然，社会工作师会打电话告知蔡先生，将不再约谈他，因为社会工作师觉得已没必要再个别会谈了。

10. 与蔡先生电话会谈的过程

社会工作师以电话方式通知蔡先生有关林女士的决定，以及社会工作师也不打算再与其个别会谈的事宜。在电话中可以感受到蔡先生非常失望且难过。他表示，为何会走到这个地步呢？太太为何连一点机会都不给他呢？他觉得很难过，不知怎么办？社会工作师安慰他，劝导他要学会自我克制，并调整自己的观点、价值理念，面对现实，既然在会谈中他一再表示要好好改正自己过去的观点和坏脾气，社会工作师提醒他真的要利用这次机会好好学习及改善，说不定这样的改变，会让自己的晚年生活过得较好，且也要做给太太看，否则，太太所担心的又要出现了。他听了社会工作师建议后，表示有同感且愿意尽力为之。

11. 社会工作师的评价

（一）期待有异，目的不同

林女士与蔡先生对婚姻咨询的期待与目的不同。林女士想借着婚姻咨询，让社会工作师将其搜集的丰富资料写成报告让法官了解，以表示她已受够了先生 30 年来加在她身上的精神虐待，当然，其最主要目的是达成离婚诉讼。蔡先生则期待能借着婚姻咨询，让彼此能有和好机会，他不想离婚。当然，从蔡先生立场来看，他期待太太能回到身边，因为自己已渐渐年老，身体又不好，迈入晚年生活，没有老伴，确实是很孤单的。

（二）整体评价

从林女士的坚决离婚及准备资料的过程分析，确实是很难借由婚姻咨询来打消其离婚念头。她从离家前一年就开始准备资料，包括夫妻两人生活 30 年的账册、生活琐事及对话录音、结婚后的日记及写给先生的信函等。然而，太太的这些情况，蔡先生似乎都不知道，可见蔡先生虽然在婚姻及家庭中是大男子主义，但实际上有许多小细节似乎是大而化之的人。

其实，在社会工作师的会谈经历中，确实很少碰到过结婚已近 30 年的夫妻，太太会那么坚决且有备而来地一心一意想要离婚的个案。这样的感受，社会工作师也当面向林女士表示过，但林女士一再强调她长期承受的精神虐待已无法再忍受，目前只想过自己想过的日子。

另一方面，蔡先生很有诚意地想要改变自己，想要与太太和好，特别是因为自己曾经中风且已迈入晚年阶段。不过，因为林女士坚持离婚，社会工作师也觉得很可惜和无奈。林女士对丈夫坚决控告，就连一次夫妻联合会谈的机会也不给。所以，最后在电话中，社会工作师只能建议蔡先生要自我鼓励，真的做到改变那个过去不怎么好的自己，以及若能再加上儿子或儿媳妇从旁协助，或许可以借由孩子们的关系，让太太回心转意，获得机会重做夫妻。

在与蔡先生夫妻会谈的过程中，两人的态度都表现得非常诚恳，并没有太多的心理防卫现象。社会工作师也分别询问夫妻两人，在诉讼过程中，是否有第三者问题，且要求他们必须坦诚相告，结果两人都表示自己没有第三者。另外，两人也都认为对方也没有第三者的问题。因此，此个案的问题可能就如上述社会工作师诊断与分析的状况。

附录 3

台湾地区女性独居老人
怀旧成长团体之初探

——以××市长青综合服务中心为例

1. 团体活动设计缘由

台湾地区已于 1993 年正式迈入高龄化社会。根据台湾地区的相关资料，至 2003 年 6 月底，65 岁以上人口已达 2 054 058 人，占总人口的 9.11%；预计在 2034 年，人口老化比例将达 20%。

老化、丧偶与独居是高龄化社会逐渐普遍的现象，也是高龄化社会中老年人特别是老年妇女要面对与克服的课题。从西方学者的研究中了解到，约三分之一的 65 岁以上美国妇女是寡妇，而男性到 75 岁或以上才有三分之一是鳏夫（Atchley，2000：319）。霍格斯坦指出，75 岁以下老年人口中，女性与配偶同住者占二分之一，但男性与配偶同住者占四分之三。在 75 岁或以上年龄组中，老年妇女成为寡妇的数字增到五分之四，比老年男性的数字略高（Hogstel，2001：121）。目前的台湾社会中，独居老年人约 30 万，占老年人口的 16%，老年需长期照顾者占老年人口的 9.1%。老年独居人口中，其年龄愈高独居情况愈严重，据统计，80 岁以上老人独居比例超过 20%（夏铸九，2003）。就高雄市情况来看，全市共计有一万多名独居老年人（冯燕珠，叶文莺，2003）。这些独居老人因缺乏家庭成员照顾，其需求与照顾备受关注。

　　独居老年人除了生理与生活保障需求外，他们在心理层面的需求通常会比一般与家人同住的老年人迫切。孤独、寂寞、恐惧、害怕、失落、无助等是他们常有的感受。长青中心特别规划"独居老人怀旧成长团体"活动，为他们打开心灵之窗，以协助独居老人在生命周期的最后阶段整合人生经验，并借此团体活动，开拓新的人际网络，减少孤独及寂寞，提升晚年的生活品质。

　　"独居老人怀旧成长团体"这样的活动，在香港地区与许多国家已推行多年，但在台湾地区很少被应用与推动。台湾社会最近十多年来，虽然积极推行各项老人福利服务，但类似老人怀旧式的成长团体则比较缺乏。故此，本次活动是探索也是突破，更希望是呼吁，让我们一起为独居老人的福祉努力吧！

2. 理论基础

　　（1）心理社会发展理论

　　埃里克森（1982）将人生分为八大心理社会发展阶段（见下表）。埃里克森认为，老年期的主要问题是整合或绝望，整合是对生活积极的感受，绝望是对生活消极的感受。自我整合的人悔恨较少，能过充实的生活，他们认为死亡是必经之路，但仍能从生活中找寻意义。自我未能整合的人，会产生绝望、无助、罪恶、悔恨及自我憎恶的感觉（Corey 著，李茂兴译，2000：131）。这种人朝思暮想着所有可能会有所成就的事物，并渴望着另一个机会。由于认为自己在浪费生命，导致产生绝望的感觉。哈维霍斯特（Havighurst）在老人发展任务中提及 60 至 70 岁老人的主要发展任务是决定自己是否要脱离以及如何脱离，而 70 至 80 岁老人的主要任务便是完全脱离（Thorson 著，潘英美译，1999：163—164）。

老年期 old age						整合 vs. 绝望
成年期 adulthood					生产繁 衍 vs. 颓 废迟滞	
成年前期 young adulthood				亲密 vs. 孤立爱		
青少年期 adolescence				自我认 定 vs. 角 色混淆 忠诚		
学龄期 school age			勤勉 vs. 自卑 能力			
学前期 play age		主动 vs. 罪恶感 目标				
幼儿期 early childhood	自主 vs. 羞愧与 怀疑 意志					
婴儿期 infant	基本信 任 vs. 不信任 希望					

资料来源：Erikson 老年研究报告，2000 年。

一个对自我生命具有整合力的老年人，当他（她）迈入晚年时，较能准确地领悟周围的事情，有基本的安全感，不需要着重保护自己，能开放地接受新的经历和挑战。他们较会珍惜和享受人生，充分地把握每一刻，尽量体现生存的意义，灵活、自然、宽容且适应力强。他们会更忠于自己和尊重自己，依据自己真正的意愿决定去做事，勇于承担决定和行为的后果。在其心理层面上，也有极大的自由和被释放的感觉，能面对多种选择，也较有建设性地以灵活的方式生活来面对世代变迁的环境。

（2）生命回顾理论

1963 年，巴特勒（Butler）创立生命回顾（life review）理论，视生命回顾为老化过程中的一种适应机制。这个技巧在往后二三十年使用于对老人的心理治疗和团体治疗（Lewis & Butler，1984）。巴特勒认为，生命回顾是自然发生且普遍存在的心理过程，借着逐步回复到过去经验的意识面，特别是过去未解决的冲突，将这些经验和冲突仔细审查并重新整合，以面对即将到来的幻灭和死亡，减少个人的易受伤害程度（personal vulnerability）（Wolinsky，1986）。生命回顾就是借由较有结构性及有目的的回忆，整理过去，协助当事人接受自己的有限生命，从中寻找正向意义，并肯定自己的努力与尽力。

生命回顾又称为生命历史法，借着老人口述其过去的历史事件，经由协助或解释，比较口述者和听者的过去和现在、事件和事件意义而达到成长、整合和改变。其目的有历史、文化和治疗等三个方面（Moody，1988）。在治疗功能上，主要是精神医学、社会工作和护理专业人员所强调的，老人回忆过去有意义的事件而重获心理上的整合。在文化功能方面，是运用生活历史创造集体形式的意义，创造古老神话。从历史功能上看，它创造口述历史，有别于学术探究。若以协助老人的立场来看，治疗功能凌驾于其他两者之上，但又不能与之分离。在使用生命回顾法时，回忆是最主要的过程，这是有意识的、选择性的记忆起往日事件（中年时期是开始内省的阶段）。回忆时，可协助个人妥善处理分离与失落的情绪，并把它作为过去与现在的联结而带来满意结果。

生命回顾是运用科学步骤，寻求生命意义以及个人、自我之外的客观解释。然而，除了技术性解释，此方法更强调对生命历史工作的现象学观点。因此，除了心理治疗，更需要配合文学、宗教甚至政治。生命回顾是一个社会过程，意味着听者与自述者间的共同创造。

通过生命回顾方法，不但可以试图去回想各种心理层面的事情，也可以对生命本身有更进一步的认同。生命回顾就像是把生命放在天平上衡量，有可能会产生痛苦、恐惧与害怕的情绪。然而，生命回顾可以说是一项非常正面的成长经验，这样的经验也可以使一个人变得更加沉着、稳健。

巴特勒（Bulter, 1963）认为，生命回顾是正常且重要的过程，它可以帮助我们以理性态度来审视过去经验，并寻找自己生命的意义，透视生命的本质，可以帮助老人了解生命、老化及重建自我概念。这个方法常被运用于处理悲伤案主。如，处理丧偶伤痛就是让案主建立对自己的新看法，而不是局限于心爱者的死亡，所以，生命回顾的焦点在于自我概念的创意性发展（Thorson著，潘英美译，1999：167；Knight 著，康淑华、邱妙儒译，2001：233—236）。

生命回顾包括唤醒过去经验中不堪回首的部分，特别是未解决的冲突、悲伤，期待再一次的审视能以更宽广的角度诠释生命，而对旧创赋予新意义。与昔日的自我重修旧好。因此，生命回顾的重点不是事件，而是当事人回顾时是否能持开放、和谐、接纳自我的态度与观点，去正视生命中的阴影，体认走过阴影的力量，进而整合并接纳自己的生命历程（李开敏、江美芬，1998）。

总而言之，生命回顾法是允许老年人自由检视过去的经验，带来对目前关心事件的讨论和未来事件的推测。受到精神分析的影响，它是由参与者开始的过程，但经由实务者的催化，使回忆事件更意识化、更深思熟虑并更有效率。生命回顾常配合使用一些技巧，以使讨论能有意义地进行。其方法是：由老人及其家人共同书写或录音制作自传，以进一步讨论；做一次人生旅行，到出生地、童年居住地、年轻时工作的地方旅行；参加周期性聚会，如同学会、家庭团聚、教会聚会等；寻根，鼓励老人寻找祖先的历史；整理剪贴簿、相簿、旧信件等；生活工作的总结，对视工作如命的老人或无子女的老人，让他们从过去工作经验中重新发现自己对社会的贡献。

（3）怀旧疗法

怀旧治疗（reminiscence）是对过去事物及经验的回忆。除了回想外，怀旧疗法对过去不愉快经历的重新体会及整理，并正面思考过去的失败、困扰，从而肯定自己，借由缅怀过去重新体会当时的喜怒哀乐。

怀旧治疗对情绪、认知能力及自我形象具正面影响，也被认为可促进社交、增强自信心、提升生活满意度及纾解忧伤等。韦伯斯特（Webster，1993）的缅怀功能量表（reminiscence functions scale）把缅怀功能归类为七种：减少苦闷、预备面对死亡、解决问题或用以确认身份、用作话题、维系亲密感、重新体会过去的苦难和指导他人。

怀旧治疗可达致基本层次及深入层次两个阶段的目的。基本层次指鼓励老年人重温过去的事件及经验，重新感受该事件带给他们的喜怒哀乐；鼓励他们与他人分享这些经验，以增加彼此的认识，加强大家的关系。深入层次则是当老年人回忆过去的人生困难或挫折时，协助他们接纳自己的过去，确认自己一生的价值。由于能肯定自己的一生，故也能坦然面对将来的死亡或病弱。

怀旧与生命回顾属于不同思维层次的活动。安奇（Unrch，1989）认为，怀旧不单是回想过去的经验、情感、自我概念等一些通常不浮现于日常生活意识的事情，而且是对过去事情的重新感受和整理。

巴特勒强调生命回顾的主题除了人生愉快事件之外，还包括未解决的冲突、悲伤、痛苦及挫折，引导老年人寻求解决冲突的方法，或重新把不愉快经历给予新诠释，进而找寻自我和生命的意义，以协助人生最后的整合。

根据研究显示，结构性怀旧疗法在增进认知能力上也有相当成效，怀旧疗法大致说来对老人沮丧、自尊心及社交方面有正面影响，可以帮助老人捕捉过去，增加自尊心和生活满意度，帮助个人接受自己的人生遗憾，保持自我价值。

3. 活动方案设计

（1）活动目标

独居老人平日单身居住，较少有机会与家人和外界接触，因此，较易丧失社交能力，也有可能已经忘记如何和他人分享自己的成就、喜乐，甚至悲伤。这群独居老人有可能被社会忽视并逐渐与人群疏离，来长青中心参与活动可能是他们唯一的接触机会。

本团体主要以怀旧治疗理念为主，以协助高雄市独居老人整合其人生经验，强化其个人的正向人生观。

（2）成员条件与招募方式

①成员条件。

长青中心的女性独居老人，本人愿意参加，无认知障碍，无沟通障碍且愿意改善其孤立情形，愿与人交流。本团体的每位成员皆须遵守保密原则，分享他人故事，并做良好的倾听者。本团体除领导人外还有两位协同领导人，另有两名志愿者担任记录工作。

②招募方式。

先以长青中心五楼日间托老的女性独居老人为招募对象，首先将团体活动的时间与地点张贴于五楼公告栏，再通过滚雪球方式招募有意愿且沟通无障碍的女性独居老年人参加，经由初步筛选后，在团体开办前确定有意参加的女性独居老年人 16 位。

③时间及地点。

时间：2003 年 4 月 7 日至 5 月 26 日（星期一）下午二时至四时，共计八次。

地点：长青中心 10 楼 1001 教室。

（3）进行方式

本团体一周两小时，共进行八周，中间有 20 分钟休息时间。团体前期和后期工作人员皆有半小时针对单元主题与成员互动情形进行讨论。

　　本团体主要由领导人带领，组成工作团队，团队成员包括领导者、协同领导者以及志愿者等五位。针对八个单元主题，分享其人生经验，学习倾听与表达。

　　志愿者在团体中的主要工作是将成员的发言重点记录下来，协同领导者也会记录团体进行情况、团体气氛以及事后评估等方面的资料。

　　（4）预期效益和评估方法

　　预期效益：借由回忆过去愉快的人生经验，帮助老人改善目前的心情；借由检视过去成功、面对困难的经历，帮助老人提升自尊心及解决面临困难的能力；借由回忆过去的人际相处，改善现今的社交模式及技巧。

　　评估方法：仍以工作人员观察为主，每次课程结束后进行讨论，并针对下次活动的进行方式与主题再作确认，以及讨论带领课程方式与心得等。另外，协同领导人也会于每次团体活动后，记录团体活动的情况并作评估。

4. 团体成员特质及活动参与概况

　　本团体主要由协同领导人进行成员招募，请长青中心五楼日间托老的工作人员协助确认名册，并进行一对一的基本资料询问。刚开始，协同领导人以外省籍日托女性独居老人为优先考量对象，但因这类老年人不多，而改以闽南、客家籍女性独居长辈为招募对象，并采用滚雪球方式，由成员相互介绍，最后确定有意愿参与的女性独居老年人16位（含两名外省籍女性老年人）。

　　（1）成员介绍

　　（A）成员特质、籍贯及出席状况。

　　在设计初期，并未严格规定采用封闭性团体。因此，在团体开始进行的三周内仍陆续有新成员经原先被筛选而进入团体的成员介绍加入本团体，但也有团体成员在参加一两次活动后离开。因此，前后共有 20 位女性长者参与团体。成员在团体活动进行到第三单元后逐渐稳定下来。从单元五以后，成员的出席状况平均约八人，从头到尾全程参与者只有两位。

编号	4/7 单元一	4/14 单元二	4/21 单元三	4/28 单元四	5/5 单元五	5/12 单元六	5/19 单元七	5/26 单元八	人格特质	籍贯
1	√	√	√	√	√	√	√	√	乐观	闽南籍
2	√	√	√	√	√	√	√	√	随和、手艺好	闽南籍
3	√	√	√	√	√	√	√	√		
4	√		√	√	√	√	√	√	温柔婉约	客家籍
5	√	感冒	感冒	感冒	感冒	√	√	√		
6	√	√	√	√	√	√	√	√		
7		√	√	√	√	√	√	√	年轻、很有想法	闽南籍
8	√	√	√	√	√	√	√	√	自认有人缘、喜当领导者	闽南籍
9	√	√	√	√	生病	√	√	√	对人生很看得开	客家籍
10	√	√	√	√	√	√	√	√		
11	√	√	√	√	√	√	√	√		
12	√	√	√	√	√	√	√	√		
13	√	√	√	√	拿药	√	√	√	近年中风影响原有生活	闽南籍
14	√	√	√	√	√	√	√		待人和善但也有脾气	外省籍
15	√	√	√	√	忘记	√	√	√		
16	无	√	√	√	怕 SARS	√	√	√	刚丧偶	闽南籍

（续表）

编号	4/7 单元一	4/14 单元二	4/21 单元三	4/28 单元四	5/5 单元五	5/12 单元六	5/19 单元七	5/26 单元八	人格特质	籍贯
17	无	无	√	√	√	√	√	√	很有主见、喜当领导者	闽南籍
18	无	无	√	√	√	√	√	√		
19	无	无	√	√	怕SARS？	√	√	√		
20	无	无	无	√	？	√	√	√		

（B）成员互动情形。

本团体参加成员互动情形因成员皆为长青中心日间托老成员，有些成员彼此熟悉。如，编号1与编号17还担任长青中心志愿者，编号1个性乐观随和；编号17很有主见，曾多次出现主导团体的进行方向；编号7与编号8交情很好，平常会打电话寒暄，编号8比较活泼，主动邀请编号16来参加活动，常会干扰领导人或他人发言；编号9邀请编号18、编号19以及编号20来参加，后因生病无法继续；编号4与编号14两位老者于单元五因座位问题发生争执，于单元七后缺席。

除有小团体以外，每位老者的互动比较自然与良好。在带领老人们回顾过去童年时光或年轻时代时，有些老者会出现伤心和难过的情绪，但最后都能彼此安慰与关怀。在团体后期，我们观察到每位老者都有明显改变。她们能借由生命回顾，彼此分享酸甜苦辣的人生经验。有时，若有成员在谈论童年生活是多么辛苦劳累，或分享婚姻生活中的不幸事件时，其他成员会进行规劝。此时，领导者总会适时引导与说明当时的时代背景，然后协助大家一起讨论部分共同经验。就在这种彼此支持、相互安慰情绪的状况下，让成员重整人生各阶段的经验。如，编号13的老者在叙述到自己中风前后身体变化与年轻时的艰苦经历时数度落泪，工作人员观察到其他老者也会擦拭眼泪，但最后领导人都会引导其他老者给予其温暖的拥抱，连工作人员都能感受到老者们相互支持的友谊。

编号1老者外表看起来乐观随和，但几个单元下来却发现其过去经历的悲苦与挫折，导致其叙述时都会重复表达其痛苦与悲伤的情感，部分老者会急着打断这些叙述。经由领导者的协助，除了教导其他老者要学习倾听以外，也请编号1老者学习用新的意义去诠释过去痛苦经历对其现在的帮助，这些努力都逐渐在团体后期出现成效。

（2）单元活动进行过程

（A）单元主题及内容进行。

单元主题		内　容	团体目标	器材设备	成员	备注
单元一	破冰之旅	① 喜相逢（介绍课程、团体领导、工作人员、团体期望、契约同意书）。 ② 团体成员介绍。 ③ 作业:准备家人照片。	增进自我认识，和他人建立关系，初步形成团体气氛，建立团体规范。	① 彩色笔、色纸。 ② 麦克风。 ③ CD 录音机。	13	
单元二	我的家人	① 回顾上次团体成果，介绍本次主题。 ② 介绍家人和在家庭中扮演的角色。 ③ 请成员在打电话的图片上，填写最想和哪位家人讲话及谈话的内容，以便提供团体成员分享。	增进彼此了解，探索自己和家人的关系。借由自我祖露，增加团体互相信任的气氛。	① 可爱老者特质海报一张。 ② CD 录音机。 ③ 彩色笔、图片。 ④ 相机。	10	新成员 1 名

（续表）

单元主题		内　容	团体目标	器材设备	成员	备注
单元三	童年时光	① 回顾上次团体成果，介绍本次主题。② 回顾童年时光，分享童年时光，儿时游戏，如沙包、气球。③ 分享童年的愿望与现在的愿望。④ 放松训练。	透过儿时游戏介绍，拉近彼此距离。	① 海报2张。② CD 录音机。③ 彩色笔、图片。④ 相机。	12	新成员3名 老师重述团体的怀旧意义，签署团体规范同意书。
单元四	话说当年	① 播放 PPT，汇总前三次内容，介绍本次主题。② 儿时游戏（补充上次未完的内容）。③ "想当年"的经验分享。	借由回顾过去得意时光，及如何渡过难关的经历，以此增加面对目前生活的自信心。	① 海报1张（向星星许愿）。② CD 录音机。③ 单枪投影机与笔记本电脑。④ 相机。	13	新成员1名
单元五	成功老化	① 播放 PPT，回顾上次团体结果，介绍本次主题。② 成功老化定义的介绍。③ 我的成功老化哲学。	借由探索过去时代成长背景、传统观念及文化内涵，帮助成员找出自己对"成功老化"的定义。	① CD 录音机。② 单枪投影机与笔记本电脑。	7	
单元六	人际关系	① 播放 PPT，回顾上次养生之道、成功老化主题，介绍本次主题。② 音乐舞蹈。③ 放松训练。④ 八字箴言分享。⑤ 人际接触引导，抽卡片回答。⑥ 分享修补冲突的方法。	借由成员的互相接触及情境的引导，协助成员回顾在一生中曾经有过的人际困扰，借由成员的分享与提供，统整及修补未竟事务中的人际憾事。	① CD 录音机。② 单枪投影机与笔记本电脑。	8	

（续表）

单元主题		内　容	团体目标	器材设备	成员	备注
单元七	未竟事物	① 音乐舞蹈。 ② 放松训练。 ③ 人际接触引导，抽卡片回答。 ④ 未竟事务——如果再来一次。	借由成员的互相接触及情境的引导，协助团体成员回顾及整合其人生，特别是有关生命中未竟事务，包括未了的心愿、家中的憾事等，借由成员的分享与提供，整合、修补及完成生命中的未竟事务。	① CD 录音机。 ② 单枪投影机与笔记本电脑。 ③ 相机。	7	
单元八	珍重再见	① 汇总前七次的资料，赠每人一份光盘。 ② 朋友加油，成员彼此给对方一些正面鼓励。 ③ 团体意义评估（准备五至七个问题）。 ④ 颁奖，鼓励成员参与并发一本纪念册。	总结团体活动，回顾过去单元，评估团体意义。	① CD 录音机。 ② 单枪投影机与笔记本电脑。 ③ 相机。	7	

（B）成员出席及互动状况。

阶段	时间	出席情况	互动情况	特殊事件
形成期	单元一至单元四	10—13	① 每位成员皆适应团体规范，投入程度还不明显。 ② 因为新鲜感与新成员陆续加入，导致成员间的经验分享尚未建立信任关系，仍有各说各话且抢话情况发生，无法学习倾听。	① 认同本团体的女性独居长辈会找认识的朋友一起加入团体。 ② 有些长辈自以为自己在本团体是老师，上课教导新知，因为期待落空，之后陆续退出。从这个现象可发现长辈受社会文化因素影响甚巨，她们不习惯敞开心胸与他人分享。
运作期	单元二至单元七	7—13	① 成员逐渐建立信任关系。 ② 但对过去生活经历有困苦的回忆，甚至有长辈一直以负面、悲观的态度去回忆过去的生命经历。 ③ 大部分成员越来越重视本团体，有同坐一条船、互相支持的感觉。	① 团体成员仍有很大空间学习倾听与同理。 ② 特定一两位长辈会主导课程的运作方向，俨然是团体中的领导者，导致成员分心，无法集中围绕该次团体主题进行。
运作期	单元二至单元七	7—13	④ 有成员说起过去的艰难困境，就哭了出来，领导人请其他成员学习用拥抱的方式给予对方温暖。 ⑤ 在分享过去经历时，有长辈无法做到倾听与同理，以致产生停止分享过去经历的冲突。 ⑥ 讨论到敏感话题，透过领导者适度的带领，有成员成功地分享其经验，其他人易跟着分享。	③ 团体中出现小冲突，影响彼此坦诚分享的机会。 ④ 仍有成员选择部分开放，不易将心里的想法与大家分享。 ⑤ 有成员出现打瞌睡情况。

阶段	时间	出席情况	互动情况	特殊事件
结束期	单元七至单元八	7	① 单元八的每位成员都特别打扮出席，虽口头无特别多的赞美，但可以看到依依不舍的感情。 ② 大家学习"珍重再见"，也很高兴透过本团体学习将自己的经历与他人分享，并学习倾听与改善人际关系。	① 单元七的未竟事务，除了成员用心分享、用力擦眼泪以外，领导者、协同领导者都很真诚地分享自己的未竟事务，很感人。 ② 大家学习互道再见，在既不舍又彼此祝福的情况下结束本团体。

（C）活动评价及工作人员追踪情况。

本团体是台湾地区首创的女性独居老人怀旧成长团体，初步发现成长团体很适合协助老人去面对自我与他人。根据埃里克森的八大阶段说法，老人最需要整合，工作人员要协助其面对过去的生命经历，并重新诠释过去的憾事，协助其面对自我生命价值进而面对死亡，而不再是消极地走完人生。

本团体主要参加对象为日间托老长辈，而且团体成员的受教育程度较高，社会支持网络较佳，自主性高，多数为丧偶，自己选择独居，所以，一般大众认为的独居老人较弱势的想法需要调整。就本团体来看，这群女性独居老人生活起居皆能自理。

本团体除了协助女性独居长辈学习与他人分享外，也发现老年人的"人际关系"仍需协助加强，特别是独居老人。当然，这部分人也是以后可发展的重点，将来在规划老年成长团体时，可加强这方面的主题，让老年人分享。虽然传统文化未教导长辈们去学习分享与回忆过去经历来重新建立自我，但是，透过团体带领，相信可事半功倍地给予长辈们一个空间，彼此扶持，分享经验，重新找到新的生命意义。

每次单元团体结束后，团体工作人员都会评价该次活动状况，特别会注意团体成员的反应及出席情形，若发现该次有未出席的人员，工作人员在活动后都会做追踪工作。这样的追踪工作一直进行到单元五之后，工作人员追踪的原则，都以尊重长辈的个人意愿为主，若其表示没有意愿再参与后，工作人员就不再劝说。至于那些只来参加一两次活动就中断的长辈们，她们不再参与的原因可归纳为：①对怀旧疗法团体活动的意义不清楚。团体成员以为只是让大家来说自己的故事，因而导致部分成员无意愿继续参加。②与自己的想象及期待存在落差：有位参加前两次活动就中断的成员清楚地表示，她以为这样的团体是和其他教育性团体一样，由老师讲课，学生听课，而不知道是由团体成员分享过往经验，她没有心理准备。另外，团体活动的时间与她参与其他活动的时间冲突。③无法在团体中坦然与他人分享经验。在传统文化熏陶下，这一代老年人较不容易表达内在情绪感受，特别是因为要在团体中分享过往经历，于是，有少数几位成员在参加第一次后就不再出现。④生病不能来参加，或因为与自己看诊的时间冲突而中断。⑤ SARS 的缘故。本团体活动进行到中期时，适逢 SARS 肆虐台湾地区的高峰期，成员的家属不放心老年人外出而中止。

不过，在团体活动的最后一次课程中，参加的成员都表示，她们一开始并不太了解本团体的怀旧疗法的意义，但在活动进行过程中，她们逐渐了解其意义及功能，当然也能够叙说自己的故事，分享他人的生命经历，进而与团体产生共鸣。所以，成员真诚感谢团体中的每位参与者，让她们自己能在团体活动中获得成长，并建议中心还要继续举办类似的怀旧成长团体。从这次经验中，让我们学习到，下次若要再举办类似团体，需加强宣传，避免长辈误解，导致失去一个学习的好机会。

5. 团体活动的评估与分析

（1）团体前后评估分析

在团体招募成员初期，由于长青中心并未组织过任何团体，再加上怀旧疗法属心理治疗层面，因此，在领导者与协同领导者的全力合作配合下，再加上志愿者协助记录，才使得本团体顺利运作。

本团体事后评估，工作人员（含志愿者）皆认为可以继续组织独居老人怀旧成长团体，且可以推广至社区、老人活动中心，以协助独居老人安享晚年。唯团体所需花费的人力、物力、时间很多，建议团体每次执行时间减为一个小时，人力部分可以设置一位领导者、一位协同领导者以及一位记录者，并完整地记录相关执行情况，以供参考。

（2）团体气氛

一般在带领团体活动时，理论上都会指出团体运行时各有其不同阶段及气氛。本团体在运行过程中明显感受到，不同的团体气氛的确在不同阶段中表现出来。团体气氛的呈现可从团体成员的投入度、热忱、彼此认同、支持等因素看出。当然，团体也会受不同因素的干扰。不过，本次团体气氛大致还算融洽，再加上领导者带领技巧丰富，对于处理团体成员间的冲突，能适时导向正面和积极的沟通，化解冲突危机。另外，在团体成员中，有成员自行扮演"地下领导者"的角色时，领导者也能适时引导该成员，让团体能在融洽的气氛中进行。

（3）达成预期效益评估

本团体的预期效益虽然是在团体活动的各阶段中逐渐形成，但本团体所设计的预期效益却在第七个单元的主题中明显表现出来。在该次活动中，透过团体成员的分享经验和信任关系的建立，以及处理未竟事务时表现出来的同理态度，让团体工作人员皆能深刻体会到团体成员已掌握了倾听的技巧，她们较能用心地倾听其他成员的生命经历。团体领导者也引导她们提升自我价值感及自尊心，并改善社交技巧，当然，并非所有参与者都愿意改变过去的思考模式和社交技巧，但至少从最后一次"珍重再见"的经验分享中，她们都表示愿意再继续参加类似的成长团体，并提议长青中心可以再开办进阶班的成长团体，好让她们可以在此次活动后继续参加。

本团体在评估预期效益的同时，也发现团体成员大部分都在第四次单元后才逐渐开始自我袒露，较能自在地谈论自己的过往。当然，在团体活动过程中，有时也会有冷场状况出现，这时候，工作人员都能适时出现，且也以自我袒露的技巧引导团体成员一起分享。另外，团体运行中，有几位成员会私下发言，且中断其他成员的分享，领导者会利用沉默或提醒的方式，来让私下谈话的成员自我察觉，以达改善。不过，主导意识强烈的成员仍在团体运行时出现私下发言的行为，建议此后进行团体带领时，需要将团体规范（如倾听、尊重他人发言等）于每次单元开始时重复提醒，或设计互动性较高的活动内容，以便杜绝及减少团体进行时的干扰因素。

6. 工作人员自评

（1）老人群体异质性高

老年人这个群体是十分多样化的，因此，我们必须破除先入为主或刻板印象的不当期待。例如，刚开始时，我们发现团体成员无法理解怀旧治疗的意义，导致有些长辈参加一至两次后即退出团体。活动后期，我们从团体成员的回馈经验中，观察到长辈对于新奇的事物接受程度很高，只要掌握正确的带领技巧并保证较多相处时间，就能获得长辈认同，并且能从她们的生命经历中获得丰富启示。

（2）团体分享的开放程度有发展空间

从参与这次团体的长辈身上，发现她们对回顾过去童年生活经验感到很没意思（抑或表现出痛苦、难过、不想分享的情绪），因此，前三个单元参加的成员流动率最高，因为她们不知道讲述过去生命经历的目的何在，对于经由过去经历整合其人生意义也不了解，即使在事前招募与团体运行过程中，不断告知团体成立的意义，长辈仍到后期才发现回述过去经历的目的与价值。

长辈对于与他人分享的方式不熟悉，所能分享的内容也仅部分开放。虽然本团体第一次就建立团体契约，强调保密原则，但实际上长辈们必须先建立信任关系之后才能敞开心胸与他人分享，就本次团体的带领经验发现，须要暖场两至三次，到第四次之后长辈才会逐渐开始自我袒露，且有时候冷场时工作人员也须协助一起分享。

（3）通过成长团体协助老年人肯定自我、整合人生经验

本次团体经历发现，经由团体带领方式可以正面帮助长辈肯定自我、提升自尊、重整人生，以获得积极正向的人生观。

经由团体带领方式可加强长辈的自我重建与改善人际关系。长青中心希望将类似成长团体推广至社区、老人活动中心，让本市其他长辈也能享受团体成效，并培养长辈良好的沟通模式，拥有快乐的老年生活。另外，本团体的工作人员包括领导者一位、协同领导者两位、志愿者两位，共计五名，可视为一个工作团队。根据本次团体带领的经历，发现需要花费大量的人力与物力，如果仅用一名社会工作者来执行团体，实在力有未逮，需要与实习生、心理咨询师抑或其他社会工作人员一同带领。

（4）团体活动事前宣传工作可再加强

本团体原先设定参与的人数为十位，所以，事前宣传先是采用张贴告示，然后再以滚雪球方式寻找有意愿参加的女性独居长辈。根据团体成员的建议，以后在招募团体成员时，可再加强宣传并针对团体目的与活动进行方式多加引导，以鼓励长辈主动参与成长团体，并享受其正面效益。

经由本团体的经历发现，团体工作对长辈有许多助益，除了协助长辈整合人生经历之外，也协助长辈重建自我的概念，并进一步学习互动技巧。本次团体的另一项重大发现，即是可办理老年人的"人际关系成长团体"，特别是让长辈学习互动方式与沟通技巧，除了适时表达个人意见外，也能学习尊重他人，尊重人际差异。另外，有关参加对象可扩大到包括男性长辈，由男女成员共同组成团体，使其学习更丰富的成长经历。

7. 检讨与建议

由于长青中心首次开办"怀旧成长团体",对于团体的意义及效果有许多期望。在欧美地区尤其是美国,利用怀旧疗法来帮助老人振奋心情、提升正面思考及整合人生,已有相当的成果。相关文献显示,结构性的怀旧疗法在增进参与者的认知能力方面有相当成效。怀旧疗法可以帮助老人捕捉过去、增加自尊心、接受人生憾事和保持自我价值。至于运用在不同国家、族群或文化背景的老年人,当然须持保守态度来观察其成效。目前,在台湾地区从事老人工作的护理、社会工作者已开始重视怀旧治疗,并且利用它来做治疗和辅导,长青中心身为高雄市老人福利业务的专职机构,也确实有必要仔细评估本团体对老年生活的正面效益。

根据本团体参与成员的心得分享,对长青中心给予很高的评价与鼓励。除了通过本团体让她们拥有难得的经验以外,都一致认为自己参加这个团体后,心情变得更好,更能认识他人,也增强了自信心,更重要的是,她们觉得这次经历是有意义而且无可取代的。

虽然组织本团体经历千辛万苦,工作人员曾面临因 SARS 疫情导致人数减少的危机,但也很幸运地渡过难关,完成工作,相信本团体能为老人福利服务提供一个新的尝试。

附录 4

上海市社区青少年社会工作
（2006）效果评估研究计划书

　　社区青少年指 16 至 25 岁、失学和失业的青少年（国际上称 NEET，Not in Education, Employment or Training），是上海社会的有机组成部分。2003 年，上海开始了以社区青少年为服务对象的专业社会工作；2004 年 2 月，上海市阳光社区青少年事务中心（以下简称阳光中心）成立，并通过政府购买服务等方式为社区青少年提供专业服务。

　　阳光中心提供的社区青少年社会工作，旨在运用专业理念、方法和技巧，整合社会资源，从家庭因素、学校因素、社会因素、同伴因素、经济因素和自身因素六大方面着手，促成社区青少年的积极变化。其项目实务大致体现为图 1 所示的架构。

一、研究问题与研究目标

　　本项目旨在通过多角度测量法，对阳光中心 2006 年度的工作效果进行评价。

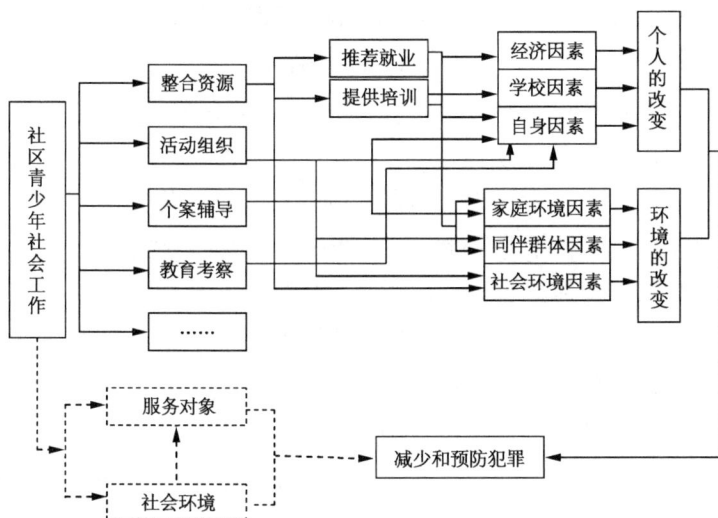

图 1 社区青少年工作项目架构图

第一层面,回答研究问题:一是描述 2006 年度上海市社区青少年社会工作的"努力"状况,包括服务对象的基本情况、阳光中心的服务提供和服务送达情况、社工队伍的建设状况等;二是评价社区青少年社会工作的效果,包括服务对象在接受服务后在个人层面的改变,服务对象的家长和居委会工作人员对社会工作服务效果的评价,阳光中心的工作对社会环境产生的影响。

第二层面,基于调研发现,为上海市社区青少年社会工作的完善发展提供建议。

二、概念和模型

评估是基于一定的研究方法和研究技术进行一系列测量,并把测量结果与目标体系进行比较的过程。项目评估是评估研究的一个类型,它"利用不同的研究方法和设计,对社会干预和人类服务项目的概念化、设计、策划、行政、执行、效果、效率和效用等方面进行诊断和提升"(Rossi & Freeman, 1982)。

对于非营利组织而言,项目执行的成效影响其生存及发展,关系到社会大众对非营利部门的信赖。非营利组织的项目评估包含外部评估及内部评估两方面。外部评估主要来自捐款人或捐款单位，他们希望借评估了解项目执行的成效及经费是否得到妥善运用；内部评估大多由组织本身提出，透过评估协助行政的决策，改善服务质量，验证项目目标的达成情况，同时争取社会大众的认同，进而获取持续不断的支持和树立组织的公益形象。

1. 项目评估类型

斯克里文（Scriven, 1967）最早将评估区分为形成性评估与总结性评估。形成性评估旨在支持改善的过程，强调确认项目的优势与缺失，从而避免把资源浪费在低效项目上，是在工作过程中随时所作的评估。总结性评估是想要了解项目的效果与影响，进而决定项目是否持续，在计划或工作执行完毕后进行。基于可信度的理由，总结性评估比形成性评估更有可能由外部评估者来实施。此外，形成性评估注重行动取向，总结性评估体现结论取向。

形成性评估包括投入评估及成本—效率评估两部分。（1）投入评估。对实施项目时发生的活动进行数量纪录。如究竟提供何种且多少的服务、工作人员投入的时间与精力等。投入评估反映服务提供或运作过程，其目的并非在检视项目的成果，而是在项目的控制与管理。（2）成本—效率评估。重点检视提供服务时的单位成本，使用的成本基础包含时间、人力、物料及输出等不同单位。在比较提供同构型产品或服务的绩效时，具有一定的可行性和合理性。

总结性评估包含成果评估、影响效应评估及成本—效益评估。（1）成果评估。重点是在检视及确认项目目标的达成程度，顾客满意度是经常使用的衡量指标，媒体和第三方调查公司的舆论调查也是有效的方法。（2）影响效应评估。主要检视服务项目是否满足所规划的项目需求，可以从输出或成果的角度进行评估。（3）成本—效益评估。主要关注达到结果的成本，指项目的投入与每个成果之间的比例。

2. 评估模型

系统模型长期以来一直用以协助理解人类服务项目的运作（Ables & Murphy, 1981; Kettner, Moroney & Martin, 1990; Rosenberg & Brody, 1974），包括输入、过程、输出和反馈四个核心要素（图 2）。输入指系统（人类服务项目）为实现目标所使用的事物，如资金、人力、设施和设备；过程指输入被消耗和转化为输出的实际处理过程或服务传递（即人类服务项目）；输出指系统或者人类服务项目的产出物；反馈指有关系统或者人类服务项目的绩效信息作为输入重新投入到系统中。

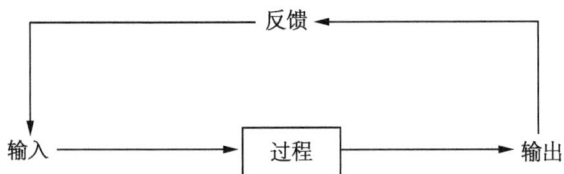

图 2　系统模型示意图

资料来源：Martin & Kettner, 1996:4

3. 效能测量

效能测量是系统模型的重要视角（图 3），比较注重对结果（即服务输出的效果和影响）的测量，可以较好地体现社会服务项目的成效。

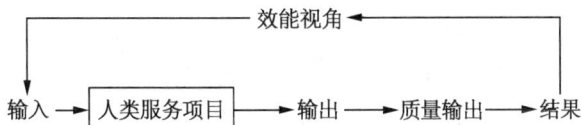

图 3　效能视角示意图

资料来源：Martin & Kettner, 1996:7

三、研究架构

根据社会评估的理论和模型，结合阳光中心社区青少年社会工作的实务项目结构，本研究可以提炼出如图 4 所示的研究架构。

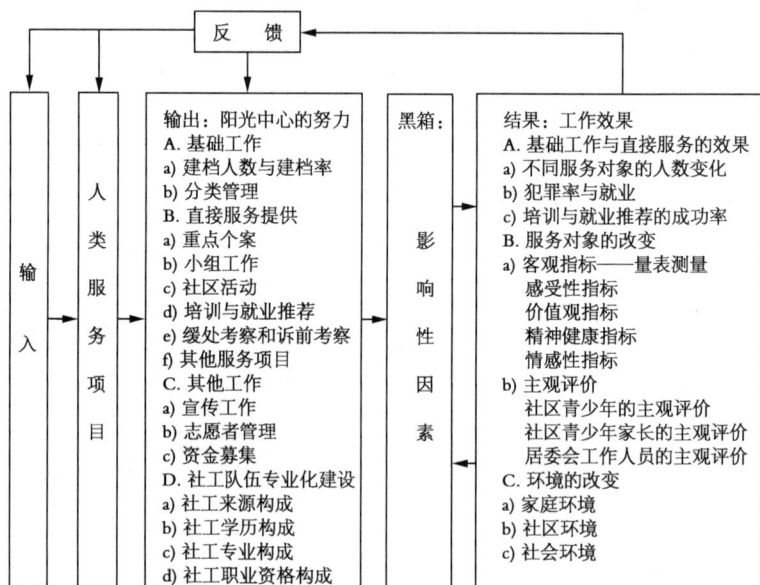

图4 社区青少年工作效果评估指标示意图

本研究将从输出和结果两个视角对阳光中心2006年社区青少年社会工作项目的效果进行评价。

1. 输出评价——主要对阳光中心2006年开展的与社区青少年社会工作相关的各项内容进行描析。

（1）基础工作：建档人数与建档率，分类管理。

（2）直接服务提供：个案辅导，小组工作，社区活动，培训与就业推荐，缓处考察和诉前考察，其他服务项目。

（3）其他工作：宣传工作，志愿者管理，资金募集。

（4）社工队伍专业化建设：社工来源构成，社工学历构成，社工专业构成，社工职业资格构成。

2. 结果评价——主要对阳光中心2006年社区青少年社会工作的服务效果作出估计。

（1）基础工作与直接服务：不同服务对象的人数变化，在册服务对象的违法犯罪行为发生率，推荐培训与就业的成功率。

（2）服务对象个人的改变：客观指标——量表评定：感受性指标（自尊），价值观指标（生命意义），精神健康指标（精神健康综合评定），情感性指标（焦虑与抑郁）；主观评价——社区青少年的主观评价，社区青少年家长的主观评价，居委会工作人员的主观评价。

（3）环境的改变：家庭环境的改变，社区环境的改变，社会环境的改变。

四、研究方法

为了尽可能准确地测量评估指标从而得到客观、真实和全面的结论，本研究采用多角度测量法进行资料的搜集、测量和分析，结合定量研究的问卷调查及量表测量，以及定性研究的焦点小组、深入访谈和文献研究，对阳光中心 2006 年度的工作效果进行分析研究。

1. 问卷调查

调查对象为社区青少年的家长。根据配额抽样方法，研究小组将在崇明县以外的 18 个区各抽取 20 名社区青少年进行测量。其中，有 7 名重点对象和 13 名一般对象；重点对象中，3 名正处于个案辅导过程中，4 名已结案。本次研究的样本容量为 360 人。

问卷是《2006 年上海市社区青少年家庭调查问卷》（参见附录A），该问卷是评估组根据 2005 年的自编问卷修改制定，旨在了解社区青少年工作的送达情况、效果，以及家长对社工的态度和评价。

评估小组将运用 SPSS 对问卷进行分析。其一，单变量统计分析。为了解回收的样本问卷基本数据、特性及问卷项目的平均数与标准差，利用 SPSS 通过次数分配、百分比、平均数和标准差来了解样本的指标。其二，双变量统计分析。为了解不同变量之间关系，本研究根据变量的测量层次，采用相应的关联测量，以发现变量之间关系的初步信息。

2. 量表评定

对于个人改变的评估，抽取部分服务对象为样本，对其感受性指标、动机指标、精神健康指标和情感性指标进行量表测量。

测量工具包括以下量表：感受性指标采用自尊量表（SES，

Rosenberg）进行测量（参见附录 B），价值观指标采用生命意义量表进行测量（参见附录 C），精神健康指标采用症状自评量表（SCL90）进行测量（参见附录 D），情感性指标采用汉密尔顿焦虑量表（HAMA）（参见附录 E）和贝克抑郁量表（BDI）进行测量（参见附录 F）。

研究者采用准试验法中的后测法，并运用事后回溯设计进行自变量与因变量关系的研究。自变量为"个案辅导"，因变量为服务对象的心理/精神健康状况，即感受性指标、动机指标、精神健康指标和情感性指标。研究者将服务对象分成两组。实验组是接受过个案辅导或正在接受个案辅导的重点服务对象；研究者测量经过个案辅导后重点服务对象的心理/精神状况；对照组是未接受个案辅导的一般对象，研究者测量当前（即未接受个案辅导）的心理/精神状况。通过对两组测量结果的比较，发现个案辅导是否对改善重点服务对象的心理/精神状况有积极作用。

3. 焦点小组

研究者将召开焦点小组 8 次。对各区县的青少年事务社工代表召开两个焦点小组；在徐汇、普陀、杨浦、宝山、闸北及浦东新区等 6 个区分别对社区青少年、社区青少年的家长、居委会工作人员召开焦点小组，多角度地和较为全面地获得各方信息。

4. 访谈法

评估组分别对部分参与焦点小组的社工、社区青少年、社区青少年家长、居委会工作人员及部分社工站站长 13 人进行深入访谈，从中获得质性研究分析的资料。

5. 文献研究

文献研究主要搜集了与阳光中心 2006 年工作相关文献，包括政府报告、工作简报、中心出版物、会议记录及有关文件，进行研读并加以归纳分析。

6. 资料整合

在把握资料的基础上，研究者将依托多角度测量法的资料分析原理，对依托上述方法获取的各类资料进行整合，回答研究问题和达成研究目标。

五、项目进程

周 序	1	2	3	4	5	6	7
日 期	1/13-19	1/20-26	1/27-12/3	2/4-10	2/11-17	2/18-24	2/25-28
文献回顾	√	√					
文献研究		√	√				
深度访谈			√	√			
焦点小组			√	√			
问卷调查			√	√			
资料分析			√	√	√		
初稿写作					√	√	
报告定稿							√

六、项目经费

序	工作内容	主要项目	费用（万元）
1	理论文献回顾	资料购买、搜集	
2	文献研究	剖析二手资料	
3	深度访谈	对象选择、大纲设计、访谈进行	
4	焦点小组	对象选择、大纲设计、访谈进行	
5	问卷调查	问卷设计、抽样、资料搜集	
6	量表测量	量表选用和修订、抽样、资料搜集	
7	定性资料分析	定性资料的输入、整理和分析	
8	定量资料分析	资料审核、整理和分析	
9	报告撰写	完成初稿、报告定稿	
10	行政事项	联络、打印排版、交通、通信等	
11	大学管理费		
12	合计		

参考文献：略

附录 A、B、C、D、E 和 F：略

附录 5

中国社会工作实践的本土导向[1]

社会工作是当代中国的热门议题，其本土化在繁文简本中也屡见不鲜。事实上，本土化只是中国社会工作实践推进的一个方面，因为仅仅依靠社会工作外来经验适应中国的本土文化是不够的和不合理的，本土社会服务经验的提炼也是推行社会工作实践的重要视角。从而，兼顾"外来经验的本土适应"和"本土经验的专门提炼"的本土导向应该成为中国社会工作实践发展的重要战略。

一、基本概念

社会工作的本土导向涉及社会工作和本土导向两个关键名词。鉴于社会工作是一个专业，本土导向也常与专业经验的本土适应有关，因此，有必要对何谓专业进行简单说明。

1. 社会工作

对于何谓社会工作，众说纷纭。沃纳（1959）、佩尔曼（1979）、李增禄（1999）、国际社会工作学院联盟（2001）、王思斌（2004）、

顾东辉（2005）、中央人才工作小组（2007）等境内外人士或组织基于各自领悟，提出了丰富多彩的概念。尽管这些概念表述并不完全一致，但都认同社会工作是融多要素于一体的专业和职业。（1）目标：体现为任务目标和过程目标，前者旨在治疗、预防和发展某些特定议题，后者旨在促进服务对象的某些提升；（2）对象：或者表现为个人、家庭、团体、社区、组织等主体，或者表现为某些问题或需求；（3）主体：主要是服务机构及其社会工作者，其中，社会工作者是灵魂；（4）伦理：涉及价值观、行为伦理、伦理困境及其应对等方面；（5）技术：归入协助服务对象变化和推动外在场境变化两个范畴，前者如协助弱势人士的能力改变或促进服务机构的能力强化，后者如出台社区工作项目和社会政策。上述五者的融合，尤其是特殊的主体、伦理和技术，就使得社会工作不同于其他助人活动。

2. 专业

关于专业要素，诸多学者也有各自界定（Flexner, 1915; Greenwood, 1957; Garvin & Tropman, 1992; 夏学銮, 2000）。如，弗莱克斯纳（Flexner, 1915）提出了专业六条标准：伴随个人责任的智慧操作、素材来自科学和学习、这些素材逐渐变得实用且轮廓分明、拥有可传授的与人沟通技术、朝向自我组织、逐渐在动机上成为利他性，并呼吁要把社会工作建成一个专业。格林伍德（Greenwood, 1957）指出，系统化理论体系、专业权威、社区认可、规定的伦理守则和有专业文化等构成了专业的五个特质。加文和特罗普曼（Garvin & Tropman, 1992）感到，知识体系、理论基础、大学训练、产生收入、对实践者的专业控制、对专业活动的内在道德或伦理控制、可测量或观察的结果等应该成为专业的七个标准。综上，专业大致有六个特性，即：拥有价值伦理；具有理论系统；需要专门训练；体现特殊权威；具有自我组织；得到社会认可。

社会工作作为一个专业，既有其自身要素，也体现出专业特性。整合上述两个概念的内涵，可以发现社会工作具有如表1所示的特性。

表 1　社会工作的基本特性

对　象	主　体	目　标	技　术	伦　理	社会认可
载体、问题或需求	社会工作者、社会服务机构、拥有自我组织	任务目标、过程目标治疗、预防与发展目标	理论系统、专门训练、特殊权威	关于个人、关于社会、关于工作	

3. 本土导向

本土导向包括外来事物的本土化和本土经验的专业化两个视角，体现出本土化和专业化两方面的含义。

本土（或本土场境）与外来场境相对应，两者都有地理含义和人文内涵。地理含义指人们原本生活的地理区域；人文内涵指该地域所及的民族、语言、生活、心理、精神、气质等方面的总和。

本土化由"本土"和"化"合成，是外来事物发生转变以适应本土场境和满足本土需要从而发挥其功能的过程，是外来事物"化"入本土或本土性"化"非本土性的动态过程（刘家仿，2007）。本土化不但强调外来者对所进入的社会文化区域的适应性变迁，而且特别强调后者的主体性。……本土化对外来者来说是文化适应的过程，对本土来说则是文化选择、融合与接受的过程（王思斌，2001）。

与本土化的架构相应，专业化由"专业"和"化"合成，一般与国际规则呼应。参照专业的特性，专业化就是本土事物的价值伦理、理论系统、专门训练、特殊权威、自我组织、社会认可等方面的适应、融入本土之外的外来场境（通常是国际社会）并被其接受的过程。

二、概念架构

整合社会工作和本土导向的内涵，可以形成社会工作本土导向的基本架构，如表 2 所示。

表 2 社会工作的本土导向

社会工作\本土导向	对象	主体	目标	技术	伦理	社会认可
	载体、问题或需求	社会工作者、社会服务机构、自我组织	任务目标、过程目标治疗、预防与发展目标	理论系统、专门训练、特殊权威	关于个人、关于社会、关于工作	
外来经验本土化						
本土经验专业化						

根据表 2，中国社会工作实践的本土导向体现在两个方面。一是产生于发达国家或地区的社会工作进入中国后结合中国特性而进行的适应变化。其表现首先应该是社会工作的对象、主体、目标、技术、伦理和社会认可等特性的局部或细节在本土的适应与修订，以后才会出现较大部分乃至整体的变化。二是按照上述六个方面提炼中国既有的社会服务经验，并在此过程中领悟、借鉴、学习和融汇外来社会工作的特性。

中国社会工作实践的本土导向，是上述概念架构中的对象、主体、目标、技术、伦理和社会认可等因素在本土场境与外来场境之间的变化，并表现为外来社会工作与本土社会服务的动态互动。本土场境与外来场境的亲和程度决定着中国社会工作实践本土导向的广度、速度和深度。

三、逻辑基础：假设演绎法

中国社会工作实践的本土导向，其逻辑基础是假设演绎法（袁方，2000），包含归纳推理和演绎推理两个逻辑过程。其基本思路是：根据某个问题，寻找参照理论；根据这些理论，提出假设；然后进行观察，以检验假设；如果检验结果与前述理论不一致，就补充或修订原有理论，或提出新的理论；然后再提出新的尝试性假设，再次进行观察、检验和修改；如此循环，直至理论完全解释所研究的问题为止。因此，假设演绎法表现为如图 1 所示的逻辑过程，其中，理论—假设—观察的过程是演绎推理，观察—检验—理论的过程是归纳推理。

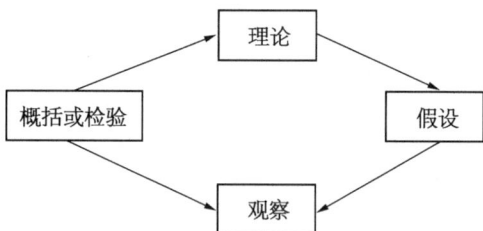

图 1　假设演绎法的一般过程

外来社会工作经验的本土化，是在归纳国际社会工作经验的基础上将其在中国进行演绎。社会工作历史显示，无论对发达国家或地区还是对发展中国家或地区，社会工作都发挥了相当积极的作用（顾东辉，2007）。对这些经验进行提炼，就归纳出了某种形式的理论。在中国讨论社会工作本土化，其尝试性假设是，由于人类问题和需求有普遍性和相似性，外来社会工作经验可以在中国得以应用。探索这些经验在多大程度上适应中国，就是对社会工作在中国适用性的检验。选用适合中国的经验或者修正这些经验，再在中国进行检验，最后才可以把握适合中国的社会工作经验。因此，外来社会工作经验要为我所用，就必须适应本土现实，在选择后改进继而吸收，这正是归纳和演绎的逻辑结果。

本土社会服务经验的专业化，需要按照"专业"的框架，归纳既有的本土社会服务经验，并将其在未来中国和外在世界进行演绎。在中国，不少传统服务经验比较有效且正在发挥作用。但是，这些经验比较零星，还没有进行过系统的提炼。由于本土社会服务和外来社会工作的"服务""利他""助人"等方面的相近性，按照社会工作框架对本土社会服务经验进行归纳，可以发现某些一般经验，将其在未来的社会服务中应用和在国际环境中进行推广，就是对这些本土经验普适性的检验。

与其本土化相比，本土导向的含义更加广阔，思路更加理性，社会效益也更大，从而应该成为中国社会工作实践的重要战略。

四、外来社会工作的本土化

社会工作的理论和方法源于西方，要为我所用，就必须适应本土现实。这就为社会工作本土化提供了理论可能性。与此同时，在中国的多重社会转型中，"源于旧体制的社会服务和传统的民间互助的功能空间在缩小，新的社会服务制度有了可发挥作用的空间，社会工作本土化因此就有了现实可能性"（王思斌，2001）。

1. 服务对象要呼应本土现实

社会工作的服务对象可以是个人、家庭、小组、社区和组织等主体，可以是贫困、失业、适应等问题，也可以是自我提升、能力拓展、机构建设等需求。在中国，最低保障、助残助学、儿童救助、老人照顾等问题是传统社会服务比较关注的领域，旨在满足需求的社会服务还没有成为社会服务的重要领域。与此同时，由于中国文化的宏观导向，较多人同时面临的问题和需求较易受到社会组织与政府部门的关注，个别人、家庭、团体碰到的困境则受到相对忽视。

在中国推行社会工作实践，应该认清传统社会服务的对象特性，注重社会转型导致的多数人而非少数人面临的议题，更多地关注目前存在的问题而非需求。这样，社会工作在中国的发展才比较容易得到各界人士的认同。

2. 工作主体要适应本土特性

社会工作者和社会服务机构是社会工作的工作主体。目前，未受过社会工作训练的非专业人士承担了中国的大部分社会服务；与此同时，每年近万名社会工作专业的毕业生走入社会。社会工作本土化必须直面现实，做好既有社会服务人员的专业提升和受过专业训练人士的岗位设置工作，积极培养能整合外来经验和本土现实的专业社会工作者。

社会工作本土化必须依托既有的社会服务机构。在中国，提供广泛社会服务的机构往往具有政府背景，"功能定位不清晰、社会特性不显著"是这些机构的特性（顾东辉，2005b）。这些机构占有了丰富的资源，在未来相当长时期内依然具有较强的生命力。因此，这类机构的专业提升应该成为社会工作本土化的核心议题之一。

社会工作本土化必须依托政府的积极作用。政府是中国社会工作实践的主要推进者。在上海、深圳等地的社会工作实践中，发挥关键作用的是政府。全国层面的社会工作职业水平认定、社会工作人才建设实施意见的撰写、社会工作者条例的制订等，都以人事部和民政部为执行主体。"建设宏大的社会工作人才队伍"最终需要政府发挥其关键功能。因此，进行社会工作本土化需要对中国当代的政府文化和政治意识形态有充分的认识。

鉴于中国内地的专业社会工作者队伍及民间社会服务机构不多，社会工作进入中国后，就必须与原有的社会保障和服务体系结合，并发挥政府在其中的关键作用。

3. 工作目标要首先注重任务目标

中国的社会服务比较重视问题导向。社会服务比较注重舒缓或解决某个问题（如弱势群体面临的各类问题），就社会工作而言，这是旨在达成任务目标。与此同时，社会服务比较注重舒缓问题的后果，即采用治疗视角，从而使得"送温暖"、最低保障等旨在减轻问题后果的服务手段大行其道。

社会工作的目标与一般助人活动不同。它旨在寓过程目标于任务目标，在完成任务目标的同时促进服务对象的提升，并兼顾治疗、预防与发展。鉴于当代中国社会问题的紧迫特性、传统服务手段的舒解惯性，社会工作本土化必须首先将舒缓和解决问题作为依托，适度兼顾过程目标及社会工作的预防和发展功能。

4. 价值伦理要进行本土整合

价值伦理是社会工作的核心，把握当时当地是社会工作实践的金科玉律。"社会工作价值观是个人拥有绝对权利、人是特殊个体、人有改进的潜能；在中国文化中，权利因亲疏而不同、人依附于不同组织而生存、进步是整体的成就"（周永新，1994）。因此，社会工作本土化要直面西方文化与中国传统文化、主流意识形态与社会工作伦理的冲突。

西方的人文价值观、传统的助人理念和当代主流价值观是社会工作本土化的价值资源。社会工作本土化必须借鉴外来社会工作价值中不受文化价值观影响的共享部分，并根据中国国情创新其内容和形式；必须继承中国传统的爱人助人价值；必须综合和发展当代中国占统治地位的文化和价值观；从而建构适合中国的社会工作价值系统。

5. 服务技术要适合本土场境

社会工作具有多种方法，并体现为多个阶段。社会工作本土化应该充分领悟中国文化的宏观导向，积极寻求在社区工作、社会工作行政和社会政策等宏观服务技术的优先发展。在问题界定、计划形成、服务推行和总结评估四个阶段中，工作者要尽量利用和融入体现本土特性的语言、行动和技术，如，"服务的结束和评估也要考虑国人对助人关系的延展性需求"（王思斌，2001）。与此同时，积极依托社会工作的框架解剖本土案例，揭示其普遍性和特殊性，从而推进社会工作的发展。

6. 服务整体要得到强力部门认可

社会工作以民众为服务效果的最终评价者。在中国，社会工作的目标、伦理、技术和效果当然需要服务对象的评价与认同。与此同时，社会工作、社会工作者、社会工作成效应该通过自己的专业形象、积极行动和特殊权威，得到政府部门和各类媒体的认可，因为政府在中国占有和分配最多资源，媒体在中国乃至世界具有强大的发言权和社会影响力。社会工作只有同时与民众和政府建立伙伴关系，并得到他们的认同，其本土化才有良好的发展前景。

在社会工作本土化中，原有服务模式仍在发挥作用，在此情境下，尤其需要对外来经验有清醒的认识。社会工作的外来经验是诸多国家和地区的集体产品，是文化、历史、意识形态、社会资源与社会工作发展的互动产物，并紧密联系当时当地的社会需求（顾东辉，2007）。这些外来经验的核心是把握"当时当地"的状况，这也正是当代中国社会工作本土化的重要原则。

五、本土服务经验的专业化

中国的本土社会服务是与其制度及文化相适应的助人活动。在二元体制下，非正式网络满足社会成员日常生活的、精神慰藉方面的要求，政府则根据公民身份决定其应得福利和帮助。王思斌（2001）认为，在这种体制下，拥有全民所有制身份者获取物质性福利的优先次序是工作单位—亲友—政府福利部门，农村人的相应次序则是亲友—生产组织—政府。目前，在政府部门、事业单位和经济效益较好的企业，这种帮助模式没有发生根本转变；在已走向市场的企业和不景气的企业中，职工遇到困难时则主要通过市场和非正式支持体系解决问题。

在中国传统的助人模式中，工作单位的职业福利和政府部门的法定救助可以视为一种社会服务。其服务对象是单位员工，从而这类服务表现为工作福利；其提供主体主要是政府或其代表（单位）及其行政工作人员；其目标主要是发挥治疗功能，帮助员工舒缓或解决重要物质需求方面的困难；其伦理主要体现由上而下的、父权式的"权威和仁慈"（梁祖彬、颜可亲，1996），从而维护社会稳定；其技术主要是根据公民身份，依靠行政力量，分配行政资源。

几十年前开始的中国社会多元转型，带来了许多新问题和新需要。单纯依靠传统的社会服务，已不足于舒缓社会问题和满足社会需求。吸收和借鉴新的服务模式，已成为丰富当代中国社会服务系统的必然选择。

中国传统社会服务的要素特性虽然与社会工作存在差异，但是，服务结构的相似性尤其两者旨在解决社会问题和满足民众需求的共性，使得传统社会服务可以参鉴甚至吸收社会工作的特性，中国本土的服务经验可以专业化。

1. 服务对象适度多元

本土社会服务应该参照社会工作的对象特性，既要关注集体对象，也要服务个别对象；既要服务弱势对象，也要兼顾普通对象；既要舒缓和解决社会问题，又要适度满足服务对象的需求。

2. 工作主体稳步提升

在中国内地，非专业人士承担了大部分社会服务，这些非专业人士主要处于政府福利部门、事业单位和有政府背景的服务机构。这是提炼本土社会服务经验必须正视的社会现实。

关于工作主体的专业化，必须特别留意如下议题。一是建设专业队伍。要在继续依托现有人员提供某些服务的基础上，对他们进行社会工作伦理和技术的训练；要稳步设置新的专业社会服务岗位，吸引和鼓励既肯奉献又有社会工作知识技能的优秀人才，并加强其岗位训练。二是培育专业服务机构。要根据民众需求的轻重缓急，重组或成立社会服务组织，并提供资源和政策，协助原有服务机构和新设专业机构的能力建设与伦理建设，促进服务机构的整体权能上升。三是在条件成熟时成立行业协会，并使之成为推动社会服务专业化发展的主导力量。

3. 多元目标应予兼顾

提炼本土服务经验，依然必须注重中国社会服务的问题导向，但是，在达成具体目标中促进服务对象的提升，应该成为未来社会服务必须正视的议题，"授人以渔""助人自助"应该成为社会服务提供者恪守的重要信条。

与此同时，社会服务一方面可以采用治疗手法，舒缓或解决某个问题的后果，如给失业者提供最低生活保障；另一方面也要积极采取预防技术，改善导致这些问题的原因，如，在失业者技能不足时协助其进行技能训练。此外，还要采取积极视角，促进服务对象的正面发展，从而避免各类问题的出现。

4. 社工伦理必须借鉴

本土社会工作服务参鉴社会工作，必须将对外来社会工作价值伦理的领悟和把握作为头等大事。要领悟社会工作对"人"的价值观和对"社会"的价值观。前者如：人有与他人平等的价值和尊严；人有共同需求，也有独特偏好；人都有动机追求美好生活，也有进行改变的能力；等等。后者如：社会应该为每个人提供公平公正的机会、资源和服务，尊重个性和个体间差异，等等。要恪守自身、与案主、同事、机构和专业的伦理守则。要把握社会工作实践中可能出现的伦理困境，并进行恰当的应对。

5. 服务技术专业且权威

本土社会服务可以借鉴社会工作的专业方法。既要领悟个案工作、小组工作等临床社会工作的基础理论和实务理论，又要把握宏观社会工作的策略，并在实践中根据当时当地的实际情况，采用最合适的方法。

本土社会服务要实践社会工作中问题界定、计划形成、服务推行和总结评估等阶段的工作技术，学习如何界定服务对象的需要，注重计划的可操作性，关注服务过程的技术执行和过程评估，彰显服务提供者的实践智慧。

6. 注重民众和国际社会的认可度

传统社会服务较多地以政府满意为重要指针，其中，媒体的态度也不可小视。本土社会服务经验的提炼，需要参照社会工作的特性，通过专业技术和特殊伦理体现其特殊权威，以服务对象的工作满意度为最终评价，并在国际社会得到足够的认同。

整合前几部分的分析，外来社会工作与本土社会服务在要素结构和目标等方面具有相似性，外来经验本土化和本土经验专业化都是中国社会工作实践必须依托的本土导向，其基本思路在表3中有总结性体现。

表 3 中国社会工作实践的本土导向

本土导向 ＼ 社会工作	对 象	主 体	目 标	技 术	伦 理	社会认可
外来经验本土化	·注重大规模主体 ·注重问题	·依托既有服务机构、政府和事业单位 ·培训原有服务人员 ·设置专业服务岗位	·以完成任务为载体 ·以治疗后果为基础	·优先使用宏观技术 ·实务过程融入本土技术	·借鉴外来社工价值 ·继承传统助人价值 ·综合当代占统治地位的价值观	·政府认可 ·民众认可 ·媒体认可
本土经验国际化	·兼顾集体对象和个别对象 ·兼顾服务弱势对象和普通对象 ·既要舒缓和解决问题，又适度满足需求	·加强队伍建设 ·培育专业机构 ·依托专业协会	·注重任务目标和过程目标的融合 ·兼顾治疗、预防和发展三类目标	·兼顾宏观微观技术 ·遵守一般过程 ·注重评估 ·彰显实践智慧	·领悟价值伦理 ·把握专业守则 ·学会应对困境	·民众认可 ·国际认可

　　本土社会服务经验专业化与外来社会工作经验本土化需要互动共进。利用社工智慧，激励本土导向，正是在中国社会发展的重要策略。

参考文献

　　上海市研究小组（2007），"上海市加强社会工作人才队伍建设研究总报告。"

　　中央人才工作协调小组（2007），"关于社会工作人才队伍的相关概念"，2007 年 3 月 23 日

　　王建军、甄炳亮（2006），"赴香港社工专业化职业化考察报告"，载 www.mca.gov.cn。

王思斌（2001），"试论我国社会工作的本土化"，《浙江学刊》第 2 期。

王思斌（2004），《社会工作导论》，北京：高等教育出版社。

刘家仿（2007），"我国课程理论本土化的问题及未来走向"，《教育观察》，载 http://www.ecp.com.cn/ guancha/200712/200712/ bentuzouxiang1.htm。

成清美治、加纳光子编著（2005），《社会福祉》，东京：学文社。

李增禄（1999），《社会工作概论》，台北：巨流图书公司。

周永新（1994），《社会工作学新论》，香港：商务印书馆。

林万亿（2001），"展望二十一世纪的台湾的社会工作"，《社会工作学刊》第 7 期。

夏学銮（2000），"社会工作的三纬性质"，《北京大学学报（哲学社会科学版）》第 1 期。

袁方（2000），《社会调查原理与方法》，北京：高等教育出版社。

陶蕃瀛、简春安（1997），"社会工作专业发展之回顾与展望"，《社会工作学刊》第 4 期。

顾东辉（2005），"社会工作的定义和架构"，载《社会工作概论》，上海：上海译文出版社，2005 年。

顾东辉（2005b），"组织体制和能力建设"，载徐麟主编《中国慈善组织研究》，北京：中国社会出版社。

顾东辉（2007），"发达国家／地区之社会工作发展的经验研究"，中央人才工作协调小组"社会工作人才建设研究"专家课题。

梁祖彬、颜可亲（1996），《权威和仁慈：中国的社会福利》，香港：香港中文大学出版社。

Chau, K. L.（1997）. Social work in Hong Kong: scaling new heights in the future. 载石丹理、林孟秋编《香港的社会工作：反思与挑战》，香港：香港中文大学社会工作学系。

Flexner, A. (1915). Is social work a profession? In National Conference of Charities and Corrections, proceedings of the National Conference of Charities and Corrections at the Forty-second annual session held in Baltimore, Maryland, May 12–19, 1915.

Garvin, Charles D. & Tropman, J. E. (1992). *Social Work in Contemporary Society*. New Jersey: Prentice Hall.

Greenwood, E. (1957). Attributes of a profession, *Social Work*. Vol. 2.

Perlman, H. H. (1979). *Relationship: The Heart of Helping People*. Chicago: The University of Chicago Press.

附录 6

内发整进：上海社会
工作的十年实践 [1]

　　上海是中国内地社会工作的先发地区。其社会工作发源于
20世纪20年代，恢复于20世纪90年代。党的十六届六中全
会"建设宏大的社会工作人才队伍"战略提出以后，尤其中央
18部委《关于加强社会工作专业人才队伍建设的意见》和19
部委《社会工作专业人才队伍建设中长期规划（2010—2020
年）》发布以来，上海的社会工作实践注重内生发展，进行整
体旋进，专业化得以稳步推进。当然，与专业应有境界和相关
主体期望相比，其既有状况尚显不足。直面其队伍和场境，体
现社会智慧，继续行动实践，显然是上海社会工作优化深化的
不二法门。

一、社会工作十年实践的上海特色

　　2006年"建设宏大的社会工作人才队伍"战略提出以来，

1　顾东辉，原文刊发于王思斌、邹文开主编（2016），《回顾、反思、展望——中国
　社会工作辉煌发展的十年（2006—2016）》，北京：中国社会出版社。

上海的社会工作实践基于此前十多年的先期探索和既有经验,继续完善顶层设计,积极推进多域拓展,其过程和要素的本地品性日益突出,职业化和专业化得以继续深化。

1. 内生发展

从社会工作的过程结构审视,上海社会工作发展在需求评估、方案制订、计划推行和评估总结等板块均有其原生特点和本地品性。

(1)需求评估:关注自身先发议题

上海社会工作过去十年的发展是回应多方需求和顺应发展规律而作出的理性选择。其一,民众需求是拉力。早在 20 世纪 90 年代上半期,社会工作就已在上海得以恢复,并发挥了积极的经济、政治、社会和文化功能。在加快"四个中心"建设和率先"创新驱动、转型发展"的经济改革深化背景下,上海的青少年、老年人、残障人士、外来人口等群体的老问题得以显化,城市融入、社区适应、健康发展、婚姻调试、亲子沟通、社会突发事件应对等新需求日显重要。在社会建设和社会治理的大格局下,上海面临着其他地区尚未出现的一些问题和需求,这就呼唤上海社会工作实践的深化发展,并与行政、经济、法律等手段共同预防和解决现实问题,促进社会和谐。

其二,政府期望是推力。上海在 21 世纪初就提出构建"小政府、大社会"的格局,将政府不该从事的服务职能及管理事务逐步剥离后由社会机构承接。中央提出"建设宏大的社会工作人才队伍"战略之后,上海更加积极地推进社会建设。2006 年以来,上海市的妇联、民族宗教委、侨办、统战部、残联、体育局、团市委等部门先后与市民政局发文,就本领域推进社会工作出台专门意见。《关于在本市培育发展专业社会工作机构的通知》《关于推进本市社会工作人才队伍建设的意见》《关于加快推进社区社会工作服务的指导意见》等专项文件也纷纷出台。2014 年,上海基于"创新社会治理,加强基层建设"市委一号课题所出台文件中对社会工作及社会工作者的角色也作了专门说明。上海市民政局还与市社会工作党委共同形成了《上海市"十三五"社会工作人才队伍发展规划》初稿。可见，作为深化改革开放的先行先试地区，上海相对于其他地区，政府部门具有更多现代意识，转变政府职能、加强社会治理、优化城市建设的压力更大。这些都对社会工作深化发展提出了更多由上而下的需求。

其三，实践积累是动力。上海作为先发地区，较早体验到经济发展和社会建设兼顾的重要性，几十年的经济发展也为社会建设积累了各类资源，这些都推进了 20 世纪 90 年代上半期开始的上海社会工作发展。在"建设宏大的社会工作人才队伍"战略提出前后，上海采取以点启面的稳进战略，培育社会工作的专业机构，推进社会服务的契约化管理，彰显服务项目的社工特色，协助工作人员的岗位提升，注重社工服务的本地督导，鼓励社工教师的积极参与，开展社会工作的研究倡导（顾东辉，2012），并已经在这些方面取得了成效。从而，进一步专业化就成为上海社会工作实践追求的重要目标。

可见，先发地区的自身需求使得上海相对于其他地区更积极地开展社会建设，20 世纪 90 年代上半期以来社会工作实践的积累又使得社会工作专业人才建设体现出较多的上海品性。这是梳理上海社会工作过去十年实践必须正视的基本现实。

（2）方案策划：注重自主原创设计

本地团队在上海过去十年社会工作实践中承担了几乎全部的设计工作。党政部门、实务机构和高校是上海社会工作界的三大系统。由于社会工作实践探索已有许多积累，上述三个系统又因互动而催生强大实力，面对诸多先发的问题和需求，上海社会工作 2006 年以后主要依托自身力量进行原创设计。

其一，在政策制度设计方面，出台了多项文件。

有些文件提出了总体发展思路。如，2010 年的《上海市中长期人才发展规划纲要（2010—2020 年）》提出："着眼于创新城市社会管理体制、提高公共服务水平的要求，实施社会工作人才培养计划，大力开发社会工作人才。"2011 年 1 月的《上海市国民经济和社会发展第十二个五年规划纲要》提出:"加强社会工作者队伍建设。"2011年8月的《上海市"十二五"社会工作人才队伍发展规划》提出:"完善党委领导、政社合作、多方支持的社会工作运作机制,健全社会工作人才队伍制度建设,基本形成与上海社会发展相协调的初、中、高级社会工作者梯次机构,基本形成覆盖社会事业、社会福利、社会保障、社会服务、社会管理等社会建设领域的人才分布格局,努力建设多领域、多层级、多序列的社会工作人才高地。"

有些文件进行了专门事项设计。如,2009年的《关于在本市培育发展专业社会工作机构的通知》对专业社会工作机构的成立条件、工作领域等作了规定;2014年的《关于加快推进社区社会工作服务的指导意见》对如何在社区层面推进工作作了部署;2016年的《关于社会救助工作中试点开展社会工作服务的通知》对如何精准救助扶贫提出了思路。

有些文件进行了领域工作说明。如,2006年的《上海市人口和计划生育委员会、上海市民政局关于推进人口计生系统社会工作者队伍建设的实施意见》,2012年的《关于推进医务社会工作人才队伍建设的实施意见(试行)》,2014年的《上海市关于加强青少年事务社会工作专业人才队伍建设的意见》。此外,妇联、民族宗教委、侨办、统战部、残联、体育局等多个部门也先后与市民政局联合发文,就本领域推进社会工作出台了专门意见。

部分区县根据全市要求而出台文件。如,浦东新区的《关于社会工作督导人才队伍建设实施意见》,杨浦区的《专业社工机构核心竞争力评价办法》,静安区的《社工参与社区服务项目的实施办法》,徐汇区的《社会工作专业人才薪酬补贴办法》,嘉定区的《社会组织人才扶持办法》,松江区、闵行区的《社会工作专业人才岗位设置及薪酬待遇的实施办法》。这些政策的制定和实施,为推进社会工作专业人才队伍建设提供了制度保障。

其二,在社会行政设计方面,形成了一些特色。

进行社会组织孵化。2006年,上海市在浦东新区注册成立了非营利组织发展中心。2007 年，该中心在全国设立首个公益孵化器，采用"政府支持、民间力量兴办、专业团队管理、政府和公众监督、社会公益组织受益"的孵化模式，为被孵机构提供场地设备、能力建设、注册协助和小额补贴等创业期的急需资源。上海手牵手生命关爱中心、上海新途社区健康促进社等社会服务组织由此得以产生。

激励多方资金投入。①政府购买是主要来源。财政预算资金，如市政法系统每年拨款 1.2 亿元资助阳光、自强和新航三大社会工作机构；专项发展资金，如闵行、静安、虹口、松江等区设立社会工作机构发展专项资金，部分街镇安排政府购买公共服务项目专项资金；预算外资金，如 2012 年市区两级福彩公益金投入约 1 亿元用于社区公益服务项目招投标和创投。②社会资金是重要组成。如，第一财经基金、国泰君安基金、百马基金会等与市社工协会、浦东新区社会工作协会等市区协会及有关社会工作机构进行资金对接，南都基金会对"5·12"汶川特大地震上海社会工作灾后援建服务团的资助。③企业资金是有机补充。如，浦东新区社会工作协会获得美国辉瑞制药公司资助而启动了"辉瑞—浦东新区青少年健康教育"项目。

设置多类专门岗位。一是设立事业单位专门岗位。在民政系统事业单位，社工已作为主体专业技术岗位，市、区民政事业单位 2015 年已设社工专业技术岗位 305 个；在医务系统，已有 153 家医院开展医务社会工作，专职社工已超过 300 人。随着社会工作的认知度和认可度提升，民政、司法、卫生、统战、人口计生、矛盾化解、灾害救援及工青妇残等 20 多个领域已成为社会工作岗位的重要来源。二是引导社区配置专业人才。2015 年，上海推出了一系列政策措施，引导社区配置专业社工人才：出台了《上海市社区工作者管理办法（试行）》，鼓励和引导社区工作者走职业化、专业化道路；出台了《关于建设专业化社区工作者队伍的实施意见》，明确"加强社会工作专业技能培训，帮助社区工作者树立社会工作专业理念，掌握社会工作方法，提高政策法规运用水平和专业服务能力"；出台了《社区工作者职业化薪酬体系指导意见（试行）》，明确社区工作者不低于社会职工平均工资的待遇标准，持有社会工作师证的享有相应定级定薪的薪酬激励。三是鼓励民间社会工作机构设置专门岗位。2015 年年底，上海已有社会工作机构 147 家，还有从事相近业务的其他组织。这些机构专业建设的需要，招投标对机构社工人才的要求，使得民办机构成为日益重要的社会工作岗位来源。

优化人力资源管理。如，全市和浦东新区的司法领域社工机构在多年前制定的员工薪酬绩点制度基础上，近年综合考虑员工的个人背景、工作表现、初复试成绩而进行了中级社工岗位的选拔，近期又提升了社工人均购买费用。浦东新区社会工作协会在 2013 年制定了《社会工作者薪酬体系指导标准》，采取学历、资历、资格、业绩、岗位等指标相结合的方案，"以岗定薪、以绩定奖、按劳取酬"。多个区县也出台激励政策，对考取社会工作职业资格的工作人员每月给予补贴。

开展立体培训教育。①开展市区街（镇）三级培训。市级层面，如市社会工作者协会在 2012 年启动了"上海市专业社会工作高级人才培养计划"，通过开展职业规划、专业培训、咨询辅导、出访交流等能力建设活动，培养实务领域高级社工、实务领域高级社工督导和社工机构高级管理者。区级层面，如浦东新区社会工作协会举办的督导培训、杨浦区民政局的社会组织管理人才训练、徐汇区的持证社工专业知识培训、（原）闸北区的社会工作从业人员的专升本计划。街镇层面，如宝山区杨行镇和虹口区江湾镇的基层工作者增能计划。②形成学历教育、在职培训、高级人才培养、干部教育等多层面培训。学历培养方面，上海有复旦大学、华东理工大学等 15 所院校培养社会工作专业学生，有复旦大学、华东理工大学、华东师范大学、上海大学、上海师范大学、华东政法大学 6 所高校招收社会工作专业硕士，其一定数量的毕业生在上海社会工作领域工作。在职培训方面，市民政局会同市委统战部、市卫生局、市残联等部门，开展岗位轮训，每年培训社会工作人员上万人次；市社会工作者协会、浦东新区社会工作协会、静安区社会工作者协会、杨浦区社会工作协会、徐汇区社会工作协会、闵行区社会工作者协会、黄浦区社会工作（者）联合会也被遴选为继续教育机构，开展对本区社会工作者的继续教育。高级人才培养方面，上海启动了市社会工作专业高级人才培养计划，加强社会工作领军人才培养，2012—2015 年已培养 55 人；在区县层面，截至 2014 年年底，浦东新区已培养助理督导和初级督导 24 名，杨浦区已培养督导和助理督导 22 名，静安区已培养见习督导 15 名。干部教育方面，启动了"上海市社会工作示范社区成长项目"，针对街道领导定期开展培训；在每年的城乡社区干部培训中，也将社会工作知识技巧作为必修课程；浦东、闸北、长宁等区还将社工专题纳入党校课程。

注重本地督导工作。与全国极大部分地区不同，上海拥有规模较大的兼具理论知识和实务经验的高校社工教师，他们或者担任机构督导和专家顾问，或者直接指导实务项目。随着一线社工素养的不断提高，市、区层面督导培训的完成，一批优秀基层社工已成为社会工作实务的督导。与此同时，同辈督导也已成为上海社会工作实践的重要策略。

设立多类机构平台。上海有行政管理机构——民政局职业社会工作处、继续教育机构——上海社会工作培训中心、专业研究机构——上海社会工作研究中心。上海还有综合互动机构——上海社会工作教育发展联席会议，成员包括高校社工系主任、党政部门领导和全市性社工机构负责人。上海还是中国社会工作教育协会江浙片会的秘书单位所在地，上海社工教育界还有新年团拜会。这些机构平台的单独运作和相互联动，对于上海社会工作实践的良性发展均起了相当积极的作用。

其三，在社工实务设计方面，开拓了专门领域。

制订以点启面的稳进战略。在地区上，从浦东新区 20 世纪 90 年代中期的探索，到四个区 2003 年的犯罪预防试点，再到 2006 年以后全部区县都有社会工作实践；在场域上，由最初的东方医院、香山中学、潍坊社区逐步扩大到家庭、院舍、企业、灾后安置点等多类场所；在议题上，由疾病康复、成长辅导、社区建设扩大到社会福利、社会救助、社区矫治、安置帮教、禁毒戒毒、婚姻家庭、残障康复、教育辅导、人口计生、统战服务、劳动关系、信访维稳、应急处置等诸多议题。回应现实需求，是上海社会工作实务稳步拓展的基本特征。如，鉴于信访工作的重要性，市社工协会承接了市民政局委托的"专业社工介入下放信访项目"及长宁区妇联委托的"白玉兰开心家园项目"，协调多家社工机构，优化信访服务流程，共同化解信访矛盾。鉴于医疗服务的关注度，市民政局会同卫计委积极出台文件，已推动了 153 家医院开展社会工作。为了呼应《社会救助暂行办法》的颁布，市社工协会启动了"桥计划"项目，发挥社会工作在救助扶贫中的专业作用。

推进服务项目的契约管理。社会工作初启时，上海多采用直接委托形式推进实务。21 世纪初，购买岗位成为推进社会工作的重要做法。2006 年以来，越来越多的党政部门直接购买社会服务项目，并依托协议进行管理。这在 2009 年的社区"公益项目创投"和"公益项目招投"中得以充分体现。目前，无论是政府背景社团还是民间服务机构，服务购买均已成为其获取党政部门项目、社会资源、企业资助的主要来源和关键途径。

依托媒体进行专业倡导。上海社工除了借助媒体零星宣传社会工作的案例、人物、项目、政策之外，上海市民政局从 2011 年开始还与上海人民广播电台联手，打造"直通 990"空中一门式服务平台。市社工协会组织高校专家和实务社工，每天轮流参加节目录制，与居民互动，将社工理念渗入百姓生活；并对"直通 990"中百姓言及的"疑难杂症"提供在线咨询和线下跟进。此举展现了社会工作的特色和伦理，赢得了社会广泛赞誉，社工形象也获得了更大认同。

开展边疆地区的对口援建。上海社会工作团队除了协助临近地区的社会工作发展之外，还积极开展知识援边活动。如，市民政局、社团局领导于 2015 年 8 月 1—7 日和 2016 年 7 月 23—

27日分别率领上海社工教师前往新疆喀什市和西藏日喀则市，以各县市长期从事民政及社会工作管理、教育、服务的骨干人才为主要对象，开展专题培训，宣传社会工作的实务技术和价值伦理。这种做法得到了当地人士的高度认同。

参加灾后社会工作服务。过去十年，上海社会工作团队充分发挥专业优势，积极参与自然灾害和社会突发事件的善后社会工作。2008年，社会工作者直接参与了冰雪灾害后交通站点服务和清明节墓园服务。"5·12"汶川特大地震发生后，上海快速组建了上海社工灾后援建服务团，华东理工大学、复旦大学、浦东新区社会工作协会和上海师范大学阳光中心分别组队赴当地协助灾后安置点的社会重建。2010年"11·15"特大火灾、2014年"12·31"外滩踩踏事件和2014年鲁甸"8·03"地震发生后，该服务团均迅速进入当地，进行在地社会工作。上海社会工作专家还参加2015年天津港"8·12"特别重大爆炸、2016年江苏盐城龙卷风灾害等重大事件的社会工作服务专家组，协助提高灾后社会服务咨询。这些活动促进了当地民众的社会功能恢复，得到了当地各界人士的好评，上海社工的品牌也因此得到高度认可。

（3）计划推行：坚持自省专业运作

动态评估后恰当微调，是社会工作实践的过程智慧。过去十年，上海社会工作界采用了多种自省手段和自悟载体，保证了社会工作实践沿着专业、规范的方向顺利发展。

其一，基于多类评估来规范后续实践。

通过项目评估指引后续实践。如，上海市阳光青少年事务中心为了履行契约，2006年委托复旦大学社会工作学系对其"社区青少年社会工作效果"进行了专业评估，并根据评估方提出的"预防和减少青少年犯罪体系需扩大其范围、将促进社区青少年正面发展作为目标之一、关注青少年心理/精神健康、建立综合评估指标体系、开展倡导工作"等建议，修订了此后的工作计划，服务对象逐步扩大到学校和非上海户籍的青少年，更加注重社区青少年的社会适应和能力提升，细化服务对象分类管理。除了项目评估外，市民政局还委托市社工协会每两年开展一次社工案例和社工项目的评选，2015 年还进行了社工品牌评选，以通过评选过程和标杆示范对全市社会工作项目施加积极影响。

通过员工表彰激励社工成长。在市、区县和机构等层面，都有针对社会工作者的评价和激励机制。如，2012 年，上海市民政局委托市社工协会开展了"上海十大社会工作杰出人才"评选，来自大学、机构、协会的人员分享了终生成就奖、杰出实务社工奖、杰出管理奖、杰出教育奖、杰出研究奖、杰出倡导奖、最具潜力新人奖等奖项；杨浦区 2011 年开始了优秀社会工作者和先进社会工作者评选；各类机构每年都进行本机构优秀员工的评选表彰。这些表彰都鼓励了先进员工继续进步，激励了其他员工在学习先进员工的长处后完善自我，从而成为实务优化的基础。

通过机构评级协助组织增能。上海经常进行社会工作优秀机构评选工作。如，每年通过 4A、5A 社会组织的申报，以评促建，协助社会工作机构提高工作质量。2013 年，市民政局还开展了上海市社会工作示范单位创建活动，提出了"基础条件完备、组织机构健全、人力资源合理、内部管理规范、服务专业有效、社会反映良好"的创建要求。通过组织专家对口指导、考察评估、命名颁牌、表彰奖励、动态评估等手段，很好地协助了示范单位的整体提升。

其二，基于研究出版来指引社工发展。

编写教材以指引本地实践。如高等教育出版社 2004 年的《社区工作》、2009 年的《社会工作评估》和 2010 年的《社会工作模式：理论与应用》、复旦大学出版社 2008 年的《社会工作概论》、汉语大词典出版社 2009 年的《人类行为与社会环境》等。

翻译著作以介绍社会工作。如，华东理工大学出版社近年就出版了"社会工作名著译丛"，Roberta G. Sands 的《精神健康：临床社会工作实践》、Sheldon D. Rose 的《青少年团体治疗：认知行为互动取向》、Neil Gilbert 和 Paul Terrell 的《社会福利政策导论》、Saleebey Dennis 的《优势视角：社会工作实践的新模式》、Payne Malcolm 的《现代社会工作理论》、Cournoyer Barry 的《社会工作技巧手册》等图书得以引入中国。

进行应用研究以梳理经验。如，中央人才工作协调小组委托的"发达国家和地区社会工作发展经验研究"和"社会工作服务新农村建设研究"、民政部委托的国家中长期人才发展规划之重点工程研究、社会科学文献出版社的"中国社会工作发展报告蓝皮书"和"上海浦东新区社会工作发展之路"、华东理工大学出版社的《社会工作案例研究》丛书和《社区青少年社会工作研究》丛书、浦东新区社工协会的"社会工作者薪酬体系指导标准研究"等。

开展学术研究以深度引领。如，《华东理工大学学报（社会科学版）》每期的"社会学与社会工作"板块、《中国社会导刊社会工作专刊》2007 年 10 月—2008 年 12 月的社会工作专业审视系列、《社会》2009 年第 3 期的灾后社会工作反思系列等。

上述各类研究成果对于上海社会工作界领悟社会工作的本质和特性、推进本地的社会工作实践、深化上海的社会建设都发挥了一定的积极作用。

其三，基于会议交流来细化社工实践。

机构内部的工作交流是社会工作优化的基础。在上海，阳光、自强、新航等全市性社会工作机构经常通过案例征集、项目大赛、社工论坛、工作坊等活动进行内部工作分享，并已成为这些机构的制度性安排，以激励社工正面成长。于小型机构而言，由于综合实力整体较弱，较多地进行非制度和非正式的交流切磋。

各类研讨平台是机构内外工作分享的有效载体。如，市民政局在 2014 年与市总工会共同召开了"企业社会责任与社会工作发展"研讨会，市国资委、市工商联、北京银行、宝钢集团就基于此对如何开展企业社会工作有所感悟。小型社工机构则往往依托全市层面或区县层面的社工节、年底总结、社会工作推进会等场合交流自身做法和学习他人经验。专项学术研讨会则对从业人员如何细化、精化社会工作有所启迪。如，2014 年由复旦大学附属儿科医院举办的"儿童专科医院医务社会工作研讨会"；2015 年由复旦大学社会发展与公共政策学院 / 华盛顿圣路易斯大学社工学院和上海儿童医学中心联办的"使命、专业和未来：2015 上海医疗（健康）社会工作国际会议"；2016 年由华东理工大学、上海高校智库社会工作与社会政策研究院、休斯顿大学社工研究生院、上海行政学院社会学教研部联办的"社会工作与社会政策国际研讨会"，均具有如此功能。

其四，基于工作组织协调各项事务。

这类活动主要由具有领导和统筹功能的主体承担。市委组织部人才处（市人才办）作为领导部门，将社会工作人才队伍建设正式作为每年的重要议题，定期组织专题会议，进行协调推动。市民政局作为统筹部门，需要协调相关委办局、社工协会、实务机构、高校学系、其他省份相关部门开展工作。市社工协会作为专业管理组织，需要发挥其服务会员和行业自律的职责，通过成立专业委员会和工作小组，发挥专业引领作用，协调推进和微调各领域社会工作的发展。浦东新区、杨浦区、静安区等区行业协会则统筹本区社会工作实践，并进行行业自律。

基于多类评估、研究出版、会议交流和工作组织而进行过程自省，使得上海过去十年社会工作体现了内涵建设的实践特色，各层面工作得以规范推进。在政策方面，如上海的社会工作政策从整体性文件逐步细化到分领域和分议题的文件。在行政方面，如市民政局职业社会工作处因现实需更名为职业社会工作和志愿服务处；浦东新区也整合了区内自强、新航和阳光"三大社团"的分社或分站，成立了中致社区服务社，并进行了一系列改革；三大社团的薪酬制度也多次得到完善。在实务方面，社会工作者在初期主要运用个案社会工作和小组社会工作方法，之后逐步学会了社区社会工作方法，购买服务主体也从市级党政部门为主逐渐扩展到区县、街镇等多个层面。应该说，上海社会工作的现状是本地社会工作界根据实践情况进行评估和微调的结果。

（4）评估总结：实现自我多重增能

过去十年，上海社会工作实践针对自身先发需求，进行自主原创设计，注重自省专业运作，其专业特性和职业品位显露无遗，服务项目、专门机构和工作人员因此均得到了很好提升。

其一，项目实务得以优化。随着项目经验的滚动累积，项目的"业务"（即需求评估、方案制订、计划推行、评估总结等阶段的技术运用）日益精细，项目的"事务"（即行政安排）日益周到，项目的"财务"（即预决算及其执行）也日益规范。在此基础上，上海还通过项目竞赛、经验交流等载体，协助服务对象疏解问题和满足需求，并在过程中较好激发了服务对象的综合提升，任务目标和过程目标融合、助"人自助"和促"境"美好兼顾的社会工作特性日益明显。在诸多文献和外地实践中可以发现上海社工项目的影子，源于上海的全国层面优秀案例、优秀项目和优秀品牌不断出现，正是上海社会服务项目管理优化的重要象征。

其二，机构建设得以加强。在数量上，截至2015年年底，全市注册登记的冠以"社会工作""社工"的专业社工机构，加上虽未冠以该名称但以社会工作人员为主体并实际从事社会工作服务的机构已达147家，其中，浦东（20家）、杨浦（13家）、静安（8家）、徐汇（8家）等区的机构数量相对集中。在领域上，社会工作机构的服务已涵盖到社会福利、社区建设、社会救助、婚姻家庭、职工帮扶、医疗卫生、犯罪预防、统一战线、灾后服务等20多个领域，并覆盖了社会工作的实务、培训、研究、评估等方面。除市社工协会外，区级社会工作（者）协会也已达8家。在模式上，理事会领导下的总干事负责制成为专业机构的主流运作模式，社工机构的部门设置、服务提供、行政管理、社会交代等方面因此日益完善。在影响上，上海拥有一批成立较早、规模较大的社会工作实务机构。上海乐群社工服务社作为全国首家民办社工机构，其人员不断壮大，业务不断拓展；东方医院社工部作为全国首个医务社工部门，其实务方法更加多元，专业积累更加扎实；上海杨浦复馨社工师事务所作为首家高校地方联建的社会工作机构，其业务范围稳定发展，整体服务高质高效；阳光、自强、新航三家全市性社团的自我运作更加自如。上海单位成为"2015年度百强社会工作服务机构"也是上海社会工作机构在全国发挥影响力的重要象征。

其三，工作人员得以增能。"建立一支宏大的社会工作人才队伍"的战略提出以及人保部和民政部的社会工作职业水平认定考试，为上海社会工作人才提供了新的契机。除了复旦大学、华东理工大学等高校每年培养近千名社会工作专业本专科毕业生和100多名社会工作专业硕士毕业生外，获得社会工作师和助理社会工作师认定的专业人才不断增加。在上海，社会工作者可以通过向书本学习、向他人学习而获得间接经验，可以依托直接参与项目服务和行政管理而进行自省式学习，可以依托在岗人员轮训、案例征集、优秀社工评选、社工论坛等活动来交流技巧，可以通过选拔优秀社工从而进行本地督导的培训。这些都协助了社会工作者的综合提升，上海也因此涌现了不少行内高手。每年评选的"中国社工十大人物"和"中国社工优秀人物"中出现较多上海社工界人士，就是一个例证。

上海通过全国社会工作者职业水平评价考试的人数　　　（单位：个）

年度	社会工作师（人）	助理社会工作师（人）	总人数
2008	325	581	906
2009	304	293	597
2010	194	299	493
2011	133	466	599
2012	377	1 066	1 443
2013	1 290	615	1 905
2014	399	1 042	1 441
2015	530	1 494	2 024
合计	3 552	5 856	9 408

其四，社会影响得以扩大。随着上海社会工作专业人才队伍的发展和功能发挥，"上海社工"的品牌效应逐步彰显。浦东新区、杨浦区被评为全国社会工作人才队伍建设试点示范区，上海市第一社会福利院、儿童福利院、民政第二精神卫生中心、浦东新区社会工作者协会、乐群社工服务社等被评为全国社会工作人才队伍建设试点单位。2014 年，民政部发布《关于公布第三届全国优秀社会工作案例评选结果的通知》，上海获得一等奖 3 个（占全国的 1/3）、二等奖 5 个（占全国的 1/4）、三等奖 3 个、优秀奖 2 个。2015 年，上海有 9 家社会组织被评为 "2015 年度百强社会工作服务机构"。"上海社工"还介入了自然灾害和社会突发事件的善后服务，得到了多方关注。其中，上海社工的都江堰灾后社会重建服务，不仅荣获 "中华慈善奖" 最具影响力慈善项目，而且得到了温家宝总理的积极肯定。中央电视台、凤凰卫视、新华网、解放日报、中国社会报等数十家媒体对上海社会工作及其人才队伍建设进行过专题报道。这些都很好地提升了上海社会工作的知晓度、美誉度和认可度。

过去十年，上海社会工作始终坚守专业内涵，从自身先发需求出发，在政策制度、行政管理、实务运作等方面积极自主设计，并在发展过程中基于自省而进行专业运作，实现了人员、机构、项目等方面的多重自我增能。内生发展成为上海社会工作过去的成功经验和本地特色，也是上海社会工作未来建设的重要基础。

2. 整体旋进[1]

从社会工作的要素结构审视，过去十年上海社会工作发展在工作主体、服务对象和实务方法上各有特色，并呈现出整体旋进的上海特性。

（1）工作主体：机构、政府和学界协同参与

上海社会工作发展始终是社会组织、党政部门和社工教师

---

[1] 参见：顾东辉（2014），"民间观察：上海社会工作发展的整体旋进"，载《浦东社工》2014 年特刊。

互动旋进的结果。一是社会组织共生互动。实务组织与其他机构的并存互动是上海社会工作的基本表现。①多个类型的实务类机构是上海社会工作发展的基础载体。单位内生型部门（如东方医院的社工部、第一福利院的社干部）主要面向服务对象，必要时也为单位员工提供服务。政府委托型机构（如上海市自强社会服务总社、上海中致社工服务社）与党政部门关系亲密但又不同于事业单位，其基本工作是依托社会工作方法完成政府委托的任务。民间自主型机构（如上海乐群社工服务社）具有独立身份，需要依靠自身努力获得生存和发展。②管理类机构（如上海市社会工作者协会）是上海社会工作发展不可或缺的枢纽组织，旨在规范社会工作的人员及机构的行为，并提供必要的职业援助。③支持性机构（如上海市社会工作培训中心）主要为实务类机构和管理类机构及其人员提供培训、策划、督导、评估等事务。这些机构实力强劲，其中有阳光、自强、新航等全市性、大规模的社会工作机构，有乐群社工服务社、东方医院、香山中学、复馨社工师事务所、公惠社会工作事务中心等多类首创的专业机构或部门。近年来，上海已形成了实务类组织快速发展、支持类组织稳步出现、不同组织互动共进的总体态势。

　　二是党政部门积极参与。上海的组织部门同志参加了2007年3月中组部的首批社会工作人才建设高级研修班，上海在全国最早设立了民政局职业社会工作处，相关委办局也纷纷参与出台文件启动本领域的社会工作。党政部门在上海社会工作发展中不可或缺的重要功能至少在两个方面得以体现。①进行顶层设计。上海社会工作发展的诸多方面，均源于党政部门的制度设计。如，2009年的《关于在本市培育发展专业社会工作机构的通知》，2011年的《上海市"十二五"社会工作人才队伍发展规划》，2014年的《上海市关于加强青少年事务社会工作专业人才队伍建设的意见》。②政府主买项目。购买岗位或项目是政府委托社会组织服务的重要手段。"建设宏大的社会工作人才队伍"战略提出以后，党政部门已开始主要购买项目而非岗位，依据契约进行指导、监督和评估，并成为社会服务组织最重要的支持载体，从而成为政策制度的关键设计者、服务项目的主要购买者和服务质量的重要监督者。

三是教师团队深度介入。上海的社会工作教师团队积极发挥教育研究功能，并以团队形式直接参与社会工作实践。这是上海有别于其他地区的特征。在政策层面，他们以团队方式参与了社会工作不同阶段的政策研究和制度设计。在行政层面，他们在"专家治会、社会运作"模式下以个人身份担任市、区层面社会工作协会的领导班子，参与社会工作机构的理事会、干事会或督导团，协助这些机构的专业建设。在实务层面，他们以团队或个人方式承接了政府委托的直接服务或支持性服务，直接开办机构提供服务。在重大自然灾害或社会突发事件中，他们参与整体策划，组织队伍，参与一线实务和政策倡导。上海还组建了由高校社工学科负责人、党政主管部门领导和全市性社会服务机构总干事组成的上海社会工作教育发展联席会议，不定期探讨上海社会工作议题，谋划上海社会工作发展。教师以团队形式融入本地社会工作，是上海社会工作实践中值得关注的重要现象。

"社政学旋动参与"是过去十年上海社会工作发展的基本做法，三者角色既不同又互补。党政部门的社会服务需求可以依托高校教师进行研究，后者的研究成果又推进了政策的制订和完善，进而推动实务的优化；高校教师在实务领域的设计、服务、督导、研究和评估，探索了适合本地的模式和做法，形成了工作品牌，推进了机构发展。实务机构面临的问题和需求也可以吸纳高校教师和政府人员共商对策，并已开始依托实践优势，在高校举办讲座，联办学术会议，接纳学生实习和就业。社政学的旋动参与，形成了合理可行的集体智慧，推进了社会工作的专业建设，从而使社会工作呈现出与众不同的上海品位。

（2）服务对象：人群、议题和场域由点到面

作为国内先发地区和各地模仿对象，上海并不能如后发地区那样站在国内友人肩膀上发展社会工作，边试边推是上海社会

工作必须坚守的专业战略。

由人群来看,上海的社会工作由少数人群逐步扩展到其他人群。社会工作最初以浦东的住院病人、在校学生和社区居民为对象,然后逐步扩展到各个年龄段的诸多人群。如,针对儿童,有上海儿童医学中心的医疗援助,有上海儿童福利院的特定对象适应服务,也有民间机构的"快乐三点半"项目;针对青少年,有上海市阳光社区青少年事务中心的犯罪预防工作,有上海久牵志愿者服务社的农民工子弟项目;针对成人,有人口计生领域的乐家社工服务,有针对家庭的婚姻咨询服务;针对老人,有机构的社工服务和社区的居家养老服务等。其中,残疾人、妇女、老人、外来人员等许多类弱势人群被覆盖在内。

从议题审视,上海的社会工作呈现出由点到面的特性。上海的社会工作最初关注的是住院病人康复、社区居民问题等方面。经过多年发展,上海的社会工作已覆盖到社会福利、社会救助、优抚服务、社区建设、社区矫治、安置帮教、禁毒戒毒、婚姻家庭、残障康复、精神康复、教育辅导、人口计生、统战服务、劳动关系、信访维稳、应急处置等很多类议题,问题导向和需求导向也成为社会工作者的共识。

就领域而论,上海社会工作发展可以分解为场域和地域两个视角。从场域来说,上海的社会工作分布在医院、学校和社区。随着社会工作的推进,福利院、救助站、司法机构、企业、媒体(如"直通990空中一门式")乃至家庭等也开始引入社会工作。值得一提的是,在自然灾害与社会突发事件中,上海社工积极参与并发挥了重要功能。从地域来说,上海的社会工作由浦东起步,后来扩大到杨浦、静安、嘉定等并已覆盖了所有区县。此外,上海还发挥先发地区的角色功能,依托协会、机构和教师,向江苏、浙江等近边地区提供社会工作实务和管理方面的协助,向江西、福建、广东、广西、山东、黑龙江、内蒙古等地区以及民政、共青团、人力资源社会保障等部委提供包括教育培训在内的专门服务,向新疆、西藏等对口援建地区进行知识援边服务。

可见，上海社会工作的服务人群、问题需求和工作场域都在稳步扩大。"人事域由点到面"可以视为上海社会工作发展的基本特色。这体现了先行地区的务实风貌和专业伦理，呼应了社会工作发展的一般规律，也为国内其他地区提供了一些有益经验。

（3）工作方法：临床、宏观和研究全面推展

社会工作方法分为临床和宏观两类，前者有个案社会工作和小组社会工作，主要协助工作对象改变（助"人自助"），后者包括社区社会工作、社会工作行政和社会政策（促"境"美好）。社会工作研究则融入前述各法。此外，社会工作教育又是社会工作发展的必需载体。临床社会工作、宏观社会工作、社会工作研究、社会工作教育在上海已得以全面发展[1]。

其一，实务方法稳步扩展。2006 年前，上海的社会工作服务机构不多，上海乐群社工服务社和三家司法社工机构是其代表。它们针对个人、家庭或群体的某些问题，主要采用个案社会工作、小组社会工作开展服务。如，张江镇"心语工作室"用心理干预模式服务的 24 名个案对象无一复吸，在青少年矫治领域，北蔡等社工点借助创设团体情境和团体互动来实现矫治目标。随着社会引发需要的日益紧要，人群、议题和场域的不断扩大，专业机构的不断出现，面向大规模人群的社区社会工作方法得到了越来越多的应用。

其二，社工行政日益丰富（参见"内生发展"部分的相应板块）。①在成立行政管理机构（如职业社会工作处、市社区青少年事务办）、行业协调机构（如社会工作者协会）、继续教育机构（如社会工作培训中心）之后，上海积极推进专业社工机构、专门研究机构（如上海社会工作研究中心）、综合互动平台（如上海社会工作教育发展联席会议、社工节）的建设。②开展业务管理。市社工协会积极开展行业服务和管理，契约化管理也在条

1　参见：顾东辉（ 2013），"上海社会工作发展的实践智慧"，载王杰秀、邹文开主编《中国社会工作发展报告（2011—2012）》，北京：社会科学文献出版社。

线地区的社会服务项目中日益得到运用。③进行岗位设置，在以民政系统为代表的体制内事业单位配置注册社工，并依托体制外民办社工机构吸纳社工人才。

其三，社会政策稳步出台（参见"内生发展"部分相应板块）。上海按照"总体设计、整体推进、分类指导"的策略，依托社会政策构建社会工作制度。上海在早期出台《上海市社会工作者职业资格认证暂行办法》《上海市社会工作师（助理）注册管理试行办法》《关于在本市民政系统及相关机构配置注册社会工作者的意见》《上海市社会工作者继续教育暂行办法》等政策的基础上，2006年后分别发布了《关于推进本市社会工作人才队伍建设的意见》《上海市中长期人才发展规划纲要（2010—2020年）》《上海市"十二五"社会工作人才队伍发展规划》《关于社会工作督导人才队伍建设实施意见》《社会工作专业人才薪酬补贴办法》等市级和区级政策文件。这些都为实务工作和行政工作打造了良好场境。

其四，社工研究不断拓展（参见"内生发展"部分相应板块）。研究和实务结合是上海社会工作发展的重要特性，上海的社会工作相关政策和具体制度的出台往往离不开社会工作专家学者的辛勤研究。他们积极编写教材以指引本地实践，翻译著作以介绍社会工作，进行应用研究以梳理经验，开展学术研究以深度引领，出版发表了诸多教材、译著、应用研究报告和学术研究成果，为上海乃至中国内地的社会工作发展探索了一些经验。

其五，教育培训持续深化（参见"内生发展"部分相应板块）。2010年开始，复旦大学、华东理工大学、上海大学等六所大学启动了社会工作专业硕士教育；博士层面的教育也在复旦大学、华东理工大学、华东师范大学、上海大学等高校展开；2012年5月，民政部社会工作研究中心在上海建立了研究基地；2013年，复旦大学/上海社会工作培训中心、华东理工大学又成为全国社会工作专业人才培训基地。与此同时，上海积极搭建实训平台，将示范单位作为实务锻炼和提高技能的载体。2012年下半年开始，上海启动了高层次社会工作专业人才培养计划和"百名社工督导培养项目"。此外，上海还进行了区县民政局社会工作负责人行政管理、社工协会负责人行业管理、社工专业机构负责人项目管理、高级社会工作实务人才 / 督导 / 管理人才等方面的培训，以培养社会工作领域的不同人才。上海的社会工作专家还屡屡参与对中央和地方社会工作相关人员的高层次培训，分享专业体验，倡导发展方向。

上海社会工作的临床、宏观、研究和教育的整体发展应该源于其实务机构、党政部门和教学团队的良好实力及其良性互动。这种特性也使上海社会工作不可避免地打上了本地烙印。

审视上海社会工作发展，内生发展和整体旋进应该是其内涵品性。内生发展呼应社会工作一般过程，表现为"源于自身先发需求、注重自主原创设计、坚持自省专业运作、实现自我多元增能"的阶段特性；整体旋进呼应了社会工作要素架构，表现为"工作主体 / 社政学旋动参与、服务对象 / 人事域由点到面、专业方法 / 临宏研全面推展"的上海品性。上海已从 2006 年前初知社会工作，展现出社会工作全面发展的良好态势。

二、上海社会工作的"中度专业化"[1]

专业化是社会工作实践的重要概念，属于动态指标和时期指标，本质上是社会工作逐步向专业演化的过程。要对上海社会工作十年实践进行专业化解读，就应当首先对何谓专业进行基础性梳理。

1. 专业的基本属性

关于专业属性，中外学人众说纷纭。弗莱克斯纳（Flexner，1915）提出了六条标准，即伴随个人责任的智慧操作、素材来自科学和学习、这些素材逐渐变得实用且轮廓分明、拥有可传授的

---

1 参见：顾东辉（2013），"上海社会工作发展的实践智慧"，载王杰秀、邹文开主编《中国社会工作发展报告（2011—2012）》，北京：社会科学文献出版社。

与人沟通技术、朝向自我组织、逐渐在动机上成为利他性。格林伍德（Greenwood, 1957）指出，系统化理论体系、专业权威、社区认可、规定的伦理守则和有专业文化构成了专业的五个特质。米尔森（Millerson, 1964）认为，专业涉及六个方面，即履行某种有益于公众的服务、基于理论知识的技术应用、相关技能的教育和训练、确保专业人员技能的检定机制、将成员整合起来的专业组织、确保专业尊严的行为规范。加文和特罗普曼（Garvin & Tropman, 1992）认为，知识体系、理论基础、大学训练、产生收入、对实践者的专业控制、对专业活动的内在道德或伦理控制、可测量或观察的结果等应该成为专业的七项标准。

关于社会工作与专业的关系，也有学者有所说明。莫拉莱斯和谢弗（Morales & Sheafor, 1989）认为，社会工作已形成为专业。社会工作已创办了指导专业成长与发展的独立协会，制定了专业行为的伦理守则，兴办了以大学为基础的研究生层次的专业学院，并使这些教育方案获得认可，成功地在一些国家中取得了社会工作实践的执照，引导着公共教育运动把社会工作传播给公众，实现了社会工作在助人专业中的地位，并通过与日俱增的专门化和限制加入专业的机会而走上了专业的轨道。夏学銮（2000）认为，社会工作已成为一个专业。因为它有系统化的知识体系，该体系是被正式大学认可和接受的；它有志在振兴社会工作专业的伦理法典来约束其从业者的行为；它有专业协会组织，这种组织不仅是地方的、国家的，而且是国际的；它有一系列与案主打交道的技能；它有独特的人文情怀和人本文化作为其价值理念的根基。

整合上述说法，可以认为，专业至少有如下特性：具有理论系统；需要正规训练，其中大学教学是一种较好模式；拥有价值伦理，涉及动机、责任、行为、专业活动等方面的伦理或规范；体现特殊权威，并表现为界限清楚、可以检定的特殊技术；具有自我组织，并有其特殊文化；得到社会认可，这在于其以公众利益为目的履行某种服务，也可以通过考试、学历或可测结果得到认同。基此，社会工作专业化应该是上述特性不断完善的过程。

2. 上海社会工作的"准专业"品性

基于本文第一部分的描述，可以对上海社会工作过去十年实践的专业定位进而专业化阶段作出大致判断。2013 年，本人在王杰秀和邹文开主编的《中国社会工作发展报告（2011—2012）》中发表了"上海社会工作发展的实践智慧"专文，对上海社会工作进行了专业解构。今日，本人对上海社会工作的定位分析基本可沿用当初的说法。

理论体系外来、本土特性显得薄弱。在上海，社会工作理论已得到越来越多的运用，并至少体现如下特征：理论主要来自西方，回答"怎么办"的实务理论（如工作模式）已受到广泛关注，回答"为什么"的基础理论还未得到充分领悟。在基础理论中，上海社工界对于作为临床基础的心理学理论的认识优于对于作为宏观基础的社会学、公共行政、法律、文化等知识的领悟。这应该与"助人自助"被视为社会工作的根本特性及社会工作的临床化趋向有关。与此同时，上海社会工作实践多注重本土化，关注西方经验的本地应用；不太注重本土助人套路的规范化提炼，更不要说基于归纳而向国际社会演绎。在社会工作实践和研究中，虽然笔者指出了"促境美好"与"助人自助"的并重性与关联性，并致力以"本土导向"兼顾外来经验本土化和本土套路规范化，但是，理论外来、本土不足依然是上海社会工作的总体特性。

正规训练已具，教育质量还要提高。上海已有 15 家教学单位从事社会工作的教学，设有专科、本科、硕士（学术硕士和专业硕士）、博士的完整学历教学体系，复旦大学还在社会学一级学科博士后流动站下设立了社会工作方向。上海还具有在职训练、高级人才培养、干部教育组成的市区街（镇）三级立体培训系统。值得关注的是，虽然教师中受过社会工作规范训练的比例越来越高，但他们的专业程度总体还不是很高，兼通教学、实务、研究又接地气的教师很少，在全国乃至国际层面得到认可的专家也不是很多。因此，如何进一步提高社会工作训练质量是上海社会工作界一直面对的议题。

伦理守则初建,工作规范应当完善。在上海社会工作实践中,市社会工作协会早年已提出了简单的伦理守则。2012 年,杨浦区社会工作者协会建立了社会工作者职业道德伦理守则,其中可以看到境外尤其美国社会工作伦理的影子。在上海,社会工作实践注重操作技术甚于价值伦理。业界对于社会工作者如何直面本土伦理议题的研究不足,更没有既体现社会工作的核心内涵和专业意境又符合当代中国宏观场境的社会工作伦理指引或细则。这当然令人遗憾,也需要我们努力。

特殊权威不足,工作技术必须提升。上海的社会工作是在应对现实问题中产生和成长的,目前已覆盖了 20 多个领域。最值得称道的是社工团队在自然灾害和社会突发事件的善后服务中的成功参与,以及由此获得的各界认同。然而,上海社会工作界的独门功夫还不多,应对疑难杂症还不能得心应手,其不可替代性还没有得到更多体现。

各类组织出现,特有文化正在形成。从本文第一部分的描述中可以发现,上海已拥有越来越多的正式和非正式的社会工作组织,其成员或多或少接受过社会工作的训练。在实务参与、内部互动和对外交流中,从业人员均注重以人为本、平等尊重、公平正义、注重行动的社会工作亚文化,显示了该行业与众不同的积极风貌。

多方已有关注,社会认同尚需提高。在上海,社会工作在民众、党政部门及社会各界中的知晓度越来越高,也得到了临近省市和对口地区的高度认同。当然,由于独门功夫不多,本土探索不丰,宣传倡导不专,民众、政府、媒体、其他各界对于社会工作的总体了解不精,对于社会工作特殊权威的总体认同不高。

基于横向比较和综合体验,上海社工"具有组织文化"和"需要正规训练"的品性相对于其余四项更好地体现了专业应有属性。其实,无论是"具有理论系统、拥有价值伦理、体现特殊权威、得到社会认可",还是所有六项属性,都是相互交织且基本同步的,本质上是上海社会工作发展阶段的各自反映。

整合本文前述资料，可以发现，上海社会工作一直注重内涵建设，使得今日上海的社会工作较之十年前有了新进展。今日上海社会工作已呈现出专业的属性结构，但是每个属性均不到位。因此，将今日上海的社会工作依然视为"准专业"，并认为上海社会工作发展处于"中度专业化"，应该是各方均可接受的说法。

三、"人中境平"：上海社会工作现状的 SWOT 解读

上海社会工作的"准专业"品性和"中度专业化"，可以采用社会工作中 SWOT 框架进行原因解读。其中，S 和 W 分别指个人／群体的优势和弱点，O 和 T 分别指场境中的机会和挑战。如果将优势和弱点视为"强""弱"，机会和挑战视为"吉""凶"，SWOT 就可以有 SO（人强境吉）、ST（人强境凶）、WO（人弱境吉）、WT（人弱境凶）四种组合。如果再按照中国文化，强弱间乃"中"，吉凶间谓"平"，组合则更多。

1. 从业主体的总体权能还不强

从业人员的总体实力不足 [1]。① 根据 2007 年上海市研究小组的"上海市加强社会工作人才队伍建设研究总报告"，当时社会工作人才占全市常住人口的 0.5‰，约 9 000 人。如果以社会工作专业毕业或考出社会工作师及助理社会工作师证书作为标准：2008—2015 年此两类人士增加 9 408 人，2016 年预计通过 1 733 人左右（取 2014 年度和 2015 年度通过人数的平均数）；上海 15 所高校毕业的社会工作本专科学生合计约 5 000 人（年均约 700 人），社会工作专业或方向的学术硕士、专业硕士、博士约 600 人；上述各类人士合计约 17 000 人，加上 2007 年前人数后总计约 26 000 人。以上海市 2015 年年底常住人口 2 415.27 万计算，取得各类社会工作职业资格人数的比例约 1‰。如果扣除参加多类考试的重复人员，该比例就不足 1‰，实际从事社会工作的人数

1　参见：上海市研究小组（2007），"上海市加强社会工作人才队伍建设研究总报告"。

比例应该更低。与发达国家和地区社会工作者一般占总人口 2‰及以上的比例还有较大差距。②优质社会工作者人数较少。在上述 26 000 人中，来自社区的比例较高，他们的学历总体不高。在实际从事社会工作的人员中，来自优秀学校的社会工作专业毕业生、能综合运用各类专业方法的复合型社会工作者、在一线能解决复杂问题的高级社会工作者、能兼顾实务和研究的专门社会工作者、在全国得到认同者等各类人才均明显不足。③从业人员离开社会工作岗位的情况也不少。如，2006 年政法系统三大社团的社工离岗率达 10.1%，近年来，社会工作机构向其他行业流动的人数也不少。虽然这源于社会工作有利于员工综合素质的成长，也有利于优化全社会对社会工作的了解认同，但是，于社会工作的近期发展还是有一定消极作用。这些都是上海社会工作发展应该面对的现实状况。

专门机构的综合权能不强。截止 2015 年年底，全市冠以"社会工作""社工"的专业机构，加上虽未冠以该名但以社工人员为主从事社会工作的机构有 147 家，覆盖了实务、培训、研究、评估、管理等领域，区级社会工作（者）协会也已达 8 家，也拥有一批成立较早、规模较大、有一定影响的专业机构。然而，与上海常住人口相比，2015 年年底每 10 万常住人口才拥有 0.6 家社会工作机构；即使将医院、福利院、学校内设的社会工作部门计入，该比例还是很低。而且，在这类机构中，超过 20 名员工的机构不多，机构的私立性和自控性也不足，综合实力强劲的机构更是少之又少。这就使得许多社会工作机构或部门的战斗力一般，上海社会工作机构的整体权能还不能从容应对来自上下左右的服务需求。

社会工作的行业影响不大。社会工作在中国是一个新兴职业和专业，专业化和职业化程度均不高。虽然社会工作已在灾后社会重建等领域有所建树，但是其体现独特权威的场域还不是很多。在有作为才有地位的当代中国，社会工作在社会大众、党政部门、媒体中的社会认同总体度不高，社会工作人才的不可替性尚未充分体现。这也是我们必须正视的客观现实。

2. 宏观场境存在一些不利因素

上海乃至中国过去十年的社会工作发展场境总体在好转[1]。就外在气候而言，中国在国际社会的地位提高成为发展社会工作的外在拉力。就国内环境而言，"以人为本""和谐社会""科学发展观""社会治理"已成为共识。就社会体制而言，人民温饱问题已基本解决，国家整体实力在不断强化，各类社会资源正日益丰富，政社分开和政事分开必将继政企分开之后，成为中国未来发展的重要议题。就发展战略而言，社会工作人才建设已成为党和政府的重要议题，越来越多的部门开展了社会工作人才建设工作。就社会工作而言，境外社会工作经验可以为我们借鉴，公众对社会工作的了解逐步提升，社会工作已在不少地方有了发展，实务经验得到了稳步累积。这些都是令人欣喜的。

然而，上海社会工作发展也面临一些消极因素。其一，领导认识不到位。在上海乃至中国，领导重视程度如何是事情发展快慢的关键。在上海，民政、卫计、社建等部门的领导对社会工作及其多元功能的认识相对到位。2012 年【中组发 7 号】文件覆盖的其余 15 个委办局的领导及市级相关领导，虽然对文明发展到一定阶段时经济建设与社会建设兼顾的必要性有所领悟，但是，对于如何激发社会工作在和谐社会建设中的特殊角色，如何体现社会工作在国家治理体系和能力现代化中的重要作用，还没有操作性思路。干部培训系统还没有大规模开展对领导干部尤其各级一把手的社会工作、社会治理与社会建设等"社会"素养的训练。因此，上海乃至中国推进社会工作的力度自然就不是很强。

其二，管理体制不完善。对于社会工作发展，上海出台了不少政策，中央也明确民政部门的统筹角色；但是，此方面还缺

1　参见：顾东辉（2013），"上海社会工作发展的实践智慧"，载王杰秀、邹文开主编《中国社会工作发展报告（2011—2012）》，北京：社会科学文献出版社。

乏法规政策，也没有常设协调机制。这就使得上海的社会工作力量得到整合的难度较大，市区两级不少部门和各个领域的社会工作潜能还没有充分发挥。

其三，资源投入不丰富。近年来，上海的市、区和街镇的不少党政部门都在探索购买社会工作服务，但总体而言尚未制度化和规范化，一次性项目购买为主，项目持续、工资核算等方面也有一定限制。与此同时，由于认识不专业、不精准以及财力支持有限等原因，这类购买服务的定价不高，人力成本被控制在较低水平。与党政部门相比，虽然社会资源、企业资源和个人资源也开始购买社会工作服务，但是这部分资源在总体中比例不高。

其四，民众求助不积极。社会工作发源于西方的生人社会，强调弱者求助。中国文化则注重熟人关系，强调个人的自助和非正式网络的互助，家丑不可外扬。如此的文化习惯与社会工作原发场域明显不同，从而源于个人的感受性需求（felt need）就较难转化为表达性需求（expressed needs），社会工作成长的个人基础就不强。

从业主体总体权能不强，宏观环境消极因素不少，是与上海社会工作的"准专业"状态和"中度专业化"阶段呼应的，有其必然性和合理性。鉴于上海社会工作虽主体权能不强但与国内其他地区相比有横向优势，可以将其权能状态界定为"中"；鉴于宏观场境中利害兼具，可以将其场境状况界定为"平"，从而上海社会工作就属于一种"人中境平"格局。面对当时当地，如何化害为利、乘势而上并提升自我，显然是上海社会工作界应该采用的战略。

四、上海社会工作的整体增能建议

基于"人在场境"（person in environment）框架，促进上海社会工作未来的更好发展，需直面导致现状的可变原因，化消极因素为积极变量，从主体和场境两大方面展开行动。

1. 主体增能

上海社会工作的"增能"（empowerment）应该依托组织和人员两类主体，前者涉及专业机构、党政部门和高等院校，后者则涉及具体从业人员。

（1）组织增能

专业机构及其团队是上海社会工作增能的主要载体。既有社工机构和拟建实务机构要优化"三务"，即根据业务指引优化项目过程，根据事务规则提高行政效能，根据财务制度规范经费运作，从而更好地服务工作对象，实现机构的高质运作，体现良好的社会责信。要兼顾社会工作专业人才吸收与内部优秀人才培养，积极培养专业能力出色、综合素养优秀、得到业界认可的领军人才。要依托行政优化和人才培养，实现专业机构的增能。

党政部门及其团队是上海社会工作增能的关键保障。党政主导是当代中国经济建设和社会建设的基本特性，因此，改变"领导认识不到位"对上海社会工作发展极其关键。上海要在领导干部和公务员培训尤其是一把手培训中加大社会工作、社会治理和社会建设的专题培训，协助他们认识专业社会工作及其经济、政治、社会和文化功能，为他们协调解决社会工作职业化和专业化中的重大问题打下专业基础。同时，组织系统要更好地发挥社会工作人才工作领导部门的牵头抓总作用，民政部门要更好地发挥既定统筹功能，其他部门要切实领悟19部委人才建设的文件精神，紧跟重要节奏，体现应有角色，共同推进社会工作专业人才队伍的建设工作。

高等院校及其教师是上海社会工作增能的专业团队。每个教师要进一步领悟专业社会工作的核心内涵和基本框架，把握其"当时当地"（here and now）本质，兼顾教学、服务和研究；同时，加强与系统内外的多元互动，从而实现自我增能，提升团队实力。

专业机构、党政部门和高等院校要基于"治理"（governance）的"主体多元、总体平等"理念，依托上海社会工作教育发展联席会议及其他平台，建立合理可行的体制和机制，在上海社会工作整体利益为首的原则下，相互依赖，"三队联动"，发挥各自正能量，进行伙伴式互动。

（2）人员增能

从业人员提升是组织增能从而促进上海社会工作整体发展的基础。参鉴古特利兹（Gutiérrez, 1994）的"整体旋动"（holistic transaction）的观点：在个人层次上，从业人员要自我提升批评意识、参与精神、自尊、自信、自我效能等；在人际层次上，从业人员要自我训练问题解决技术，适度参与决策、进行小组联络等；在政治层次上，要参与社会策划，进行社会行动，达成权能转移等。总之，通过向书本学习、向他人学习和向自己学习，不断提高个人的专业能力和综合素养。

（3）行业成长

上海社会工作行业要坚持专业导向和内涵建设，认清社会工作的若干基本事项[1]：社会工作的外来经验是发达国家和地区的集体产品，紧密联系"当时当地"的社会需求是社会工作的核心经验，某个国家或地区的社会工作现有经验是其文化、历史、意识形态、社会资源与社会工作发展的互动产物，不同主体在社会工作发展中各有角色，社会工作者是社会工作的灵魂，社会工作的职业化和专业化是一个过程。

上海社会工作要积极回应需求和融入大局，促进职业发展和专业提升，注重面上推进和重点突破，进行跨界合作和协同推进。

上海社会工作要研究制订适合本地的伦理守则，为实务工作提供指引；要在领悟外来经验的同时提炼本土的助人套路；要完善薪酬制度，使社会工作成为体面的专业和职业；要强化社会工作的组织建设，优化社工机构的治理结构，提升其公信力和可持续发展能力。

---

[1]　参见:顾东辉（2007），"发达国家∕地区之社会工作发展的经验研究"，中央人才工作小组专家课题。

2. 场境优化

呼应本文第三部分的原因分析，推动上海社会工作的场境优化，大致可以从管理体制、资源投入、人才培养等方面开展行动。

（1）贯彻既定管理体制

切实贯彻"组织部门牵头抓总、民政部门具体负责、其他部门密切配合、社会力量广泛参与"的社会工作人才建设原则。党政部门要尽快建立社会工作人才队伍建设联席会议制度，形成社会工作发展合力。市、区社会工作者协会要更好地发挥行业管理职能，推动社会工作机构和人员的自我管理和自我服务。党政部门、社会工作者协会及专门社会工作机构要加强上下左右联动，更好地发挥社会工作对社会建设和城市治理的整体功能。

（2）加强多类资源投入

稳步强化社会工作财力支持。要研究完善社会工作服务的定价机制；要对与社会工作及其人才队伍建设相关的机构开办、教育培训、理论研究、宣传推广、表彰奖励等提供更多财政支持；要研究在税收、房屋等方面对社会工作机构的优惠政策；要多渠道筹集资金，建立社工发展专项资金，扶持发展社会工作相关的社会组织。

鼓励多方资金支持社会工作。要吸引社会资源投资社会工作领域，对社会工作人才队伍建设、其他公益性和福利性项目予以扶持；要通过税收减免、荣誉表彰等方式激励企业和个人对社工人才建设工作的捐助，从而丰富上海社会工作发展的资源来源。

（3）加大社工机构培育力度

完善机构建设相关支持制度。要认识专门机构在上海社会工作发展中的基础地位，积极培育专业性和综合性的社工机构；要协助社工机构的专业运作和运营能力培养，以提高机构公信力；要激励社工机构的内外联动，加强机构的整体战斗力。

（4）精化人才培养工作

加强社会工作人才的权益保障。要完善社会工作者的劳动人事制度，建立其职业薪酬体系，保障其合法权益。

注重社会工作人才的全面发展。要夯实高等院校社会工作的专业教育基础，完善社会工作人才继续教育和在职培训制度，加强社会工作人才实务培训；要多渠道、多层面吸纳社会工作人才，搭建人才进退自如的平台；要制订社会工作人才考核评估标准；要研究制订社会工作引进人才的落户标准和操作规程，完善人才奖励措施。

除了促进场境优化的上述策略外，上海还要特别重视几个方面工作：鉴于科学规划的关键功能，上海要依托现代福利思想和社会治理理念，注重社会工作发展的顶层设计；鉴于党政部门的特殊角色，上海要加快政府职能转变，注重领导干部的社会素养培训，并健全公共财政体制和政府委托社会工作服务机制；鉴于社会舆论的特殊作用，上海要加大对社会工作的宣传，继续提升社会工作的知晓度、美誉度和专业度。总之，倡导尽可能多的场境因素积极变化，是上海社会工作发展的长远任务。

综上所述，"内生发展、整体旋进"是上海社会工作过去十年实践的基本特色，上海也因此进入社会工作的"中度专业化"阶段。面对现实，上海社会工作应该领悟其原因机制，恪守专业导向，坚持内涵发展，积极激发主体增能，不断推动场境优化。为此，上海社会工作界必须积极自助，依托社会智慧而继续行动实践。

参考文献

上海市民政局，"2009—2014 年社工处工作总结"。

上海市民政局（2012），"'专业化、职业化、社会化'——上海社会工作发展之路"，《中国社会工作》第 11 期。

上海市民政局（2015），"关于上海市社会工作专业人才队伍建设政策与规划落实情况的汇报"，2015 年 11 月 9 日。

上海市研究小组（2007），"上海市加强社会工作人才队伍建设研究总报告"。

王思斌（2001），"试论我国社会工作的本土化"，《浙江学刊》

第 2 期。

詹火生编，古允文译（1986），《社会福利发展：经验和理论》，台北：桂冠图书公司。

吴志明主编（2011），《社会管理创新：预防和减少犯罪的上海实践》，上海：上海人民出版社。

吴铎、彭希哲主编（2010），《上海浦东新区社会工作发展之路》，北京：社会科学文献出版社。

夏学銮（2000），"社会工作的三纬性质"，《北京大学学报（哲学社会科学版）》第 1 期。

顾东辉（2007），"发达国家／地区之社会工作发展的经验研究"，中央人才工作小组专家课题。

顾东辉（2012），"注重内涵建设：上海社会工作发展的重要策略"，《中国社会工作》第 11 期。

顾东辉（2013），"上海社会工作发展的实践智慧"，载王杰秀、邹文开主编《中国社会工作发展报告（2011—2012)》，北京：社会科学文献出版社。

顾东辉（2014），"民间观察：上海社会工作发展的整体旋进"，载《浦东社工》2014 年特刊。

顾东辉（2016），"三社联动的内涵解构与逻辑演绎"，《学海》第 3 期。

顾东辉（2016），"社区治理中民众参与的本土逻辑"，《社会工作评论》第 1 辑。

顾东辉主编（2008），《社会工作概论》，上海：复旦大学出版社。

蔡忠主编（2009），《项目为本：上海市青少年事务社会工作的本土探索》，上海：华东理工大学出版社。

Flexner, A. (1915). Is social work a profession? In National Conference of Charities and Corrections, Proceedings of the National Conference of Charities and Corrections at the Forty-second annual session held in Baltimore, Maryland, May 12–19.

Garvin, Charles D. & Tropman, John E. (1992). *Social Work in*

Contemporary Society. New Jersey: Prentice Hall, pp. 457–464.

Greenwood, E. (1957). Attributes of a profession, *Social Work.* Vol. 2, pp. 45–55.

Gutierrez, L. M. (1994). Beyond Coping: An Empowerment Perspective on Stressful Life Events. *Journal of Sociology and Social Welfare.* Vol. 21, No. 3: 201–219.

Millerson, G. (1964). *The Qualifying Associations: A Study in Professionalization.* London: Routledge & Paul; New York: Humanities Press, 1964.

Morales, A. & Sheafor, Bradford W. (1989). *Social Work: A Profession of Many Faces*. Boston: Allyn & Bacon.

参考文献

丁雁琪："医院在受虐妇女保护网络中的角色"，1996年，载《中华医务社会工作学刊》第6期，第33—48页。

丁碧云等："家庭及儿童福利服务"，1986年，载丁碧云等著《社会工作概论》，第187—224页，台北，五南图书公司。

万育维：《社会福利服务：理论和实践》，1996年，台北，三民书局。

万育维：《社会工作概论：理论与实务》，2001年，台北，双叶书廊有限公司。

万育维等："儿童及家庭社会工作"，2001年，载万育维编著《社会工作概论：理论与实务》，第199—220页，台北，双叶书廊有限公司。

万育维："慢性精神病患与社会工作"，2002年，载万育维编著《社会工作概论：理论与实务》，第309—340页，台北，双叶书廊有限公司。

万育维：《社会工作概论：理论与实务》，2003年，台北，双叶书廊有限公司。

马凤芝："社会工作的发展历史"，1998年，载王思斌主编《社会工作导论》，北京，北京大学出版社。

台湾中华儿童福利基金会：《社会资源运用与社会工作》，1989年，台中，中华儿童福利基金会印行。

台湾中华儿童福利基金会社会工作处："学校社会工作的推动历程——以中华儿童福利基金会为例"，1998年，载中华儿童福利基金会主编《学校社会工作理论与实务》，第 101—109 页，台中，中华儿童福利基金会印行。

中国城市独生子女人格发展课题组："中国城市独生子女人格发展现状研究报告"，1997 年，载《青年研究》第 6 期。

区月华、陈丽云："医务社会工作"，1994 年，载周永新主编《社会工作学新论》，第 229—244 页，香港，香港商务印书馆。

方隆彰："员工协助方案概论"，1995 年，载朱承平等著《员工协助方案实务手册》，第 11—25 页，台北，张老师出版社。

方隆彰："员工协助方案如何在组织内推动与发展"，1995 年，载朱承平等著《员工协助方案实务手册》，第 73—81 页，台北，张老师出版社。

方隆彰："企业社会工作"，2001 年，载万育维编著《社会工作概论:理论与实务》，第 241—268 页，台北，双叶书廊有限公司。

王永慈等:《社会工作伦理:应用与省思》，2000 年，台北，台湾辅仁大学出版社。

王卓祺、Alan Walker："西方社会政策概念的转变及对中国福利制度发展的启示"，1998 年，载《社会学研究》第 5 期，第 44—50 页。

王忠中:《目标管理与绩效考核》，2001 年，台北，日正企管顾问出版。

王思斌："中国社会工作的经验与发展"，1995 年，载《中国社会科学》第 2 期，第 97—107 页。

王思斌:《社会工作概论》，1999 年，北京，高等教育出版社。

王思斌:《社会工作导论》，2004 年，北京，高等教育出版社。

王顺民、郭登聪、蔡宏昭:《超越福利国家:社会福利的另类选择》，1999 年，台北，亚太图书出版社。

王海国："社会工作管理"，1994 年，载周永新主编《社会工作学新论》，第 163—180 页，香港，香港商务印书馆。

王康:《社会学词典》，1998 年，济南，山东人民出版社。

贝弗里奇著，陈捷译:《科学研究的艺术》，1979 年，北京，科学出版社。

　　风笑天："中国独生子女研究:回顾与前瞻",2002年,载《江海学刊》第5期,第90—99页。

　　乐国林："后现代的社会理论与后现代之下的社会工作",2002年,载《社会科学辑刊》第4期。

　　冯伟华、李丙伟："地区发展",1994年,载甘炳光等编《社区工作理论和实践》,第117—132页,香港,香港中文大学出版社。

　　冯燕珠、叶文莺："一加一大于二——政府与民间共谋出路专题报导",2003年,载网络 http://taipei.tzuchi.org.tw/monthly 380/380c4-3.htm。

　　斯基德莫尔著,古允文等译:《社会工作概论》,2002年,台北,学富文化公司。

　　台湾社会工作专业人员协会:《社会工作管理》,1997年,高雄,高雄大学城文化事业有限公司。

　　甘炳光等:《社区工作理论和实践》,1994年,香港,香港中文大学出版社。

　　甘炳光等:《社区工作技巧》,1997年,香港,香港中文大学出版社。

　　白秀雄:《社会工作》,1976年,台北,三民书局。

　　艾森斯塔德著,张旅平译:《现代化:抗拒与变迁》,1989年,北京,中国人民大学出版社。

　　关信平："经济全球化背景下的社会工作发展的新趋势:兼论加入WTO后中国社会专业化发展中的问题及对策",2003年,载《社会福利》第10期,第4—8页。

　　关颖："论独生子女社会化的家庭因素",1996年,载《天津社会科学》第5期,第108—111页。

　　列国远："舍护社会工作",1994年,载周永新主编《社会工作学新论》,第149—162页,香港,香港商务印书馆。

　　刘志民、周伟华、连智等："鸦片成瘾者初始吸毒原因的流行病学调查",2000年,载《中国行为医学》第2期。

刘梦:《小组工作》,2003年,北京,高等教育出版社。

刘梦、陈丽云:"赋权观念在妇女小组中的运用——小组的理念、设计和本土化探讨",2002年,载王思斌主编《中国社会工作研究》第1期,第27—32页。

刘琼瑛:"医务社会工作中的家庭取向工作模式",1992年,载《社区发展季刊》第16期,第69—74页。

吕民璇:"社会个案工作",2000年,载李增禄编《社会工作概论》,台北,巨流图书公司。

孙健忠:"台湾社会津贴实施经验的初步分析",2000年,载《社会工作与社会政策学刊》第4卷第2期,第5—41页。

朱光磊等:《当代中国社会各阶层分析》,1998年,天津,天津人民出版社。

阮曾媛琪:"职工社会工作",1994年,载周永新主编《社会工作学新论》,第300—312页,香港,香港商务印书馆。

亨佩尔,C. G. 著,陈维杭译:《自然科学的哲学》,1986年,上海,上海科学技术出版社。

吴水丽:"香港如何推展学校社会工作以保护儿童",1998年,载台湾中华儿童福利基金会主编《学校社会工作理论与实务》,第59—72页,台中,中华儿童福利基金会印行。

吴庶深:"对临终病人及家属提供专业善终服务之探讨",1988年,台中,东海大学社会工作研究所硕士论文。

吴梦珍:《小组工作》,1992年,香港,香港社会工作人员协会。

宋丽玉:"医疗社会工作",2002年,载吕宝静主编《社会工作与台湾社会》,第349—390页,台北,巨流图书公司。

张世雄:《社会福利的理念和社会安全制度》,1996年,台北,国顺图书公司。

张纫:"个别督导模式",2002年,载台湾儿童暨家庭扶助基金会编印《社会工作督导实施方式之理论与实务》,台中,台湾儿童暨家庭扶助基金会。

张宏哲、林哲立译:《人类行为与社会环境》,2002年,台北,双叶书廊有限公司。

张和清："中国文化中的价值观在小组中的运用:对云南省昆明市金碧社区'金碧模式'的探讨"，2000年，载《华东理工大学学报（社会科学版）》第4期，第77—81页。

张笠云:《医疗与社会——医疗社会学的探讨》，1998年，台北，巨流图书公司。

吉瑞赛特著，李丹译:《公共组织管理——理论和实践的演进》，2003年，上海，上海译文出版社。

李健正、赵维生等编:《新社会政策》，1999年，香港，香港中文大学出版社。

李增禄:《社会工作概论》，1986年，台北，巨流图书公司。

杨家正等编著:《亲子沟通平行小组训练手册》，1999年，香港，香港大学出版社。

杨家正等编著:《小组工作实践:个案汇篇》，1998年，香港，香港社会工作人员协会。

杨家正等编著:《ICQ网上辅导服务报告》，2000年，香港，香港大学社会工作及社会行政系。

苏景辉:《社区工作:理论与实务》，1999年，台北，巨流图书公司。

苏毅朋:"新保守主义"，2002年，载蔡文辉主编《社会福利》，第39—56页，台北，五南图书公司。

陈月娥译:"工业社会工作"，2002年，载斯基德莫尔著，谷允文审订,沈琼桃、詹宜璋校阅《社会工作概论》,第345—364页,台北，学富文化公司。

陈丽云、黄锦宾:"社区教育"，1994年，载甘炳光等编《社区工作理论和实践》,第233—250页,香港，香港中文大学出版社。

陈丽欣、陈玫伶译:"学校社会工作"，2002年，载斯基德莫尔著，谷允文审订，沈琼桃、詹宜璋校阅《社会工作概论》，第229—252页，台北，学富文化公司。

陈良瑾主编:《中国社会工作百科全书》，1994年，北京，中国社会出版社。

陈玫伶:"台湾学校社会工作之专业实践及其影响因素",2001年,台湾暨南大学社会政策与社会工作学系研究所硕士论文。

陈政智:"行销在社会工作的运用",2000年,载《社区发展季刊》第89期,第167—177页。

陈树强:"社会工作在西方的理解",1994年,载《社会工作研究》第1期,第14—17页。

陈桂绒:"复原力的发现——以安置于机构之儿少保个案为例",2000年,台北,东吴大学社会工作系论文。

陈海鸣:《管理概论——理论与台湾实证》,1998年,台北,华泰出版公司。

陈毓文:"少年福利服务",2002年,载吕宝静主编《社会工作与台湾社会》,第130—176页,台北,巨流图书公司。

卓世盈:"青年会学校社会工作服务模式的再思",1997年,载香港中华基督教青年会学校社会工作部编著《学校社会工作服务文集》,第3—6页,香港,香港基督教青年会。

周月清:"社会工作实务研究法",1994年,载《中国社会工作教育学刊》第3期,第49—71页。

周月清:"社会工作研究伦理",2001年,载徐震、李明政主编《社会工作伦理》,第511—531页,台北,五南图书公司。

周月清:《家庭社会工作:理论与方法》,2001年,台北,五南图书公司。

周永新:《社会福利的观念和制度》,1990年,香港,香港中华书局。

周永新:《社会工作学新论》,1994年,香港,香港商务印书馆。

周健林:"社会工作研究的定位和再定位",2000年,载莫邦豪等编著《社会工作研究的经验》,第309—318页,香港,香港社会工作人员协会。

周健林、王卓祺:"关于中国人对需要及其先决条件的观念的实证研究",1999年,《中国社会科学季刊》第25期(春季),

第 79—95 页，香港，香港社会科学出版社。

周家华:《老人学研究——理论与实务》，2000 年，台北，正中书局。

周振想:"当前中国青少年吸毒问题研究"，2000 年，载《中国青年政治学院学报》第 1 期。

周爱华:"经费筹募"，1999 年，载甘炳光等编《社区工作技巧》，第 411—422 页，香港，香港中文大学出版社。

林万亿:"工业社会工作"，1984 年，载徐震等著《当代社会工作》，第 479—503 页，台北，五南图书公司。

林万亿:《福利国家——历史比较的分析》，1994 年，台北，巨流图书公司。

林万亿:《团体工作》，1995 年，台湾，三民书局。

林万亿:"社会抗争、政治权力资源与社会福利政策的发展:20 世纪 80 年代以来的台湾经验"，2000 年，载萧新煌与林国明主编《台湾的社会福利运动》，第 71—134 页，台北，巨流图书公司。

林万亿等:"学校社会工作"，2002 年，载吕宝静主编《社会工作与台湾社会》，第 445—486 页，台北，巨流图书公司。

林方:《人的潜能和价值》，1987 年，北京，华夏出版社。

林孟平:《小组辅导与心理治疗》，1998 年，香港，香港商务印书馆。

林孟秋:"个案工作方法"，1994 年，载周永新主编《社会工作新论》，香港，商务印书馆。

林胜义:《学校社会工作》，1994 年，台北，巨流图书公司。

林胜义:"学校社会工作"，1995 年，载李增录主编《社会工作概论》，第 463—476 页，台北，双叶书廊有限公司。

林胜义:《社会工作概论》，2003 年，台北，五南图书公司。

林娟芬:"妇女晚年丧偶适应历程与策略"，2002 年，载《神学与教会》第 27 卷第 1 期，台南，台南神学院。

林桂碧:"工业社会工作"，2002 年，载吕宝静主编《社会工作与台湾社会》，第 487—531 页，台北，巨流图书公司。

林旖旎译:"家庭与儿童福利服务",2002年,载斯基德莫尔著,谷允文审订,沈琼桃、詹宜璋校阅《社会工作概论》,第345—364页,台北,学富文化公司。

罗肖泉、尹保华:"社会工作实践中的伦理议题",2003年,载《学术论坛》第3期,第33—36页。

罗斯:《当代社会学研究解析》,1988年,银川,宁夏人民出版社。

郑丽珍:"家庭社会工作",2002年,载吕宝静主编《社会工作与台湾社会》,第391—443页,台北,巨流图书公司。

姚卓英:《医务社会工作》,1978年,台北,正中书局。

胡文龙、林香生:"社区工作价值观和原则",1994年,载甘炳光等编《社区工作理论和实践》,第25—41页,香港,香港中文大学出版社。

赵善如:"社会福利组织社会工作者绩效考核",1999年,载《社会工作与社会政策学刊》第3卷第1期,第179—208页。

赵善如:"增强力量观点之社会工作实务要素与处遇策略",1999年,载《台大社工学刊》第1期,第231—262页。

香港福利署:《学校社会工作服务指引》,1989年,香港,香港政府印务局印。

唐文慧、王宏仁:《社会福利理论:流派和争议》,1994年,台北,巨流图书公司。

夏学銮:"社会工作的哲学基础与价值体系",1998年,载王思斌主编《社会工作导论》,北京,北京大学出版社。

夏学銮:"社会工作的三维性质",2000年,载《北京大学学报(哲学社会科学版)》第1期,第140—147页。

夏铸九:"知性篇——城乡评论面对全球化过程中台北市的都市现实",2003年,见http://www.alumni.fcu.edu.tw/alwww/html/125126fm/125fm58.htm。

徐丽君、蔡文辉著:《老年社会学——理论与实务》,1985年,台北,巨流图书公司。

徐明心：“滥用药物人士的困局与出路”，1999 年，载何洁云，阮曾媛琪主编《迈向新世纪：社会工作理论和实践的新趋势》，香港，八方文化企业公司。

徐震：“家庭社会工作”，1983 年，载徐震等著《当代社会工作》，第 375—394 页，台北，五南图书公司。

徐震：“医疗社会工作”，1983 年，载徐震等著《当代社会工作》，第 395—416 页，台北，五南图书公司。

王永慈等：《社会工作伦理：应用与省思》，台北，台湾辅仁大学出版社。

徐震、林万忆：《当代社会工作》，1983 年，台北，五南图书出版公司。

秦燕：《医疗院所社会服务部门工作现况评估研究》，1991 年，台中，荣总社工组社工室。

秦燕：《医务社会工作》，1997 年，台北，远流图书公司。

莫邦豪、周健林编著：《社会工作研究的经验》，2000 年，香港，香港社会工作人员协会。

莫邦豪：《社区工作原理和实践》，1994 年，香港，香港集贤社。

莫邦豪：“社会工作研究：经验与理论的结合”，2000 年，载莫邦豪等编著《社会工作研究的经验》，第 1—18 页，香港，香港社会工作人员协会。

莫泰基：《消灭香港贫穷的社会保障政策构想》，1999 年，香港，香港三联书店。

莫藜藜：“医务社会工作”，1995 年，载李增录主编《社会工作概论》，第 405—436 页。台北，双叶书廊有限公司。

莫藜藜：《医务社会工作》，1998 年，台北，桂冠图书公司。

台湾儿童暨家庭扶助基金会编印：《社会工作督导实施方式之理论与实务》，台北，台湾儿童暨家庭扶助基金会。

袁方：《社会调查原理与方法》，2000 年，北京，高等教育出版社。

郭振昌：“福利服务工作”，1984 年，载徐震等著《当代社会工作》，第 507—536 页，台北，五南图书公司。

顾东辉、桂勇：“上海社区青少年调查报告”，2002 年，共青团上海市委权益部委托咨询报告。

顾东辉：“下岗职工的再就业服务与求职行为：上海的案例研究”，2001 年，载《社会学研究》第 4 期，第 22—31 页。

顾东辉：“下岗职工的非正式社会支持与求职行为——以上海为例”，2002 年，载王思彬主编《中国社会工作研究》第 1 辑，第 56—81 页，北京，中国社会科学文献出版社。

顾东辉：“小康社会的最低生活保障线”，2003 年，《华东理工大学学报（社会科学版）》第 2 期，第 6—9 页。

顾东辉：“‘社区教育’的概念架构”，2003 年，《广西民族学院学报（哲学社会科学版）》第 4 期，第 44—47 页。

顾东辉：“社会工作的价值观、冲突及对策”，2004a，《北京科技大学学报（社会科学版）》第 2 期。

顾东辉：“社会工作研究”，2004b，载王思斌主编《社会工作导论》，北京，高等教育出版社。

顾东辉：“宏观社会工作”，2004c，载王思斌主编《社会工作导论》，北京，高等教育出版社。

高迪理译：《服务方案之设计与管理》，1999 年，台北，扬智文化出版社。

梁伟康著：《社会服务机构行政管理与实践》，1997 年，香港，香港集贤社。

梁丽清：“女性主义的社会政策观”，1999 年，载李健正等主编《新社会政策》，第 77—87 页，香港，香港中文大学出版社。

梁祖彬：“社区工作的工作理念”，1994 年，载甘炳光等编《社区工作理论和实践》，第 25—42 页，香港，香港中文大学出版社。

梁祖彬、颜可亲著：《权威和仁慈：中国的社会福利》，1996 年，香港，香港中文大学出版社。

黄丽华：《团体社会工作》，2003 年，上海，华东理工大学出版社。

黄梅羹："精神医疗社会工作"，1992年，载《社区发展季刊》第60期，第13—15页。

黄维宪、曾华源、王慧君编著：《社会个案工作》，1985年，台北，五南图书公司。

黄源协译："健康照护社会工作"，2002年，载斯基德莫尔著，谷允文审订，沈琼桃、詹宜璋校阅《社会工作概论》，第207—227页。台北，学富文化公司。

黄源协：《社会工作管理》，2002b，台北，扬智文化出版社。

黄德祥：《谘商与心理治疗的理论与实施》，1989年，台北，心理出版社。

彭怀真："学校社会工作"，1983年，载徐震等著《当代社会工作》，第417—448页，台北，五南图书公司。

彭淑华："学校社会工作"，2001年，载万育维编著《社会工作概论：理论与实务》，第221—242页，台北，双叶书廊有限公司。

曾洁雯："家庭及儿童社会工作"，1994年，载周永新主编《社会工作学新论》，第183—196页，香港，香港商务印书馆。

谢秀芬：《家庭与家庭服务》，1986年，台北，五南图书公司。

谢秀芬："家庭社会工作"，1995年，载李增录主编《社会工作概论》，第437—462页，台北，双叶书廊有限公司。

谢美娥：《老人长期照顾的相关论题》，1993年，台北，桂冠图书公司。

简春安、邹平仪：《社会工作研究法》，1998年，台北，巨流图书公司。

简春安："社会工作与督导——从实务面来省思"，2002年，载台湾儿童暨家庭扶助基金会编印《社会工作督导实施方式之理论与实务》，台北，台湾儿童暨家庭扶助基金会。

赖伟良："马克思主义"，2002a，载蔡文辉主编《社会福利》，第5—19页，台北，五南图书公司。

赖伟良："民主社会主义"，2002b，载蔡文辉主编《社会福利》，第21—38页，台北，五南图书公司。

赖伟良:"第三路线",2002c,载蔡文辉主编《社会福利》,第 57—72 页,台北,五南图书公司。

赖两阳:"专业的社工,不专业的行政?'社会行政'在社工专业教育中的发展与困境",2003 年,台北,东吴大学文学院主办《社会工作理论与研究》教学研讨会。

廖荣利:《社会个案工作》,1984 年,台北,三民书局。

廖荣利:《医院社会工作》,1991a,台北,巨流图书公司。

廖荣利:《社会工作概要》,1991b,台北,三民书局。

蔡汉贤:《社会工作辞典》(第四版),2000 年,台北,社区发展杂志社印行。

蔡启元译:《社会工作行政》,1998 年,台北,双叶书廊有限公司。

蔡宏昭:《社会福利政策:福利与经济的整合》,1990 年,台北,桂冠图书公司。

潘淑满:《社会个案工作》,2000 年,台北,心理出版社。

黎港兰:"学校社会工作服务的督导模式",1997 年,载香港中华基督教青年会学校社会工作部编著《学校社会工作服务文集》,第 7—18 页,香港,香港基督教青年会。

薛丽燕、王祖承、堵亚静、费慧编著:"上海地区药物滥用流行病学回顾性调查",2002 年,载《中国药物依赖性杂志》第 11 卷第 1 期。

Allen-Meares, P. 著,阙汉中译:《儿童青少年社会工作》,1999 年,台北,洪叶文化公司。

Corey, G. 著,李茂兴译:《谘商与心理治疗的理论与实务》,1996 年,台北,扬智文化出版社。

Hepworth, Rooney & Larsen 著,张宏哲等译:《社会工作直接服务:理论与技巧》,1999 年,台北,洪叶文化公司。

Jacobs, E., Masson, R. & Harvill, R. 著,洪炜等译:《团体咨询的策略与方法》,2000 年,北京,中国轻工业出版社。

Knight, B. G. 著,康淑华、邱妙儒译:《老人心理治疗》,

2001 年，台北，心理出版社。

Reamer 著，包承恩等译:《社会工作价值与伦理》，2000 年，台北，洪叶文化公司。

Reid，K. 著，刘晓春、张意真译:《社会团体工作》，1997 年，台北，扬智文化出版社。

Rose，S. 著，翟宗娣译:《青少年团体治疗:认知行为互动取向》，2001 年，上海，华东理工大学出版社。

Thorson，J. A. 著，潘英美译:《老人与社会》，1999 年，台北，五南图书公司。

Toseland，R. & Rivas R. 著，许临高、莫藜藜译:《团体工作实务》，2000 年，台北，双叶书廊有限公司。

Wainrib，B. R. & Bloch，E.L. 编（1998），黄惠美、李巧双译:《危机介入与创伤反应:理论与实务》，2001 年，台北，心理出版社。

Rossi，P. H. & Freeman，H. E. 著（1999），邱泽奇等译:《项目评估:方法和技术》（第六版），2002 年，北京，华夏出版社。

Allen, R. J. et al. (1998). Rethinking family-centered practice. *American Journal of Orthopsychiatry.* Vol. 68, No. 1: 4–15.

Allen-Meares, P. (1986). School social work:historical development,influences and practice,in Allen-Meares (ed.). *Social Work Services in Schools.* NJ: Prentice-Hall.

Allen-Meares, P., Washington, R. O. & Welsh, B.L. (1996). *Social Work Services in Schools* (2nd ed.). Boston:Allyn & Bacon.

Arts, W. & Gelissen, J. (2002)."Three worlds of welfare capitalism or more? a state-of-the-art report." *Journal of European Social Policy.* Vol.12, No. 2: 137–158.

Atchley, R. C. (1997). *Social Forces and Aging: An Introduction to Social Gerontology* (8th ed.). CA: Wadsworth Publishing Company.

Atchley, Robert C.(2000). *Social Forces and Aging: An Introduction to Social Gerontology* (9th ed.). CA: Wadsworth Thomson Learning.

Baker, S. M., et al. (1991). Persuasion theory and drug abuse prevention. *Health Communication.* Vol. 3, No. 4: 193–203.

Baker, T. L. (1994). *Doing Social Research* (2nd ed.). NY: McGraw-Hill,Inc.

Baldock, P. (1974). *Community Work and Social Work.* London: Routledge and Kegan Paul.

Bandura, A. (1975). *Social Learning and Personality Development.* NJ: Holt,Rinehart and Wilston.

Bandura, A. (1989). Social cognitive theory,in Vasta(ed.). *Annals of Child Development.* Greenwich:JAI.

Barker, R. L. (1991). *The Social Work Dictionary.* Washington: NASW Press.

Barker, R. L. (1999). *The Social Work Dictionary* (4th ed.). Wash-ington: NASW Press.

Bartlett, H. M. (1970). *The Common Base of Social Work Practice.* Washington: NASW Press.

Baumrind, D. (1971). Harmonious parents and their preschool children. *Developmental Psychology.* Vol. 41: 92–102.

Baumrind, D. (1996). The discipline controversy revisited. *Family Relations.* Vol. 45: 405–414.

Bond, M. H. (ed.) (1996). *The Handbook of Chinese Psychology.* NY: Oxford University Press.

Botvin, G. J., Griffin, K. W., Diaz, T. & Ifill-Williams, M. (2001). Drug abuse prevention among minority adolescents:one-year follow-up of a school-based preventive intervention. *Prevention Science.* Vol. 2: 1–13.

Bracht, N. et al. (1999). A five-stage community organizational model for health promotion:empowerment and partnership strategies,in Bracht,N.(ed.). *Health Promotion at the Community level 2.* CA: Sage.

Bradshaw, J. (1972). *The Concept of Social Needs.* New Society.

March 1972. Vol. 30: 640–643.

Brager, G., Specht, H. & Torczyner, J. L. (1987). *Community Organizing* (2nd ed.). NY: Columbia University Press.

Brammer, L. C. (1985). *The Helping Relationship: Process and Skill* (3rd). NJ: Prentice-Hall,Inc.

Brearley, P. et al. (1980). *Admission to Residential Care.* NY: Tavistock Publications.

Briggs, A. & Cobley, P. (ed.). (2002). *The Media: An Introduction* (2nd). NY: Pearson Longman.

Bryman, A. (1992). *Quality and Quantity in Social Research.* London & New York: Routledge.

Bullis, R. K. (1996). *Spirituality in Social Work Practice.* Washington, D. C.: Taylor & Francis.

Carling, P. J. (1992). Community integration of people with psychiatric disabilities, in J. W. Jacobson, S. N. Burchard & P. J. Caring (ed.). *Community Living for People with Developmental and Psychiatric Disabilities.* Baltimore: John Hopkins University Press.

Carlton,T.O.(1984). *Clinical Social Work in Health Setting: A Guide to Professional Practice with Exemplars.* NY: Springer Publishing Co.

Case, R. (1992). Neo-Piagetian theories of child development, in R. Sternberg & C. Berg (ed.). *Intellectual Development.* NY: Cambridge University Press.

Chess, W. A., & Norlin, J. M. (1991). *Human Behavior and the Social Environment: A Systems Model.* Boston: Allyn & Bacon.

Chew, F. et al. (2002). Enhancing health knowledge, health beliefs and health behavior in Poland through a health promoting television program series. *Journal of Health Communication.* Vol.7: 179–196.

Clough, R. (1982). *Residential Work.* London and Basingstoke:

The Macmillan Press Ltd.

Cox, F. M. et al. (ed.). (1987). *Strategies of Community Organiza-tion: Macro Practice* (4th ed.). Itasca: F. E. Peacock.

Davis, A. (1981). *The Residential Solution — State Alternative to Family Care.* N Y: Tavistock Publications.

Denzin, N.K. (1970). *The Research Act in Sociology: A Theoretical Introduction to Sociological Methods.* London: Butterworth.

Dhooper, S. S. and Wilson, C. P. (1989). *Social Work and Organ Transplantation, Health and Social Work.* Vol. 14: 115–121.

DiNitto, D. M. (2000). *Social Welfare: Politics and Public Policy.* MA: Allyn & Bacon.

DiNitto, D.M. and McNeece, C.A. (1997). *Social Work:Issues and Opportunities in A Challenging Profession.* NY: Allyn & Bacon.

Dolgoff, R. & Feldstein, D. (2000). *Understanding Social Welfare.* MA: Allyn & Bacon.

Dorfman, R.A. (1996). *Clinical Social Work: Definition, Practice and Vision.* NY: Brunner / Mazel Publishers.

Durkheim, E. (1951). *Suicide: A Study of Sociology.* Translated by J. A. Spaulding and G. Simpson. Free Press.

EII, K. (1995). Crisis intervention: research needs, in Edwards, R. L. et al. (ed.). *Encyclopedia of Social Work* (19th ed): 660–667. Washington, DC: NASW Press.

Erikson, E. H. (1950). *Childhood and Society.* NY: Norton.

Erikson, E. H. (1959). Identity and the life cycle, in *Psychological Issues.* Vol. 1, No. 1: 52–54.

Erikson, E. H. (1982). *The Life Cycle Completed.* NY: Norton.

Espin-Andersen, G. (1990). *The Three Worlds of Welfare Capitalism.* Oxford: Polity Press.

Farley, O. W., Smith, L. L. and Boyle, S. W. (2000a). Family and child welfare services, in Skidmore, Rex A. & Thackeray, Milton G.. *Introduction to Social Work* (8th ed.). Boston: Allyn & Bacon.

Farley, O. W., Smith, L. L. and Boyle, S. W. (2000b). Occupational social work, in Skidmore, Rex A. & Thackeray, Milton G.. *Introduction to Social Work* (8th ed.). Boston: Allyn & Bacon.

Farley, O. W., Smith, L. L. and Boyle, S. W. (2000c). Social work in health care, in Skidmore, Rex A. & Thackeray, Milton G.. *Introduction to Social Work* (8th ed.). Boston: Allyn & Bacon.

Farley, O. W., Smith, L.L. and Boyle, S.W. (2000d). Social work in the schools, in Skidmore, Rex A. & Thackeray, Milton G.. *Introduction to Social Work* (8th ed.). Boston: Allyn & Bacon.

Federico, R. C. & Whitaker, W. H. (1997). Social Welfare in *Today's World* (2nd ed.). NY: McGraw-Hill.

Flexner, A. (1915). Is social work a profession? In National Conference of Charities and Corrections, *Proceedings of the National Conference of Charities and Corrections at the Forty-second Annual Session* held in Baltimore, Maryland, May 12–19, 1915.

Freud, S. (1953). *A General Introduction to Psychoanalysis* (J. Riviere, trans.). New York: Perma-books.

Garvin, C. D. & Tropman, J. E. (1992). *Social Work in Contemporary Society.* Englewood Cliffs: Prentice-Hall.

George, V. & Wilding, P. (1994). *Welfare and Ideology.* NY: Harvester Wheatsheaf.

Germain, C. B. (1984). *Social Work Practice in Health Care.* NY: The Free Press.

Gilbert, N. & Terrell, P. (2002). *Dimensions of Social Welfare Policy.* MA: Allyn & Bacon.

Gilbert, N. & Specht, H. (1976). *The Emergence of Social Welfare and Social Work.* Itasca, Ill: F. E. Peacock Publisher.

Gilliland, B. E. & James, R. K. (1993). *Crisis Intervention*

Strategies (2nd ed.). Belmont, CA: Brooks/Cole.

Gladding, S. (1999). *Group Work: A Counseling Specialty.* NJ: Prentice-Hall, Inc.

Googins, B. and Godfrey, J. (1985). The evolution of occupational social work. *Social Work.* Vol. 30, No. 5: 396–402.

Greenwood, E. (1957). Attributes of a profession. *Social Work.* Vol. 2: 45–55.

Griffin, K. M. (2002). Life skills training as a primary prevention approach for adolescent drug addiction and other problem behaviors. *International Journal of Emergency Mental Health.* Vol.4, No. 1: 41–47.

Grinnell, R. M. (2001). *Social Work Research and Evaluation: Quantitative and Qualitative Approaches* (6th ed). Itasca, Ill.: F. E. Peacock Publishers.

Gutheil, I. A. (1993). Rituals and termination procedures. S*mith College Studies in Social Work.* Vol. 63 (2): 163–176.

Hancock, B. L. (1990). *Social Work with Older People* (2nd ed.). NJ: Englewood Cliffs, Prentice-Hall, Inc.

Harwood, H. (1994). Selected issues and parameters in the design and performance of costs of illness studies for substance abuse, in *International Guidelines for Estimating the Costs of Substance Abuse.* Unpublished Paper.

Hasenfeld, Y. (1992). Power in social work practice, in Hasenfeld, Y. *Human Services as Complex Organizations.* CA: Sage.

Hawkins, J. D., Catalano, R. F. & Miller, J. Y. (1992). Risk and protective factors for alcohol and other drug problems in adolescence and early adulthood: implications for substance abuse prevention. *Psychology Bulletin.* Vol. 112: 64–105.

Heidenheimer, A. J., Heclo, H. & Adams, C. T. (1990). *Comparative Public Policy: the Politics of Social Choice in America,*

Europe and Japan. NY: St. Martin's Press.

Herbert, A. (1967). The values, functions and methods of social work in an integrated report of the Honolulu seminar, in *An Intercultural Exploration: Universals and Differences in Social Work Values, Functions and Practice:* 3–59. NY: Council on Social Work Education.

Hogstel, O. Mildred (2002). *Gerontology: Nursing Care of the Older Adult.* Albany, NY: Delmar.

Hollis, F. (1972). *Casework: A Psychosocial Therapy* (2nd ed.). NY: Randon House.

Jewell, A (ed.) (1999). *Spirituality and Ageing.* London: Jessica Kingsley Publishers.

Johnson, L. C. (1992). *Social Work Practice: A Generalist Approach* (4th ed.). Boston: Allyn & Bacon.

Karls, J. M. & Wandrei, K. E. (1995). Person-in-environment, in Edwards, R. L. & Hoppes, J. G. (ed.). *Encyclopedia of Social Work* (19th ed.). Washington: NASW Press: 1818–1827.

Katz, M. B. (1986). *In the Shadow of the Poorhouse: The Social History of Welfare in American.* NY: Basic Books.

Katz, M. B. (2001). *The Price of Citizenship — Refining the American Welfare State.* NY: Metropolitan Books.

Kennedy, C. E. (1978). *Human Development: The Adult Years and Aging.* NY: MacMillan Publishing Company.

Kerlinger, F. N. (1986) (3rd ed.). *Foundations of Behavioural Research.* NY: Harcourt Brace College Publishers.

Kieffer, C. H. (1984). Citizen empowerment: a development perspective. *Prevention in Human Services.* Vol.3 (winter / spring): 9–36.

Kohlberg, L. (1969). Stage and sequence: the cognitive developmental approach to socialization, in Goslin, D. (ed.). *Handbook of Socialization, Theory and Research*: 159–162. Chicago:

Rand McNally.

Kudushin, A. (1992). *Supervision in Social Work* (3rd ed). NY: Columbia University Press.

Lazarus, R. & Folkman, S. (1984). *Stress, Appraisal and Coping*. New York: Springer.

Leukefeld C. G. & Welsh, R. (1995). Health services systems policy, in Edwards, R. L. & Hopps, J. G. (ed.). *Encyclopedia of Social Work* (19th ed.): 1206–1213. Washington: NASW Press.

Loewenberg, F. & Dolgoff, R. (1988). (ed.). *Ethical Decisions for Social Work Practice* (3rd ed.). Itasa, Ill.: F. E. Peacock Publisher.

Macarov, D. (1995). *Social Welfare: Structure and Practice*. London: Thousand Oaks.

MacKinnon, D. P., Weber, M. D. & Pentz, M. A. (1988). How do school-based drug prevention programs work and for whom? *Drugs Society*. Vol. 3: 125–143.

Martinez-Brawley (1995). Community, in Richard, L. E. et al. *Encyclopedia of Social Work* (19th ed.): 539–548. Washington: NASW Press.

Maslow, A. H. (1954). *Motivation and Personality*. NY: Harper.

Midgley, J. (2000). The definition of social policy, in J. Midgley et al., (ed.). *The Handbook of Social Policy*: 3–10. CA: Sage.

Milton, R. (1973). *The Nature of Human Values*. NY: Free Press.

Minichiello, V. et al. (1990). *In-depth Interviewing: Researching People*. Melbourne: Longman Cheshire.

Morales, A. & Sheafor, B. W. (1989). *Social Work: A Profession of Many Faces*. Boston: Allyn & Bacon.

Munson, C. E. (1993). *An Introduction to Clinical Social Work Supervision*. NY: Haworth Press.

Murphy, E. (1991). *After the Asylums — Community Care for People with Mental Illness*. London: Faber and Faber Limited.

Netting, E. F. (1993). Developing an intervention strategy, in Net-ting, E. F. et al (ed.). *Social Work Macro Practice:* 222–247. NY: Longman Publishing Group.

Netting, E. F. et al. (1993). *Social Work Macro Practice.* NY: Longman Publishing Group.

Neugeboren, B. (1985). Social care, social control and rehabilitation: human service program goals and means, in Neugeboren, B. Organization, *Policy and Practice in the Human Services:* 3–21. NY: Longman.

Olson, M. (1965). *The Logic of Collective Action: Public Goals and the Theory of Groups.* NY: Schocken Books.

Ozawa, M. N. (1980). Development of social services in industry: why and how? *Social Work.* Vol. 11: 464–470.

Papalia, D. E., Olds, S. W., & Feldman, R. D. (1998). *Human Development* (7th ed.). Boston: McGraw Hill.

Parad, H. J. & Parad, L. G. (1990). *Crisis Intervention.* Milwaukee: Families International.

Parry, J. K. (1981). Informed consent: for whose benefit? *Social Casework.* Vol. 62: 537–542.

Parsons, R. J. (1991). Empowerment: purpose and practice in social work. *Social Work with Groups.* Vol. 14, No. 2: 27–43.

Pasewark, R. A. & Dale A. Alfers. (1974). Crisis intervention: theory in search of a program, in M. D. Glicken (ed.), Toward *Effective Social Work Practice.* NY: MSS Information Corporation.

Perlman, H. H. (1975). *Social Casework: A Problem-solving Process.* Chicago: The University of Chicago Press.

Perlman, H. H. (1979). *Relationship: the Heart of Helping People.* Chicago: The University of Chicago Press.

Piaget, J. (1929). *The Child's Conception of the World.* NY: Harcourt Brace.

Pillari, V. (2002). *Social Work Practice: Theories and Skills*. Bos-ton: Allyn & Bacon.

Pincus, A. & Minahan, A. (1973). *Social Work Practice: Models and Methods*. Itasca, Ill.: Peacork Publisher.

Popple, P. & Leighninger, L. (2001). T*he Policy-based Profession: An Introduction to Social Welfare Policy Analysis for Social Workers*. MA: Allyn & Bacon.

Popple, P. R. & Leighninger, L. L. (1999). *Social Work, Social Welfare and American Society*. Boston: Allyn & Bacon.

Queralt, M. (1996). *The Social Environment and Human Behavior: A Diversity Perspective*. Boston: Allyn & Bacon.

Rapoport, L. (1970). Crisis intervention as a mode of brief treatment, in Roberts, R. W. & R. H. Nee (ed.). *Theories of Social Casework*: 265–312. Chicago: The University of Chicago.

Reid, W. J. (1987). Research in social work, in *Encyclopedia of Social Work* (18th ed.): 477–487. Silver Springs, MD: National Association of Social Workers.

Reid, W.J. (1996). Task-centered social work, in F. J. Turner (ed.). *Social Work Treatment*: 617–640. NY: The Free Press.

Richard, L. E. et al. (1995). *Encyclopedia of Social Work* (19th ed.). Washington: NASW Press.

Roberston, I. (1989). Society: A Brief Introduction. NY: Worth.

Ross, M. (1967). *Community Organization: Theory, Principles and Practice*. NY: Harper & Row.

Rothman, J. & Tropman, J. E. (1987). Models of community and macro practice perspectives: their mixing & phasing, in Cox, F.M. et al. (ed.). *Strategies of Community Organization: Macro Practice* (4th ed.). Itasca, Ill.: F. E. Peacock.

Rothman, J. (1964). An analysis of goals and roles in community organization practice, *Social Work*. Vol. 2: 24–26.

Rothman, J. (1968). Three models of community organization prac-tice, in *National Conference on Social Welfare, Social Work Practice.* NY: Columbia University Press.

Rothman, J. (1995). Approaches to community intervention, in Rothman, J. et al. (ed.). *Strategies of Community Intervention: Macro Practice* (4th ed.). Itasca Ill.: F. E. Peacock.

Rowntree, M. (1901). Poverty: *A Study of Town Life.* London: Macmillan.

Rubin, A. & Babbie, E. (1993). *Research Methods for Social Work* (2nd ed.). Pacific Grov: Brooks / Cole.

Sarantakos, S. (1993). *Social Research.* South Melbourne: Macmillan.

Schaie, K. W. (1994). The courses of adult intellectual development. *American Psychologist,* Vol. 49, No. 4: 304–313.

Schriver, J. M. (1998). *Human Behavior and the Social Environment: Shifting Paradigms in Essential Knowledge for Social Work Practice.* Boston: Allyn & Bacon.

Sharma, A. (1990). *Concept and Measurement of Poverty.* New Delhi: Anmol Publications.

Sharp, R. N., Milauchlin, R. J. & Mcclanahan, K. K. (1999). Psychology in school-based prevention, early intervention, treatment and abstinence maintenance: some responses to marijuana use in the schools. *School Psychology International.* Vol. 20: 87–104.

Shasish, W.R. et al. (1991). *Foundations of Program Evaluation: Theories of Practice.* Newbury Park: Sage.

Shulman, L. (1991). *International Social Work Practice: Toward an Empirical Theory.* Itasca, Ill.: F. E. Peacock.

Shulman, L. (1992). *The Skills of Helping Individuals and Groups.* (3rd ed.). Itasca, Ill: F. E. Peacock.

Sieber, J. E. (1992). *Planning Ethically Responsible Research: A*

Guid for Students and Internal Review Boards. Newbury Park, CA: Sage.

Siporin, M. (1975). *Introduction to Social Work Practice.* NY: Macmillan Pub. Co.

Skidmore, R. A., Thackeray, M.G. & Farley, W. O. (1997). *Introduction to Social Work* (7th ed.). Boston: Allyn & Bacon.

Skidmore, R. A. (1995). *Social Work Administration* (3rd ed.). Boston: Allyn & Bacon.

Skinner, B. F. (1938). *The Behaviour of Organisms: An Experimental Approach.* NY: Appleton Century.

Slaikeu, K. A. (1990). *Crisis Intervention: A Handbook for Practice and Research* (2nd ed.). Boston: Allyn & Bacon.

Smalley, R. E. & Tybel, Bloom, (1977). The functional approach, in *Encyclopedia of Social Work* (7th ed.): 1280–1290. NY: NASW Press.

Smalley, R. E. (1970). The functional approach to casework practice, in Robert, R. W. & R. H. Nee (ed.). *Theories of Social Casework.* Chicago: University of Chicago.

Straussner, S. L. A. (1990). *Occupational Social Work Today.* NY: The Haworth Press.

Taylor-Gooby, P. (1991). Social Change, *Social Welfare and Social Science.* Toronto: University of Toronto Press.

Taylor, S. H. & Roberts, R. W. (ed.). (1985). *Theory & Practice of Community Social Work.* NY: Columbia University Press.

Thackery, M. G., Farley, O. W. & Skidmore, R. A. (1994). *Introduction to Social Work.* (6th ed.). London: Prentice-Hall.

Thomas, D. N. (1983). *The Making of Community Work.* London: George Allen & Unwin.

Thomas, E. J. (1977). The behavior modification approach, in *The Encyclopedia of Social Work*: 1309–1321. New York: NASW.

Thombs, D. L. (1994). *Introduction to Addictive Behaviors.* NY:

The Guiford Press.

Toren, N. (1972). *Social Work: The Case of a Semi-profession.* London: Sage.

Townsend, P. (1979). *Poverty in the Kingdom: A Survey of The Household Resources and Living Standard.* London: Allen Lane & Penguin Books.

Townsend, P. (1993). *The International Analysis of Poverty.* NY: Harvester Wheatsheaf.

Trattner, W. I. (1974). *From Poor Law to Welfare State.* NY: The Free Press.

Trecher, H. (1971). *Social Work Administration: Principles and Practices.* NY: Association Press.

UN Office on Drugs and Crime. Who is using drug? Available from: www.unodc.org/unodc/drug/demand-who.html.

von Bertalanffy, L. (1968). *General Systems Theory: Foundations, Development, Application.* NY: George Braziller.

Walton, R. G. & Elliott, D. (1980a). *Residential Care.* NY: Pergamon Press Inc.

Walton, R. G. & Elliott, D. (1980b). Criticism and positive aspects of residential care, in Walton, R. G. and Elliott, D., *Residential Care*: 6–7. NY: Pergamon Press Inc.

Ward, L. (1980). The social work task in residential care, in Walton, R. G. and Elliott, D., *Residential Care*: 32–35. NY: Pergamon Press Inc.

Watson, J. B., & Rayner, R. (1920). Conditioned emotional reactions. *Journal of Experimental Psychology.* Vol. 3: 1–14.

Weil, M. (1999). Community practice: conceptual models, in *Journal of Community Practice.* Vol. 3, No. 3–4. New York: The Haworth Press.

Werner, W.B. (1959). Objectives of social work curriculum

of the future. *Curriculum Study I*: 54. NY: Council on Social Work Education.

White, G. & Goodman, R. (1998). Welfare orientalism and the search for and East Asian welfare model, in R. Goodman et al. (ed.). T*he East Asian Welfare Model: Welfare Orientalism and the State*: 3–24. London: Routledge.

Whittaker, J. K. (1974). *Social Treatment: An Approach to Interpersonal Helping.* Chicago: Aldine Publishing Company.

Whittaker, J. K. (1997). Children: group care, in *Encyclopedia of Social Work* (19th ed.): 448–460. Washington: NASW Press.

Wong, Chack-kie (1997). How many poor people in Shanghai today? *Issues & Studies.* Vol. 33, No. 12: 32–49.

Woodside, M. & McClam, T. (1994). *An Introduction to Human Services.* Pacific Grove: Brooks/Cole.

World Drug Report 2000. (2002). Available from: http://www.unodc.org/unodc/en/world-drug-report.html.

Wu, D. Y. H. (1996). Parental control: psychocultural interpretations of Chinese patterns of socialization, in S. Lau (ed.). *Growing Up the Chinese Way: Chinese Child and Adolescent Development*: 1–28. Hong Kong: The Chinese University Press.

Yalom, I. (1995). *The Theory and Practice of Group Psychotherapy* (4th ed.). NY: Basic Books.

Zastrow, C. (1995). *The Practice of Social Work.* Pacific Grov: Brooks-Cole Publishing Company.

Zastrow, C. (1996). *Introduction to Social Work and Social Welfare* (6th ed.). Pacific Grov: Brooks-Cole Publishing Company.

Zimmerman, S. L. (1995). *Understanding Family Policy: Theories and Applications.* CA: Stage Publications.

后　记

　　本书是以内地、香港地区和台湾地区受过国际化社会工作博士课程训练者为主撰编的专业社会工作教材，是专业团队精诚合作的产品和集体智慧的结晶。

　　根据各位作者的专业特长，本书进行了工作分工。复旦大学社会工作学系顾东辉教授撰写第一章"人类需要和贫穷"、第二章"定义和架构"、第八章"社区工作"和第十一章"社会工作研究"的初稿，完成附录1"癌症康复者的心理和行为支持服务"、附录5"中国社会工作实践的本土导向"和附录6"内发整进：上海社会工作的十年实践"，并在附录4"上海市社区青少年社会工作（2006）效果评估研究计划书"中承担了部分工作。中国青年政治学院社会工作学院陈树强教授撰写第三章"哲学基础、价值观和行为伦理"与第四章"社会工作的演进"的初稿；（时在）香港中文大学社会工作学系楼玮群教授撰写第五章"人类行为和社会环境"的初稿；（时在）台南神学院林娟芬教授撰写第六章"个案工作"、第十二章"社会工作：年龄视角"中的老年社会工作部分、附录2"妇女辅导案例"和附录3"台湾女性独居老人怀旧成长团体之初探"的初稿；上海师范大学社会学系张宇莲教授撰写第七章"小组工作"的初稿；台湾辅仁大学社会工作学系张振成教授撰写第九章"社会工作行政管理"的初稿；（时在）台湾师范大学社会工作研究所王永慈教授撰写第十章"社会政策"的初稿；台南神学院宗教社会工作系邱怡薇老师撰写第十二章"社会工作：年龄视角"中的儿童社会工作和青少年社会工作部分的初稿；台湾辅仁大学社会工作学系许临高教授撰写"社会工作：机构视角"的初稿；复旦大学社会工作学系的沙卫、曾群、朱晨海三位老师完成了附录 4 "上海市社区青少年社会工作（2006）效果评估研究计划书"的大部分工作；复旦大学社会工作学系原硕士研究生王颖、王建霞、乔静、张铮为第十一章"社会工作研究"翻译了部分英文资料。各位作者文稿的最终定稿、全书各章的旁评等其他工作由本人完成。

对于各位参与撰编者在文献搜集和书稿写作中付出的艰苦劳动，对于上海译文出版社朱阿根和李丹先生、复旦大学出版社马晓俊和宋启立先生的创意工作，本人均表由衷感谢。

顾东辉

2019 年 10 月于复旦大学

图书在版编目(CIP)数据

社会工作概论/顾东辉主编. —2 版. —上海：复旦大学出版社，2020.3（2025.7 重印）
（复旦博学.社会工作系列）
ISBN 978-7-309-14316-4

Ⅰ.①社⋯ Ⅱ.①顾⋯ Ⅲ.①社会工作-概论 Ⅳ.①C916

中国版本图书馆 CIP 数据核字（2019）第 085360 号

社会工作概论
顾东辉 主编
责任编辑/宋启立

复旦大学出版社有限公司出版发行
上海市国权路 579 号 邮编：200433
网址：fupnet@ fudanpress.com http://www.fudanpress.com
门市零售：86-21-65102580 团体订购：86-21-65104505
出版部电话：86-21-65642845
上海四维数字图文有限公司

开本 787 毫米×960 毫米 1/16 印张 29.5 字数 493 千字
2020 年 3 月第 2 版
2025 年 7 月第 2 版第 7 次印刷
印数 23 601—277 000

ISBN 978-7-309-14316-4/C·377
定价：65.00 元